RENCONTRES
41

Dire le désordre

Ouvrage publié avec le soutien de l'université Jean-Moulin – Lyon 3
et du centre Jean-Prévost (groupes CEDIC, GADGES et MARGE)

Dire le désordre

Actes du colloque international organisé à Lyon
du 28 au 30 mai 2009, réunis par Fabienne Boissiéras

PARIS
CLASSIQUES GARNIER
2012

Fabienne Boissiéras est maître de conférences en langue et littérature françaises à l'université Jean-Moulin – Lyon 3. Membre de l'équipe de recherche GADGES dirigée par Marie-Hélène Servet, elle a essentiellement consacré ses recherches et publications à la stylistique, à la rhétorique et à la pragmatique, plus spécifiquement dans les œuvres du premier XVIIIe siècle (Prévost, Marivaux).

ISBN 978-2-8124-0878-6
ISSN 2103-5636

AVANT-PROPOS

Sans doute convient-il de signaler *in medias res* le paradoxe sur lequel repose le projet pour un créateur de « dire le désordre ». Car aussitôt informé, doté d'une intelligence, d'une intention, le désordre ne peut que disparaître. Aussi, le mot ambition traduirait mieux la difficulté d'ordre esthétique et épistémologique que pose la volonté de restituer par le biais du langage ou de tout autre système sémiotique, une matière en apparence récalcitrante, éparpillée voire impensée. Un autre paradoxe relevé par les théoriciens de l'imagination artistique tient à l'impossibilité même pour le créateur de percevoir la structure inconsciente de l'art qui perd aussitôt sa qualité indifférenciée dès lors qu'elle est soumise à l'analyse consciente. Il existe des cas, comme pour Novarina, où l'ordre ne semble nullement décidé par l'auteur mais cela vaut sans doute pour tout créateur véritable qui sait qu'une part de sa création lui échappe. *A contrario* de nombreux articles montreront en quoi l'obsession de l'ordre exprimée dans une œuvre trahit une angoisse plus ou moins consciente de désordre. Cela sera sensible chez Duras comme dans l'examen des encyclopédies du XVIIIe siècle où l'ordre de l'alphabet semble masquer le désordre introduit dans les esprits. Mais le plus souvent, cet avant de l'écriture en deçà de toute logique, par un désir de rationalité retrouve le chemin balisé du sens malgré une conduite plus ou moins déroutée de l'œuvre. Car quelle que soit la forme heureusement accomplie, l'ordre doit (pour garantir la communication de l'art) triompher du chaos et ce, à travers l'avènement d'une parole singulière. C'est sur cette dialectique du désordre et de l'ordre que l'idée même de création peut s'appréhender. Par expérience ou sensibilité, le créateur porte attention « aux désordres et instabilités multiples de l'existence humaine, aux énergies non maîtrisées quand elles débordent les confins de la doctrine et de la raison[1] ». Qu'il s'agisse à l'origine d'une faille psychique,

1 Georges Steiner, *Grammaire de la création*, Paris, Gallimard, Folio essais, 2001, p. 104.

ou d'un événement extérieur qui menace la discipline du monde réel, le créateur revient plus ou moins à une nécessaire cohérence, à une logique – onirique, inversée ou aberrante – propre à donner en partage sa production. La fracture à l'origine du désordre (ce que beaucoup ont nommé « le fauteur de trouble ») confronte le plus souvent le créateur à l'indicible avec pour corollaire à l'implosion du sens une défiance envers toute forme préétablie. Reste à inventer une forme originale / originelle qui soit la traduction sensible d'une incohérence objectivée ou intuitive, capable de réfléchir l'interrogation métalinguistique sur l'impuissance à dire : défaite des mots qui légitime le recours parfois à des sémiotiques hétérogènes. À l'image, alors, de suppléer les trous du discours ; au trait de tenter de combler la béance que creusent des mots nécessairement agencés selon l'ordre imposé par la langue, invitant comme par exemple pour l'anagramme, à une autre lecture du texte sens dessus dessous. Défiant les règles contraignantes de l'art musical, le créateur peut s'exercer à briser les clichés mélodiques, harmoniques et rythmiques traditionnels pour livrer une composition profondément détonante, une phrase dissonante et arythmique capable de dire le désordre.

Ces territoires innommés du désordre ne sont pas sans lien avec les assauts qui ont pu être lancés contre l'ordre officiel à un moment donné de l'histoire. L'analyse des contextes sociologique, politique, idéologique, permet d'éclairer dans de nombreux cas, mais en partie seulement, un rejet de rationalité discursive, une attaque de la raison ou une réaction d'hostilité envers toute filiation. Mais les ouvrages qui se rattachent à la psychanalyse de l'art postulent que toute création s'origine dans les strates de l'inconscient : d'où l'existence pour toute forme, fût-elle la plus disciplinée, d'une substructure inconsciente face à une superstructure consciente. À la suite de Rimbaud, le mot d'ordre a changé[1] : le sabotage des hiérarchies et des styles devient Manifeste. La recherche systématique de la disruption fonde ainsi, pour de nombreux théoriciens de la création, la modernité. L'expression du désordre qui se lit dès lors comme un acte de transgression, un assaut contre un ordre esthétique socialement imposé devient, par inversion, axiologiquement positive. Moderne, l'est tout créateur qui plie la forme à sa loi. Dans

1 Dans la théorie deleuzo-guattarienne, la notion de « mot de d'ordre » appliquée à l'objet littéraire permet de rendre compte de l'aspect dynamique et signifiant de la langue en remettant en cause la notion de référence inadéquate.

la tentation / tentative de saisir le désordre, selon les angles d'attaque envisagés (contestation de l'ordre conceptuel du Bien ou du Beau, de l'ordre moral, social...) et à travers les dérèglements imposés à l'objet, se découvre un tempérament – tempérament lui-même conditionné par de multiples paramètres extérieurs –, se révèle la nature ontologique du créateur. Si détruire est le mot d'ordre de certains, décidés à en découdre visiblement avec la norme stylistique (contestation générique, refus de la linéarité, culte de la répétition, discrédit du signifié au profit du signifiant, déréalisation des discours, fractures communicationnelles...), plus subtiles sont certaines ruptures qui cependant trahissent un désordre ravageur. Cela est vrai bien sûr pour l'art classique, on le sait, litotique et cependant greffier de tous les désordres. L'art classique est aussi interrogé : les fêlures qui y affleurent manifestent avec une intensité parfois extrême les conflits les plus secrets. À travers un accident stylistique presque imperceptible se dit alors l'absolue fracture des êtres et des choses. Aussi est-il nécessaire de distinguer, comme le fait la grammaire à propos de la structure, désordre de surface et désordre profond pour mesurer justement l'intensité du cataclysme. Le bâti apparent d'une œuvre habillée du dehors par des effets stylistiques harmonieux ne signifie nullement un quelconque apaisement de la logique interne et cachée[1]. Inféodée à l'ordre extérieur du monde, l'œuvre ne pourra faire un même usage offensif des signes dont elle dispose. Ce moment de bascule entre classicisme au sens large et modernité est essentiel pour apprécier la singularité des créations artistiques. Toute œuvre renvoie ainsi bien à un problème de forme, plus strictement à une grammaire : comment saisir le désordre du monde et du moi dans « une manière d'ordre » qui puisse en restituer le plus justement l'intensité et qui puisse garantir un art véritablement créateur, que règle une nécessité intérieure ?

La présente publication qui rassemble les interventions d'enseignants, de chercheurs, de doctorants, lors du Colloque International organisé par l'université Jean-Moulin – Lyon 3, se conforme au programme

1 Sur ce point, on ne peut que renvoyer à l'essai d'Anton Ehrenzweig, *L'ordre caché de l'art*, Paris, Gallimard, 1974 [1e éd 1967], en particulier Livre I, *Maîtriser l'œuvre*, première partie : *L'ordre dans le chaos*. Pour Ehrenzweig qui prend des exemples dans toutes les expressions artistiques, « avant l'avènement de l'art moderne, aucun conflit ouvert (dissociation) n'opposait la sensibilité de surface à la sensibilité de profondeur, l'intellect à l'intuition. On ne connaissait pas l'expérience du chaos ou de la disruption. » (p. 100).

proposé en amont, lequel organisait les travaux autour de plusieurs axes thématiques. Ces recherches qui s'appuient sur des exemples extrêmes proposent des analyses précises sur la question ambitieuse de la genèse de la création. La réussite esthétique pourrait résulter de cette ordonnance parfois difficile mais toujours harmonique d'un désordre consubstantiel à l'art – à la vie – et rendu sensible par l'instabilité que l'œuvre fait naître dans nos perceptions. Débat ouvert et réouvert assurément à l'infini.

Fabienne BOISSIÉRAS

« LA MALADIE SACRÉE » DE DÉMOCRITE À TRAVERS LES LETTRES D'HIPPOCRATE

De la philosophie à une philosophie superlative

Résoudre un problème d'ordre philosophique qui relève du mystère de l'existence ne serait qu'un défi, une interrogation sur les limites entre sagesse et folie, raison pure et délire. Ne serait-il aussi une tentative de suivre la démarche qui conduit à l'organisation du chaos, soit-il cosmique ou intérieur ?

En remontant aux sources de l'antiquité grecque nous tâcherons d'élucider certains aspects de ce problème complexe fondés sur les *Lettres* d'Hippocrate et précisément un choix d'épîtres paru aux éditions Rivages sous le titre *Sur le rire et la folie*[1]. Dans la préface, Yves Hersant qui a traduit et annoté les textes signale qu'il s'agit des lettres qui ont été attribuées à Hippocrate, mais elles sont en réalité des textes organisés par un imposteur, un pseudo-Hippocrate. Pourtant les *Lettres* font partie du corpus hippocratique et figurent dans le neuvième volume de l'édition Belles Lettres. La question de l'authenticité des épîtres a soulevé de vives discussions et Émile Littré, très attentif quant à l'originalité de ces récits, note « qu'ils ne renferment aucun noyau de réalité[2] » ce qui ne dénie pas leur valeur comme un produit de la fiction. De sa part, Jackie Pigeaud qui a redécouvert les épîtres, constate qu'elles exercent une séduction à notre « imagination culturelle[3] ».

Vraies ou fausses les *Lettres* « veulent être lues comme un roman[4] » selon Hersant et elles sont rangées parmi les textes « séminaux » de la littérature occidentale.

---

1 Hippocrate, *Sur le rire et la folie*, préface, traduction et notes d'Yves Hersant, Paris, Éditions Rivages, 1989.

2 Voir préface d'Yves Hersant dans *Sur le rire et la folie*, p. 8.

3 *Ibid.*, p. 9.

4 *Ibid.*

Par ailleurs, Mikhaïl Bakhtine va dans le même sens, car il qualifie les *Lettres* comme le premier roman épistolaire d'Europe qui a alimenté la production romanesque occidentale et surtout l'œuvre de François Rabelais.

Quant à leur composition les *Lettres* comportent des épîtres adressées à Hippocrate par le peuple des Abdéritains, le sénat abdéritain ou par Démocrite lui-même, ainsi que des épîtres rédigées par Hippocrate et destinées à Damagète, à Cratevas, à Philopoemen.

Notre intérêt sera centré sur la prétendue folie de Démocrite et le traitement curatif d'Hippocrate qui a déjà compris avant de voir le malade que « ce n'est pas de la folie[1] ». Démocrite, le philosophe grec, le fameux rieur, originaire d'Abdère (d'une ville au nord de la Grèce), « le plus sage des hommes » selon Hippocrate court un grand danger – d'après les Abdéritains – « car la grande sagesse dont il est plein a fait de lui un malade[2] ».

Démocrite vit seul en dehors de la ville d'Abdère, abrité sous un large platane, assis sur un siège de pierre, occupé à écrire des traités et à disséquer les animaux en cherchant dans leurs entrailles la bile noire. Il est à noter que l'excès de la bile noire provoque la folie. Le rire sarcastique de Démocrite qui rit de tout et tombe en silence, et son comportement étrange inquiètent les Abdéritains qui écrivent à Hippocrate pour que celui-ci vienne soigner Démocrite avec son ellébore, la plante célèbre, cette panacée qui guérit entre autres maladies, les affections mélancoliques.

La lettre 17 qu'Hippocrate adresse à son ami Damagète est très importante, car elle expose sous forme de récit les dialogues de ces deux personnages illustres – le médecin et le sage – et constitue une réflexion philosophique sur la « manie » (du mot grec *μανια* que Jackie Pigeaud traduit par « folie »). Lors de leur première rencontre Hippocrate s'approche de Démocrite et le trouve « occupé à écrire avec ardeur dans un transport d'enthousiasme ». À la question du médecin à savoir ce qu'il est en train d'écrire, Démocrite répond : « J'écris sur la folie ». Il se réfère à son ouvrage intitulé « Discours sur la folie » qui est inspiré par le traité hippocratique la *Maladie sacrée* (*ερά νοσος*).

Mais dans la lettre suivante (lettre 18) que Démocrite destine à Hippocrate, il explique au célèbre médecin (qui est déjà rentré à Cos)

1 Lettre d'Hippocrate à Philopoemen, dans *Sur le rire et la folie*, p. 49.

2 Lettre du Sénat et du peuple des Abdéritains à Hippocrate, dans *Sur le rire et la folie*, p. 37.

qu'au moment de leur rencontre il écrivait « non pas un ouvrage sur la folie mais ses traités *De l'ordre du monde* » :

> Tu es venu m'administrer de l'hellébore convaincu par des hommes insensés auprès de qui le labeur de la vertu passe pour folie. Mais tu me trouves écrivant sur la disposition du monde, sur le pôle et sur les astres du ciel. Or, tu sais avec quelle perfection l'ensemble de ces choses est arrangé, et combien, là, on est loin de la folie et du délire[1].

Il y a donc complexité, contradiction et ambiguïté ; ambiguïté quant à la définition et l'expression de la folie. Cet homme qui est pour Hippocrate « le sage entre les sages, seul capable d'assagir les hommes[2] » passe pour fou par les Abdéritains qui ont mal interprété « le labeur de la vertu ». D'autre part, les écrits de Démocrite sur l'harmonie astrale témoignent de l'ordre et de la sagesse cosmique comme s'il y avait un rapport, une équivalence entre harmonie universelle et intérieure.

En lisant en parallèle le contenu des deux textes, on pourrait soutenir que l'observation du monde céleste, si réglé et ordonné, conduit à la folie ; à une folie à l'envers, car qu'est cette harmonie et perfection sinon une « folie » ?

Démocrite, ce contemplateur de l'univers, cet explorateur de la nature humaine « passe pour fou » par les citoyens d'Abdère qui supplient Hippocrate « de le délivrer de [la] démence[3] ». Néanmoins, Hippocrate, comme il avoue à Philopoemen, n'est pas persuadé de la maladie de Démocrite : « Ce n'est pas de la folie, c'est une vigueur de l'âme poussée trop loin dont notre homme donne les signes manifestes[4] ». Par ailleurs, Hippocrate confirme son pronostic pour Démocrite dans sa lettre destinée cette fois à Denys : « je crois qu'il ne s'agit pas d'une maladie, mais plutôt d'un excès de science[5] ».

Les deux expressions « vigueur de l'âme » et « excès de science » qu'Hippocrate substitue au mot folie montrent clairement les limites indiscernables entre sagesse et folie. Elles montrent aussi l'impuissance des hommes simples à saisir le tempérament et le comportement d'un

---

1 Lettre de Démocrite à Hippocrate, dans *Lettres, Décret et Harangues*, tome IX des *Œuvres complètes* d'Hippocrate, Paris, éd. Émile Littré, 1861 (réédition 1962).

2 Lettre d'Hippocrate à Damagète, dans *Sur le rire et la folie*, p. 101.

3 Lettre du Sénat et du peuple des Abdéritains à Hippocrate, *ibid.*, p. 40.

4 Lettre d'Hippocrate à Philopoemen, *ibid.*, p. 49.

5 Lettre d'Hippocrate à Denys, *ibid.*, p. 53.

sage, d'un « homme de valeur ». À partir donc de la discordance entre Démocrite et ses concitoyens se pose une question philosophique axée sur la validité de l'Opinion publique. Alors d'un cas individuel, on passe au collectif[1]. C'est la cité qui est malade, incapable de saisir la Vérité[2]. Hippocrate qui est venu d'urgence pour « soigner cette folie prétendue » constate facilement qu'« en Démocrite on trouve la vérité de la santé, tandis que l'opinion de sa maladie réside chez les Abdéritains[3] ». Le ton dérisoire du médecin confirme l'incapacité du peuple resté « à l'écart du savoir » d'accéder à la sagesse : « je veux guérir la cité, malade de la maladie du seul Démocrite[4] ».

Hippocrate exprime à toute occasion dans sa correspondance, d'une part, son admiration pour Démocrite tout en remarquant l'ambivalence des signes qui marquent la folie, et, d'autre part, l'incompétence du peuple pour proférer des jugements :

> J'étais, en effet amené, ô Démocrite, comme devant helléboriser un aliéné, et sans avoir deviné quel tu étais ; mais, éclairé par notre entrevue, j'ai connu, non, par Jupiter, une œuvre de folie, mais une œuvre digne de tout honneur ; j'ai grandement approuvé ton esprit, et je t'ai jugé le meilleur interprète de la nature et du monde ; mais ceux qui me conduisaient, je les ai blâmés comme des aliénés, c'étaient eux qui avaient besoin de purgation[5].

C'est à ce propos qu'il lui demande la faveur d'une correspondance régulière et souhaite un échange des travaux scientifiques :

> Donc, puisque le hasard nous a réunis, tu feras bien de m'écrire plus souvent et de me communiquer les traités que tu composes. Moi, je t'envoie le Discours sur l'helléborisme[6].

L'entretien de ces deux illustres personnages s'achève comme une fable qui met en scène une situation paradoxale, car c'est le patient qui

1 « Tu soigneras une cité, non un homme » écrivent les Abdéritains et le sénat à Hippocrate pour signaler la gravité du problème. *Ibid.*, p. 40.

2 Même « L'exacte vérité, nul ne la connaît, nul n'en témoigne », *ibid.*, p. 100. Démocrite est très méfiant à l'égard des malades qui montrent leur ingratitude envers le médecin qui les a guéris ne voulant pas « reconnaître leur dette ».

3 *Ibid.*, p. 63-64.

4 *Ibid.*, p. 57.

5 Lettre d'Hippocrate à Démocrite, dans Hippocrate, *Œuvres complètes*, *op. cit.*, p. 387.

6 *Ibid.*

soigne le médecin ; or, Hippocrate est enseigné par Démocrite « cet esprit dérangé » qui n'hésite pas à formuler une objection à son interlocuteur : « Tu fais preuve de lourdeur d'esprit, Hippocrate », dit-il.

Ainsi que le signale Yves Hersant, Hippocrate ne se laisse jamais paraître comme un narrateur ou un médecin omniscient. Son récit est dialogique : « Les *Lettres* invitent au débat contradictoire, au perpétuel questionnement[1] ». Le profit qu'Hippocrate a tiré de sa rencontre avec cet homme à l'esprit troublé est incontestable et salvateur. La lettre 17 clos par les derniers mots que le célèbre médecin a adressé à Démocrite : « Illustre Démocrite », lui dis-je, « je rapporterai à Cos de précieux présents d'hospitalité : car tu m'as rempli d'une grande admiration pour ta sagesse ; en rentrant chez moi, je proclamerai que tu as exploré et découvert la vérité de la nature humaine. Tu m'as donné de quoi soigner ma pensée[2] ».

Je propose de nous déplacer maintenant vers une autre région culturelle pour franchir l'univers rabelaisien. Il est bien connu que *Le Recueil d'Hippocrate* a marqué la pensée philosophique et médicale de l'époque de Rabelais, une époque où la médecine « s'identifie presque totalement à la philosophie[3] ». La théorie hippocratique et particulièrement la philosophie du rire a été adoptée et exposée dans la préface du *Quart-Livre*.

Dans son étude sur Rabelais, Mikhaïl Bakhtine se réfère amplement au *Roman d'Hippocrate*, (c'est-à-dire aux *Lettres*) et signale qu'il est le premier roman épistolaire à traiter du « thème de la manie », « de la folie de Démocrite riant ».

Bakhtine insiste, par ailleurs, sur l'énorme influence que le *Roman d'Hippocrate* a exercé sur Rabelais et rappelle « que l'éloge de la sottise [...] (que Rabelais place dans la bouche de Pantagruel) a été inspiré par un jugement de Démocrite sur la folie des sages[4]. Rabelais a puisé aux sources de la doctrine hippocratique et cette influence est manifeste non seulement sur le plan de ses conceptions philosophiques ou médicales, mais aussi sur l'élaboration de son style et la façon imagée de la conceptualisation de ses pensées. Ainsi, le 37e chapitre du *Tiers-Livre* au titre révélateur : « Comment Pantagruel persuade Panurge de prendre conseil d'un fou » peut être lu comme un intertexte des *Lettres* d'Hippocrate.

1 *Sur le rire et la folie*, p. 14.

2 *Ibid.*, p. 19.

3 Mikhaïl Bakhtine, *L'œuvre de François Rabelais et la culture populaire au Moyen Âge et sous la Renaissance*, traduit du russe par Andrée Robel, Paris, Gallimard, 1970, p. 357.

4 *Ibid.*, p. 358.

D'une façon proverbiale Pantagruel prend position à l'égard des fous et ranime cette réflexion portant sur l'ambivalence de la sagesse-folie :

> Écoutez : J'ai souvent entendu dire en commun proverbe qu'un fou enseigne bien un sage. Puisque vous n'êtes pas pleinement satisfait des réponses des sages, prenez conseil d'un fou ; peut-être que, ce faisant, vous réussirez mieux à satisfaire et combler votre attente[1].

Rabelais, après avoir cité une série de problèmes qui ont trouvé solution grâce « à l'avis, au conseil et à la prédiction d'un fou », élabore l'image d'un « fou-sage » doté du don de prophétie. Cette qualité de prévoyance est une donation divine et pour l'obtenir il faut « s'oublier soi-même, sortir de soi-même[2] ». La perte de la mémoire de soi, l'abolition des frontières du « moi » est un acte de libération qui conduit à pas sûrs à la transcendance. Rabelais dans cet extrait converge avec les idées d'Hippocrate. L'oubli de soi en tant que condition préalable pour accéder à la sagesse est un trait fondateur du portrait d'un sage et constitue une affinité entre Rabelais et Hippocrate. En fait, quand les Abdéritains terrifiés de la situation de Démocrite appellent Hippocrate pour venir à son aide, ils présentent comme symptômes de sa maladie « l'oubli, le rire, l'insomnie, le mépris de la vie ». Mais ce que le peuple présente comme signe de folie est la marque de la sagesse. Démocrite « oublieux de tout et de lui-même » se transpose de la philosophie à une hyper-philosophie. Au moment où les Abdéritains plongent dans la tristesse à cause de l'attitude de Démocrite, Hippocrate constate que ce grand homme « s'adonnait scrupuleusement à une philosophie superlative[3] ». Dans le texte grec cette situation de transcendance est évoquée par le mot περεφιλοσόφεεν que Littré traduit par « se livrer à une philosophie transcendante » et Bailly par « philosopher outre-mesure[4] ».

Cette expérience intellectuelle se cristallise dans l'écriture. Se mettant à l'écart de la société « Démocrite s'est élevé jusqu'aux sommets de la sagesse » partagé entre méditation et écriture. La première image qu'Hippocrate se fait de Démocrite est celle d'un homme effaré qui a posé

1 François Rabelais, *Le Tiers-Livre*, éd. établie, annotée et préfacée par Guy Demerson, Paris, Seuil, 1997, p. 355.

2 *Ibid.*

3 *Sur le rire et la folie*, *op. cit.*, p. 72.

4 *Ibid.*, p. 121 (voir note n° 39)

soigneusement un livre sur ses genoux : « Tantôt il se penchait pour écrire avec application, tantôt il demeurait interminablement en suspens, perdu dans ses pensées[1] ». Délivré de toute contrainte sociale, il est consacré délibérément au travail laborieux de l'écriture : « Je l'ai trouvé occupé [dit Hippocrate] à écrire avec ardeur, dans un transport d'enthousiasme ». Le commentaire d'Yves Hersant concernant le mot « enthousiasme » ouvre une nouvelle perspective de lecture des *Lettres*, car il rattache la réflexion de Démocrite à une longue tradition philosophique : « Démocrite travaille enthousiôdôs, c'est-à-dire dans un transport divin : sa folie, si folie il y a, n'est pas la folie pathologique, mais celle de l'inspiration[2] ».

C'est une différence capitale théorisée par Démocrite mais aussi par Platon dans *Phèdre*[3]. Platon dans son texte distingue quatre formes de manie, de délire inspiré des Dieux. Et parmi ces catégories, le troisième genre de délire et de possession divine est celui dont les Muses sont le principe[4]. Le bon poète est alors celui qui est possédé de la manie sacrée donnée par les Muses. Il se pose dès lors la question de la distinction de la poésie en grande poésie et poésie manquée. La première, ayant d'une certaine façon une provenance divine, s'inscrit dans l'éternité, tandis que la seconde périt, étant une expression de l'autosuffisance humaine. La folie de l'inspiration, cette empreinte de donation divine, forge les grands poètes et les distingue des poètes mineurs :

> Mais qui se sera, sans le délire des Muses, présenté aux portes de la Poésie avec la conviction que l'habileté doit en fin de compte suffire à faire de lui un poète, celui-là est lui-même un poète manqué, comme est éclipsée par la poésie de ceux qui délirent celle de l'homme qui se possède. (*Phèdre*, 245α)

Phèdre converge sur ce point avec le *Roman d'Hippocrate* à travers un rapport dialogique mais aussi avec le *XXX Problème* d'Aristote. On soutient même que *Phèdre* est un texte fondateur, un précurseur du *XXX Problème*, qui porte sur la mélancolie des hommes de génie. La surabondance de la bile noire détermine la formation du tempérament mélancolique des hommes exceptionnels. Le *XXX Problème* intitulé « Sur la raison, l'intelligence et

1 *Ibid.*, p. 74.
2 *Ibid.*, p. 123 (voir notes 42 et 43).
3 Voir Platon, *Œuvres complètes*, tome IV, texte établi et traduit par Léon Robin, Paris, Les Belles Lettres, 1970.
4 Voir *Phèdre* (245).

la sagesse » ouvre sur une question : « Pourquoi les hommes qui se sont illustrés dans la philosophie, la poésie ou les arts, sont-ils tous manifestement des gens chez lesquels prédomine la bile noire[1] ? ».

Aristote dresse une liste diachronique des personnages célèbres affectés par la mélancolie : Ajax, Bellérophon, Héraclès, Empédocle, Platon, Socrate font partie de cette classification où la prépondérance appartient à « ceux qui s'adonnent à la poésie[2] ». Jackie Pigeaud à qui nous devons l'introduction de la traduction française du texte aristotélicien aborde avec subtilité la question citant l'exemple de Nerval : « La poésie éclaire la relation entre génie et folie[3] ». Et le *XXX Problème* « apparente d'une façon frappante le fou au génie[4] ».

La folie, (κ-στασις ou μανία) conçue comme un terme médical ou une notion psychologique, que ce soit un symptôme de mélancolie ou une maladie sacrée, donne matière à une réflexion sur la création ou bien sur la possibilité de créer. C'est une tendance, une pulsion à devenir Autre[5] ; et pour devenir autre il faut être doté de la manie qui permet la sortie de soi-même.

Je voudrais terminer mon intervention en rappelant le comportement de Démocrite : « Il rit de tout et tombe en silence ». Faut-il chercher dans ce silence la manifestation du génie et l'expression de la grandeur de Démocrite ? Des siècles plus tard, Alfred de Vigny dans « La Mort du Loup » va justifier de façon poétique cette attitude philosophique :

> Seul le silence est grand,
> Tout le reste est faiblesse
> (*Les Destinées*)

Chryssi Karatsinidou
Université Aristote Thessalonique

1 Aristote, *Problèmes*, t. III, texte établi et annoté par Pierre Louis, Paris, éd. Les Belles Lettres, 1994, p. 29.

2 *Ibid.*

3 Voir introduction de Jackie Pigeaud dans une édition en grec du *XXX Problème* d'Aristote, Athènes, éd. Agra, 1998.

4 *Sur le rire et la folie*, *op. cit.*, p. 21.

5 Introduction de Jackie Pigeaud dans l'édition grecque du *XXX Problème*, *op. cit.*, p. 45-46.

IMPOSSIBLES « CONTRE-NARRATIONS »

Le 11 septembre 2001 dans la littérature contemporaine francophone

> Ce qui s'est effondré le 11 septembre à Manhattan, ce ne sont pas des symboles, c'est une forme d'autorité sur le récit, non pas l'autorité politique que l'Amérique continuera quelques temps à faire respecter par les bombes, mais l'autorité de la chose narrée. Roland Barthes parlait du degré zéro de l'écriture. Ground Zéro, c'est le degré zéro du récit. [...] Ground Zero, c'est une zone de langage effondré. Au pied des tours en ruine, c'est le récit américain qui gît en pièces[1].

N'est-ce pas la première motivation de l'écrivain que celle de « dire le désordre », que de s'affronter au monde, en ce qu'il peut avoir d'inintelligible et, au filtre d'une syntaxe organisatrice, de restituer un semblant d'ordre, c'est-à-dire, si j'en crois le dictionnaire une « disposition, relation intelligible entre les choses » (T.L.F.) ?

Il y a quelque paradoxe donc, dans une perspective synchronique, à vouloir dire le désordre, puisque le langage, de par sa syntaxe, et pour rester tel, à savoir outil de communication, est ordonnateur et instaurateur ou restaurateur de continuité et que « le livre » lui-même, selon la formule de Barthes, « est une messe, dont il importe peu qu'elle soit dite avec piété, pourvu que tout s'y déroule *dans l'ordre*[2] ». « Le Livre » « est un objet qui *enchaîne, développe, file* et *coule*[3] » et ne se satisfait pas du discontinu. Il est a priori narratif, « la poésie seule » ayant « pour fonction de recueillir tous les faits de subversion concernant la matérialité du Livre[4] ».

---

1 Christian Salmon, *Verbicide*, (2005) Arles, Actes Sud, 2007, p. 29. Il existe deux éditions du texte, celle d'Actes Sud (2007) modifie un peu le propos, formellement parlant, par rapport à l'édition de 2005, chez Climats.

2 Roland Barthes, « Littérature et discontinu » (1962), *Essais critiques*, in *Œuvres complètes*, dir. Eric Marty, 2002, Paris, Le Seuil, t. II, p. 431.

3 *Ibid.*, p. 432.

4 *Ibid.*, p. 430.

Autre point remarquable, dans une perspective diachronique, le « désordre » se définit par la négation de l'ordre, il suppose un ordre établi perturbé. En cela, il n'est pas le « chaos » par exemple – cette « confusion initiale, indifférenciée et informelle de la matière et des éléments, antérieure à l'organisation du monde par l'intervention de Dieu » (T.L.F.), qui peut préexister, dans la cosmogonie, à toute forme d'ordre, ou qui suppose, par son ampleur, que le retour à l'ordre est impossible.

Néanmoins, étant ce qui échappe à l'ordre, le désordre relève par définition du discontinu – et donc du vide – et pour être scriptible suppose donc un double retour à l'ordre : à l'ordre du discours, voire du récit, « écrire, note encore Barthes, c'est couler des mots à l'intérieur de cette grande catégorie du continu qui est le récit[1] » ; et, à l'ordre du monde, qui en découle. C'est sans doute le statut de la « contre-narration », telle que l'évoque Don De Lillo, que de marquer ce retour nécessaire à l'ordre, qui vaut pour retour à la Vie, dans sa fluence : « le récit s'achève dans les gravats et c'est à nous qu'il appartient de créer la contre-narration[2] ».

Donc, de ce double présupposé, il ressort que « dire le désordre » implique que la mise en mots ne peut que donner *l'impression* de l'inintelligible et du discontinu, tout en participant, inéluctablement, au retour de l'intelligibilité du lien entre les choses.

Un essai a initié ma réflexion, *Verbicide*, de Christian Salmon, qui partait du constat que, depuis le 11 septembre, l'homme était désormais « sans recours narratif[3] » face à l'expérience, qu'il éprouvait à la fois, reprenant l'expression de l'écrivain américain, « le manque et l'impossibilité d'une contre-narration[4] ». C'est bien ce qui m'a intéressée dans la littérature qui est née des attentats du 11 septembre 2001. Ces attentats constituent assurément un désordre majeur, entendu comme « bouleversement profond, rupture de l'ordre dans un groupe social, une communauté, un pays » (T.L.F.). La littérature qui en est issue relève donc d'une tentative de formulation de l'inénarrable, de l'inintelligible, ce qu'est le désordre par opposition à l'ordre, cette « disposition, relation intelligible entre les choses » (T.L.F.).

1 *Ibid.*, p. 432.
2 Don de Lillo, *Lettres de New-York*. Exergue de *World Trade Angel*, Fabrice Colin et Laurent Cilluffo, Paris, Denoël Graphic, 2006, p. 3.
3 *Ibid.*, p. 22.
4 *Ibid.*, p. 26.

Mon corpus, francophone, est constitué de six textes, souvent écrits très peu de temps après les événements, qui posent la question de leur appartenance problématique à un genre et même la question de leur statut de narration : *11 septembre mon amour*, de Luc Lang (2003)[1] ; *Windows of the world*, de Frédéric Beigbeder (2002)[2] ; *World Trade Angels*, de Fabrice Colin et Laurent Cilluffo (2006) ; *Direct* de Patrick Bouvet (2002)[3] ; *New York 2001 : poésie* de Christophe Fiat (2002)[4] et *11 septembre 2001* de Michel Vinaver (2002)[5]. Ces textes semblent s'être heurtés, chacun à leur manière, à l'impossibilité d'opposer à l'événement susceptible de se transformer, comme tel, en récit, aucune forme traditionnelle de narration. Si « créer une contre-narration » s'est imposé à chacun de ces auteurs comme nécessaire, sa forme obtenue, cependant, s'est révélée profondément a-narrative, quoi qu'à des degrés divers. C'est cette expression singulière du désordre et tout à fait caractéristique des écritures contemporaines que j'ai souhaité ici étudier, en m'intéressant d'abord à la manière dont la « grammaire du récit » était désarticulée, puis à l'indécidabilité du sens dans ces textes et à la mise en cause du littéraire même qui s'y esquissait.

« DÉSARTICULER LA GRAMMAIRE DU RÉCIT DOMINANT[6] »

Salmon, dans son essai, pose l'hypothèse suivante :

> Le feu qui se serait abattu sur le WTC n'apporterait pas la connaissance, mais l'ignorance. Il se manifesterait non pas comme une apparition mais comme une disparition. Il ne révélerait pas un sens caché jusque-là, mais l'enfouissement, l'éclipse, la dislocation de tout sens et de tout récit[7].

Cette dislocation du sens et du récit se manifeste de trois manières remarquables sur le plan structurel, m'a-t-il semblé : la répétition,

1 (Paris, Edition Stock, 2003) Le Livre de Poche, 2005.
2 (Paris, Editions Grasset & Fasquelle, 2003), Folio, 2004 ; Prix Interallié 2003.
3 Paris, Editions de l'Olivier / Le Seuil.
4 Limoges, Editions Al Dante / Niok.
5 Paris, Edition L'Arche.
6 *Ibid.*, p. 25.
7 Christian Salmon, *op. cit.*, p. 25.

la perte du lien causal et la nominalisation, en ce que chacun de ces phénomènes syntaxiques vient corroborer la spécificité des attentats du 11 septembre, selon Salmon ; à savoir qu'ils sont des « attentats sériels » :

> Qu'est-ce qu'un attentat sériel sinon celui dont il est impossible de faire le tour, d'en circonscrire le sens et les effets ? Evénement dont on ne peut raconter ni le début ni la fin et qui ne peut donc que se reproduire à l'infini[1].

C'est-à-dire que leur mode de diffusion en boucle sur toutes les télévisions du monde serait une conséquence de l'absence de prise qu'ils donnent à l'explication logique. Ainsi, en premier chef, la série – la répétition ininterrompue – suggère-t-elle dans ces textes non tant un rythme évolutif qu'un arrêt, ou un retour perpétuel sur image, liée à « la dislocation de tout sens ».

RÉPÉTITION ET RETOUR DU PRÉSENT

À l'exception du texte de Beigbeder, dont le récit central se situe hors du champ de la caméra et de l'interview puisque le protagoniste meurt dans l'une des tours, le caractère répétitif et sidérant de l'événement, relevant de la forcenerie visuelle, est reproduit dans tous les textes. Associée à l'usage abondant du présent, cette sidération met en évidence l'arrêt du temps sur l'événement sans fin présentifié, sans fin re-*présenté*, au risque d'une perte du sens devant le retour halluciné d'un même signifiant.

Bouvet utilise pour ce faire les parallélismes syntaxiques ; son texte tout entier est structuré par la reprise de patrons syntaxiques simples – sans aucun lien logique de type circonstanciel marqué – et par la répétition lexicale :

> le moment où
> le deuxième avion arrive
> sur la tour
> un Boeing 767 bourré
> de carburant
> (20)
>
> on revoit
> le moment où

1 *Ibid.*, p. 27.

le deuxième avion arrive
sur les chaînes de télévision
le moment où
un Boeing 767 arrive
sur le territoire de l'image
(22)

Ou encore : « nous sommes devant / un impressionnant ballet / d'images » (38) repris avec un changement d'expansion nominale : « nous sommes devant / un impressionnant ballet / d'événements » (40). Le présent domine largement le texte, lequel apparaît comme une vaste expolition du bloc : « à l'instant/ où/ je vous parle / nous sommes / là/ sous le ciel / pétrifié / américain » (13). Par hypallage, la pétrification vient caractériser chacun des constituants de la phrase : temps, espaces, sujet, et verbe, par divers procédés de reprise sémantique et lexicale. Ainsi en va-t-il par exemple du retour de l'affirmation d'existence du locuteur collectif : « nous sommes/ là » (24), « nous sommes devant » (25, 38, 40), « je suis toujours en face » (41), « nous sommes / ralentis » (24), ou de l'assertion à valeur injonctive : « On revoit » (20, 22, 52), « vous voyez » (34, « vous imaginez » (30, 32, 33), qui engage cette fois un interlocuteur collectif, auquel peut s'identifier le lecteur.

Fiat utilise également en abondance l'anaphore, qui titre ses « poèmes » – appelons-les ainsi – à l'identique dans chaque section pour n'en faire varier que le numéro. « Scénario catastrophe » titre ainsi dix poèmes de la section « Hollywood is bad Hollywood is good ». Et le titre « Il n'y a pas de degré zéro de la langue américaine » apparaît à neuf reprises dans la section « Ground zero ».

De même, dans le premier « poème » qui ouvre la section « Visions de new york city », le double circonstant « en 2001 à new york city » est répété 18 fois ; on trouve également la variante « à new york city en 2001 » (16) ou « en 2001 new york city » (19). La première formule ouvre en outre neuf strophes de cinq vers isolées par le blanc.

en 2001 à new york city
le world trade center
est une carte postale
qui vaut 14 000 $
à cause des enchères sur le site e-Bay

> en 2001 à new york city
> le world trade center
> est un poster
> qui vaut 14 000 $
> à cause des enchères sur le site e-Bay
>
> en 2001 à new york city
> le world trade center
> est une un gadget
> qui vaut 14 000 $
> à cause des enchères sur le site e-Bay
>
> en 2001 à new york city
> le world trade center
> est une vidéo amateur
> qui vaut 14 000 $
> à cause des enchères sur le site e-Bay (19)

Tous ces blocs sont structurées par le même patron syntaxique et exploitent abondamment la répétition, au sein de laquelle la variation sur un sème commun (« carte postale », « poster », « gadget », « video amateur ») semble ne pas permettre d'échapper à l'image obsessionnelle, non plus que permettre de restaurer une causalité véritable – acceptable – dans la narration de l'événement ; il y a ici rupture trop forte d'isotopie entre le syntagme nominal sujet « world trade center » et les syntagmes attributs successifs, tout comme entre la cause et l'effet.

L'épilogue du récit de Lang est construit sur cette perception de boucle temporelle :

> Oui, j'ai vu tout cela, parfois au ralenti, parfois image par image, un temps dilaté comme au cinéma [...] Un temps dilaté, mais faut-il ajouter, un temps compressé [...] un temps compressé dans un événement en boucle, très exactement (239).

Aussi le chapitre final (« Epilogue amoureux ») est-il construit sur la répétition lexicale et phrastique : « Oui, j'ai vu » (237, 239) ; « Puis ça recommence » (238), « Et ça recommence » (241), « Puis ça recommence » (243) :

> [...] oui, je vois d'ailleurs la première tour à droite, qui s'affaisse, un effondrement parfaitement vertical, dans le sens de l'empilement et de la compression, plafond sur plancher sur plafond sur plancher, cent dix fois, qui s'empilent, me

> semble-t-il, jusqu'aux sous-sols, chassant loin alentour la moindre molécule d'air, de vide, de poussière. (240)
> Nous voyons la deuxième tour qui s'effondre avec la même verticale rigueur, plafond sur plancher sur plafond sur plancher, cent dix fois, gravitation parfaite, tout droit vers le centre de la Terre, sans jamais sortir de son périmètre de construction, un affaissement sur soi, exact, semble-t-il. (242)

Le texte, par ses redites obsessionnelles de l'événement déjà narré dans le chapitre « Rendez-vous », p. 100-114, restitue donc la sidération liée à la répétition de l'événement : effondrement d'une tour, puis d'une autre, et que les images télévisuelles ont largement amplifiée, mettant en abyme sa répétition même par leur multiples rediffusions. C'est bien la représentation qui s'affole dans cette démultiplication infinie des mêmes images et des mêmes discours.

C'est encore la répétition obsessionnelle qui structure le roman graphique de Colin & Cilluffo. 29 vignettes introductives, rectangulaires, emplies de texte (le descriptif minuté des attentats jusqu'à l'impact) et dépourvues de graphisme, cèdent la place à 6 vignettes vides, avant que le dessin seul ne prenne le relais dans la dernière vignette montrant de la fumée rasant le haut d'un immeuble.

Leur forme rectangulaire annonce alors la graphie de l'ensemble de l'album. Dans les six chapitres qui suivent, le quadrillage est omniprésent, figure géométrique structurant les dessins eux-mêmes : carrelage des murs et des sols (12, 15), des fenêtres (15, 20), grillages des fenêtres (23), échelles. Le dessin fait souvent l'objet d'une réduplication, il est reproduit sans aucune modification : enchaînement vertical à l'identique de deux fenêtres, un balcon et une échelle à sept reprises (35) ; démultiplication d'une porte d'ascenseur, et d'une porte du bureau (11), dont on ne sait trop s'il s'agit de portes distinctes mais construites sur le même modèle au sein d'une grande entreprise, ou de la même porte reproduite par le crayon pour signifier l'écoulement du temps, ou son absence d'écoulement. La ligne brisée rédupliquée de la graphie reproduit sans fin encore la silhouette des immeubles de Manhattan se découpant dans le ciel (10) ; elle définit aussi les personnages se réduisant de manière parfois très nette (32) à des montages de carrés et de rectangles. Cette ligne brisée et enfermante souligne donc dans ses redites obsessionnelles la perte des repères d'un individu déshumanisé : « j'avais tout fait pour m'intégrer, me dissoudre dans le flux » (11) ; « peu à peu mes repères se dissolvent » (53).

Mais la ligne ne s'estompe pas, ne se « dissout » pas ; la rigidité angulaire persistante signale un enfermement mécanique. Dans son appréhension linéaire et géométrique du monde, le narrateur définit son traumatisme par la géométrisation de son univers : « Nous arpentions un espace inédit, régi par des lois que nous commencions tout juste à appréhender. New York était une carte, et mon existence était une ligne sur la carte, une ligne toujours fuyante ». (15) La géométrisation par réduplication des formes est autant une manifestation du non-sens qu'un refuge à celui-ci. À cet enfermement privé de repères, fait écho le choix des temps. Si le roman graphique se présente initialement comme un récit rétrospectif, dont le temps dominant est l'imparfait, ce tiroir verbal est justement dépourvu de bornes initiales et finales. Or, cette rétrospection disparaît peu à peu. Le discours direct au présent s'étend, et même le récit de rêve (52-55) se fait au présent. La démultiplication des énoncés à l'infinitif, privés d'ancrage énonciatif en rend bien compte : « faire le choix de ne pas faire le choix » (40), note le narrateur, « rester en marge », « différer l'instant » (41), « retourner vers le passé » (87), « disparaître ici » (107). Ceci va de pair avec l'effacement progressif de la voix narrative, bientôt suivie par celle des personnages : les derniers chapitres ne restituent que le discours direct des personnages, isolant l'adverbe « Maintenant » dans le hors cadre (99), et finalement s'achevant sur des dessins muets.

Or, derrière ces redites de l'événement arrêté, c'est bien la logique causale qui se trouve malmenée et qui fait qu'on ne peut faire de ces segments répétés des « récits répétitifs » au sens où l'entend Genette. Non sans lucidité, Salmon note :

> L'attentat terroriste vise à désarticuler la grammaire du récit dominant (les expressions toutes faites des journaux). Non pour lui opposer un autre récit (un programme, un communiqué) mais pour ruiner la compétence narrative du pouvoir en place[1].

« UNE LOGIQUE HÉTÉRO-NARRATIVE » (26)

Or, la mise en cause touche plus largement le récit, répétitif ou pas. Philippe Hamon rappelle que la structure narrative « fait appel chez le lecteur à une compétence de type logique[2] » ; Barthes, pour sa part, en

1 Christian Salmon, *op. cit.*, p. 26.
2 Philippe Hamon, *Du Descriptif*, Paris, Hachette supérieur, 1993, p. 40.

rend symbolique l'usage du passé simple comme « expression d'un ordre[1] » par lequel « le récit échappe à la terreur d'une parole sans limite[2] » :

> Par son passé simple, le verbe fait implicitement partie d'une chaîne causale, il participe à un ensemble d'action solidaires et dirigées, il fonctionne comme le signe algébrique d'une intention ; soutenant une équivoque entre temporalité et causalité, il appelle un déroulement, c'est-à-dire une intelligence du Récit[3].

C'est bien cette intelligence du récit, qui à divers degrés, est mise à mal dans notre corpus, non seulement par la désorientation chronologique qui frappe toute perception du réel après les événements, mais encore par l'absence de réponse à la question « Pourquoi ? ». Tous nos textes mettent en question ce lien logique causal, l'évinçant radicalement ou le sollicitant jusqu'à l'absurde.

Ainsi, le projet de Vinaver exclut-il la cause pour ne mettre en évidence que le discours, et au sein des discours laisse-t-il la place au récit partiel des seuls survivants, ceux qui ont échappé à la tragédie.

Le texte de Bouvet est totalement dépourvu de lien causal, à l'exception d'une seule proposition :

> je vous propose
> des crashes
> puisque nous ne cessons
> d'en recevoir
> des crashes
> incroyables (88)

Or, la conjonction « puisque », on le sait, a cette particularité remarquable de justifier non l'énoncé, mais l'énonciation de la proposition principale, ou d'en affirmer la validité[4]. Ce qui est justifié ici n'est pas l'événement, en effet, mais, en somme, la boucle médiatique qui conduit à re-présenter sans fin le même événement, filmé sous de multiples angles.

Le projet narratif de Beigbeder est, quant à lui, tout entier construit sur la conscience de l'impossible réponse à apporter au « Pourquoi ? » ; aussi choisit-il, apparemment de développer le « comment » :

---

1 Roland Barthes, « L'écriture du roman » in *Le Degré zéro de l'écriture* (1953), *Œuvres complètes*, *op. cit.*, tome I, p. 190.

2 *Ibid.*

3 *Ibid.*, p. 189.

4 Martin Riegel et *alii*, *Grammaire méthodique du français*, Paris, PUF, 1994, p. 507.

> Quand on est incapable de répondre à la question : « Pourquoi ? » il faut au moins tenter de répondre à la question : « Comment ? » (288)

À quoi fait suite l'énoncé de la quatrième de couverture :

> Le seul moyen de savoir ce qui s'est passé dans le restaurant situé au 107e étage de la tour nord du World Trade Center, le 11 septembre 2001, entre 8h30 et 10h29, c'est de l'inventer.

Cependant, la plupart des citations en exergue des chapitres sont relues au filtre de l'événement ; elles acquièrent ainsi un caractère prémonitoire :

> Je pourrais faire le jeu des prémonitions de la catastrophe en citant *Morning has broken, Home in the sky* et aussi une chanson plus ancienne : *The view from the top can be oh so very lonely* (1967). (291)

La prémonition apparaît alors comme l'effort que fait l'homme à qui la raison, l'explication échappe, pour donner sens à l'enchaînement des événements : faute d'explication, subsiste l'établissement d'un lien par l'entremise de signifiants identiques désignant des référents distincts, mais que rien ne lie a priori. Par exemple, cette phrase de Le Corbusier est ainsi reliée aux événements du 11 septembre par le narrateur :

> *A hundred times I have thought :*
> *New York is a catastrophe*
> *And fifty times :*
> *It is a beautiful catastrophe.* (282)

Celui-ci va en outre chercher d'autres liens dans l'Histoire. La citation est suivie d'une glose rappelant qu'à Babel les archéologues ont attesté qu'il y avait deux tours : « Il était une fois les Twins Towers… en Irak. » (283). On le voit, le travail de composition du texte de Beigbeder est fait du rapprochement, de la collecte de signifiés par association d'idées autour d'un signifiant donné : l'effondrement des deux tours. Nous avons alors un texte narratorial qui échappe, malgré qu'il en aie, à l'enchaînement logique et causal du récit et découd, ce faisant, le récit au présent qu'il espérait « inventer » du personnage enfermé dans la tour :

> J'en ai marre d'écrire des romans sans issue. […] Je cherche la prochaine utopie. (298)

La « contre-narration » que l'auteur tente de forger aux événements ne parvient pas, justement, à se construire sur le mode narratif, non seulement faute d'issue, mais faute d'explication, de cause logique et se définit sur le mode de l'échec :

> À partir d'ici, on pénètre dans l'indicible, l'inracontable. Veuillez nous excuser pour l'abus d'ellipses. [...] (Sans compter toutes les phrases que je suis incapable d'écrire.) (331)

Colin & Cilluffo optent pour leur part pour un récit en apparence construit, mais qui se délite peu à peu dans ses liens logiques, frappé d'incohérence par l'irruption d'éléments irréalistes. La rupture du lien causale est, d'emblée, rendue très frappante par l'irruption des vignettes vides dans les premières pages de l'album. Elles séparent l'enchaînement chronologique et textuel des événements du dessin final (de la fumée), lui-même décalé par rapport à l'attentat et à ses conséquences directes ; et, vides de tout texte et de toute image, signalent une rupture fondamentale de la chaîne causale et temporelle.

De fait, au narrateur qui ne parvient pas à faire face lucidement au passé, correspond un récit dont le lecteur est amené à reprendre toute la trame une fois la lecture achevée : « Il y a un truc qui cloche dans ton histoire, Stanley Middle », constate son amie (71). Si l'aptitude du personnage à voler est le premier indice d'un discrédit porté au récit rétrospectif posé comme réaliste, les questions que posent sa nouvelle amie au narrateur sur sa vie antérieure et auxquelles il ne peut répondre indiquent une rupture du lien causal constitutive de son traumatisme et de la forme que prend l'album : « Pourquoi est-ce que le livre n'est jamais sorti ? » « Pourquoi est-ce que vous avez rompu ? » « Pourquoi votre enfant n'est-il pas de ce monde ? » « Et ton père ? Tu ne me le présentes jamais. C'est quoi son travail ? » (71) « Pourquoi est-ce que je ne connais rien de toi ? ». La jeune femme finit par fournir à Stanley comme au lecteur une explication partielle : « Tu te mens à toi-même, de peur que tes souvenirs te détruisent » (72), et à conduire Stanley à faire face à la réalité jusque là déniée. Cependant, on l'a vu, malgré le retour de la raison, le personnage ne reprend pas sa densité, au contraire, et plonge dans un silence que seul le poème final viendra rompre.

Enfin, chez Fiat, le lien causal est très souvent sollicité par le biais de la conjonction de subordination « parce que », ou, on l'a vu, de la locution prépositionnelle « à cause de » ; il est encore associé à une forte propension à l'expansion catalytique des relatives. Mais si le lien hypotactique, et donc logique, semble ici préservé par la subordination, il est aisé de réaliser que cette logique est au service d'une perte des repères entre monde de la fiction et monde réel[1] :

> en 2001 les crashes des quatre avions
> sont un scénario catastrophe
> qui fait peur à hollywood
> qui est une usine à rêves
> à cause des films
> colateral damage
> big trouble
> 24 4
> the agency
> alias
> the peacemaker
> x-files
> independance day (12)

En effet, l'excès de relatives dans le passage tend à déstructurer la phrase et oblitérer le lien logique véritable signalé par la locution prépositive « à cause de », dont on peut supposer qu'elle est incidente à « qui fait peur à Hollywood » et non à « qui est une usine à rêves ». Ainsi, se perdent conjointement dans la catalyse phrastique l'origine de la cause et la cause elle-même.

« DES CRISES VERBICIDES »

Finalement, la dislocation du récit en passe bien chez nos auteurs contemporains, par la dislocation de la phrase. Sans doute, note Barthes, « structurellement, le récit participe de la phrase, sans pouvoir jamais se réduire à une somme de phrases », mais, ajoute-t-il, « le récit est une grande phrase, comme toute phrase constative est, d'une certaine manière, l'ébauche d'un petit récit[2] ». Si bien que lorsque la structure phrastique est mise à mal c'est assurément le récit qui est touché.

---

1 En cela finalement assez proche de ce que mettent évidence Colin & Cilluffo, ou encore Beigbeder, chacun avec d'autres moyens.

2 Roland Barthes, « Introduction à l'analyse structurale des récits » (1966), in *Œuvres complètes*, *op. cit.*, t. 2, p. 832.

Lorsque le verbe disparaît, il n'est plus d'événement possible, et donc de narration possible.

De fait, note Salmon, la langue « connaît des crises verbicides lorsqu'elle ne laisse aux êtres parlants qu'une peau de chagrin, une enveloppe sonore faite de cris et de questions[1] », et ceci vaut en diachronie, dans une période donnée, comme en synchronie, dans la disposition linéaire globale du texte. Ce que nous pouvons observer dans notre corpus.

À certains endroits du texte, en effet, la phrase verbale disparaît au seul profit du groupe nominal, qui, s'il est prédiqué, ne l'est plus que par une prédication d'existence sous-jacente. À l'événement amené par la prédication verbale, fait donc place une suite d'objets disparates que rien ne lie les uns aux autres, sinon le fait d'être là, ensemble, dans un lieu donné, fut-il un non-lieu, « une bibliothèque sans lieu », note Lang (25), à propos du livre des disparus qu'il souhaite voir advenir et où seraient imprimés « tous les noms et les prénoms » (24), mais seulement eux.

Ainsi, Lang reproduit-il la liste des noms « extraits à la lettre L » et qui constituent la seule matière du chapitre « les noms » (31-37).

On trouve encore une accumulation intéressante d'énoncés nominaux chez Beigbeder, dans la section « 9h15 », lorsque justement aucune issue ne semble plus possible au personnage, lorsque rien ne semble pouvoir venir faire évoluer la situation positivement, rompre l'incarcération des prisonniers de la tour : « Toujours pas d'évacuation » (187) note le personnage ; à l'événement, est donc substitué, seule possibilité, un état :

> Nous sommes du métal hurlant
> Gens accrochés aux fenêtres
> Gens qui tombent des fenêtres
> Un fauteuil à roulettes abandonné
> Des bureaux à tréteaux sans tréteaux
> Une agrapheuse oubliée sur une photocopieuse
> Des placards renversés avec classeurs toujours classés
> Un agenda plein de rendez-vous urgents
> Bulletin météo annonçant 26 degrés ce matin grand ciel bleu
> Toutes les vitres soufflées
> Liquide en flamme dans les cages d'ascenseurs. (187-188)

Les ruptures d'isotopie soulignent alors souvent le désordre mental du locuteur gagné par le désordre du monde réel. Ainsi chez Colin &

---

1 *Ibid.*, p. 15.

Cilluffo, ce n'est pas tant la phrase averbale ou l'énoncé averbal qui prévaut que l'accumulation par juxtaposition de groupes nominaux compléments :

> Je pensais charnier, mariage contre nature, minéral et organique. Je pensais fichiers perdus, membres arrachés, fiches de paie, je pensais machine à café, lambeaux de peau, musique d'ascenseur, je pensais secrétaires et mémos, déprime et cigarettes, je pensais portables, cours de gym, kérosène. (20)

Observons alors que la construction indirecte du verbe « penser » est ici remplacée par une construction directe qui, associée à l'absence de déterminant, renforce l'impression d'immédiateté et d'anarchie de la perception.

Bouvet choisit plutôt d'isoler des segments de phrase dans le blanc de la page, la phrase étant ainsi défaite ; et les groupes nominaux semblent alors y tomber comme les « débris » de l'avion :

> je me suis servi
>
> des débris
>
> pour imaginer
>
> les gens
> qui tombaient du ciel
>
> un scénario
> catastrophe
>
> au bureau
>
> ce matin (61)

Ailleurs, il offre d'autres configurations visuelles de cette chute des noms :

> et nous avons vu
> des débris
>
> tasse de café
> ordinateur
> bureau
> avion
> (72)

ou encore :

> des débris
>
> ordinateur
> collègues
> avion
> (74)

Lang, qui notait sa perception aiguë d'un « temps compressé », « comme synthétique » (239), fait une utilisation remarquable du mot – nom ou adjectif – lui aussi composé autour du nom : celui-ci semble subir une compression de la syntaxe agglutinée autour d'un noyau nominal, sans aucun ligateur :

> Le son grave, feutré, chuintant, des vilebrequins-bielles-pistons-soupapes en surnombre caresse l'ouïe d'une musique de puissance, la fibre musculaire du conducteur s'en trouve dilatée-gorgée-sanguine chaque fois qu'il lance la cavalerie d'un pression plantaire sur l'accélérateur. (42)
> […] l'on ajoute pour la vue le façonnage sculptural des calandres-pare-chocs surdimensionnées qui, telles des cornes de buffle giga-mécano-mythologiques, pourraient défoncer en masse n'importe quel obstacle vivant ou déjà mort […] (43-44)
> … ça coule enfin, en goutte à goutte dans mon verre jetable miniature plastique marron[1] (57)

Que le rapport soit épithétique ou attributif, le nom fait l'objet d'une expansion accumulative et paratactique de ses caractérisants. Peut-être s'agit-il bien en effet, par ce procédé, de jeter dans le texte « des mots définitifs et incongrus qui défaisaient la cohérence fluide la journée, comme des cailloux, du sable, de la farine, désagrégeant la matière continue du temps » (16) ? Ailleurs, le narrateur envisage dans la continuité de cette perception nominale et déliée du monde ce qui semble constituer le point d'aboutissement fantasmatique et a-narratif de chacune de nos « contre-narrations » :

> Je vois une page d'écriture dont la ponctuation tomberait en bas de la feuille, laissant le texte nu, sans rythme ni scansion, sans souffle ni respiration, sans mouvement ni armature, jusqu'à ce que les mots, non tenus ensemble, se

1 C'est nous qui soulignons.

> mélangent et s'effondrent, pour constituer un amas de lettres dénués de sens en bas d'un vide blanc. (114)

Il y a donc, à vouloir dire le désordre du 11 septembre, non seulement mise en cause de la dynamique et de la logique narrative, mais mise en cause de l'unité du discours dans son interprétation ; ce qui est bien sûr contraire à l'efficacité propre à la narration.

« LE MODE DE L'INDÉCIDABILITÉ »

« L'effondrement de la confiance dans le langage ne tient pas seulement à des effets de manipulation mais à l'apparition d'un nouveau régime d'énonciation qui maintient les énoncés sur le mode de l'indécidabilité[1] » signale Salmon. C'est non seulement le constat que fait le lecteur par endroit mais encore celui que font certains des écrivains eux-mêmes. Ceci se traduit sur le plan énonciatif par un disparate des sources énonciatives qui tend à la confusion des voix et au plan sémantique, par le mélange des univers et des mondes des personnages : factuel, contrefactuel et possible s'interpénètrent multiplement.

DÉRÉALISATION DES DISCOURS

Le disparate des sources énonciatives qui ont servi à la composition de ces œuvres offre une perception éclatée du sujet parlant, dont l'identité se trouve donc mise à mal, quant elle n'est pas gommée, le discours devenant alors inassignable.

Seul Beigbeder n'efface pas la source de ses multiples collages. Son texte est ainsi truffé de références intertextuelles de sources diverses : poésie, chanson (Irving Berlin, Cat Stevens), entretiens (le Corbusier, Woody Allen), … convoquées tantôt par son personnage, tantôt par le narrateur. « Des bribes d'Amérique me reviennent », note ce dernier (294). Elles semblent convoquées pour tenter, mais en vain, de répondre à la question « Pourquoi ? » (288) des personnages cherchant à donner

1 Christian Salmon, *op. cit.*, p. 10.

un sens à l'événement ; elles apparaissent comme les bribes d'un mythe qui vient d'être atteint de plein fouet, et dont le narrateur s'efforce de collecter les morceaux. Sans doute son identité vacille-t-elle, et sans doute trouve-t-il dans ce retour aux sources matière à reconsidérer sa propre identité, généalogiquement comme relationnellement parlant ; mais « je » – celui du narrateur comme de son personnage – ne se perd jamais dans le « nous » ni le « vous » convoqués :

> Je suis mort pour vous et vous et vous et vous et vous et vous et vous. (356)
> Nous sommes pareils : même si nous ne sommes pas tous américains, nos problèmes sont les leurs, et les leurs sont les nôtres. (361)

Il n'en va pas de même des autres textes.

Chacun de ces écrits semble avoir fait sa matière vive de la démultiplication des discours des médias autour de l'événement et de la perte des repères énonciatifs qui s'ensuit. Patrick Bouvet, dont le matériau habituel est exclusivement constitué de discours empruntés aux médias, s'en est expliqué à plusieurs reprises :

> Je me suis donc mis à collecter pleins d'articles de journaux, photos, puis les ai collés dans des cahiers, avec comme direction une interrogation sur le pilonnage incessant des médias, sujet certes rabâché, mais, voilà, nous sommes les produits d'une époque dont on ne peut se défaire[1].
> Le 11 septembre, un ami m'a prévenu par téléphone. Très vite, j'ai branché le magnétoscope et j'ai tout enregistré. Un peu par automatisme : depuis des semaines, je suis devant ma télé [...] J'enregistre des émissions, je prends tout ce qui passe et je retranscris. Ce jour-là, je suis resté devant le poste douze heures de suite, très souvent debout, dans un état de fébrilité complète. Les médias continuent de traiter l'info de la même manière, toujours plus spectaculaire[2].

Bouvet choisit donc de fondre systématiquement les sources énonciatives de ces discours, et d'en gommer toute possibilité d'identification et de différentiation, afin, semble-t-il de mettre en évidence l'aliénation de notre propre discours par les médias : « j'en suis moi-même victime,

1 En ligne, consulté le 14 avril 2009 : http://www.fluctuat.net/livres/interview/patrick_bouvet.htm

2 En ligne, consulté le 14 avril 2009 : http://lmp.uqam.ca/compte-rendu/147. Il s'agit de la retranscription d'une interview donnée sur France Culture.

lorsque je pense sortir une phrase personnelle on s'aperçoit après coup qu'elle est contaminée. [...] Mon but est de me servir du langage des médias pour révéler ce qui se cache en filigrane[1] ». C'est donc le dialogisme passif, résultant d'un donné linguistique et non d'une volonté, c'est l'hétérogénéité langagière constitutive de tout discours, et mise en évidence par Bakhtine que Bouvet exploite ici : « Pour se frayer un chemin vers son sens et son expression, le discours traverse un milieu d'expressions et d'accents étrangers [...]. [Il] pénètre dans ce milieu de mots étrangers agité de dialogues et tendu de mots, de jugements, d'accents étrangers, se faufile dans leurs interactions compliquées, fusionne avec les uns, se détache des autres [...][2] ». Le discours contient donc « la trace d'une négociation qui consiste [...] à reconnaître cette non-coïncidence radicale du discours à lui-même, cette extériorité dans laquelle se produit le sens des mots [...], mais sous la figure protectrice d'un fait ponctuel, circonscrit, de rapport à un (des) autre(s) discours particulier(s)[3]. Or, ici, Bouvet choisit de ne pas circonscrire, de ne pas offrir au lecteur cette « figure protectrice » mais de faire avec la « frontière absente » et l'incertitude inhérente à une hétérogénéité textuelle non balisée. Effaçant les sources de ces discours rapportés, il construit ainsi un sujet parlant sans contour, un énonciateur privé de toute structure, une voix indécidable et éperdue.

Ponctuellement, et donc de manière relativement plus rassurante, si l'on s'appuie sur la remarque précédente de Jacqueline Authier, Lang choisit d'effacer lui aussi la source énonciative de ces voix et les fond dans son propre discours qui en absorbe momentanément les « je » épars ; il s'agit cette fois des voix de ceux qui ont reçu un appel téléphonique en provenance d'un des avions, et dont il n'est précisé ni à qui elles appartiennent, ni à qui elles s'adressent :

> Comprenez, j'étais à verser le lait dans le bol des enfants, on bavarde, on rit, le téléphone sonne...

1 En ligne, consulté le 14 avril 2009 : http://www.fluctuat.net/livres/interview/patrick_bouvet.htm

2 Michael Bakhtine, *Esthétique et théorie du roman*, Paris, Tel Gallimard, 1978, tome 2, p. 115.

3 Jacqueline Authier, « Non coïncidences énonciatives dans la production du sens », *Linx*, n° 19, 1988, p. 25-28, p. 25.

> Comprenez, j'étais à passer l'aspirateur à l'étage, j'entends confusément la sonnerie dans le hall...
> Comprenez, j'étais à lire tranquillement le journal dans un fauteuil du living, zut ! ça sonne...
> Comprenez, j'étais à courir sur le trottoir de Preston Street, j'allais rater mon train, mais le mobile sonne et sonne, et j'ai fini par répondre et...
> Comprenez, j'étais au bureau, en fait dans une réunion d'experts, je ne voulais pas qu'on me dérange, on me dit : c'est très urgent, tu dois prendre la ligne...
> Comprenez, nous dormions ma femme et moi, il était 7 heures sur la côte Ouest, le téléphone nous a réveillé en sursaut et...
> Comprenez, j'étais dans le garage à m'échiner sur les boulons grippés de la roue crevée, j'avais les mains sales, j'allais être en retard à l'usine, le téléphone n'arrêtait plus de sonner, finalement je vais décrocher et... (17-18)

La voix commune du chœur chez Vinaver est elle aussi nourrie de discours inassignables ; sans autre source identifiable possible que celle que précise la didascalie « chœur », cette voix sans « je » récite des fragments, titres de journaux peut-être, de chansons, bribes de témoignages, phrases verbales, averbales, ou simples mots clefs entendus en boucle dans les médias, en deçà même de toute structure phrastique, pour devenir ritournelle dont seules les récurrences sonores semblent valoir :

> CHŒUR
> *The People You Need are Only a Touch Away*
> *Attackers neither Mad nor Desperate* (25)
>
> CHŒUR
> *Hi*
> *Jacked*
> *Hi*
> *Jacked Jets Jackety Jets*
> *Hijacked Jets [...]* (23)

Cet entrelacs des discours chez Vinaver s'exprime encore, quoique de manière moins radicale, et donc plus intelligible, par le choix d'une présentation du texte en deux versions conjointes, et davantage encore par le maintien, dans la version française, des paroles du chœur en américain. Plus largement, et comme le note Claire Despierres, « les données prises en compte ou produites par les médias (et reprises dans la pièce) possèdent un empan discursif d'une exceptionnelle largeur : l'enregistrement des conversations téléphoniques ou radio entre les passagers des avions détournés et la tour de contrôle, des témoignages de rescapés des tours recueillis par la presse (interviews), les discours publics tels ceux de Bush, Rumsfeld, Ben Laden, les prises de position des traders commentant la situation sous l'angle de son impact économico-financier, le feuillet d'instruction des terroristes (à suivre lors de l'action terroriste), le testament d'un des terroristes[1]. »

Par l'entrelacs de ces discours morcelés, le dramaturge vise cependant à en souligner les similitudes par-delà le marquage des frontières qui les sépare. S'agissant par exemple de des discours de Bush et Ben Laden, leur restitution par jeu croisé de segments phrastiques renvoie ainsi dos à dos les deux vérités, les deux offensives :

> Ben Laden
> Dieu est le plus grand
> Bush
> Nous ne fléchirons pas
> Ben Laden
> Ces événements ont divisé le monde
> Bush
> Nous ne nous lasserons pas
> Ben Laden
> En deux camps
> Bush
> Nous ne défaillerons pas
> Ben Laden
> Le camp des croyants
> Bush
> Et nous n'échouerons pas
> Ben Laden
> Et le camp des mécréants
> Bush
> La paix et la liberté l'emporteront
> Ben Laden
> Que Dieu nous protège
> Bush
> Que Dieu nous bénisse (p. 67-71)

D'autres auteurs signalent également la frontière toute artificielle qui sépare les discours, quitte à la remettre en cause ensuite.

1 Claire Despierres, « Des pièces "écrites aux ciseaux" : *11 septembre 2001* de Michel Vinaver et *La Villa* de Philippe Minyana », in La langue littéraire à l'aube du XXIe siècle, dir. Cécile Narjoux, Dijon, EUD, 2010, p. 217. *op. cit.*

Cette frontière discursive est ainsi rendue visible, chez Fiat, par l'hétérogénéité typographique qui, dans la section 3, « Visions de new york city » – au pluriel significatif –, utilise cinq polices de caractères différentes, et joue encore de la taille des caractères et de l'alternance des majuscules et des minuscules. La section 5 du recueil est remarquable non seulement par l'alternance de deux polices de caractères mais encore par celle, parallèle, de textes français et américains. Il semble que les textes américains soient des extraits de journaux relatant les représailles américaines en Afghanistan, mais ceci n'est pas précisé :

> *GREEN BERTES OPERATE IN SMALLER NUMBERS (THE BASIC UNIT IS THE 12-MEMBER A TEAM) AND MORE STEALTHILY* (93)

Ailleurs, au contraire par la récurrence anaphorique de la construction « il dit que » à onze reprises (29-34), dont la référence du pronom n'est jamais explicitée, Fiat ne permet pas au lecteur de trancher en certitude pour un seul locuteur ou pour plusieurs. Nous avons enfin pu constater qu'à d'autres endroits de son texte, il rendait son énoncé indécidable en jouant principalement sur l'incidence de la complémentation adverbiale.

Plus discrète, la confusion des discours chez Colin & Cilluffo passe par l'entrelacs des séquences réelles et des séquences rêvées ou remémorées ; elle se traduit elle aussi par l'indécidabilité de certains énoncés :

Ainsi l'énoncé suivant : « je n'avais pas désiré la revoir, c'était venu comme ça. Je me sentais perdu, et elle était la seule à qui je pouvais parler » (56) peut-il être interprété comme :

- ce que dit Stanley à sa nouvelle amie, à propos de Marion
- ce que pense Stanley à propos de sa nouvelle compagne.

Le flottement interprétatif, lié à l'emploi anaphorique du pronom « elle », dont le référent reste mal défini, est amplifié par l'absence de phylactère. L'indécision se poursuit avec la remarque suivante de Stanley, amenée en deux temps sur le dessin : « je te jure » est inséré sans phylactère, « j'avais envie de l'étrangler » est dans un phylactère. Le pronom anaphorique élidé renvoie-il encore une fois à Marion, dont la rencontre serait à la fois souhaitée et refusée ? ou au « psy » que va voir Stanley sur les conseils de son père, et qui pratiquait la technique du rêve éveillé ?

En somme, la fusion des discours, « la fusion de l'hétérogène[1] » trouve son accomplissement dans le discours « confondu » et frappé d'inintelligibilité du chœur de Vinaver, ou dans l'écriture incantatoire de Bouvet, mais semble se constituer en trait de style de cette littérature.

INDÉCIDABILITÉ DES ÉVÉNEMENTS

Ceci est corroboré par l'entrelacs des différents univers présentés[2] – et des différents mondes – au sein de chacun de ces univers – factuel, contrefactuel ou possible. Le roman graphique de Colin & Cilluffo qui, nous l'avons vu, exploite largement la confusion mentale du personnage aux prises avec le déni des événements de sa vie, en constitue un bon exemple. Les envolées du personnage, sont ainsi factuelles dans son univers ; mais contrefactuelles dans le nôtre. Ces envolées correspondent à son retour vers le passé, il y a donc là encore, pour le lecteur, irruption redoublée du contrefactuel.

Cette confusion est reprise au niveau du dessin. Le dessinateur procède très souvent à la confusion des niveaux entre rêve et réalité : les contours noirs des personnages semblent signaler leur degré de réalité au regard du narrateur. Aussi, le narrateur et le fantôme de l'éditrice de sa compagne sont-ils d'abord dessinés en noir (90-91), puis le trait noir n'est plus réservé qu'au narrateur tandis que le trait gris est utilisé pour dessiner l'éditrice et son environnement (92). Ainsi, tout le passage au conditionnel (« ils ne seraient que des ombres », 78) est-il dessiné en traits gris, confirmant la conscience qu'a le narrateur de l'irréalité de la rencontre avec Marion, son ex-compagne. Le narrateur est alors en mesure de faire la part entre monde factuel et contrefactuel dans son propre univers. Ce que son discours va corroborer un peu plus loin :

> J'aurai pu y consacrer des années entières. Comme ces types que les fées entraînent pour la danse d'une nuit,
> et qui finissent par réaliser que cinquante ans ont passé. (88-89)

En effet, dans ce passage, la comparaison et la référence à un univers pour lui contrefactuel (« les fées ») signale une prise de conscience relative

1 *Ibid.*

2 « Un univers est l'ensemble des graphes thématisés associés à un acteur dans un intervalle déterminé du temps textuel », François Rastier, *Sens et textualité*, *op. cit.*, p. 83.

d'une impossibilité de ce qu'il vit, ne serait-ce que par le marquage d'une frontière à l'aide de l'outil comparant.

Au contraire, les séquences précédentes où Stanley rencontre Marion ne sont marquées d'aucune distanciation énonciative : nous passons sans transition d'un événement supposé réel (46, 56) à un souvenir, à moins qu'il ne s'agisse d'un rêve (47-48, 57-58) : ni le discours narratorial, ni le dessin ne nous permettent de le savoir : une confusion s'opère entre monde factuel et monde contrefactuel. Seule une seconde lecture, nourrie des révélations finales, permet la réinterprétation de ces séquences, comme étant l'entrée dans l'univers du personnage, qui contrairement aux apparences, ne coïncide pas avec le nôtre.

C'est plutôt sur un fond de confusion entre réel et fiction que travaillent aussi bien Fiat que Bouvet. Ce dernier, par son travail de transpositions de segments d'un énoncé à l'autre met en évidence la déréalisation des événements au crible des images transmises par les médias. Ainsi, au bloc liminaire :

> avez-vous des nouvelles
> concernant d'autres avions
> qui circuleraient dans le ciel
> d'autres avions
> qui représenteraient un danger
> potentiel (9)

substitue-t-il, dix pages plus loin :

> avez-vous des nouvelles
> d'autres images
> qui circuleraient dans le ciel
> d'autres images
> qui représenteraient un danger
> potentiel (19)

Au final, après disparition d'une comparaison (« comme des spectres », 102), le spectateur devient lui-même spectacle, un brouillage totale des frontières entre réel et fiction, entre réel et irréel s'est opéré :

> regardez
> c'est nous
> sur cette vidéo amateur

> là
> les spectres qui traversent
> les images
> depuis plusieurs heures
> maintenant (106)

Fiat met pour sa part davantage en évidence, on l'a vu, le lien des événements avec les fictions cinématographiques, les films-catastrophes dont l'Amérique est friande :

> parce que nous avons des corps
> qui sont capables de créer
> une nouvelle vie
> qui est une vie non organique
> qui enserre le monde
> dans des images spectaculaires
> qui sont un mix d'images fixes
> et d'images animées (49-50)

> parce que l'attaque
> du world trade center
> par les terroristes
> est une attaque qui puise
> dans notre mémoire
> qui est une mémoire nourrie
> par le cinéma de destruction hollywoodien
> qui est un cinéma qui montre
> dans des montages spectaculaires
> d'images fixes et d'images animées
> les crashes dont tout le monde rêve
> à cause de l'usine à rêve d'hollywood (40)

Aussi multiple-t-il les comparaisons et les métaphores, mais également, comme Bouvet, les échanges de segments et les répétitions lexicales, pour associer, au point qu'ils finissent par se confondre, réel, fiction et fantasme « dans un montage spectaculaire d'images fixes et d'images animées qui ne serait pas un spectacle mais qui serait une hallucination » (48).

Beigbeder recourt lui aussi aux comparaisons avec la fiction, les comics et les films-catastrophes, en convoquant dans la bouche des enfants, ou même du père, les pouvoirs des superhéros. Ce semble être à première vue moins pour confondre réel et réalité qu'au contraire pour en marquer la frontière (« ce n'est pas un jeu », 142 ; « Non, David, je ne suis pas Superman ! », 237). Mais si cette frontière reste pour le moins mal définie dans la tête de l'un des enfants qui refuse d'accepter que son père ne puisse les sauver, on peut constater que la déréalisation opère partiellement aussi chez l'adulte, ce que souligne la comparaison finale :

> – So, Dad, you're not a super hero ?
> C'est à 9h41 que David, qui n'avait jamais pleuré de sa vie, s'est mis à pleurer. Oh, pas tout d'un coup, non, il prenait son temps pour découvrir ce qui lui arrivait. Les coins de sa bouche se sont affaissés, formant un accent circonflexe, comme dans les comic-strips de Charlie Brown. (267)

Lang, enfin, commente plus qu'il n'exploite, sinon par la répétition, cette conscience aiguë d'une déréalisation de l'événement :

> Demeure pourtant soupçonneux envers ces images qui ne livrent aucun indice visuel de réalité plus réelle que le cinéma de Hollywood. C'est la même facture, ce sont les mêmes plans, les mêmes cadrages, les mêmes points de vue : proches, lointains, en surplomb, en contre-plongée, caméra sur l'épaule, sautillante, balayante. Ce sont les mêmes bruits : appels, clameurs, sirènes d'urgence urbaine. Ce sont les mêmes mouvements de foule qu'un fléau poursuit, la même terreur, la même course éperdue des uns, la même hébétude et la même prostration des autres… (113)

« Ce n'est pas tant, note Salmon, que le mensonge soit devenu la norme et que la vérité soit interdite ou exclue, c'est leur indifférenciation qui est désormais la règle[1] ». Cette indifférenciation, on le voit, est largement exploitée tant au plan sémantique qu'au plan du énonciatif ; les énoncés sont alors maintenus, effectivement, et référentiellement, « sur le mode de l'indécidabilité ».

MISE EN CAUSE DU LITTÉRAIRE

Cette hybridation désubjectivante, assurément toute bakhtinienne, fonde sans doute l'écriture littéraire. Cependant, ici très marquée, dans

1 Christian Salmon, *op. cit.*, p. 10.

sa schématisation et sa systématisation, elle met non seulement à mal le chronotope fondateur du récit et la représentation du personnage, la possibilité même d'élaborer une narration. En effet, elle ne vise pas tant la recherche du sens que la valorisation d'un signifiant qui ne renvoie parfois plus qu'à lui-même, et à sa seule profération.

Au-delà d'une « impossible » narration, c'est une « représentation impossible[1] » qui est exprimée dans ces œuvres engageant de fait des systèmes de signes qui n'appartiennent pas au littéraire[2].

ÉCHAPPER À LA LIGNE

C'est principalement l'image qui est convoquée et qui s'attaque aux « dispositions les plus fondamentales[3] » du texte dans sa lisibilité intrinsèque, à savoir sa linéarité.

L'ouvrage qui rend immédiatement visible une perturbation grave de la représentation est *World trade Angels*, réalisé à deux auteurs, Colin & Cilluffo, un romancier et un dessinateur, qui allie donc textes et dessins, dans un genre hybride, le graffic-novel, qui dit, par la composition du mot, l'insuffisance du seul média langagier et linéaire pour la réalisation du projet indiqué en exergue du recueil sous la forme d'une citation de Don De Lillo : « créer la contre-narration ».

À cet égard, les 5 vignettes vides déjà évoquées de l'introduction de l'ouvrage réitèrent ce que semble signaler le choix du genre hybride, à savoir la défaite de la parole.

On observe également des ruptures de perspectives inhabituelles dans les jeux de contrastes ainsi créés ; le dessin, tantôt linéaire au point de faire disparaître la profondeur (11), tantôt à peine ébauché (61), comme inachevé, semble chercher un angle de vue sur l'événement à relater : le point de vue est parfois surplombant (17, 24, 46, 50), et offre une vue de haut tout en à-plat ou au contraire, vertigineuse, par le retour de la perspective. La déstructuration de l'espace est aussi perceptible dans le débordement du dessin ou du texte dans les marges (36, 37... 90) et jusque dans l'absence de phylactère[4].

---

1 Anne-Marie Christin, *L'Image écrite ou la déraison graphique*, Flammarion, 1995, p. 142.

2 *Cf.* Cécile Narjoux, « Visibilité du récit contemporain ou la ligne excédée » in *Non, la langue littéraire n'est pas morte !* (dir. C. Narjoux), EUD, à paraître.

3 Bruno Blanckeman, *Les Fictions singulières*, Paris, Prétexte éditeur, 2002, p. 89.

4 « Un phylactère est un moyen graphique utilisé en illustration puis en bande dessinée pour attribuer des paroles aux personnages. Il est habituellement constitué d'une forme

Dans ce bouleversement de l'espace, qu'éprouve physiquement le narrateur par son aptitude à voler (40, 87), nous l'avons vu, c'est aussi la mort du temps qui est mise en œuvre : « le temps ne s'écoulait plus à présent, il s'effondrait » (34), observe le narrateur-personnage. De fait, la chronologie de l'histoire est déroutée ; effets de prolepse et d'analepse s'enchevêtrent qui rendent incertains tant le déroulement de la vie du narrateur depuis les attentats que la véracité de ses souvenirs, frappés eux aussi, nous l'avons vu, d'irréalité. On a vu que ses énoncés à l'infinitif en rendaient aussi remarquablement compte. Espace et temps sont étroitement corrélés en un chronotope qui dit assurément la perte des repères. Le roman graphique nous offre un récit anachronique auquel correspond l'anatopie de sa mise en espace. L'homme lui-même, « souffre d'un déficit de substance », « n'occupe(s) plus l'espace », et, devenu « une saloperie de fantôme » (28), semble réduit à quelques formes géométriques de base, instables dans un espace et un temps désintégrés.

Si Beigbeder fait lui aussi intervenir une autre sémiotique dans son texte, c'est plus ponctuellement, en insérant 3 photographies dans son texte :

- le « génie du mal » sur le monument du cimetière Montparnasse « érigé en l'honneur de Baudelaire » (148)
- « ce qu'il regarde » (149), à savoir « le génie du mal trône face à la tour Montparnasse » (148)
- « le bien triomphe du mal » (300) : « une statue de saint Georges terrassant un dragon qui ressemble étrangement à un fuselage d'avion » (299)

L'auteur semble avoir eu surtout une visée illustrative. Toutefois, si ces trois photographies sont présentes, c'est qu'elles suggèrent aussi la défaite des mots : l'image a plus de force suggestive que les mots, plus de vérité lorsqu'il s'agit de prouver une ressemblance, ou la véracité d'une assertion.

---

ovale ou rectangulaire avec des coins plus ou moins arrondis. Le lien entre la bulle et le personnage est fait de façon continue à l'aide d'une extension pointue pointant de la bulle vers le personnage lorsqu'il s'agit de paroles ou à l'aide de plusieurs cercles de grandeur décroissante dont l'ensemble pointe vers le personnage lorsque le personnage réfléchit. Dans ce dernier cas, les cercles peuvent être remplacés par des formes de nuages. » (Source : http://fr.wikipedia.org/wiki/Phylactère, consulté en ligne le 9 avril 2009).

Plus loin, enfin, p. 366-368, une section entière, la dernière, est structurée en deux colonnes. L'heure qui titre la section (« 10h28 ») est écrite verticalement. C'est la dernière heure, comme le narrateur avait pris soin de le préciser au début du récit :

> On sait que la tour Nord [...] fut la première touchée et la dernière à s'effondrer, à 10h28 précises. Il y a donc un laps de temps d'exactement une heure trois quarts. L'enfer dure une heure trois quarts. Ce livre aussi. (18)

Les sèmes de la verticalité prolifèrent dans la section :

- verticalité descendante et destructrice : « décadent », « chute », « kamikaze », associés par conséquent à l'image de la « mort » et du « néant » ;
- mais aussi verticalité ascendante : « monter », « lever », « soulever », « s'envoler ».

Une perte des repères est esquissée dans le rapprochement d'espaces incompatibles qui forment « ce chaos » dans lequel le narrateur cherche tout de même son « bonheur » : « les oiseaux s'envolent vers les étoiles mortes » ; « l'embouchure de la rivière polluée se confond avec le ciel » ; « quelque part au loin, sur la mer, la lune ne va pas tarder à se refléter » (368).

Au-delà du mimétisme sans doute recherché entre les colonnes du texte et les deux tours disparues, la verticalité mise en évidence vient perturber la linéarité de la lecture et suggérer un sens qui déborde les possibilités offertes par la seule écriture linéaire.

Tandis que Fiat se contente de jouer, on l'a vu, avec les possibilités graphiques offertes par les jeux de police et de taille de caractère pour engager un autre rapport à la lecture, Patrick Bouvet utilise lui aussi l'espace de la page pour échapper à la ligne, déstructurer sa phrase et signifier la perte des repères spatio-temporels, mais il le fait de manière beaucoup plus radicale, s'agissant de linéarité langagière, et sans recourir au dessin. À l'absence totale de ponctuation et de majuscule, s'ajoute la présentation du texte en segments phrastiques autonomes, tantôt en milieu de page, tantôt à droite, tantôt à gauche ; l'auteur exploite largement le blanc de la page pour signifier la rupture du linéaire :

> je lève la tête
> et je vois
> le bureau

qui s'effondre

je vois

le Pentagone qui s'effondre

je vois

le ciel

qui s'effondre
(77)

Le lecture s'en trouve également verticalisée, comme le suggère l'anaphore de « je vois » rendue très visible par sa disposition en colonne ; à la « tête » levée initiale (« je lève la tête ») correspond une description descendante de l'espace (« qui s'effondre », de fait), dont l'élément le plus représentatif (« le ciel ») se trouve placé en bas de page. Conforatnt cette perturbation de la disposition du texte, es blancs soulignent en outre un écoulement du temps inhabituel (parce que suspendu et dérouté dans son filage linéaire attendu).

Chacun de ces univers souligne donc la décomposition des « formes du monde spatio-temporel[1] ». En perturbant les « lignes narratives » et en optant pour les « figures visuelles[2] », ils disent assurément « l'impasse de l'écriture[3] » face à un événement, qui met à mal l'idée de solide chronotope littéraire, envisagé par Bakhtine, grâce auquel « le temps se condense, devient compact, visible pour l'art, tandis que l'espace s'intensifie, s'engouffre dans le mouvement du temps, du sujet, de l'Histoire[4] », et permet d'établir consécutivement « l'image de l'homme », « image toujours essentiellement spatio-temporelle[5] ». Commentant la nouvelle de Joseph Conrad, *L'Agent secret*, qui met en œuvre « l'acte de terreur absolu[6] », selon lui emblématique des événements du 11 septembre, Salmon note, de fait, dans « Le ground Zero du récit[7] » :

1 *Ibid.*, p. 311.
2 *Ibid.*, p. 90.
3 Roland Barthes, *Le Degré zéro de l'écriture*, Paris, Le Seuil, coll. Points/Essais, 1972, p. 65.
4 Mikhaïl Bakhtine, *Esthétique et théorie du roman*, Paris, Gallimard, coll. Tel, 1978, p. 237.
5 *Ibid.*, p. 238.
6 Christian Salmon, *op. cit.*, p. 23.
7 *Ibid.*, p. 21-29.

> [...] la cible visée dans le roman de Conrad était particulièrement bien choisie. En s'en prenant à l'observatoire de Greenwich, on s'attaque aux repères spatiotemporels sans lesquels il n'est pas de récit possible [...]. Frapper le méridien de Greenwich, c'est visée les coordonnées d'une expérience possible, c'est-à-dire ruiner les conditions de possibilité d'un récit. Et produire un effet de sidération. Un décrochage narratif[1].

Il semble donc impossible décidément d'envisager nos textes comme des narrations, au vu même de leur rapport problématique au linéaire et donc au littéraire. L'opposition marquée par la préposition qui la construction par composition du nom « contre-narration » serait peut-être à prendre au sens générique du terme : « créer une contre-narration », ce serait finalement engager l'écriture dans un genre non narratif.

ÉCHAPPER AU GENRE

De fait, l'inscription de ces textes dans un genre établi[2], s'avère délicate, en somme indécidable.

Le roman graphique, traduction de l'américain *graphic-novel*, de Colin & Cilluffo, relève d'un genre mal (re)connu, défini par non tant par rapport au roman que par rapport à la bande-dessinée, comme « une publication en un tome d'une histoire complète où le texte n'est plus nécessairement encastré dans des phylactères » et où « le graphisme [...] est plus radical, les histoires sont plus complexes et les personnages souvent ambigus[3] ». Il s'inscrit d'emblée à la croisée de deux sémiotiques et donc de deux esthétiques distinctes ; ce que traduit son appellation américaine comme sa traduction française. Ce faisant, il se joue de la frontière entre littéraire et non-littéraire, voire para-littéraire, à supposer même que l'on fasse de l'album de bande-dessinée une œuvre ne fût-ce que para-littéraire, étant donnée la place qu'y occupe le graphisme, et l'intérêt supposé faible du travail d'écriture.

Il semble pourtant que ce positionnement intermédiaire constitue, de manière significative, une tentative de réponse à la question de

1 *Ibid.*, p. 26.

2 À supposer que le récit soit un genre textuel, ce dont doute par exemple fortement Rastier qu'aucune approche linguistique du récit ne convainc : « la notion de récit, trop vague, doit être abandonnée faute de capacité descriptive », in *Sens et textualité*, Paris, Hachette, 1989, p. 81. *Cf.* aussi p. 71.

3 Source en ligne : http://fr.wikipedia.org/wiki/Roman_graphique consultée le 9 avril 2009.

« l'impossible contre-narration ». Il est ainsi assez emblématique que les dernières pages du roman graphique soient muettes, dépourvues du moindre mot, et dessinent l'envolée fantomatique, page à page, d'un roman « jamais paru » (98), dont « l'éditeur a fait faillite au lendemain du 11 septembre » parce que ses « locaux étaient situés dans l'une des tours » (*ibid.*). La dernière page du roman graphique, pourtant, n'est pas une image mais un texte, un poème, « Les anges – les anges au bord de l'abîme » (117). Si la narration, et même la représentation visuelle, semblent mises à mal, subsisterait donc la possibilité d'une « voix » lyrique (« Il y avait une voix, comme on dit, quelque chose de solide, une sorte de trouble dense », note le libraire interrogé par le narrateur au sujet de l'œuvre jamais publiée de sa compagne, et il ajoute : « Finalement, il n'y a que les voix qui m'intéressent » (98). Ces voix présentées hors cadre sur le mode contrefactuel de l'irréel, ouvrent de la sorte la voie à une possible échappée belle de la représentation, au-delà du scriptible et du « dessinable ».

De fait, le personnage narrateur est, sur le plan graphique, à peine esquissé de quelques traits tout au long du roman graphique, et pose ainsi tant visuellement que discursivement à chaque page la question de son identité et de la crédibilité de son propos. Dans les dernières pages, nous le voyons courir, hors les marges, après les feuilles volantes du roman jeté au vent et les derniers traits qui le représentent semblent le faire disparaître, absorbé par la dernière ligne de la page.

Si l'album s'achève véritablement sur un poème, à la « littérarité constitutive[1] » indéniable, il semble mettre en scène l'impossible représentation de l'événement et de l'homme aux prises avec cet événement ; interrogeant finalement l'aptitude de la littérature à la narration, tant par les mots que par le dessin. Ce poème qui vient faire écho ou réponse à la citation en exergue de Don De Lillo « Le récit s'achève dans les gravats et c'est à nous qu'il appartient de créer la contre-narration » n'est-il pas justement pas une invitation à envisager cette contre-narration sur un autre mode que narratif ?

Si le texte de Vinaver ne pose pas apparemment de problème d'identification générique, du fait de la spécificité toute visible de l'écriture didascalique, on ne manquera pas de noter qu'il est fait référence sous

1 Gérard Genette, *Fiction et diction*, Seuil, 2004 (1991), p. 107.

le titre à l'univers de l'opéra par le terme architextuel « livret ». Cette référence à une autre sémiotique, ici musicale, est confirmée par une note liminaire de l'auteur :

> La forme se rapproche de celle des cantates et des oratorios, se composant d'airs (à une, deux ou trois voix), de parties chorales (qui, dans la version française, restent dans la langue d'origine), et de récitatifs pris en charge par un « journaliste », fonction qui peut faire penser à celle de l'évangéliste dans les Passions de J. S. Bach. (9)

En outre, Claire Despierres a fort bien montré que comment l'auteur remettait en question les frontières désormais non étanches qui séparent discours auctorial et discours des personnages et jouait des codes de l'écriture dramatique : pas de présentation des personnages à l'initiale de la pièce, didascalies énoncées pour le spectateur et non réservées au metteur en scène. Ainsi l'auteur précise-t-il dans sa note liminaire que « le nom des personnages doit être entendu ou vu au même titre que les paroles prononcées[1] ». « En donnant à entendre la voix cachée de l'auteur, elles mettent au jour et attirent l'attention sur l'origine énonciative de toute parole prononcée sur scène. Elles annulent le quatrième mur sans recourir à l'adresse directe et soulignent la situation théâtrale, l'accentuant comme situation et non comme fiction[2]. » C'est ainsi que le personnage lui-même se trouve mis à mal ; les répliques de la pièce ne servent pas à étoffer la fiction qu'il incarne, ne lui confèrent aucune profondeur psychologique ; elles sont autant de bribes de discours qui, parcellaires et multiples ne sont là que pour être proférées. Le chœur lui-même, dans son impersonnalité corrobore ce refus de toute individuation. En ce sens, cette pièce appartient pleinement à la veine du théâtre post-dramatique, qui évacue de fait l'action et même le sens comme nœud organisateur de la fiction et déporte ostensiblement sa visée hors d'elle-même et de la linéarité langagière[3] dont elle se nourrit pourtant, soulignant qu'assurément le texte théâtral est un « cas-limite de l'œuvre littéraire[4] », dans le mouvement de nécessaire théâtralisation qu'il induit. « La recherche d'un sens,

1 Michel Vinaver, *11 septembre 2001*, *op. cit.*, p. 9.

2 Claire Despierres, *op. cit.*, à paraître.

3 *cf.* Cécile Narjoux et *alii*, « Texte théâtral, théâtralité et théâtralisation » *in La Lettre et la scène. Linguistique et sémiologie du texte de théâtre*, dir. Claire Despierres *et alii*, Dijon, EUD, 2009, p. 7-24.

4 Roman Ingarden, « Les fonctions du langage au théâtre », *Poétique*, n° 8, 1971, p. 531.

d'une hiérarchie et d'une causalité n'est plus l'objectif de ce théâtre. Il joue de la vacuité et de la lacune, des bégaiements et des défaillances, des décalages de tous ordre, sur le principe d'une "fracture du continuum profond"[1] pour faire émerger non plus un sens, mais une sensualité[2] », à tout le moins un « langage tapissé de peau »([3]).

Le texte de Fiat affiche dès le titre son appartenance problématique au genre : la référence architextuelle et oxymorique du sous-titre « poésie au galop » ne va pas sans alerter le lecteur pour qui le genre poétique moderne est au contraire libéré du mouvement narratif. L'auteur fait-il retour à une sorte de poème mimétique, de type épique ? Ce « galop » est-il celui de la plume sur le papier ? est-il seulement question d'écrire très vite après les événements du 11 septembre ? ou suggère-t-il que le texte se démarque tout autant du récit que de la poésie en proposant ostensiblement une poésie narrative ou une prose poétique ? Pourtant, sa structure rappelle celle d'un recueil de poésie, mais n'a rien de narratif.

Si l'on trouve Bouvet rangé au rayon poésie des librairies, c'est sans doute faute de mieux : inclassable, ce travail de copié collé sur la langue des médias semble échapper à toute classification générique ; sans doute, l'appartenance au genre poétique peut-elle se justifier par la place accordée aux marges et au blanc de la page, comme chez Fiat et, s'agissant de *Direct*, par l'absence de récit au sens sémiotique du terme. Nous entrons pleinement avec Bouvet dans la littérature de « diction » qui s'impose « essentiellement par ses caractéristiques formelles[4] ».

Restent Lang et Beigbeder. Sans aucun doute, ce sont les textes qui se rattachent le plus clairement au genre narratif : la chronologie n'est pas abandonnée, non plus que le personnage, fictif ou non, « dont le point de vue et la situation spatio-temporelle commandent toute l'énonciation du récit[5] ». Tandis que Beigbeder choisit d'imaginer les derniers instants d'un père et de ses enfants dans l'une des tours touchées, Lang préfère restituer sa vision distanciée de l'événement, il se trouvait alors « au fin fond du Montana, sur les traces des Indiens Blackfeet » (quatrième de couverture). Beigbeder alterne les discours : discours auctorial de type

1 Hans Thies Lehmann, *Le théâtre postdramatique*, trad. P.-H. Ledru, Paris, L'Arche, 2002, p. 262.
2 Cécile Narjoux et alii, *op. cit.*, p. 20.
3 Roland Barthes, *Le Plaisir du texte* (1973), in *Œuvres complètes*, *op. cit.*, t. IV, p. 261.
4 Gérard Genette, *Fiction et diction*, Le Seuil, 2004 (1991), p. 110.
5 *Ibid.*

autobiographique, discours des personnages, tandis que le narrateur unique du récit de Lang oscille entre diverses postures : autobiographique, documentaire et témoignage. Ce sont des textes hybrides, qui justifient sans doute que Beigbeder, ou le narrateur, souhaitant désigner son œuvre, opte systématiquement pour l'archilexème « livre ».

« CE POURRAIT ÊTRE UN POÈME »

En somme, chacune de ces « contre-narrations », aussi proche soit-elle de la narration, comme chez Lang et Beigbder, voire Colin & Cilluffo, se trouve minée littéralement par la démultiplication des sous-genres, des discours a-narratifs, des bribes, de la nominalisation, voire du silence.

Ce qui maintient alors l'unité de ces textes – et donc leur lisibilité – c'est d'abord une voix, toute lyrique.

Tous ces textes posent sans doute au lecteur la question de la littérarité de l'œuvre de par leur matériau hétéroclite et prosaïque, constitué de ce que Kate Hamburger a appelé des « énoncés de réalité », « actes de langage authentiques accomplis à propos de la réalité par un "je-origine" réel et déterminé[1] », à ceci près qu'en chacun d'eux la source est effacée, et l'énoncé souvent morcelé et déstructuré. Pourtant, si l'on en croit l'auteur de *Logique des genres littéraires*, du fait que la source énonciative ne puisse plus être identifiée « avec certitude ni au poète en personne ni à un quelconque autre sujet déterminé[2] », ces textes appartiennent bien au genre lyrique.

Vinaver ne se réfère-t-il pas explicitement au lyrisme, comme chant, tandis que Colin & Cilluffo font de la « voix » le point de fuite virtuel de leur album ?

Lang lui-même semble avoir été fasciné par ce mode d'expression – « ce pourrait être un poème » (19) – dans sa virtualité charnelle qui échappe au livre :

> je voudrais répéter inlassablement : tout d'abord il y a ces voix. Qui parlent des mots d'amour. Qui parlent aux êtres aimés. Qui étreignent ceux qu'on va quitter, ceux qu'on n'étreint plus qu'avec des mots, avec la trame sonore des cordes vocales, la physique charnelle de sa voix. On pourrait bien chanter, fredonner une complainte sans texte, juste pour envelopper l'autre dans la tessiture de sa voix, et qu'il nous enveloppe à son tour. (22)

1 *Ibid.*, p. 101.
2 *Ibid.*

Il n'est pas juqu'à Beigbedder, dont la voix narratoriale ne renonce pas à s'affirmer « obscènement, inexplicablement content de vivre » (367), sur les décombres du WTC qui, in fine, ne se laisse happer par la musique :

> La sirène du bateau s'est tue. Seule la mélodie dong dong dong tzing tzing tzingtzing dérive par la fenêtre comme un courant d'air chaud soulève des rideaux légers en été, et tout le reste est silencieux. Je fredonne ces paroles comme un cantique. (367)

Ces voix emportées par un chant, fut-il virtuel confèrent alors au texte un « élan » continu, ce que Barthes a appelé, commentant *Mobile* de Michel Butor, un « continu fugué » :

> « Le continu rhétorique développe, amplifie ; il n'admet de répéter qu'en transformant. Le continu de *Mobile* répète, mais combine différemment ce qu'il répète. Il s'ensuit que le premier ne revient jamais sur ce qu'il a exposé, tandis que le second revient, retourne, rappelle : le nouveau y est sans cesse accompagné de l'ancien : c'est, si l'on veut, un continu fugué, dans lequel des fragments identifiables rentrent sans cesse dans la course[1].

et qui assurément se construit, c'est-à-dire qui « implique que l'œuvre reproduit un modèle intérieur édifié par agencement méticuleux des parties[2] ». Nous voici donc revenus à l'ordre du discours pour dire le désordre. Barthes poursuit, décrivant cette « maquette » qu'est le modèle intérieur de Butor écrivant *Mobile* : « elle est [...] une structure qui se cherche à partir de morceaux d'événements, morceaux que l'on essaye de rapprocher, d'éloigner, d'agencer, sans altérer leur figure matérielle[3] ». À ceci près me semble-t-il que Fiat et Bouvet vont jusqu'à altérer la figure matérielle initiale de leurs morceaux, dans un *morphing* ou un « élan » à la mesure de la perte des repères du monde contemporain qu'ils décrivent.

Nous avons là dans ce bricolage *confondant* et *mouvant* de discours et de sémiotiques hétérogènes ce que Barthes a pu appeler la poésie, cet « art-modèle de la bricole littéraire[4] ». Cet art a sans doute trouvé, non seulement dans l'Amérique, continent mythique, comme le fit en son temps Butor, mais dans l'ébranlement même de ce mythe amené par les attentats, « un objet privilégié, dont l'art ne peut rendre compte que par

1 Roland Barthes, « Littérature et discontinu » (1962), in *Œuvres complètes*, *op. cit.*, t. 2, p. 439.
2 *Ibid.*, p. 440.
3 *Ibid.*
4 *Ibid.*

un essai incessant de contiguïtés, de déplacements, de retours, d'entrées portant sur des énumérations nominales, des fragments oniriques, dès légendes, des saveurs, des couleurs ou de simples bruits toponymiques, dont l'ensemble *représente* cette compossibilité du nouveau continent[1]. »

« JE CHERCHE LA PROCHAINE UTOPIE »

Car c'est sur le mode conditionnel du possible, et même du compossible, selon le système leibnitzien[2] auquel fait référence Barthes, qu'elle s'affiche au cœur des œuvres, suggérant que la véritable contre-narration, qui s'affirmerait non pas tant « contre » qu'« avec », reste à venir, à créer ; ou bien, comme Lang, qui rêve d'une « bibliothèque sans lieu », que son emplacement est inassignable, utopique. C'est assurément un « livre à venir », et qui « pourrait être un poème ».

En attendant Salmon constate : « Ce qui arrive se passe ailleurs à l'extérieur du langage, dans une réalité *incognita*, qui n'a pas encore forgé son vocabulaire, si sa syntaxe. Littérature non verbale. La vie a perdu son caractère narratif. Comme la peinture a cessé un jour d'être figurative[3] »

« Montrer l'invisible, dire l'indicible » (359), telle est assurément la mission de la littérature, note Beigbeder dans son « livre ». « C'est peut-être impossible mais c'est sa raison d'être. La littérature est une "mission impossible". » (*ibid.*), ajoute-t-il.

Chacun de nos auteurs a donc tenté de trouver une solution à la relation aporétique entre la littérature et le langage que les événements du 11 septembre 2001, et sans doute la projection dans ce continent mythique, ont, sinon révélé, du moins exarcerbé jusqu'à faire sentir à l'un comme à l'autre son point de rupture, jusqu'à faire prendre le risque d'un livre qui « écondui[se] la littérature hors de ses seuils[4] », et peut-être même, avec elle, le langage.

Cécile NARJOUX
Université de Bourgogne

1 Roland Barthes, « Littérature et discontinu » (1962), *op. cit.*, p. 441.

2 Compossibilité : « Possibilité (pour des choses, des événements) d'exister en même temps. » (T.L.F.)

3 Christian Salmon, *op. cit.*, p. 11.

4 Bruno Blanckeman, *Les Fictions singulières*, Paris, Prétexte éditeur, 2002, p. 87.

DIRE, DÉTRUIRE, ENTRETENIR LA CONFUSION

Le beau désordre de Marguerite Duras

De son enfance sauvage, Marguerite-Duras-de-la forêt – c'est ainsi qu'elle signait ses lettres encore à la fin de sa vie – a conservé le sens de l'instinct et le goût de l'exploration. De son adolescence rebelle au temps de l'amant milliardaire, le plaisir du scandale et l'habitude du cri ; adulte, elle cultive et prône l'insurrection et la subversion. Elle dérange et perturbe, au point de se voir désavouée des appareils et institutions : sa vie de bâtons de chaise est stigmatisée par la cellule de quartier du P.C. qui l'exclut en janvier 50 au prétexte qu'elle « vit avec deux hommes » et « a été vue dans les boîtes de nuit » ; et de son propre avis, elle aurait été à jamais écartée de l'Académie française moins pour avoir offensé la grammaire, que pour avoir avoué publiquement son alcoolisme à *Apostrophes*. Se définissant comme une « déclassée » devenue inclassable, ou comme un « maître à dépenser » plutôt qu'à penser, une libertaire à tendance révolutionnaire, l'amie des fous, l'enfant terrible de la littérature du XXe siècle a bel et bien sa place dans une réflexion sur le désordre, sur ses formes, son écriture et ses enjeux, qu'ils soient artistiques ou philosophiques. Il convient de s'intéresser à l' esthétique du désordre dont elle fait sa littérature, « esthétique » au sens étymologique de ce qui peut être perçu par les sens (*aisthetikos*), l'approche sensible opposée à la connaissance intelligible (*noêsis*), cette perception sensible et émotionnelle se confondant chez elle avec les valeurs du beau, du bon, du vrai.

Le projet laisse entrevoir un écueil et deux difficultés : l'écueil tient à l'élasticité sémantique du terme, qui risque de nous faire voir du désordre partout, les difficultés viennent de la relativité du concept autant que du paradoxe qui consiste à le penser, à l'organiser et à lui donner un sens en lui prêtant, à son corps défendant, une intelligence et une intention.

Force est cependant de constater que, du dérangement bon enfant au chaos généralisé en passant par tous les types de dérèglement, le désordre règne en maître dans l'œuvre de Marguerite Duras : son polymorphisme résulte autant des personnages de désordre, intrinsèquement trublions (le vice-consul, Anne-Marie Stretter, la Mère, la Mendiante, le grand frère, la petite), que des conduites de désordre, éminemment subversives (la folie, le crime, le scandale, l'adultère, l'inceste, le vice, la passion, l'alcoolisme, l'écriture), et que des périodes de désordre, évidemment bouleversantes (guerre, occupation, déportation, bombardement atomique).

Entre autres titres percutants ou troublants de Duras, le fameux « Détruire, dit-elle », programmatique d'une mise en pièces, tombe comme un serment prêté au désordre. Le récit *Détruire, dit-elle* (1969), s'il adopte une apparente tranquillité formelle, travaille à la « destruction capitale » des principaux modèles socioculturels que sont le couple, la famille, la maison, le travail, le livre. Livre cassant ou « livre cassé » comme le qualifie la romancière, *Détruire, dit-elle* pourrait bien être la radicalisation du mot d'ordre de désordre qui couve à mots couverts dans l'œuvre entière. Comment Duras dit-elle détruire, comment trouble-t-elle l'ordre, la raison, la doxa ? Par la thématique de la guerre, des camps et des holocaustes (*La Douleur, Yes peut-être, Hiroshima mon amour*), par la thématique de l'insurrection – celle du Jean-marc de H. est l'œuvre d'une vie : pensionnaire, il est le leader du « désordre de Montfort » ; vice-consul de France à Lahore, il fait un carnage en tirant sur les lépreux dans les jardins de Shalimar, plus tard il scandalise la haute société coloniale par les cris qu'il pousse en plein bal de l'ambassade (*Le Vice-Consul*) –, ou encore par la thématique de la subversion de toutes les institutions sociales, politiques et culturelles : outre *Détruire-dit-elle*, Duras met en scène le désordre du langage en inventant le shaga, la langue du désordre, qu'elle déclare être la chose la plus folle qu'elle ait jamais écrite.

De même que pour trouver la Voie du gai désespoir, « il faut sortir du désespoir et arriver au gai désespoir[1] », il faut en passer par le désordre pour arriver au beau désordre, qui est un état anthume et ultime de la création. C'est ce que je me propose d'étudier en suivant le travail du désordre dans l'œuvre de Duras, de son expression lexicale à son art poétique, en passant par la déstructuration tant syntaxique que linguistique.

---

1 *La Voie du gai désespoir, in Outside*, P.O.L., 1984, p. 176

Une première observation établit la bonne fortune du mot « désordre » dans le lexique durassien : il fait figure de générique à la tête d'un paradigme dont j'isolerai, pour le travailler dans un deuxième temps, un terme marqué, intensément programmatique : « chaos ».

La récurrence du mot « désordre » est telle qu'elle est à lire comme une marque d'auteur. Son examen prête à deux remarques : premièrement, en tant qu'ordre renversé ou en tant que défaut d'ordre, sa préfixation privative contamine toute une liste d'actions déconstructives. Ainsi, le dés-ordre se décline en dé-formation érotique (*Hiroshima, mon amour*), dé-lire (*Le Vice-Consul*), dé-raillement (*Entretien avec Michelle Porte in Le Camion*), dé-composition du visage (*Cahiers de la guerre*), de-struction capitale (*Détruire, dit-elle*), dé-vastation maternelle (*L'Eden Cinéma*), dés-écriture (*Le Monde extérieur*), dé-règlement et dé-rapage de la littérature (*Écrire*) et même en une sorte de double dégradé de l'écriture, le dé-tricotage (*Madame Dodin*).

La seconde remarque qu'inspire la récurrence lexicale d'« ordre » et « désordre », c'est qu'elle fait apparaître leur intéressante partition dans l'œuvre durassienne entre deux récits de transformation et de transgression, soit respectivement *Le Ravissement de Lol V. Stein* et *Moderato Cantabile.* Le premier, martelé par le mot « ordre », généralement caractérisé par un qualificatif ou un complément, prouverait à lui seul la disqualification dont pâtit le concept d'ordre chez Duras. Dans l'entre-deux crises qui passe pour une convalescence post-traumatique, Lol s'entoure d'un ordre de composition, dont les qualificatifs successifs de « rigoureux », « immuable », « glacé », « presque naturel » préparent la faillite.

> Un ordre rigoureux régnait dans la maison de Lol à U. Bridge. Celui-ci était presque tel qu'elle le désirait, presque, dans l'espace et dans le temps. Les heures étaient respectées. Les emplacements de toutes choses, également. On ne pouvait approcher davantage, tous en convenaient autour de Lol, de la perfection. Parfois, surtout en l'absence de Lol, cet ordre immuable devait frapper Jean Bedford. Ce goût, aussi, froid, de commande.
>
> L'installation définitive du couple, son assise, sa belle maison, son aisance, les enfants, la calme régularité de la marche de Lol, la rigueur de son manteau gris, ses robes sombres au goût du jour ne prouvaient-ils pas qu'elle était sortie à tout jamais d'une crise douloureuse[1] ?

1 *Le Ravissement de Lol V. Stein*, Gallimard, coll. « Folio », 1964, p. 41-42

Par ironie du sort, Lol la folle, hantée par le désir de perfection, ordonne la vie et les lieux domestiques avec un tel « soin très strict » qu'elle se fait à son insu l'architecte du désordre. Défaut de logique ou expression d'un psychisme enfermé et inapte à toute communication, toujours est-il que l'erreur qu'elle commet dans le tracé des allées de la maison et qui oblige à des allées et venues répétitives, vaut pour le *clinamen*, l'erreur dans le système. Expression d'une aliénation, seconde étape d'un progrès mortifère en trois temps : « la ponctualité, l'ordre, le sommeil », l'ordre de Lol est entrave et sclérose.

Si *Le Ravissement de Lol V. Stein* est le récit de la tentative d'ordre, *Moderato Cantabile* est le récit de la tentation du désordre, celle qui entraîne la bourgeoise établie Anne Desbaresdes vers le dérèglement de tous les sens. Le désordre d'abord « fortuit » de sa chambre gagne les cheveux de la belle, définitivement rebelles au geste qui tente de les assagir, désormais libres comme ceux de son enfant, le désordre devenant lui-même « blond » comme l'enfance. La clé de cette équivalence, à savoir le désordre des cheveux est le désordre lié à la mère, consubstantiel à elle, donc constitutif de l'enfance, pourrait être donnée par une phrase des *Cahiers de la Guerre* : « Maman nous gardait, nous couvait sans nous distinguer, avec dans sa tendresse le même désordre que dans nos cheveux[1] ». *Moderato* est scandé et comme ordonné par le leitmotiv du désordre des cheveux et le geste instinctif d'Anne Desbaresdes, significatif du progrès accompli par son abandon intime :

> Il règne dans cette chambre un désordre fortuit qui ne vous est pas particulier. (p. 76)
> L'enfant surgit, les cheveux en désordre, essoufflé. (p. 82)
> Elle remit ses cheveux d'un désordre profond, revint à elle avec lassitude et compassion contenue. (p. 120)
> Elle passe légèrement la main dans le désordre blond de ses cheveux (p. 127)
> Elle lève encore la main dans le désordre blond de ses cheveux. Le cerne de ses yeux s'est encore agrandi. Ce soir, elle pleura. (p. 132)
> Elle lève une dernière fois la main dans le désordre blond de ses cheveux. Le cerne de ses yeux s'est encore agrandi. Ce soir, elle pleura. On répète pour elle seule et on attend. (p. 139)
> Anne Desbaresdes passera légèrement la main dans le désordre réel et blond de ses cheveux. (p. 140)

1 *Cahiers de la guerre*, P.O.L./IMEC, 2006, p. 364

« Etre en désordre, être dans le désordre » sont deux récurrences dont l'une est une expression courante mais l'autre un stylème durassien. Sont quelquefois « en désordre » les affaires mais généralement les cheveux :

> (la salle à manger) où traînaient des affaires en désordre, jetées sur les chaises, le pardessus de son frère, son cache-nez, son chapeau [...][1]

> Ces cheveux bruns en désordre lui (Georges) donnaient un aspect désordonné[2].

Sont « dans le désordre » les personnages eux-mêmes : pour désigner leur état d'âme, Duras recourt à l'inversion de l'englobant et l'englobé, ce qui donne au sentiment le statut de matière (*cf. être pris dans*, *être jeté dans*) ou de lieu (*se tenir dans*), et ce qui en totalise et radicalise l'emprise et l'empreinte :

> Ils vivaient dans le désordre et leurs passions donnaient aux événements les plus ordinaires un tour à part, tragique [...][3].

> La France entière est en fête. Dans le désordre et dans la joie. [...] Les yeux de Riva comme la Loire coulent, mais ordonnés par la douleur, dans ce désordre[4].

> Mais celle-ci, l'amour la jette dans le désordre de l'âme [...][5]

Hiroshima mon amour est le livre de tous les désordres : en face des trois constructions ordonnatrices que sont le musée, la ville et le film en cours de tournage, Duras place d'innombrables perturbations : le chaos atomique, le scandale de Nevers, les crises de folie de la jeune fille internée dans la cave, le pêle-mêle de la rue à la Libération, la cohue du défilé de chars, la débauche charnelle des amants d'Hiroshima, la confusion des genres, des temporalités, des personnages. L'acmé du texte se situe dans la scène de résurgence mnésique, lorsque, pour exprimer le brouillage temporel que vit la protagoniste, la scénariste recourt à l'anachronie totale et à l'absurde littéral : « – Quand tu es dans la cave, je suis mort ? – Tu es mort[6] ... ».

Ainsi, parce que Duras est une romancière de « l'émotion », émotion à laquelle elle professe sans cesse sa foi, parce que son œuvre résonne de toutes

1 *Les Impudents*, Gallimard, coll. « Folio », 1992, p. 15 (1re édition : PLON, 1943)
2 *Ibid.*, p. 201
3 *Ibid.*, p. 182
4 *Hiroshima mon amour*, Gallimard, coll. « Folio », 1960, *in* Appendices, p. 134
5 *Ibid.*, p. 154
6 *Ibid.*, p. 87

sortes de commotion (choc de la douleur, impact des crimes de guerre, coup de foudre de l'amour, crise de folie), elle fait du désordre non seulement un des mots-clés de son lexique, mais encore la clé de sa dramatique romanesque. Plus, elle lui prête une fonction libératoire de chemin de la liberté et de voie du bonheur. Contre l'ordre qui est le pouvoir, la liberté se défend ou se regagne par le désordre. À cet égard, « le rire de Montfort » dans *Le Vice-Consul*, rire énorme et tire-bouchonnant, est essentiellement performatif ; c'est aussi un fou rire irrépressible qui sème la révolution dans l'état dictatorial *d'Abahn Sabana David. Le Vice-Consul* peint des scènes de chahut qui se déroulent à la pension de Montfort où le jeune Jean-Marc de H., le futur vice-consul de France à Lahore, est le meneur d'un charivari carnavalesque. Le récit qu'il en fait sur le mode de la nostalgie d'un âge d'or recourt à la phrase nominale et à l'énumération, comme une suite d'opérations à mener figurant dans un programme de destruction radicale :

> Le vice-consul raconte le bonheur gai de Montfort. Le bonheur gai de Montfort consistait à détruire Montfort, dit le vice-consul de France. Ils étaient nombreux à le vouloir. Sur la méthode à employer pour ce genre d'entreprise, le vice-consul dit qu'il n'en connaît pas de meilleure que celle de Montfort. Boules puantes d'abord à tous les repas, puis en études, puis en classe, puis au parloir, puis, puis… D'abord, le rire, il est énorme. On est tire-bouchonné par le rire, à Montfort.
> – Boules puantes, fausses merdes, fausses limaces, reprend le vice-consul, fausses souris, vraies merdes partout, sur le bureau de chaque autorité, on était sales, à Montfort.
> […] On bâillonne le cuisinier et on l'enferme dans la cuisine. Croche-pieds aux communiants quand ils vont à la sainte table dans l'allée centrale de l'église, fermeture à double tour de toutes les portes de la pension, cassage de toutes les ampoules électriques[1].

Dans *Abahn Sabana David*, David le maçon part d'un irrépressible fou rire de jeunesse et de joie lors du discours du dictateur dont la syntaxe se délite et le sens s'effondre : le rire frondeur sabote tout à la fois l'ordre de la langue que Barthes a déclaré intrinsèquement « fasciste » et la langue de l'ordre fasciste, preuve qu'il a réussi à dépasser « la peur inculquée, du manque, du désordre[2] ». La perforation du texte ainsi dynamité par le rire saute aux yeux :

1 *Le Vice-Consul*, P.O.L., 1985, p. 83-87
2 *La Voie du gai désespoir, ibid.*

> Avant notre prise en main mauvais élément mauvais ouvrier il avait volé dans les entrepôts de Gstaadt ouvrier indigne sans conscience de classe sans formation professionnelle valable sans même de morale individuelle sans avenir sauvé de l'Ecole technique de Staadt parti de tous les chantiers de la région un coup de tête dilettantisme criminel l'arrivée du juif du traître pour la première fois de sa vie avait gardé son emploi David bien entouré progressait deux ans oui deux ans esprit d'anarchie et d'insoumission qui faisaient le malheur de David surmontés. Deux ans d'efforts d'accord le résultat valait la peine[1].

Symptomatique de cette tentation d'attenter au langage faiseur de règles et donneur d'ordres est la création du shaga. Le shaga est « cet avantage de mener à rien et de semer la pagaille » sabir, dada, le dialogue extrêmement décousu, à la limite du délire et du non-sens, « la chose la plus folle que j'aie jamais écrite » (Duras à Lucien Attoun, en 78). En créant une langue du désordre, Duras oppose le shaga au *logos*. Si la pièce, après les *Eaux et Forêts*, nourrit le répertoire comique de Duras, la préface nous prévient que le shaga interrogerait l'origine des langues et saluerait l'esprit des révolutions :

> La prononciation du shaga doit être très mauvaise, il n'est pas dit mais plutôt doucement *rugi* (ceci figure déjà dans les premières didascalies), car le shaga est né des profondeurs. C'est la langue de la divergence : celle qui la pratique ne peut « plus faire la moindre phrase en français », il ne lui reste officiellement que le mot « Terminé », mais on l'entend, entre autres et de manière significative, s'emporter contre les « intellectuels », c'est aussi l'expression du désordre mental et social, le shaga ayant « cet avantage de ne mener à rien et de semer la pagaille. »

La pagaille gagne le processus génétique même de la pièce : l'écriture du shaga se cherche au hasard du travail accompli avec les comédiens lors des répétitions, Duras apportant « des canevas » : « Je fais, je défais, refais à mesure. J'ai l'impression d'avoir écrit une pièce, mais eux en ont appris 5 ou 6. » Claire Deluca se souvient de la confusion des versions et de la pagaille ainsi introduite dans sa mémoire au cours de ces cinq mois de travail exceptionnel[2].

Plus largement, au fur et à mesure où l'auteur évolue vers ce qu'elle appelle la libre « criture » qui en reviendrait à « la confusion mentale de

1 *Abahn Sabana David*, Gallimard, 1970, p. 144.
2 La pièce sera jouée par Marie-Ange Dutheil, Claire Deluca et René Erouk le 5 janvier 1968 au Théâtre Grammont.

l'enfance[1] », à une langue « n'importe comment », le *modus loquendi* du parler naïf, elle-même encourage le langage au désordre, offense la grammaire, expérimente une écriture « n'importe comment » et « à tort et à travers[2] », un « écrire n'importe quoi dans une direction donnée[3] », « le n'importe quoi n'importe comment, dans l'ordre et le désordre[4] », trouvant très enthousiasmant de faire des « erreurs réussies[5] » et rêvant d'une langue faite de mots « égarés », « sans grammaire de soutien[6] ». Sans aller jusqu'à l'idée qu'il y a une écriture shagouine de Marguerite Duras, on notera qu'à partir de 1969, son œuvre est animée d'une intention de désordre qui trouve ses modes d'expression dans trois stylèmes : la phrase nominale de type didascalique, le « change(ment) de temps sans prévenir[7] », le rejet du sujet à la fin des phrases, le tout étant écrit « à la va-vite » en vue d' « un désordre total ». Outre son caractère délicieusement transgressif, la casse de la phrase accomplit du même coup un désir d'agénéricité : non plus le roman, mais le texte ; non plus la phrase, mais le mot. Il en résulte que la phrase nominale acquiert une expressivité très forte et un statut intemporel, impersonnel, non modal comparable à celui d'une vérité générale. *Détruire, dit-elle* réalise le style asyntaxique de Duras :

> *Détruire* est un livre cassé du point de vue romanesque. Je crois qu'il n'y a plus de phrases. Et par ailleurs il y a des indications scéniques qui rappellent les scripts : « soleil », « septième jour », « chaleur », etc. « lumière intense », « crépuscule », vous voyez – et ça, ce sont des indications de scénario, d'habitude. C'est-à-dire que je voudrais qu'il y ait matière à lire la plus décantée possible du style. Je ne peux plus dutout lire de romans. A cause des phrases[8].

L'art poétique de Duras se résume dès lors à ne pas trahir « l'ordre naturel de la phrase », à « laisser souffler le vent du livre », et quant

1 *L'Été 80*, Minuit, 1980, p. 20
2 *Ibid.*, p. 57 : « il (le requin Ratekétaboum) raconte n'importe quoi n'importe comment, dans l'ordre et le désordre, il n'a aucun sens de rien »
3 *Le Monde extérieur*, POL, 1993, p. 23
4 *L'Été 80*, *op. cit.*, p. 57
5 *Écrire*, Gallimard, 1993, p. 43
6 *Ibid.*, p. 86
7 Entretien accordé à Arlette Armel *in Magazine Littéraire* n° 278, juin 1990, p. 19 : « C'est complètement écrit à la va-vite, *L'Amant*. C'est un désordre total, même dans mon cas. Une récréation énorme ces trois mois qu'a duré l'écriture. [...] Le style aurait pu être rédhibitoire. : je change de temps sans prévenir, je mets sans cesse le sujet à la fin des phrases. [...] »
8 *Cahiers du cinéma*, nov. 69, p. 45

à retravailler, se contenter de « change(r) l'ordre des phrases, pas les phrases elles-mêmes[1] ».

Duras, comme Céline, puise le calque auprès des petits usagers, aux antipodes des modèles académiques :

> Le style parlé des gens est parfois très littéraire. Je me souviens d'une vieille concierge qui parlait comme j'écris. [...] Un jour elle me dit : « je veux acheter un lit ». Je lui demande : « Pourquoi un lit ? » Elle me répond : « pour moi, mon fils, dormir, quand il vient à Paris ». C'est du Duras[2].

Les exemples des licences et incongruités de style qui relèvent d'un désordre syntaxique abondent :

> C'était des cris, elle disait, pour plus tard, d'autres hommes les entendre et les voir[3].
>
> De la même façon. On dit : Regardez là, de même, le chemin creux, c'était pour aller chercher l'eau, pour aller aussi de la campagne aux marchands de la ville, et pour aussi les voleurs de Jérusalem aller au calvaire pour être pendus. C'était le seul chemin pour toutes ces choses. Et c'était aussi pour les enfants jouer[4].
>
> De même que pendant la guerre, à chaque Allemand dans la rue, je pensais à son meurtre par moi opéré, par moi inventé, perfectionné, à ce bonheur colossal d'un corps allemand par moi, tué[5].

Cette dernière phrase intrigue : l'écriture « n'importe comment » ne relèverait-elle pas d'une stylistique aux effets recherchés ? L'inversion archaïsante réitérée du complément d'agent semble justifiée par une recherche de rythme et de scansion. L'infraction patente faite à la fonction syntaxique de la ponctuation (« par moi, tué »), ainsi que la violence faite à la prosodie d'une phrase bâtie sur le mode oratoire et l'intention de cadence, vient cependant perturber la belle architecture syntaxique : clausule, mimétique du coup fatal, ou hyperbate. Mais ce faisant, elle change l'action de tuer en résultat de l'action : « tué » entérine le fait accompli et sonne comme le constat d'un état de fait.

---

1 À propos de *La Pluie d'été* : *in Magazine Littéraire* n° 278, *ibid.*
2 *Id.*
3 *Roma, in Écrire*, *op. cit.*, p. 114
4 *Ibid.*, p. 116
5 *Ibid.*, p. 50

Dans *Moderato cantabile*, Duras pratique l'anarchie temporelle ; elle contrevient au bon usage des temps comme Anne Desbaresdes contrevient aux bonnes manières et à l'appétit général. Nombreuses sont les incongruités de ce personnage en voie d'émancipation qui sont autant d'écarts commis à l'égard de l'ordre social et moral de sa classe : son arrivée tardive après ses invités, son état d'ivresse, les marques physiques de son inconduite comme le désordre de ses cheveux et ses cernes, sa distraction à table, son dégoût de la nourriture, son absorption incessante de Pommard, et pour finir, son vomissement. « Nourrie de ce vin, exceptée de la règle, manger l'exténuerait[1] » : dans cette phrase aux segments liés par les parallélismes de construction, l'équilibre des masses rythmiques et la répétition préfixale ex-, l'anacoluthe introduit le désordre. L'expression « Exceptée de la règle » dit l'exclusion autant que l'exception à la règle dont elle est le détournement. Par un effet de contamination, les incongruités d'Anne affectent le récit de ses incongruités. *Moderato Cantabile* est un récit au passé simple gagné par les dialogues au point que le temps dominant est le présent, temps de l'énonciation discursive, mais au chapitre VII, chapitre des « incongruités », une énallage de temps fait flotter soudain le récit entre diverses temporalités et modalités antagonistes : il passe dans la même séquence narrative du passé simple, qui présente les faits rapportés dans la distance d'un passé révolu, au présent historique, qui réduit la distance entre le temps événementiel et narratoriel et pour creuser la perspective temporelle entre le passé révolu, et le passé immédiat par rapport à ce qui est devenu le présent de référence : « elle vient », au passé composé, le tout au sein de la même phrase : « Elle vient de l'autre bout de la ville, … lui fut autorisé … lui a offert jusqu'à la déraison ». Or, parce qu'il n'appartient pas au même registre de discours que le passé simple, le passé composé ne peut en principe alterner avec ce temps dans un même texte. Le retour au plein emploi du passé simple dans le dernier chapitre du roman marquera la restauration d'un ordre apparent dans l'intrigue. La crise est passée, la mutation accomplie.

Nous avons vu que le désordre est toujours positif chez Duras, en vertu d'une inversion axiologique. Dès lors, son degré idéal est le « chaos » auquel Duras attribue une valeur sacrale, conforme à son étymon mais

1 *Moderato cantabile*, Minuit, 1958, p. 70

totalement revisitée par l'univers durassien : du grec *khaos*, au sens religieux et mythologique de vide ou confusion existant avant la création, elle fait un processus en cours et l'emblème de la régénérescence.

« Chaos » est affecté à la mer déchaînée, au « chaos des eaux », en cooccurrence avec « folie », violence élémentaire :

> La mer est blanche, folle, folle de folie, de chaos, elle se débat dans une nuit continue. Elle monte à l'assaut des môles, des falaises d'argile, elle arrache, éventre les blockhaus, les sables, folle, vous voyez, folle[1].

« Chaos » désigne l'état du monde après la destruction et avant la renaissance : le « chaos » atomique d'*Hiroshima mon amour* est une table rase d'où sortiront des fleurs nouvelles et un nouvel amour ; le « chaos » consécutif à la Libération fera venir « un avenir possible » et émerger « une terre étrangère[2] » ; et aux yeux de Suzanne, la jeune fille de la brousse, matière humaine brute en mal de naître, « le chaos brillant et obscur de la ville[3] » redouble d'attrait. « Chaos » dénote enfin l'état critique par excellence, la confusion extrême, le pêle-mêle des douleurs qui annihile l'esprit, ainsi que l'écriture mentale qui détient la clé créatrice :

> [...] jusqu'à presque mourir, ce n'est que souffrances partout, saignements et cris, c'est pourquoi la pensée est empêchée de se faire, elle ne participe pas au chaos mais elle est constamment supplantée par ce chaos, sans moyens, face à lui[4].

De manière plus essentielle, cette image du chaos métaphorise la poétique durassienne du « tout à la fois[5] » « dans tous les sens[6] » et de « l'illimité de l'écriture » qu'il est impossible à l'auteur de traduire et à quoi il faut s'abandonner et s'adonner :

> On ne passe pas d'une écriture mentale qui est l'illimité de l'écriture, le « big bang », chaos tourbillonnant de l'illimité de l'écriture à une sorte de traduction de ça[7].

---

1 *L'Été 80*, *op. cit.*, p. 91
2 *La Douleur*, P.O.L., 1985, p. 62
3 *Un Barrage contre le Pacifique*, Gallimard, coll. « Folio », 1950, p. 225-226.
4 *La Douleur*, *op. cit.*, p. 48
5 « Écrire [...] c'est raconter tout à la fois », *La Vie matérielle*, P.O.L., 1987, coll. « Folio », p. 35
6 « je suis allée dans tous les sens », *Le Camion*, Minuit, 1977, p. 99
7 *Le Monde extérieur*, P.O.L., 1993, p. 214

> Il faut vous dire aussi que je suis toujours dans une espèce de confusion mentale[1].

> Je me suis retrouvée devant un désordre phénoménal de la pensée et du sentiment auquel je n'ai pas osé toucher et au regard de quoi la littérature m'a fait honte. (Préface de *La Douleur*)

> C'est complètement écrit à la va-vite, *L'Amant*. C'est un désordre total, même dans mon cas. Une récréation énorme ces trois mois qu'a duré l'écriture[2].

D'où la mise en équation suivante : désordre = récréation = re-création. Se laisser complètement aller, au mépris de toute logique, aller dans tous les sens, dérailler, telle est la poétique qui préside au *Camion*, dont Duras confie la clé à Michelle Porte : « je peux passer de la politique à la Beauce, de la Beauce au voyage de la Dame, de la dame aux marchandises transportées, à la solitude, à l'écriture, aux maisons qu'elle a habitées, libre[3] ». Chez elle, la décomposition de l'œuvre est la marque structurelle du bon livre, libre, *a contrario* des livres fabriqués, « organisés, réglementés, conformes on dirait[4] ». Duras fustige l'écriture de la littérature au profit de « l'écriture mentale », concept qui lui est aussi fondamental que personnel. Il s'agit d'une écriture antérieure aux mots, une poétique sens dessus dessous qui met lire avant écrire : un monde à l'envers.

> L'instinct dont je parle, ce serait de lire déjà avant l'écriture ce qui est encore illisible pour les autres [...] ce serait lire sa propre écriture, ce premier état de votre écrit encore indéchiffrable pour les autres. [...] J'ai eu souvent ce sentiment de confrontation entre ce qui était déjà là et ce qui allait être à la place de ça. Moi, au milieu, j'arrache, je transporte la masse qui était là[5].

> Ce qui vous arrive dessus dans l'écrit, c'est sans doute tout simplement la masse du vécu, si on peut dire, tout simplement ... Mais, cette masse du vécu, non inventoriée, non rationalisée, est dans une sorte de désordre originel[6].

En conséquence, le désordre selon Duras est une puissante lame de fond qui dépasse le plan psychologique, outrepasse le stade socio-politique

1 *Le Camion*, *op. cit.*, p. 61
2 *À propos de L'Amant, in Magazine Littéraire*, n° 278, *ibid.*
3 *Le Camion*, *op. cit.*, p. 115
4 *Écrire*, *op. cit.*, p. 41
5 *La Vie matérielle*, *op. cit.*, p. 33-34
6 *Les Lieux de Marguerite Duras, Minuit, 1977*, p. 99

et charrie une métaphysique de la création doublée d'une ontologie de l'écrivain.

De la création, elle a une conception cérébrale qui n'est en aucun cas intellectuelle ni, *a fortiori*, rationnelle : sa poétique mise sur le maintien du désordre. Dans *Les Parleuses*, elle déclare : « Un enfer. Chacun a un enfer dans sa vie. Des endroits où on met les objets, en désordre, un enfer, on appelle, ça[1] ». Ce qu'elle nomme ici l'enfer pâtit significativement d'une confusion lexicale, mais ce qu'elle veut désigner ainsi est bien le lieu archaïque du désordre : cette autre « chambre noire », inférieure et infernale, intériorisée et interfoliée, est une métaphore éclairante du concept d'« écriture mentale » livrée au chaos originel de la masse du vécu. À l'instar de Malraux qui, dans *La Tête d'obsidienne*, dit de Picasso que son désordre est un « ordre de la distorsion » éminemment créateur qui consiste à « détruire » en même temps que « donner une autre vie », il est fondé de dire que le beau désordre de Duras, intrinsèquement chaotique, est un « ordre de la confusion » par quoi seul peut s'appréhender l'illimité de l'écriture.

Dominique DENÈS
Université de Nancy

1 *Les Parleuses, Minuit*, 1974, p. 188

METTRE LE DÉSORDRE

Pastiche, parodie et découronement du texte dans *Anicet ou le panorama*, roman[1]

Pastiche, parodie, allusion, citation, le premier roman d'Aragon bafoue la littérature tout en y participant. Le lecteur, assistant à la résurgence, dans la littérature légitimée, de pratiques d'écriture venues de la paralittérature, ne peut manquer de s'interroger sur la reprise provocatrice des figures mythiques de Fantômas et de Nick Carter. *Anicet ou le panorama, roman* ressemble à une créature à la manière du docteur Frankenstein[2], faite de morceaux disparates voire incompatibles : Candide, Fantômas et Nick Carter voisinent avec Rimbaud, Desnos et Rider Haggard[3]. Tous ces textes mis en pièces – et nous choisissons l'expression en pensant aux coups de ciseaux dans une étoffe précieuse, massacre dû à Baptiste Ajamais : « Un pan qui traînait m'a tenté d'y découper l'image de la beauté pure, et j'ai saisi les ciseaux du chef de rayon [...]. Je tremblais au massacre de cette chair, qui va de la volupté à la mélancolie, que les commis me demandassent compte de la pièce endommagée à plaisir. Le moment le plus pathétique fut celui que l'acier se trompa et fit une entaille cruelle au visage de la beauté. Le crissement des fils sous la morsure m'enivrait jusqu'à l'alarme et quand je vis la fin prochaine de ce délicieux carnage, j'en prolongeai la durée et restai un instant immobile, avec, entre les doigts, ce lambeau surhumain qui ne tenait plus qu'à peine à la pièce » (p. 74) – tous ces textes mis en pièces, donc, font assez désordre ou font assez « roman », si l'on se rapporte à la définition du

1 Les pages renvoient à l'édition Folio Gallimard, 1972, éd. 1997.

2 A-t-on jamais pensé à rapprocher la créature de Frankenstein du « cadavre exquis » où les morceaux disparates font ressortir avec force l'impossibilité évidente de leur arrangement ?

3 L'intertextualité littéraire, au fil des études consacrées à ce texte, a été systématiquement relevée (*cf.* les notes de Philipe Forest dans la *Bibliothèque de la Pléiade*, ou le dossier constitué par Régis Antoine, Magdelaine Barreau, Daniel Briolet, André Peyronie et Yves Vadé, 1986).

genre telle que l'auteur la proposera plus tard : « Mais pour ma part je nomme roman une machinerie, une machination, un machin, quoi ! un peu plus compliqué, complet, complexe [...] enfin, un truc comploté, mijoté, composite, pour parler architecture [...] un compost, où toutes sortes de merde se mêlent à la terre [...] avec chausse-trappes, vampires de poche, fausses portes, murs pivotants, fenêtres peintes, miroirs transparents, souterrains à donner le tournis [...][1]. »

Anicet propose, à travers une scénographie allégorique largement empruntée au roman populaire (le roman populaire fournit le niveau littéral de l'allégorie), une réflexion sur l'état actuel de la littérature et donne une version moderne de l'histoire littéraire depuis les règles classiques jusqu'aux dérèglements de Rimbaud et des avant-gardes. Le mot *panorama* qui apparaît dans le titre incite l'œil à prendre de la hauteur, il nous invite à embrasser d'un seul coup d'œil la scène universelle de l'art.

Le roman met en scène les acteurs de la modernité artistique sous des noms d'emprunt (Jean Chipre, Ange Miracle, Bleu, Omme, Baptiste Ajamais...), dont Aragon lui-même (préface de 1964) donne les clés (Desnos, Breton, Chaplin, Picasso...), élucidation complétée par des pastiches de Max Jacob[2]. Une société secrète anarchisante réunit ces sept trublions emblématiques de l'art « contemporain » (le roman commencé en 1918 est achevé en 1921).

Ces personnages au nom à la fois dissimulé et révélé, redoublent le travestissement sur le plan narratif en s'affublant d'un loup noir qui ne garde pas davantage leur secret – mais il ne s'agit pas de se cacher, il s'agit purement et simplement de se déguiser. Le masque, le chapeau haut de forme (p. 217), l'habit noir, éventuellement la cape[3], font de ces personnages autant de variations sur l'image archétypique de Fantômas dont on reconnaît la silhouette légendaire, immortalisée par les affiches et reprise par Magritte montrant un gentleman qui enjambe les toits de Paris : « D'en bas, Anicet et Mirabelle y virent se dresser, la main

1 *Henri Matisse, roman*, cité p. 148 par Dominique Vaugeois (2002), *L'Épreuve du livre*, Henri Matisse, roman *d'Aragon*, Villeneuve-d'Ascq, Presses Universitaires du Septentrion.

2 Jean Chippre s'exprime comme Max Jacob dont il est la projection romanesque, ses paroles citées au discours direct démarquent les métaphores de la préface du *Cornet à dé* (1917) : « La richesse dans l'art s'appelle mauvais goût. Un poème n'est pas une devanture de bijouterie, » (p. 103), un pastiche de Max Jacob suit immédiatement cette déclaration sous forme d'un quatrain saturé de jeux mots caractéristiques (p. 104).

3 p. 205, les conjurés invités chez Mirabelle portent un masque et une cape.

gauche sur le battant ouvert, un grand personnage masqué de velours, coiffé d'un haut-de-forme et drapé dans une cape à collet. Il serrait dans sa main droite un poignard et prit le ton narquois des traitres pour prononcer avec à-propos [...]. » (p. 166)[1]. Le roman noir réclame un attirail : « et puis il y avait au programme un costume collant noir[2] comme ceux qu'on voit au cinéma, et des revolvers confortables, et des cordes à nœuds qui pendent dans la nuit. » (p. 179) Au niveau de l'intrigue, le motif galvaudé de la société secrète est un classique du genre. Ce thème, porteur d'une vision paranoïaque de la société, a obsédé Balzac (*Les Dix-mille, Les Dévorants, Les Treize*). Le roman populaire du XIXe siècle, marqué par le romantisme social, reprend le thème d'une société de l'ombre qui fait régner la justice contre l'ordre injuste des puissants au nom des principes de la solidarité humaine (*Les Mohicans de Paris* de Dumas ou *Les Chevaliers du clair de lune* de Ponson du Terrail en offrent un exemple). La société criminelle nihiliste ou anarchiste qu'Aragon met en scène est plus moderne, elle recoupe plus ou moins une association de malfaiteurs dont le chef est le douteux marquis della Robia[3]. A travers les motifs attendus de l'initiation, du travestissement et de l'épreuve, les conspirateurs défendent des antivaleurs et leurs actions visent toutes à détruire l'ordre social et la hiérarchie artistique.

Les sept artistes qui se ressemblent comme des frères sont, comme tous les artistes modernes, des voyous infréquentables. La répétition de la même figure construit un paradigme : l'ordre de Fantômas devient la règle et la transgression devient la loi, comme en témoignent les cadeaux offerts à Mirabelle par la société des malfaiteurs, tous liés au vol et au

---

1 Il s'agit de Omme qui commente son apparence dans une explication décalée qui sonne comme une dénégation parodique : « L'entreprise méritait ce costume et l'explique. Me voici sorti de ma peau et revêtu du *physique de l'emploi* » (p. 166). La dimension conventionnelle du masque est par ailleurs soulignée par Anicet qui contrevient à son rôle de personnage en dénudant le procédé : « D'autre part, il est *d'habitude immémoriale* qu'en pareille occurrence le personnage au visage nu objurgue ses compagnons masqués de quitter leur anonymat, et reconnaissez que ce serait *méconnaître toutes les traditions* que de ne pas accéder à cette demande. » (p. 84)

2 C'est l'autre costume de fantômas quand il n'apparaît pas en gentleman

3 Della Robia est le plus louche des conspirateurs, il est reconnu devant Anicet par les cambrioleurs comme étant le chef de la bande, ce qui l'incite à se débarrasser de son complice : « Comment vais-je pouvoir me débarrasser maintenant de ce jeune indiscret qui en sait trop long sur mon compte ? » (p. 204). C'est donc lui qui joue le rôle du traître, par une lettre anonyme (p. 223) il prévient le détective Nick Carter du crime que doit commettre Anicet.

crime et qui contribuent à la désorganisation générale : Omme a ravi pour Elle « l'Ohm-étalon » (le jeu de mots est d'Aragon) à l'Institut des Arts et Métiers, privant le monde de son repère objectif et infaillible de mesure, il fait advenir le désordre, puisque, rappelle le voleur, « l'Ohm-étalon est à l'origine des idées claires de toute philosophie. » (p. 80) Le larcin figure la destruction des normes et des conventions (c'est presque un lieu commun de la littérature de l'après-guerre). Le marquis della Robia (derrière lequel certains critiques croient deviner la figure subversive de Marinetti) offre à Mirabelle un document diplomatique qui aurait le pouvoir de bouleverser l'Europe (autrement dit, d'instaurer le désordre absolu, la guerre). Il se l'est procuré à la manière d'un héros de feuilleton qui ressemble étrangement à Fantômas, pour les moyens mis en œuvre comme pour les habits : « dont je me suis emparé en pénétrant au deuxième étage du Ministère des Affaires Etrangères, au moyen d'un bambou élastique haut de plusieurs mètres, au bout duquel je me cramponnai et auquel le complice qui le tenait sur le trottoir imprima des mouvements pendulaires. [...] Sitôt dans mon automobile, je troquai mon maillot collant noir contre un habit de la même teinte et du meilleur faiseur [...]. » (p. 78)

Fantômas se dessine en filigrane à chaque page. La récupération du mythe populaire noue l'allégorie fondatrice de l'écriture : le pseudo roman décrit une aventure esthétique. Les conjurés sont explicitement donnés pour ce qu'ils sont, une école littéraire : « Notre association est anonyme [...]. L'histoire des récentes écoles littéraires nous a appris à nous défier des étiquettes. » (p. 89). L'artiste moderne (« cet entourage d'artistes » p. 183) est un personnage louche, sorte de hors-la-loi qui se dresse contre les valeurs établies. Le répondant allégorique de l'agitateur moderne n'est plus le clown romantique mais le bandit dangereux, il figure les artistes contemporains dans leur capacité de déranger et de briser toute règle et dans cet esprit destructeur qui marque la modernité. D'ailleurs, la première action de la société secrète consiste en la « formidable machination du vol des musées » (p. 94) qui aboutit à l'holocauste scandaleux des œuvres d'art académiques. Il ne faut pas sous-estimer la valeur explosive du mode ironique : sous l'apparente fantaisie, le pastiche du roman populaire propose un sabotage systématique du roman, de la littérature et même de l'art.

On ne s'étonne pas de trouver au début des années vingt un texte saturé par les stéréotypes venus de la paralittérature, écrit « à la manière du roman populaire », au point qu'on peut parler d'un « pastiche de genre » (expression que nous empruntons à Violaine Houdard-Mérot). A cette époque, en effet, *Fantômas*[1], roi de l'épouvante, empereur du crime, maître de l'effroi, ennemi du policier… bref « le grand criminel et le grand maudit » pour reprendre les mots de Rimbaud, est porté en triomphe par les surréalistes et les avant-gardes à cause des « tendances anarchisantes évidentes du roman de Souvestre et Allain, [à cause du] défi lancé aux interdits esthétiques et sociaux, [de l']aspiration à la conquête de la liberté, l'attente fiévreuse de l'extrême[2] ». Cendrars déclare : « C'est l'Enéide des temps modernes[3] », Apollinaire célèbre « cet extraordinaire roman, plein de vie et d'imagination, écrit n'importe comment[4] ». Robert Desnos compose « La complainte de Fantômas » (1933) ; Max Jacob, dont *Le Cornet à dé* contient deux poèmes intitulés « Fantômas » et « Encore Fantômas[5] », est le fondateur de la société des amis de Fantômas. Dans le roman d'Aragon, d'ailleurs, le personnage de Jean Chipre, dont la clé est Max Jacob, ne possède que trois livres au nombre desquels « le Tome XIV de *Fantômas* » (p. 101).

L'engouement pour la culture populaire remonte plus loin et illustre une étape importante de l'esthétique moderne, pas seulement pour la thématique du désordre que cette culture suscite, mais surtout parce qu'elle provoque le désordre dans l'écriture par la transgression. Evoquer Fantômas, c'est une attaque franche et insolente. Le pastiche du roman populaire introduit dans la littérature des productions méprisées des intellectuels, la récupération de la paralittérature s'en prend à la hiérarchie des styles et, ce faisant, brise les vieilles idoles. Le geste contestataire vient de Rimbaud avec les déclarations d'*Une saison en enfer* : « Je trouvais dérisoires les célébrités de la peinture et de la poésie moderne » (« Alchimie du verbe »). Le poète oppose à la peinture

1 dont la publication commence en 1911
2 Alain-Michel Boyer, *Dictionnaire des mythes du fantastique.*
3 cit. Jean-Claude Vareille, *Le Roman populaire français*, PULIM/Nuit Blanche éditeur 2008 (p. 136)
4 *Mercure de France* du 26 juillet 1914, cité par Francis Lacassin (1978) p. 5
5 et d'autres inspirés du même personnage : « Roman feuilleton », « Roman populaire », « Fausses nouvelles », « Fosses nouvelles », « Assassinats du voisin », « jets de pétrole enflammé », « sièges de loges », « siège d'un strapontin », etc.

consacrée les spécimens d'un art non reconnu comme tel : « j'aimais les peintures idiotes, dessus de porte, décors, toiles de saltimbanques, enseignes, enluminures populaires », et à la littérature académique les productions populaires, sous-littérature sans lettres de noblesse : « la littérature démodée, latin d'église, livres érotiques sans orthographe, romans de nos aïeules, contes de fées, petits livres de l'enfance, opéras vieux, refrains niais, rythmes naïfs[1] ».

A la suite de Rimbaud et d'Isidore Ducasse, les avant-gardes du début du XXe siècle se rencontrent dans le même mépris pour l'art officiel. Apollinaire va opposer les œuvres populaires à l'art reconnu. Le découvreur du douanier Rousseau a d'ailleurs prêté la main à cette littérature – pour lui alimentaire – (feuilleton ou livre obscène). On connaît la fascination des surréalistes pour la contre-culture[2]. Révolte et transgression se cristallisent sur des productions romanesques ou cinématographiques dévaluées qui libèrent un monde imaginaire. André Breton met en place un système qui consiste à ne jamais consulter le programme avant d'entrer dans un cinéma et déclare dans *Nadja* que *L'étreinte de la Pieuvre* (*serial* en quinze épisodes où « les machinations d'une société secrète dangereuse ressemblent à l'étreinte d'une pieuvre gigantesque[3] ») est le film qui l'a le plus frappé. Il s'agit pour lui de « descendre vraiment dans les bas fonds de l'esprit » et c'est ainsi qu'il proclame « l'admiration sans borne que j'ai éprouvée pour *Les Détraqués*, qui reste et restera longtemps la seule œuvre dramatique [...] dont je veuille me souvenir. » (p. 669)

Leur enthousiasme paradoxal se porte indifféremment, à cette époque de mutation des médias, sur les feuilletons des journaux, de la radio et du cinéma : Le premier *serial* a été tourné en France par Victorin-Hippolyte Jasset en 1908, il s'agit de *Nick Carter, le roi des détectives*. Louis Feuillade réalise un *Fantômas* en cinq épisodes (1913-1914), *Les Vampires* (1915), puis *Judex* (1917). Les références à Fantômas sont autant de signes de modernité, au même titre que les références au cinéma (un

1 Ainsi le personnage d'Arthur que rencontre Anicet semble-t-il mettre en pratique la nouvelle répartition des valeurs qui fait de tout un objet artistique : « et chantant comme des poèmes les titres des journaux que je vendais [...] » (p. 30)

2 Robin Walz, dans *Pulp Surrealism*, développe l'engouement pour Fantômas « The lament of Fantômas, the popular novel as modern mythology » p. 42-75.

3 Note de Marguerite Bonnet, p. 1533, dans André Breton, *Œuvres complètes I*, *Bibliothèque de la Pléiade*, Gallimard, 1988.

des masques, Pol, est Chaplin ; Baptiste Ajamais (Breton) fait l'éloge de Pearl White, icône des *Mystères de New-York* p. 137-138). Cet éclectisme marque la volonté de franchir les frontières en jouant avec les clivages qui séparent littérature et paralittérature et de définir une nouvelle esthétique où l'expression de l'imaginaire semble moins contrôlée (défoulement autant que contestation). Libéré le refoulé, les cadavres sont exquis. Autant d'éléments qui ont fait dire à Breton que Fantômas est la manifestation d'une « mythologie moderne au-delà du goût[1] », comme si cette paralittérature, métamorphosée derechef en une sorte de *sur-littérature*, directement articulée sur le mythique, pouvait faciliter le rejet du roman réaliste qui est alors un objet littéraire dévalué. Il a mauvaise presse auprès des intellectuels des années 20, il ne peut plus s'écrire que sur le mode parodique. Sur les ruines de la fiction, Aragon prétend donner une leçon de goût en faisant admirer à travers ses pastiches et ses emprunts des œuvres exclues du domaine littéraire, comme s'il déclarait brutalement : moi aussi j'écris des bêtises et je le dis.

La pratique du collage[2], chère aux surréalistes applique à la peinture ce que le lecteur sera tenté d'étendre à l'écriture et particulièrement au roman qui s'alimente à tous les discours de la société – on peut considérer les pastiches et les emprunts comme autant de collages : « les créateurs sont ceux qui forment la beauté de matériaux sans valeur. [...] *Bleu*, le génie de cette époque, se sert pour ses tableaux de papiers peints, de journaux, de sable, d'étiquettes. » (p. 103) Il faut lire cette phrase comme une déclaration de guerre, la promotion d'un texte sans prestige vise le snobisme littéraire du public. Le collage témoigne d'une certaine conception de la culture. Comme il s'agit de matériaux sans valeur esthétique, le détournement, le collage ou le recyclage ne posent pas le problème des héritages esthétiques, mais leur portée contestataire dérègle les cadres de jugements établis en remettant en cause l'ordre de la littérature, « non comme une révolte romantique, mais comme une expédition clandestine sans déclarations préalables par crainte du gendarme et de l'opinion ». (C'est du moins ce que le narrateur fait penser à Anicet sous forme de psycho-récit, p. 105)

1 cit. Marc Angenot, *Le Roman populaire, recherches en paralittérature*, Presses de l'Université du Québec, 1975 (p. 103)

2 Défendue par Jean Chipre (Max Jacob) quand il explique à Anicet l'esthétique du peintre Bleu (Picasso)

Le roman d'Anicet donne la théorie du désordre esthétique en même temps qu'il en est l'illustration. Comme dans le modèle populaire, l'intrigue est vouée aux enchaînements arbitraires, accidents, ruptures, digressions, les scènes sont collées l'une derrière l'autre, sans ordre ni logique ni causal, par abandon du réalisme. Plus rien de la cohésion balzacienne : changement de décor à vue « A ce moment la scène est envahie par les machinistes qui la transforment en tribunal à l'aide de quelques bancs, de quelques greffiers et de quelques municipaux. Les juges font leur apparition. [...] » (p. 57) ; il suffit que Mirabelle frappe trois fois dans ses mains : « Aussitôt on entendit grincer les gonds de plusieurs portes entièrement dissimulées par l'ombre » (p. 79). Les sommaires qui assurent la liaison causative des scènes dans le roman traditionnel sont ici très rares et l'intrigue progresse par accumulation de scènes singulatives et imprévisibles. La juxtaposition ne produit pas une composition. La gestion même des personnages est apparemment incohérente puisque Arthur qui occupe les deux premiers chapitres disparaît du roman quand Mirabelle et sa clique entrent en scène.

Le feuilleton sous toutes ses formes, avec ses méchants masqués, ses héros aux identités multiples, ses espionnes au nom russe, ses victimes et ses redresseurs de torts joue un rôle capital dans l'invention des personnages, à tel point que l'on pourrait s'y tromper, comme le narrateur ironique le fait remarquer : « On pouvait encore commettre l'erreur de prendre Baptiste pour le héros amoureux d'une grande dame que Ponson du Terrail[1] appelle immanquablement Raoul. » (p. 134)

Mirabelle, l'égérie de la société secrète, représente la beauté nouvelle, ambigüe, sujette à des métamorphoses perpétuelles. Elle exerce un pouvoir de fascination, elle seule donne des ordres. Il s'agit d'un concept esthétique, mais Mirabelle est aussi une femme, elle s'incarne dans un personnage composite et entretient avec le *serial* populaire un rapport bien plus complexe que ses admirateurs avec Fantômas : elle emprunte dans le plus grand désordre à des modèles contradictoires, elle naît de la dislocation des lieux communs. D'une part elle est la réincarnation du personnage de « she » inventé par Henri Rider Haggard dont une traduction avait été publiée en 1898 en feuilleton dans *La Vie moderne*. On a accusé Pierre Benoit d'avoir plagié l'auteur anglais dans *L'Atlantide* (1919), preuve que le type féminin était dans l'air au moment où Aragon

1 L'auteur de la série *Rocambole*.

imaginait Mirabelle. Elle demande aux hommes une soumission totale et ceux qui la possèdent meurent d'amour. Comme l'héroïne de Rider Haggard qui a 2000 ans mais paraît jeune et belle, Mirabelle est éternelle et mystérieuse : « Je suis d'origine inconnue. Mon passé se perd dans la nuit des temps » déclare-t-elle. (p. 209)

D'autre part, elle vient du cinéma son nom évoque le personnage féminin de « Belles Mirettes » dans le film *Judex* comme le rappelle Y. Gindine. Elle ressemble aussi à Pearl White (qui joue en 1910 dans *The life of Buffalo Bill*). On la rapproche encore de Musidora dans le film de Louis Feuillade *Les Vampires* : « Ce qui nous attirait, c'était tout ce dont nous privait une morale imposée, le luxe, les fêtes, le grand orchestre des vices, l'image de la femme aussi, mais héroïsée, sacrée aventurière. [...] Une jeunesse tomba tout entière amoureuse de Musidora, dans *Les Vampires.* » (Aragon, *Projet d'histoire littéraire contemporaine*)[1].

D'une manière contradictoire – mais *Anicet* ne connaît pas le principe de non-contradiction –, la projection cinématographique de sa vie exemplaire la présente comme une héroïne de roman sentimental et larmoyant à la Xavier de Montépin (*La Porteuse de pain, Les deux orphelines*) : larmes, amour fou, suicide, viol, protecteur mystérieux... (p. 209). On a d'ailleurs une analepse semblable sur la vie de son mari Pedro Gonzalès, famille pauvre et méritante d'ouvriers vertueux qui meurent à la tâche et font fortune, résumé parodique d'un roman populaire et populiste qui procède par accumulation de stéréotypes (p. 208).

À passer en revue les principaux personnages, on se rend compte que les critiques affirment un trop vite qu'*Anicet ou le panorama roman* est un pastiche de Nick Carter[2]. Nick Carter est présent comme personnage dans l'histoire. Il est connu du lecteur des années vingt. Héros de la culture populaire américaine, ses exploits se répandent en France dans les périodiques populaires en 1907 et sont très vite portés à l'écran.

Pourtant, c'est autour de l'imaginaire de Fantômas (qui ne s'incarne pas tel qu'en lui-même) que le roman s'est construit. Le criminel fauteur de trouble est beaucoup plus intéressant que le vertueux détective, le désordre

1 cité par Forest, *Pléiade*, p. 1043.

2 Nick Carter, le roi des détectives est le personnage central d'une série d'origine américaine, ses aventures sont présentées dans le *New York weekly* depuis 1886 (inventé par John Coryell en 1886). Ses aventures sont écrites par de multiples auteurs qui n'ont pas laissé le souvenir de leur nom, il n'y a pas d'ayants droit de la geste de Nick Carter.

plus séduisant que l'ordre, au jeu du gendarme et des voleurs, les surréalistes ne choisissent pas le gendarme, Aragon écrit : « A ce point étonnant de confusion morale, où les hommes vivaient, comment ceux-ci qui étaient jeunes, ne se fussent-ils point reconnus dans ces bandits splendides, leur idéal et leur justification ? [...] Oui, ils couraient où les appelait le CRIME, le seul soleil qui ne fut point encore pâli. » (*Projet d'histoire littéraire contemporaine*[1]) ; d'où le recours au feuilleton ou au *serial* pour la menace qu'il représente de dégénérescence de la société des juges et gendarmes, et des belles-lettres qui leur sont associées. Ce n'est pas la vertu de Nick Carter (« nous autres, Américains vertueux » p. 149) qui séduit les avant-gardes, mais les Fantômas ou les Chéri-Bibi, les fauteurs de désordre. Le détective ne bénéficie pas du préjugé de poéticité qui nimbe le criminel endurci.

Valet de l'ordre, Nick Carter est à tuer, et c'est d'ailleurs à quoi s'applique Philippe Soupault dans *Mort de Nick Carter* : « Nick Carter, son frère Chick et leur acolyte Patsy étaient les parfaits détectives d'une publication hebdomadaire. Ils avaient fasciné le jeune Philippe Soupault. Pour s'en débarrasser, il rêva de les tuer, médita son crime et l'écrivit » (quatrième de couverture). Loin d'être une apologie du héros populaire, *Mort de Nick Carter* (1926) est une entreprise de démolition d'une image obsédante.

Il en va de même dans le roman d'Aragon qui n'est pas plus généreux pour le héros américain que le texte de Soupault. Est-ce un hasard si le volume XIV des aventures de Fantômas, seul volume que l'on trouve chez Jean Chipre, s'intitule *La mort de Juve* et semble programmer la mort du policier ? Face à un Fantômas protéiforme, Aragon saborde Nick Carter. Le romancier met en scène un détective caricatural, dévalué, transgressant le contrat de lecture impliqué par le célèbre nom et les règles d'un genre – dont il emprunte pourtant les stéréotypes, le vocabulaire hyperbolique et les clichés : « [...] le sous-secrétariat des Beaux-Arts, devant l'incurie et l'incapacité de la police, n'a pas hésité au prix de gros sacrifices à attirer sur le continent le célèbre détective américain *Nick Carter* qui consent à s'occuper de cette mystérieuse et troublante affaire [...]. Nous formons tous les vœux pour que ce remarquable limier découvre les criminels, parvienne à les dépister[2], à livrer

1 cité par Forest, *Pléiade* p. 1043

2 La métaphore cliché de la chasse viendrait selon Jean-Claude Vareille (1989) des suiveurs de piste du roman d'aventure américaine à la Fenimore Cooper (*Le Dernier des Mohicans*).

à la justice ces noirs scélérats [...] » (p. 94). Réduit à lui-même et séparé de ses deux acolytes habituels, Nick Carter est un Américain à Paris, un étranger qui parle mal la langue : « Un consommateur auquel on n'avait tout d'abord pas pris garde, rasé, coiffé d'une casquette à carreaux noirs et blancs et doué d'un accent américain indubitable » (p. 99), très loin d'un surhomme. Il perd la trace de ceux qu'il suit p. 224. Il manque systématiquement de discrétion et se fait toujours repérer, à tel point que la lettre qu'on lui fait tenir porte seulement l'ironique adresse « Monsieur Carter. En ville » (p. 223). Sa plus grave faiblesse tient au fait qu'il ne sait pas entrer dans la mascarade, ses travestissements sont bâclés : N.C. « le suivait à distance sous un déguisement hâtif » (p. 100) ou inutiles parce que personne n'y prête attention : « Nicholas Carter, détective, grimé si habilement que c'est dommage que personne ne puisse admirer ce beau travail. » (p. 205) bref, il n'est pas comme les conspirateurs du côté de l'imaginaire, ce n'est pas un héros « carnavalesque ». Dans cette chronique d'une erreur judiciaire qui conduit Anicet à l'échafaud, Nick Carter ne se comporte pas en sauveur providentiel puisqu'il est le responsable de la bavure à la suite d'une enquête superficielle : « Il faudra bien que je surprenne ici quelque secret. Tout ceci est trop singulier pour être naturel : il y a réunion plénière, et que signifient ces attractions ? Je m'y perds. [...] Je ne comprends tout de même pas très bien les rapports de tous ces gens entre eux. » (p. 212). Les malfaiteurs ne seront pas inquiétés, la justice ne triomphe pas, il ne joue pas son rôle prométhéen de redresseur de torts.

Dans cette littérature en désordre, le détective américain représente l'ordre, la loi, un univers de valeurs qui ne se remettent pas en question, il incarne l'esprit de sérieux. Nick Carter ne devient donc pas une image de l'artiste, mais une image de bourgeois (il semble d'ailleurs intéressé par l'argent, il n'y a qu'à voir sa réaction quand Anicet fait brûler son billet p. 99, ou quand les autorités le font venir en France « au prix d'un gros sacrifice » p. 94).

La grande révélation vient d'un télescopage inattendu, souligné par le narrateur omniscient, qui (fidèle en cela aux techniques narratives du feuilleton) ne se cache pas dans sa fonction de régie et explicite pour un lecteur peu attentif qui ne l'aurait pas deviné que le Bolonais, « critique d'art et représentant des journaux d'Amérique » (p. 107) n'est autre que Nick Carter. La tirade de Chipre ridiculise toute la profession :

« Monsieur est critique d'art ? [...] Que Monsieur me permette de regarder Monsieur. Critique d'art ! Je n'avais jamais vu de si près un critique d'art. Quelle bonne fortune : je tourne autour d'un critique d'art et il ne me mord pas. » (p. 107)

Ce caricatural juge de la littérature « d'aspect sordide et raisonneur » (p. 105) fait régner le terrorisme dans les lettres avec la plus épaisse bêtise. Il écrit ses papiers au moyen de petits manomètres appelés « critères » qui lui indiquent quels clichés employer. Le lien entre le détective et le critique s'établit par la notion d'ordre : « Enfin la mission du critique d'art est de rechercher les artistes qui par leurs théories et leurs œuvres pourraient troubler la paix publique et les dénoncer à la vindicte des gens de bien et de goût. Dès que l'ordre est menacé, il doit le rétablir en rendant la fraude et l'anarchie manifestes. [...] C'est somme toute, une façon de détective, un policier de l'art. » (p. 108). Il est donc nécessaire que cet homme affublé d'un « accent yankee sans retenu » se révèle détective. Le gardien de la loi fait respecter l'ordre dans les lettres et dans l'art, or, il ne comprend rien à ce qui se passe et commet un contresens sur le texte (puisqu'il arrête Anicet pour un crime qu'il n'a pas commis). Il incarne la crainte du gendarme qui traverse tout le texte, au même titre que le commissaire lors de la première arrestation d'Anicet. Un sentiment de culpabilité latent semble faire surgir au fil des pages les figures de l'ordre.

La dévaluation de la critique et de ses jugements, l'ironie appliquée à l'ordre sont le fruit d'un montage narratif : l'ordre n'est plus qu'une notion burlesque défendue par deux grotesques : Nick Carter et un Anicet « borné » tout juste sorti du collège qui ressasse bêtement sa leçon, avec la sottise de Candide répétant que tout est pour le mieux dans le meilleur des mondes. « Anicet n'avait retenu de ses études secondaires que la règle des trois unités, la relativité du temps et de l'espace ; là se bornaient ses connaissances de l'art et de la vie[1]. » (p. 23) L'*incipit* réduit la culture littéraire à la règle des trois unités, posant *a priori* l'ordre comme une notion scolaire (en contradiction pourtant avec la théorie de la relativité). D'où la critique ridicule qu'Anicet oppose au récit d'Arthur : « Il m'y a paru un certain désordre qui porte assez la marque

1 Au souvenir scolaire s'ajoute symboliquement des instruments de mesure, héritage familial, une horloge et « un centimètre en ivoire, don de son père » (p. 59).

de l'époque où vous êtes censé avoir vécu, une certaine anarchie [...]. Il eût été très simple et bien plus démonstratif de vous soumettre dans cet exposé à la règle des trois unités [...]. Ainsi vous eussiez présenté dans un seul décor, sans sacrifier à l'exotisme, vos amours avec une seule femme qui prît successivement les diverses attitudes de vos maîtresses successives dans une unité de temps à votre choix, le jour par exemple. » (p. 43-44) Le psittacisme fait éclater le non-sens de ses oukases qui participent de la dimension ridicule d'Anicet. Le personnage disqualifié émet des jugements qu'aucun lecteur ne risque de prendre au sérieux. On peut emprunter l'expression de « discours épidictique complexe » à Philippe Hamon[1] : l'éloge ou le blâme distribué à mauvais escient par un énonciateur non crédible tourne à son contraire. Ces vieilles querelles littéraires n'inquiètent plus personne, elles sont obsolètes en 1920 tout comme Nick Carter est un ringard, elles ne sont pas l'enjeu du débat elles sont convoquées pour leur potentiel comique. D'où la désinvolture de l'auteur qui n'ouvre aucune controverse sur le sujet. C'est de littérature moderne et contemporaine qu'Aragon veut parler, de l'état actuel de la littérature.

Le potentiel comique de l'ordre s'enrichit d'une contradiction narrative : ce jeune homme qui réclame l'ordre ne se comporte pas selon les règles, il est sensible « aux tentations du chemin », se retrouve aux prises avec son désordre intérieur, lié à l'exhibition du sexe et de la mort (meurtre de Lulu, p. 57). Le trouble qu'il apporte à l'ordre public provoque l'intervention des gardiens de la loi, guignolesques incarnations de la raideur sociale : « le commissaire ceint de son écharpe et qui représente ici l'ordre, la loi, la Société ; le gendarme qui se fait une haute idée de sa mission [...] » (p. 56). L'explication du désordre est d'une simplicité toute bourgeoise : « il se porta sur la voie publique à des extrémités peu décentes : on comprit alors qu'il était poète. » (p. 23). C.Q.F.D. Le roman d'Aragon joue avec les formes du roman d'éducation qui organise les épisodes autour de la découverte du monde. Ce genre permet d'opposer l'expérience acquise aux idées reçues et aux théories : ainsi Anicet renonce-t-il à son esthétique rétrograde quand il rencontre Mirabelle (la beauté moderne) et les artistes modernes : « Je renonce ici pompeusement à tout ce qui n'est pas Mirabelle » (p. 89) et substitue

1 *L'Ironie littéraire*, p. 30-31.

aux trois unités un nouveau *credo* artistique des plus étonnants : « les projets que nous faisions dans l'ivresse de l'ombre et des paroles nous paraissaient si grands et si généreux que nous nous égalions sans peine aux plus hauts génies de l'humanité. Dans le transport de cet instant, je me comparerai volontiers sans craindre les moqueries à Buffalo Bill abandonnant l'empire des prairies pour accepter l'engagement de Barnum et Bailey. » (p. 89). Voici l'artiste qui se prend pour un clown américain, preuve que l'ingénu n'a pas encore compris le rôle du masque et de la société secrète (mais qu'il a vu Pearl White dans *The life of Buffalo Bill*).

L'allégorie largement explicitée nous rappelle que le roman est une réflexion esthétique : en rupture avec les normes (Anicet ne cesse de le répéter) l'auteur s'inscrit dans le refus de la tradition littéraire (holocauste des œuvres) et assume le rejet des principes fondamentaux de la reconnaissance culturelle (voir Nick Carter et ses critères ridicules).

La société secrète avec ses crimes et ses revolvers réunit des personnages emblématiques de l'art contemporain, derrière l'intrigue, c'est l'art lui-même qui forme l'enjeu de l'écriture : il s'agit de la dernière grande aventure des lettres françaises de Rimbaud à nos jours. Le roman évoque donc les rencontres successives d'Anicet avec quelques figures de la culture moderne, dont la première est « Arthur ». L'histoire de la littérature moderne, pour les surréalistes, commence avec Rimbaud. Ainsi, cette revue de têtes révèle-t-elle l'ordre profond du roman sous l'apparent désordre.

Rimbaud, la grande admiration des surréalistes, ne représente plus l'art moderne en 1920, en conséquence, il est évincé par le ridicule. Un pastiche[1] occupe tout le premier chapitre. Au-delà des indices disposés pour une reconnaissance assurée, la figure de l'aventurier voyageur et les exercices de dérèglement raisonné de tous les sens font incontestablement d'*Une saison en enfer* un texte source. L'opéra fabuleux où Rimbaud évoque une mosquée, des calèches sur les routes du ciel, un salon au

1 Le récit d'Arthur, en effet, doit beaucoup à *Une Saison en enfer* (« Vierge folle ») pour la description de ses relations avec L. (on reconnaît sous cette initiale le « Pauvre Lélian »). Les noms des personnages féminins sont empruntés aux *Illuminations* : « H » livre le nom d'Hortense (p. 30) qui est la maîtresse d'Arthur, et « Dévotion » donne celui de Lulu (p. 55) qui est l'initiatrice d'Anicet. Une citation approximative tirée des *Illuminations* (« Enfance II ») ouvre le chapitre V : « Des animaux (*sic*) d'une élégance fabuleuse circulaient. » (p. 117)

fond d'un lac, multiplie les sauts sémantiques incongrus comme le fait Arthur : « Paris devint pour moi un beau jeu de construction. J'inventai une sorte d'Agence Cook bouffonne [...]. L'Obélisque fit pousser le Sahara place de la Concorde, tandis que des galères voguaient sur les toits du Ministère de la Marine [...]. » (p. 29) Mais l'exercice d'imitation stylistique par quoi se définit le pastiche n'est pas poussé très loin, il en reste à l'écho de mots empruntés ; on ne retrouve pas dans la prose d'Aragon la déconstruction de la phrase et l'accumulation des groupes nominaux qui caractérisent l'écriture de Rimbaud. Ce n'est pas l'idiolecte d'auteur que vise la réécriture mais les idées. L'imitation du style se double d'une dégradation burlesque et le pastiche devient parodique. Arthur applique l'expérience esthétique (qui pourrait être expérience du désordre) du dérèglement des perceptions sensorielles d'une manière grotesque, caché sous une banquette de train : « J'appliquai immédiatement ce procédé pour éloigner de ma figure les bottes du voyageur assis au-dessus de moi. » (p. 27). La voyance n'a plus le moindre sens dans cette réinterprétation prosaïque.

L'entrevue aboutit à un sévère constat d'échec, Anicet met Arthur dehors : « il ne nous reste plus, Monsieur, à ce que je crois, qu'à nous séparer, emportant de cette rencontre [...] vous le souvenir de vos seules amours et l'incompréhension totale d'une jeunesse qui n'est plus la vôtre. » (p. 61)

La succession de conjurations racontées dans la deuxième partie peut être lue comme la version romanesque de l'engagement Dada et pré-surréaliste et de son programme de démolition de tout art rétrograde à quoi répond sans surprise l'épisode de l'holocauste des œuvres volées dans les musées. Le roman illustre l'engagement surréaliste conclu entre Breton et Aragon, véritable programme de saccage : « Cela commence par la démolition de tout ce qui pourrait nous accaparer[1] » ; ce qu'ils appellent à l'époque « entreprise de destruction ». Le narrateur d'*Anicet* conforte cette interprétation par ses éloges du crime : « Le crime porte un charme analogue. La prudence exigerait qu'on l'exécuta rapidement. Mais les voluptés fortes sont les plus lentes, et l'assassin sensible, le cambrioleur délicat s'attardent au lieu même qu'ils devraient fuir. » (p. 192)

Aragon semble porter l'anathème plus loin qu'on ne l'attendait puisqu'aucun artiste ne trouve grâce aux yeux du protagoniste et le

1 « Lautréamont et nous », *Les Lettres françaises*, 8-14 juin 1967, p. 76-77.

roman finit, dans un jeu de massacre final, par dénigrer toute la corporation littéraire : « C'est ainsi que tes rivaux, libres en apparence de préjugés, s'embarrassent dans leur course du poids mort de l'Art, abstraction déifiée, denrée de conserve bonne tout au plus à nourrir les fossiles. » (p. 183) *Anicet* est la réfutation successive des modes de vie et de pensée des différents mentors de l'art moderne. « Le texte fait preuve, à l'égard des personnages qu'il anime, d'une rare méchanceté[1] » Pendant qu'Anicet accepte d'incarner le scandale et le désordre, les déviances de l'art moderne, les autres rentrent dans l'ordre. Le peintre Bleu (Picasso), par exemple, croit atteindre la perfection dans un chef d'œuvre qui se révèle une parfait académie (p. 202). Mirabelle, incarnation de la beauté, se marie et devient une femme ordinaire. Le dernier chapitre apporte une ironique pacification, tous ces anciens trublions oublient Fantômas et sont rendus à la médiocrité bourgeoise : Arthur Dorange est un notaire retraité, Baptiste Ajamais (Breton) devient Monsieur Tisaneau (buveur de tisane retiré en province), Monsieur Isidore Ducasse – vieillard – est un ancien receveur de l'enregistrement : les noms et métiers en disent long sur la désillusion d'Anicet. Harry James qui avait été présenté comme le prototype de l'homme moderne (p. 135), le seul capable de faire un enfant à Mirabelle, a oublié qui il était. Il s'appelle M. Prudence et ne comprend plus les langues étrangère, il est tout juste bon à faire un partenaire à la manille. Finalement, c'est Nick Carter qu'ils suivent tous et le détective arrête Anicet. L'ordre final retrouvé est fondé sur l'injustice et le héros en est la victime expiatoire.

Avant de devenir des vieux bourgeois, les parangons de l'art moderne se sont tous comportés comme des lâches au procès d'Anicet. Par un retournement symbolique des rôles, les conjurés se font complices de l'ordre. Baptiste Ajamais est le traître du roman (André Breton, l'ami le plus proche), ce qui surprend. Tout d'abord, lorsqu'il faut choisir quel masque sera chargé de tuer le mari de Mirabelle, il triche sur les bulletins pour que le nom d'Anicet soit tiré au sort. Un peu plus loin, sa lettre écrite avec la main gauche à « Monsieur le Procureur de la République » (p. 267) trahit à la fois Mirabelle et Anicet. Il se comporte en faux ami, pourtant Breton à la lecture du manuscrit prétendit être content de l'image que le roman donnait de lui[2].

1 *D'Hérodiade à Mirabelle*, p. 93
2 *ibid.* p. 336

Nathalie Limat-Letellier[1] explique ce discrédit final par le contexte biographique et le moment littéraire (l'écriture est contemporaine des premières manifestations Dada à Paris) où la peur de plaire voisine avec l'esprit de dérision. Elle cite Aragon : « Si nos compagnons lâchent, flanchent, sont pris du désir d'arriver, ou de s'asseoir, une femme, est-ce que je sais… alors, nous, sans faiblesse, celui qui renonce, le ruiner, le discréditer, tous les moyens seront bons. Il n'y a qu'une morale à ce niveau d'implacabilité : celle des bandits. […] Il s'agissait d'un programme d'extrême rigueur […]. Pas de faiblesse. Pas de sentimentalité. Savoir que l'autre te frappera. […] Un jour, dit A.B., nous nous séparerons à notre tour… qui en finira avec l'autre ? » *Anicet* met en scène le moment de la prise de conscience de l'avant-garde littéraire, poussée à la surenchère par la contestation radicale du groupe Dada. La dégradation de l'image de Mirabelle, dénoncée et déshonorée par Baptiste Ajamais (Breton), correspond à une rupture avec la notion d'œuvre d'art, et même avec la notion d'art (rupture qui a été préparée par le recours massif au roman populaire).

Il ne s'agit pas de la liquidation des formes littéraires du XIXe siècle, la conclusion dénie tout système de pensée et toute forme de création. Pour comprendre une condamnation aussi générale, il faut sans doute remonter aux théories du mouvement Dada qui proclamait la mort de l'art, proclamation qui constitue le seul scandale véritable, comme l'affirme la voix inconnue : « Mais observe tout au moins qu'à une époque où l'on peut, sans déchaîner de tempêtes, nier Dieu, la Patrie, le Foyer, on se ferait arracher les yeux si l'on déclarait que l'art n'existe pas. » (p. 183) Est-ce que Aragon ne serait pas justement en train de tenter cette impossible déclaration, par le détour d'un roman avec emprunts, pastiches, collages, détournements, pour ne pas se faire arracher les yeux ? On conclura avec le groupe de recherches sur les Modernités que « Ce n'est pas un des moindres intérêts de ce roman que de nous faire vivre de l'intérieur, quoique de manière très décalée, l'instant décisif où s'est consommée la fracture de l'art moderne[2]. » L'écriture en désordre d'*Anicet* représente pour Aragon une conspiration contre l'art. En effet, même Fantômas est voué à être récupéré par les

---

1 Voir Nathalie Limat-Letellier « Portraits de Breton dans les fictions d'Aragon », p. 335

2 *D'Hérodiade à Mirabelle*, p. 93

bourgeois et par les professeurs de faculté, puisqu'on en parle dans ce colloque. La seule vraie conduite de désordre, c'est d'écrire *Anicet ou le panorama, roman.*

Françoise RULLIER
Université Paris-Sorbonne

DÉSORDRE ET DESTIN

Dans l'écriture de *Jacques le fataliste*

Diderot, dans *Jacques le fataliste*, invente une façon de raconter qui est aussi une façon de désordonner la narration. Désordonnancement que le titre relie à une interrogation sur le sens à donner à l'existence humaine : est-elle, ou n'est-elle pas, régie par une fatalité ? On sait au demeurant que pareille interaction entre un agencement narratif et une signification à donner à l'existence humaine n'est pas propre à *Jacques le fataliste*. Dans la façon dont un romancier traite la matière événementielle, soit pour l'ordonner chronologiquement, c'est-à-dire aussi logiquement, soit pour créer au contraire une impression de décousu, se joue stylistiquement son rapport au temps, à l'Histoire et à la métaphysique : temps construit et finalisé, ou temps déconstruit, dilué et vain. En examinant une écriture narrative, on peut le plus souvent en inférer la façon dont le romancier conçoit les vies qu'il relate, soumises à un destin ou faites d'aléas. Concernant Diderot : écrit-il Jacques pour démentir ou pour démontrer la fatalité et donc l'absence de libre-arbitre qui en est le corollaire ? Nous essaierons de répondre à cette question en opérant un va-et-vient entre la macrostructure narrative et la microstructure qu'est l'ordre énonciatif et syntaxique.

L'ÉCRITURE DU DÉSORDRE

Diderot, dans *Jacques le fataliste*, s'inspire du *Tristram Shandy* de Laurence Sterne. Mais ce dernier, tout en pratiquant la digression, demeurait dans l'écriture mémorialiste et *Tristram Shandy* racontait tout de son seul point de vue. Il n'en va pas de même dans *Jacques le fataliste*.

LE DÉSORDRE, COMME DÉCONSTRUCTION DE LA NARRATION

Ce roman qui met en scène pas moins de 60 personnages bouleverse l'ordonnancement chronologique en stratifiant et en enchâssant les cadres narratifs, tous conversationnels : le dialogue de l'auteur et de son lecteur (N 1) enchâsse un dialogue entre Jacques et son maître (N 2), qui enchâsse à son tour des récits faits, comme celui des aventures de Mme de la Pommeraye et du marquis des Arcis (N 3), par des personnages présentés en N 2. En N4 se trouve des narrateurs occasionnels auxquels un narrateur du N3 donne la parole : Gousse et l'histoire du pâtissier cocufié. Le refus de raconter de manière linéaire semble annihiler les liaisons du tout et engendrer le triomphe de l'aléa, lequel démentirait l'antienne de Jacques :

> Tout ce qui nous arrive de bien et de mal ici-bas est écrit là-haut[1].

D'autant que ce fatalisme naïf se trouve aussi contrarié par la diégèse : le cheval de Jacques est sans cesse attiré au long du voyage par les gibets (on apprend qu'il a été la monture d'un bourreau). Jacques interprète cette obsession de sa monture comme le présage de sa future pendaison, présage qu'écarte pourtant le dénouement.

Le roman, rhapsodie bigarrée, conduit à expérimenter le désordre du monde : les histoires relatées ont en commun de montrer des personnages qui ne se plient pas à l'ordre moral. Le meilleur exemple est bien sûr celui du père Hudson qui cache ses frasques sous le masque de la dévotion, mais ce désordre est aussi illustré par Mme de la Pommeraye, et même par la fille d'Aisnon, prostituée qui devient une sublime épouse, au grand dam de celle qui croyait faire le malheur de son ancien amant, le marquis des Arcis. Le désordre narratif de *Jacques le fataliste* se double d'un renversement de l'ordre moral établi, et il s'impose avec d'autant plus de force qu'il procède, comme nous allons maintenant l'observer, d'un désordre sciemment semé dans les discours rapportés, alors que le roman procède d'une arborescence de conversations.

LE DÉSORDRE DES DISCOURS RAPPORTÉS

Pour prendre la mesure de la confusion régnant dans les emboîtements énonciatifs, nous observerons l'*incipit* du roman. Dès l'attaque,

1 Edition classiques Larousse, texte intégral, V. Géraud, éd., Paris, 2007, p. 28.

deux dialogues s'enchâssent, celui entre l'auteur et son lecteur et celui entre Jacques et son maître. Or ces deux dialogues n'ont pas la même morphologie linguistique. Le dialogue entre Jacques et son maître prend la forme d'un dialogue philosophique ou théâtral, avec les dénominations référant aux deux coénonciateurs précédant chaque prise de parole (notons au passage que se font face un simple prénom, « Jacques », et une désignation qui réfère à un positionnement social dominant, « le maître ») :

> Le Maître : C'est un grand mot que cela.
> Jacques : Mon capitaine ajoutait que chaque balle qui partait d'un fusil avait un billet[1]

Mais l'autre dialogue entre l'auteur et son lecteur surgit sur le mode du discours direct libre[2], c'est-à-dire comme une parole qu'on interprète comme directement retranscrite, mais que nul marquage linguistique n'annonce comme discours rapporté :

> Comment s'étaient-ils rencontrés ? Par hasard comme tout le monde. Comment s'appelaient-ils ? Que vous importe ? D'où venaient-ils ? Du lieu le plus prochain[3].

Le « Que vous importe », notamment parce qu'il implante l'allocutaire, peut être interprété comme propre au dialogue et conduire rétroactivement à attribuer l'interrogation précédente (« Comment s'appelaient-ils ? ») à une autre instance énonciatrice que celle censée assumer le discours d'attaque du roman. Mais rien n'indique typographiquement qu'il y a là un dialogue, et surtout rien ne permet linguistiquement d'attribuer certaines paroles à un lecteur et d'autres à l'auteur lui-même. Le dialogue entre l'auteur et son lecteur est pure interprétation d'un lecteur qui ainsi se presse d'assumer des paroles qu'il sait pourtant pertinemment ne pas avoir prononcées. Le discours direct libre fonctionne ainsi comme un piège et témoigne de la complète mainmise de l'auteur sur son lecteur.

---

1 p. 24.
2 Voir J. Authier-Revuz, « Les Formes du discours rapporté », DRLAV n° 17, 1978, « Hétérogénéité montrée et hétérogénéité cachée », DRLAV n° 26, 1982. C'est le contexte et l'exigence de cohérence textuelle qui font reconnaître discours indirect et direct libres.
3 p. 24.

D'ailleurs le brouillage est plus complexe encore dans la suite de l'*incipit*, après la première nuit suivant le début du récit des amours de Jacques :

> L'aube du jour parut. Les voilà remontés sur leurs bêtes et poursuivant leur chemin. – Et où allaient-ils ? – Voilà la seconde fois que vous me faites cette question, et la seconde fois que je vous réponds : Qu'est-ce que cela vous fait ? Si j'entame le sujet de leur voyage, adieu les amours de Jacques... Ils allèrent quelque temps en silence. Lorsque chacun fut un peu remis, le maître dit à son valet : – Eh bien, Jacques, où en étions-nous de tes amours[1] ?

Nous passons ici, sans solution de continuité, de la parole assumée par l'auteur à celle assumée par le maître, et ce au sein d'un même paragraphe. Précisons que la prise de parole du maître se fait clairement, par le recours au discours direct en bonne et due forme : « le maître dit à son valet », mais sans reprise de la morphologie propre au dialogue entre Jacques et son maître (avec les dénominations des locuteurs précédant leurs prises de parole). Comme à l'attaque et par reprise de la même question rétroactivement attribuable au lecteur, le dialogue auteur-lecteur reprend aussi. Or, l'auteur répond à cette question censée lui avoir été posée par le lecteur au moyen d'un discours direct incluant un discours direct, le discours citant et le discours cité ayant le même énonciateur (l'interprétation la plus plausible est celle qui reconnaît ici l'auteur). Ces dénivellations de l'énonciation au sein d'un même paragraphe, par changement subreptice des modalités formelles, notamment typographiques, par lesquelles se présente le dialogue dans le roman sont pour le moins déstabilisantes. S'y ajoute parfois une déstabilisation de l'ordre syntactico-logique.

LE REFUS DE L'ORDRE CANONIQUE DE LA PHRASE

Certaines phrases échappent à l'ordre grammatical dans *Jacques*, afin de mieux imiter l'échange conversationnel :

> « (...) Les temps sont bien tristes ; n'est-il pas vrai ?
> Très tristes, mon cher Le Brun. Mais il ne s'agit pas de cela ; écoutez-moi, j'aurais un mot à vous dire... » Je m'assieds. Le chevalier et Le Brun se

1 p. 25.

> retirent dans un coin, et se parlent. Je ne puis te rendre de leur conversation que quelques mots que je surpris à la volée (...)
> « Il est bon ?
> Excellent.
> Majeur ?
> Très majeur.
> C'est le fils ?
> Le fils[1].

Diderot qui enchâsse là encore une conversation dans une conversation s'amuse des quelques propos sibyllins censés être échangés en secret. Les monorhèmes auxquels il a très souvent recours dans l'ensemble de son roman ne sont que d'apparents renoncements à la syntaxe de la phrase, laquelle retrouve sa cohérence dans l'implicite. Diderot, en général, respecte l'ordre syntaxique dont il est par ailleurs, dans sa *Lettre sur les sourds et muets*, un fervent défenseur. Il lui arrive pourtant, dans un épisode hautement symbolique, de renoncer à l'ordre sémantico-logique de la phrase :

> En suivant cette dispute sur laquelle ils auraient pu faire le tour du globe sans déparler un moment et sans s'accorder, ils furent accueillis par un orage qui les contraignit de s'acheminer... – Où ? – Où ? Lecteur, vous êtes d'une curiosité bien incommode ! Et que diable cela vous fait-il ? Quand je vous aurais dit que c'est à Pontoise ou à Saint-Germain, à Notre-Dame de Lorette ou à Saint-Jacques de Compostelle, en serez-vous plus avancé ? Si vous insistez, je vous dirai qu'ils s'acheminèrent vers...oui ; pourquoi pas ?... vers un château immense au frontispice duquel on lisait : « Je n'appartiens à personne et j'appartiens à tout le monde. Vous y étiez avant que d'y entrer, et vous y serez encore quand vous en sortirez[2].

Deux procédés convergent dans cette dernière citation pour désorganiser l'ordre syntaxique canonique (Sujet-Verbe-Complément) en même temps que la logique du roman de la route qui exige une et une seule destination géographique. D'abord les points de suspension trouent le texte, en déchirent délibérément la trame, selon un procédé aussi très usité dans les drames sérieux. Ensuite sans cesse le discours change de niveau énonciatif, soit pour feindre de donner la parole au lecteur (il est censé avoir le premier posé la question « Où ? » sans doute reprise ensuite en

1 p. 222.
2 p. 42.

mention par l'auteur qui feint de la sorte l'énervement), soit pour garder la parole tout en stratifiant l'énonciation par des commentaires métaénonciatifs. Dans ces commentaires bouclant l'énoncé sur l'énonciation, l'énonciateur s'interroge sur ce qu'il va dire et répond à cette auto-question, créant, du point de vue rhétorique, la figure de l'épanorthose (auto-correction) : « vers… oui ; pourquoi pas ? ». Ces mots-propositions ou phrases qui s'interposent sans se relier syntaxiquement font attendre le complément de lieu. Enfin ce lieu est donné, et c'est un lieu symbolique délivrant un étrange message par l'inscription du frontispice. Ce qu'on y lit détruit en effet l'ordre de la logique conduisant le lecteur du désordre syntaxique au désordre sémantique : nous avons en effet d'abord deux propositions coordonnées (syntaxiquement mises à égalité syntaxique) dont l'une est rigoureusement antithétique de l'autre si bien qu'elles sont sémantiquement incompatibles et forment un énoncé absurde ; nous avons ensuite deux autres propositions semblablement coordonnées par *et*, dont la seconde, au futur de l'indicatif, conduit au complet non-sens : on ne peut en effet être « encore » dans un lieu dont on sort.

Roman de l'errance et roman erratique, *Jacques* ne nous achemine pas vers un but et le roman reste jusqu'au bout en quête de lui-même.

L'ÉCRITURE DU DESTIN

Pourtant, pour certains critiques, ce désordre apparent, telle une anamorphose, laisserait apparaître, dès qu'on le regarderait à la juste distance, un puissant ordonnancement, lui-même révélateur d'un pan-déterminisme révélant la philosophie matérialiste de Diderot.

LA LINÉARISATION SYNTAXIQUE

Quand on regarde de plus près l'écriture de *Jacques*, force est de constater qu'elle est le plus souvent parfaitement linéarisée, par tous les procédés qui assurent la cohérence du texte, notamment par de forts liens thématiques, par des anaphores et des connecteurs. Nous l'observerons dans un extrait où cette linéarisation va de pair avec l'affirmation d'une loi régissant tous les comportements humains, sans exception :

> Nos quatre voyageurs allèrent de compagnie, s'entretenant de la pluie, du beau temps, de l'hôtesse, de l'hôte, de la querelle du marquis des Arcis, au sujet de Nicole. Cette chienne affamée et malpropre venait sans cesse s'essuyer à ses bas ; après l'avoir inutilement chassée avec sa serviette, d'impatience il lui avait détaché un assez violent coup de pied… Et voilà tout de suite la conversation tournée sur cet attachement singulier des femmes pour les animaux. Chacun en dit son avis. Le maître de Jacques s'adressant à Jacques, lui dit : « Et toi, Jacques, qu'en penses-tu ? » Jacques demanda à son maître s'il n'avait pas remarqué que quelle que fût la misère des petites gens, n'ayant pas de pain pour eux, ils avaient tous des chiens ; s'il n'avait pas remarqué que ces chiens étaient tous instruits à marcher, à faire des tours, à marcher à deux pattes, à danser, à rapporter, à sauter pour le roi, pour la reine, à faire le mort, cette éducation les avait rendus les plus malheureuses bêtes du monde. D'où il conclut que tout homme voulait commander à un autre ; et que l'animal se trouvant dans la société immédiatement en-dessous de la classe des derniers citoyens commandés par toutes les autres classes, ils prenaient un animal pour commander aussi à quelqu'un[1].

Le thème constant de cet extrait situé dans l'épisode qui se déroule à l'auberge du Grand-Cerf, (on se souvient que c'est l'hôtesse de cette auberge qui narre l'histoire de Mme de la Pommeraye et du marquis des Arcis) est la chienne Nicole, ce qui, par généralisation et induction, conduit à l'assertion d'une vérité catégorique. Dans cet apologue, le discours est d'abord direct, puis indirect, de sorte qu'une certaine confusion règne, comme toujours, dans les modalités de la parole rapportée. Mais cette confusion contraste ici avec la parfaite rigueur de la démonstration conduite par Jacques. De successives interrogations rhétoriques forment une maïeutique débouchant sur un : « D'où il conclut » qui introduit la loi s'appliquant à « tout homme ». On voit ici comment la forte connexion argumentative se met au service de l'illustration humoristique de ce qu'on peut reconnaître comme une thèse philosophique : l'homme est prisonnier de l'éternelle dialectique du maître et de l'esclave. On pense bien sûr à Hegel, lecteur de Diderot.

L'HOMME SOUMIS À LA NATURE : LA PREUVE PAR LE SEXE

L'homme diderotien est soumis à la nature, ce dont témoigne dans *Jacques* comme dans toute son œuvre (on peut évoquer *les Bijoux indiscrets*, œuvre datée de 1748 et *le Supplément au Voyage de Bougainville*

---

1 p. 175.

publié en 1796, donc après la mort de Diderot) le thème récurrent de la pulsion sexuelle, qu'il faut, si l'on en croit notre philosophe, laisser s'exprimer librement. Le désir est le moteur de la majorité des narrations, à commencer par la plus célèbre d'entre elles, celle du marquis des Arcis et de Mme de la Pommeraye que raconte l'hôtesse du Grand-Cerf. On ne souvient du premier stratagème imaginé par Mme de la Pommeraye pour faire avouer au marquis son désamour. Elle prend la perte de sentiment qu'elle a devinée chez son amant à son propre compte :

> Cela s'est fait sans mon consentement, à mon insu, par une malédiction à laquelle toute l'espèce humaine est apparemment assujettie, puisque moi, moi-même, je n'y ai pas échappé[1].

Cette loi apparaît sous diverses formes, de la plus noble, l'amour de Jacques pour la belle et sage Denise, à la plus triviale, lorsque Jacques se souvient d'avoir deux fois perdu son pucelage, avec Suzanne et ensuite avec Marguerite. Mais même lorsqu'elle prend les beaux atours de l'amour vrai, toujours la pulsion sexuelle dicte sa loi, une loi qui s'abat avec la force inexorable du destin :

> Est-ce qu'on est maître de devenir ou de ne pas devenir amoureux ? Et quand on l'est, est-on maître d'agir comme si on ne l'était pas ? Si cela eût été écrit là-haut, tout ce que vous vous disposez à me dire, je me le serai dit ; je me serai souffleté ; je me serais cogné la tête contre le mur ; je me serais arraché les cheveux ; il n'en aurait été ni plus ni moins, et mon bienfaiteur eût été cocu[2].

La fatalité du sexe trouve aussi son expression dans la fable égrillarde de la gaine et du coutelet, introduite par une parole que personne n'assume vraiment dans l'œuvre :

> Le premier serment que se firent deux êtres de chair, ce fut au pied d'un rocher, qui tombait en poussière ; ils attestèrent de leur constance un ciel qui n'est pas un instant le même ; tout passait en eux et autour d'eux, et ils croyaient leurs cœurs affranchis de vissicitudes. Ô enfants ! Toujours enfants !... Je ne sais de qui sont ces réflexions, de Jacques, de son maître ou de moi (...)[3]

1 p. 118.
2 p. 28.
3 p. 120

Si personne n'assume l'énonciation de cette loi universelle de l'inconstance, c'est bien parce que Diderot croit qu'elle s'applique à tous, ce que redit le personnage arbitre de la querelle élevée entre la gaine et le coutelet, chacun reprochant à l'autre son infidélité :

> Vous, gaine, et vous, Coutelet, vous fîtes bien de changer, puisque changement vous duisait ; mais vous eûtes tort de vous promettre que vous ne changeriez pas ; Coutelet, ne voyais-tu pas que Dieu te fit pour aller à plusieurs gaines ; et toi, Gaine, pour recevoir plus d'un coutelet[1] ?

Pour Diderot, il est donc vain de prôner une morale sexuelle : celle-ci supposerait un libre-arbitre que toutes les narrations dans *Jacques* conduisent à nier.

L'ORDRE MATÉRIALISTE DE *JACQUES*

Or, si l'on combine la linéarisation syntaxique avec le double leitmotive de la dialectique maître-esclave et du sexe, on s'aperçoit que l'œuvre se trouve finalement, en profondeur, unifiée. Cette thèse d'un ordre caché dans notre roman est notamment défendue par F. Pruner, dans *L'Unité secrète de Jacques le fataliste*[2]. Toutes les narrations enchaînées et enchâssées peuvent, pour ce critique, être interprétées comme convergeant vers l'illustration du système de la nature d'Holbach, l'œuvre obéissant aux mêmes lois nécessaires que tout, dans l'univers et la société. Il n'est besoin, en effet, que de se reporter aux *Pensées philosophiques*[3], aux *Pensées sur l'interprétation de la nature*, aux *Principes philosophiques sur la matière*, voire aux *Eléments de philosophie*[4], pour être convaincu que pour Diderot, la nécessité naturelle régit l'ordre du monde : l'univers entier étant soumis aux lois de la biologie et de la physique. De ce fait, la vie humaine n'est en réalité pas plus aléatoire que le roman dont les savants emboîtements ont été réfléchis et décidés par l'auteur, et devront (c'est précisément notre tâche) être justifiés. Ce qui nous conduit à réinterpréter le désordre comme une apparence, peut-être trompeuse. Dans *Diderot ou les mots de l'absence*[5], R. Lewinter écrit :

---

1 p. 122.

2 *L'Unité secrète de Jacques le fataliste*, F. Pruner, Situation n° 20, Lettres modernes, Paris, Minard, 1970,

3 Où s'affirme encore au demeurant une pensée déiste en 1746.

4 Textes notamment réunis dans le premier volume de la collection Bouquins, *op. cit.*

5 *Diderot ou les mots de l'absence*, R. Lewinter, Paris, Champ libre, 1976, p. 218.

L'univers est espace de jeu de la matière – des jets du hasard-, où tout est à chaque fois l'effet nécessaire – l'expression – d'une cause première une ; le concept de monstre – emblématisé par Saunderson – postulant le transformisme – thématique du nombre, anamorphose de la molécule – mais récusant l'évolutionnisme – tout sens au jeu de la matière-, qui serait la réalisation d'un dessein, l'établissement d'une finalité : progression dans la chaîne des êtres où se manifesterait une volonté transcendante à leur matière et qui impliquerait la possibilité d'un être autre, là où tout est nécessairement soi.

La vie, telle que la représente Diderot, est une unité de matière sensible en mouvement, les molécules immortelles se combinant transitoirement en organismes mortels. Est-ce à dire, comme l'affirme F. Pruner, que le dialogue entre Jacques et son maître, comme celui entre l'auteur et son lecteur n'entretiennent en fait qu'une illusion de liberté ? Le dialogue philosophique gigogne conduit-il à montrer l'irresponsabilité fondamentale de l'homme, qui n'est pas plus libre de sa pulsion sexuelle que de sa volonté ? On pourrait alors mettre cette essentielle aliénation de la condition humaine en relation avec la conception proprement diderotienne d'une langue elle aussi aliénante par sa linéarité et son ordre grammatical, même si Diderot, soit dit en passant, pensait cet ordre grammatical plus naturel que celui des langues à déclinaison.

Toutefois, si l'on imagine que Diderot rejette catégoriquement la liberté et son corollaire, la responsabilité humaine, alors tout un pan de sa création littéraire fait problème : ses drames (*Le Fils naturel* de 1757, *le Père de famille* de 1758, *Est-il bon ? Est-il méchant ?* écrit en 1781) qui sont de véritables prédications laïques et prônent le bonheur dans la vertu. Bonheur de faire le bien qui appartiendrait aussi à la nature de l'homme. En fait, il est sans doute hasardeux de prétendre réduire à un message univoque *Jacques le fataliste.* D'autant que la pensée philosophique de Diderot est toujours en mouvement : ainsi est-il passé du déisme exprimé dans ses *Pensées philosophiques*, datées de 1746, à l'athéisme au centre de l'audacieuse *Lettre sur les aveugles* de 1749. Quant à son matérialisme, il n'a rien de mécaniste, ce qu'il précise dans sa *Réfutation de l'homme d'Helvétius* de 1733.

L'ÉCRITURE DU DÉSORDRE
La refondation de la liberté et donc d'une morale laïque

Diderot fut trop libre, dans sa vie et dans son œuvre, pour qu'on puisse imaginer qu'il croie, comme Jacques, en une écrasante fatalité.

LE REFUS DE TOUTE TRANSCENDANCE

En fait, des causalités existent, agglomérat confus et toujours en partie incompréhensible, mais elles ne forment pas un destin qui serait décidé par un dieu, ni même par un Grand Horloger ou par un Grand Architecte. Les déterminismes sont immanents et non plus transcendants, si bien que rien n'est véritablement écrit sur un grand rouleau (si ce n'est symboliquement le texte que nous lisons). La nature est un « nœud difficile à délier », comme l'affirme Saunderson dans *la Lettre sur les aveugles*, à un certain Holmes qui use de l'argument des beautés de la nature pour tenter de convaincre l'aveugle-né de l'existence d'un dieu ayant créé ce monde à son image :

> Monsieur, reprit habilement le ministre, portez les mains sur vous-même, et vous rencontrerez la divinité dans le mécanisme admirable de vos organes. Monsieur Holmes, reprit Saunderson, je vous le répète, tout cela n'est pas aussi beau pour moi que pour vous. Si voulez que je croie en Dieu, il faut que vous me le fassiez toucher. Mais le mécanisme animal, fût-il aussi parfait que vous le prétendez, et que je veux bien le croire, car vous êtes un honnête homme, très incapable de m'en imposer, qu'a-t-il de commun avec un être souverainement intelligent ? S'il vous étonne, c'est parce que vous êtes dans l'habitude de traiter de prodige tout ce qui vous paraît au-dessus de vos forces (...) Si la nature nous offre un nœud difficile à délier, laissons-le pour ce qu'il est, et n'employons pas à le couper la main d'un être qui devient ensuite pour nous un nouveau nœud plus indissoluble que le premier[1].

Ainsi, toute vie intellectuelle affective, spirituelle n'est-elle que le résultat de processus matériels qui sont de toutes les façons si multiples qu'il est impossible de tous les appréhender. Nous allons voir que la

1 *Lettre sur les aveugles à l'usage de ceux qui voient*, *Œuvres complètes* de Diderot, coll. Bouquins dirigée par G. Schoeller, *op. cit.*, tome I, p. 166.

philosophie matérialiste de Diderot[1] trouve sa meilleure expression dans la conversation, parce que celle-ci, quoiqu'elle semble parfaitement aléatoire, est réglée de manière immanente, par les associations d'idées.

METTRE EN PARFAITE ADÉQUATION FORME ET FOND

L'amas conversationnel et narratif de *Jacques* ressemble à l'amas de molécules qui fait le feu, dans le *Principe philosophique sur la matière et le mouvement :*

> (...) la molécule, douée d'une qualité propre à sa nature, par elle-même est une force active. Elle s'exerce sur une autre molécule qui s'exerce sur elle. Tous ces paralogismes-là tiennent à la fausse supposition de la matière homogène. Vous qui imaginez si bien la matière en repos, pouvez-vous imaginer le feu en repos ? Tout dans la nature a son action diverse, comme cet amas de molécules que vous appelez le feu[2].

Jacques le fataliste, par sa polyphonie structurelle et ses stratifications énonciatives, par ses atermoiements délibérés et ses déstabilisations multipliées, est en fait destiné à nous faire appréhender l'obscur enchevêtrement des interactions moléculaires au cœur du réel. Ce que nous avons appelé « écriture du désordre » est donc avant tout une écriture « réaliste », avant la lettre. Or, un traité philosophique offrirait une forme inappropriée à la diffusion de cette vérité : nulle configuration discursive arrêtée ne saurait rendre compte des causalités infiniment mouvantes et multiples qui régissent l'homme et l'univers, celles-ci dépassant de toutes les façons, les limites de notre entendement :

> La philosophie expérimentale travaillerait pendant les siècles des siècles que les matériaux qu'elle entasserait, devenus à la fin par leur nombre au-dessus de toute combinaison, seraient encore bien loin d'une énumération exacte ; (...) Quand la langue philosophique sera-t-elle complète ? Quand elle serait complète, qui d'entre les hommes pourrait la savoir[3] ?

---

1 Voir J. Cl. Bourdin, « Diderot et la langue du matérialisme », in *Les Matérialismes philosophiques*, sous la direction de J.C. Bourdin, Colloque de Cerisy, Paris, éd. Kimé, 1997, p. 89 à 109.

2 *Principes philosophiques sur la matière et le mouvement*, *Œuvres complètes* de Diderot, coll. Bouquins dirigée par G. Schoeller, éd. Robert Laffont, Paris, 1994, tome I, p. 682.

3 *Pensées sur l'interprétation de la nature, Œuvres complètes* de Diderot, coll. Bouquins dirigées par G. Schoeller, *op. cit.*, tome I, p. 562.

Faute d'une possible langue philosophique complète, Diderot recourt au dialogue, et même à la mise en abyme de dialogues par lesquels prolifèrent les récits. Au reste, jusque dans ce plaisir de conter au centre de *Jacques*, l'homme obéit à sa nature qui est aussi en partie son destin :

> Quel est, à votre avis, le motif qui attire la populace aux exécutions publiques ? L'inhumanité ? Vous vous trompez : le peuple n'est point inhumain ; ce malheureux autour de l'échafaud duquel il s'attroupe, il l'arracherait des mains de la justice s'il le pouvait. Il va chercher en grève une scène qu'il puisse raconter à son retour dans le faubourg ; celle-là ou une autre, cela lui est indifférent pourvu qu'il fasse un rôle, qu'il rassemble ses voisins, et qu'il s'en fasse écouter[1].

C'est d'ailleurs le dialogue (entre Mlle de Lespinasse, le médecin Bourdeu, et d'Alembert qui délire du fait de la fièvre) que Diderot choisit pour exposer le monisme matérialiste auquel, en 1769, il croit, dans *le Rêve de D'Alembert* : une seule substance, la matière, mais douée d'un infini pouvoir de métamorphose, permet de rendre compte de la chaîne continue des êtres, dès qu'on postule la sensibilité universelle. Seul, le dialogue, parce qu'il combine d'une façon mobile, apparemment désordonnée, des chaînes invisibles qui font que tout se tient, ou le rêve (par ce que découvriront ses analystes freudiens, par les associations que son désordre apparent cache), peuvent être des équivalents stylistiques de ce que Diderot fait dire à D'Alembert, divaguant sur l'ordre de la nature :

> Comme une goutte de mercure se fond dans une autre goutte de mercure, une molécule sensible et vivante se fond dans une molécule sensible et vivante[2].

La sensibilité de l'être vivant n'est que la résultante des sensibilités moléculaires. Diderot justifie aussi son écriture singulière par la volonté assumée de ne pas tout éclairer, et surtout de ne pas tout juger :

> Pour moi qui m'occupe plutôt à former des nuages qu'à les dissiper, et à suspendre les jugements qu'à les juger, je vais vous démontrer encore que si le paradoxe que je viens d'avancer n'est pas vrai, si nous n'avons pas plusieurs perceptions à la fois, il est impossible de raisonner et de discourir[3].

---

1 p. 177.

2 *Le Rêve de D'Alembert*, *Œuvres complètes* de Diderot, coll. Bouquins dirigée par G. Schoeller, *op. cit.*, Tome I, p. 626.

3 *Lettre sur les sourds et muets, Œuvres complètes* de Diderot, coll. Bouquins dirigée par G. Schoeller, *op. cit.*, tome IV, p. 30.

Le dialogue est indissolublement lié à la pensée diderotienne parce que c'est une forme par excellence ouverte, propre à confronter les jugements et donc à les suspendre. Cette ouverture de notre roman est aussi manifeste dans son refus du dénouement : Jacques ne se clôt pas véritablement et Jacques avoue « un diable de pressentiment que j'ai là… que l'histoire ne doit pas finir[1]. » Une fois que le maître a tué le chevalier de Saint-Ouin, et s'est enfui, laissant Jacques emmené en prison, la fin des amours de Jacques donnera lieu à trois paragraphes, dont un malicieusement attribué à Tristram Shandy, Sterne étant supposé plagiaire de Diderot…

LE SAVANT DÉSORDRE, COMME HIÉROGLYPHE ÉMANCIPATEUR

Ce savant désordre pourrait même avoir chez Diderot une fonction hiéroglyphique, le hiéroglyphe étant pour notre philosophe l'expression poétique, laquelle dit et représente tout à la fois. Le hiéroglyphe, c'est l'expression qui est aussi image. Par sa capacité de représentation, il permet au poète d'échapper à la prison de la linéarité du langage. Dans sa *Lettre sur les sourds et muets*, Diderot définit la poésie comme un « tissu de hiéroglyphes » :

> (…) le discours n'est plus seulement un enchaînement de termes énergiques qui exposent la pensée avec force et noblesse, mais c'est encore un tissu de hiéroglyphes entassés les uns avec les autres qui la peignent. Je pourrais dire en ce sens que toute poésie est emblématique[2].

Le poète est celui à qui l'intelligence des propriétés hiéroglyphiques des mots a été donnée, celui qui voit que :

> (…) dans l'*it cruor* de Virgile, l'*it* est en même temps analogue au jet du sang et au petit mouvement des gouttes d'eau sur les feuilles d'une fleur (…)[3]

Les mots du grand poète ne sont pas seulement choisis pour ce qu'ils disent, mais aussi pour ce qu'ils figurent, pour leur capacité emblématique ou métaphorique. Encore faut-il que le poète recherche, non le hiéroglyphe « accidentel », trouvaille poétique déconnectée du

1 p. 266.
2 *Lettre sur les sourds et muets, Œuvres complètes* de Diderot, *op. cit.*, p. 34.
3 *Lettre sur les sourds et muets, Œuvres complètes* de Diderot, *op. cit.* p. 41.

sujet, mais le hiéroglyphe « essentiel[1] », autrement dit, le hiéroglyphe en parfaite adéquation avec le sujet. C'est bien comme un hiéroglyphe essentiel que nous avons interprété l'écriture diderotienne du désordre : elle permet au lecteur de se représenter le réel dont elle est un *eidolon*, parce qu'elle est en parfaite adéquation avec le sujet ; elle déplace le destin dans l'immanence et le perd dans les intrications de la causalité matérialiste pour laisser une dernière chance à notre liberté.

L'écriture hiéroglyphique, en tant qu'elle définit le travail poétique et pas seulement romanesque de Diderot, n'est certes pas un renoncement à l'ordre syntaxique, même si celui-ci peut être décrit par Diderot comme une pesante chaîne :

> J'ai vu sous la langue formée l'esprit enchaîné par la syntaxe, et dans l'impossibilité de mettre entre ses concepts l'ordre qui règnent dans le périodes grecques et latines ; d'où j'ai conclu 1° que, quel que soit l'ordre des termes dans une langue ancienne ou moderne, l'esprit de l'écrivain a suivi l'ordre didactique de la syntaxe française ; 2° que cette syntaxe étant la plus simple de toutes, la langue française avait à cet égard, et à plusieurs autres, l'avantage sur les langues anciennes[2].

Diderot l'affirme assez naïvement d'ailleurs dans *La Lettre sur les sourds et muets* : la langue française impose un ordre syntaxique favorisant la clarté :

> (...) je dirais que nous avons gagné à n'avoir point d'inversions, de la netteté, de la clarté, de la précision, qualités essentielles au discours, et que nous y avons perdu de la chaleur, de l'éloquence et de l'énergie[3].

Pour retrouver cette chaleur, cette éloquence et cette énergie, Diderot ne préconise pas l'inversion qui irait à l'encontre de la nature de notre langue, mais le hiéroglyphe. Celui-ci permet de se libérer des pesantes chaînes de la syntaxe, sans pour autant les distendre artificiellement ni les rompre.

Pour conclure, il est pour le moins hasardeux de réduire *Jacques le fataliste* à l'univocité : si Diderot avait voulu construire un système

1 *Lettre sur les sourds et muets, Œuvres complètes* de Diderot, *op. cit.*, p. 43.
2 *Lettre sur les sourds et muets, Œuvres complètes* de Diderot, *op. cit.*, p. 48.
3 *Lettre sur les sourds et muets, Œuvres complètes* de Diderot, *op. cit.*, p. 31.

philosophique arrêté, il n'aurait pas choisi cette forme déconcertante et déstabilisante, il n'aurait pas recouru à ce que nous avons appelé « l'écriture du désordre » et qui est d'abord un refus de tout système fermé. La structure énonciative et narrative de *Jacques le fataliste* engendre une polyphonie qui engendre à son tour une polysémie qui, comme l'absence de vrai dénouement, laisse l'œuvre ouverte. Certes l'apparent désordre fonctionne en partie comme un leurre : on sait bien que tout est secrètement ordonné par un auteur narquois, qui n'hésite pas à tancer le lecteur, à se moquer de ses impatiences et de ses désirs, et qui sciemment le « promène » dans son roman de la route. Mais cet ordre secret, propre à toute œuvre d'art, ne doit pas être interprété comme la présence, en profondeur, d'un pandéterminisme auquel le matérialisme de Diderot réduirait la condition humaine, la privant de liberté et de responsabilité. De fait, en même temps que Diderot-poète trouve les moyens stylistiques d'échapper à la linéarité du langage, l'homme trouve dans sa nature heureusement paradoxale, la liberté de fonder son bonheur sur la vertu, plutôt que sur l'exploitation et la manipulation d'autrui. Aussi, le désordre apparent, dont nous avons vu qu'il était « réaliste » en cela qu'il confrontait l'homme à la prolifération des causes immanentes, gouvernant tout, dans le réel, est aussi le hiéroglyphe essentiel d'une condition humaine condamnée à être libre, parce que sa nature est d'échapper à la nature.

Violaine GERAUD
Université Jean-Moulin – Lyon 3

L'ORDRE RYTHMIQUE DE LA PAROLE JETÉE DANS L'ESPACE OU LE CÉRÉMONIAL NOVARIEN

Notre point de départ est le théâtre de Valère Novarina qui interroge la figure humaine (qui, au fond, est parole), les « anthropoglyphes » *in vivo*. Par le corps de l'acteur, par son souffle, la lettre, le texte revient de la mort : c'est la passion commune/partagée de l'acteur et du texte. En tant qu'*imitatio Christi*, l'acteur dé-représente la figure humaine, détruit l'idole *in vivo*. Le Verbe acteur attaché sur la croix de l'espace et du temps lance la parole humaine dans l'espace par l'offrande de son corps. Cette prière charnelle lui rend la vie. Cet acte pascal est au cœur de la liturgie de Valère Novarina[1], et l'inscrit dans cette lignée du théâtre « religieux », au sens étymologique : un théâtre qui crée un « lien », qui unit l'humanité (*religare*), en étant tout de même un théâtre de la désadhérence et de la séparation. Beaucoup d'œuvres sont en rapport intertextuel avec ce théâtre mental : l'œuvre d'un Mallarmé[2], d'un Alain, d'une Simone Weil, d'un Claudel, d'un Genet, d'un János Pilinszky, d'un Grotowski ou d'un Vasiliev pour ne mentionner que quelques-uns.

La pratique d'écriture de Valère Novarina creuse, sonde en profondeur la langue, sa pratique théâtrale et son idée déployée dans les essais consistent en l'action, en la liturgie cachée du mot brûlé et ainsi ressuscité comme créateur au travers du corps d'acteur se prêtant à l'action. L'entrelacement des divers genres d'écriture et de la pratique de la mise en scène conduit aussi à une dissolution des frontières entre les genres.

---

1 Voir la scène de la dormition (présente aussi dans la culture byzantine) de Polichinelle, personnage du théâtre comique, figure du théâtre de marionnettes. (Figure 1)

2 LE VIVANT MALGRÉ LUI au début de *L'Acte inconnu* : « Bien prendre garde à déchirer l'espace : comme la page blanche de l'esprit. Le théâtre est vide, entre Adam : il sort », Valère Novarina, *L'Acte inconnu*, Paris, POL, 2007, p. 11.

FIG. 1 – Scène de la Résurrection dans *L'Acte inconnu* de Valère Novarina, Festival d'Avignon, 2007. Cliché Olivier Marchetti.

La première traduction des œuvres de Valère Novarina, celle des *Lumières du corps* faite par Zsófia Rideg a vu le jour l'année dernière en Hongrie, et j'ai été sollicitée pour en écrire une préface ; ce livre fut suivi de la traduction des *Cendres* effectuée par moi-même et l'une de mes étudiantes. Cette année, nous avons présenté encore deux traductions, celle de *L'opérette imaginaire* et un recueil d'essais réunissant certains textes de *Devant la parole*, de *Théâtre des paroles*, et de *L'Envers de l'esprit* qui est depuis sorti chez POL. Cette édition hongroise des essais (intitulée *Le théâtre du Verbe agissant*) est organisée autour de deux noyaux centraux : d'une part, elle contient des écrits liés à l'image (à des tableaux précis), au plan et à l'espace (*Demeure fragile*), d'autre part, elle montre le rapport entre cet espace et le mot, le Verbe, la parole agissant dans cet espace (*Le langage se souvient*, *Pour Louis de Funès*). C'est dans ce contexte que le mot ordre/désordre apparaît.

La traduction des essais de Valère Novarina s'inscrit, dans son esprit et dans sa langue, dans une lignée interrompue de la pensée théâtrale hongroise, représentée par l'œuvre, principalement poétique de János Pilinszky. Mon interprétation de l'œuvre de Novarina sera donc prise d'abord dans l'optique de l'œuvre de János Pilinszky que le lecteur sous-entend en lisant la traduction des essais de Novarina. La pensée théâtrale de Pilinszky fut beaucoup influencée par Simone Weil et Bob Wilson, œuvres chez qui Valère Novarina a aussi puisé.

L'héritage d'Inde, d'Afrique, de Bali, exigeait, pour ces nouvelles tentatives, un rituel approprié, une liturgie à créer, sous le ciel de laquelle Robert Wilson commencera sa création théâtrale dans le *Regard du sourd* en 1971, selon le témoignage de la lettre inédite de Robert Wilson du 23 août 1970 dans laquelle on retrouve une réalisation de la vision d'Artaud : « J'ai toujours considéré que le rituel est au cœur de tout. En quelque sorte, les spectacles semblent tourner de façon obsessionnelle autour de l'activité rituelle. Le seul problème, c'est que les artistes, en général tombent dessus sans le savoir. Ceux qui, comme Peter Brook dans sa version de l'*Œdipe* de Sénèque, suivent directement une interprétation rituelle, en dévient souvent. Si trop d'éléments d'un schème s'ancrent dans la tête des participants, la vie risque de disparaître du travail. Genet est très intéressant du point de vue du rituel avec son catholicisme inverti, avec sa fascination pour la Messe, avec son besoin du Bien pour stimuler le Mal qu'il vénère. La religion et le drame doivent se retrouver. » C'est l'idée de Grotowski d'être un saint sécularisé. Après tout, les racines du drame sont religieuses, pensent certains. « Nous devons retrouver la vision tragique : l'homme est temporel, fini, condamné à la mort et à l'oubli. Il semble que les gens s'intéressent plus à l'Institut Eslin et aux expériences variées du Kama Soutra. Transcender la chair. Brûler la chair jusqu'au bout. L'idée de Grotowski [...]. Pas de façon abstraite et pseudo-philosophique, mais en appliquant vraiment les pinces brûlantes du drame sur les participants. Un peu d'Artaud. Les ébouillanter. [...] Une approche profonde et une appréciation vraie de la vie sera, j'en suis sûr, rituelle[1]. »

L'œuvre de János Pilinszky s'entrelace, à partir de 1963, avec la pensée de Simone Weil. L'esthétique accrue de l'effacement du moi, de la décréation qui fait passer du créé dans l'incréé, et pas au néant, concrétisée par Simone Weil dans l'image du « porte-plume », se radicalise dans les écrits tardifs de Pilinszky, à partir du recueil *Éclats*, avec l'image du scribe.

Dans cette image du scribe, ce n'est pas l'aspect de la soumission, ou le sens platonicien de mania[2] qui devient central, mais son immobilité, le centre immobile de la Passion où le scribe se tient et sa sortie de lui-même (« la sortie d'homme », pour reprendre les mots de Valère Novarina). La seule distinction que je ferai ici par rapport à la source à laquelle Pilinszky a puisé, c'est que, à l'immobilité métaphysique valorisée par Weil, sera ajoutée dans le théâtre de Valère Novarina un excès de force ; de déséquilibre et de non-sens, et par là une provocation et une interrogation profonde de la matière même du langage. La désagrégation des mots, de la phrase, et du sens d'un texte, que nous percevons sous forme de listes désordonnées, sont en effet des commencements sans fin, et des suspensions du temps. N'oublions pas que le mot « ordre », sous sa forme latine *ordo, ordinis* signifie d'abord techniquement l'ordre des fils dans la trame, appelée « séries », et, dans la langue commune le rang, la rangée, l'alignement, (d'où abstraitement, la succession chronologique et le bon arrangement des choses, des éléments d'un tout)[3].

1 Bibliothèque des Livres Rares et des Manuscrits, Université Columbia, Archives Robert Wilson, Boîte 81, étiquette : « Performing jobs ». Lettre de Robert Wilson à Antony Scully.

2 Platon, *Phèdre*, 244 A-245 A ; 249 D, 265 B.

3 Voir l'alignement des corps dans la tableau de Piero della Francesca, *La Madone entourée d'anges et de saints*, souligné par Valère Novarina dans « Demeure fragile », paru dans le volume intitulé *Devant la parole*, P.O.L., 1999, p. 96. Figure 3 de ce volume.

Dans « Demeure fragile », Valère Novarina s'intéresse à un tableau de Piero della Francesca, où la figure de l'enfant Jésus, le Christ (« Jésus crucifié enfant ») embrasse le temps, en un seul moment, puisque la perspective du tableau et les figures qui entourent cet enfant mal à l'aise dans l'espace, créent une croix[1]. Le présent maintenable est une illusion, selon *Les lumières du corps* : « la présence vraie est déshadérente, le présent est un don, un écart. Le présent devant nous est au futur : une chose donnée, offerte et présentée ouverte ». Nous sommes offerts comme personne … Nous sommes ouverts par le mot de personne. (399[2]) Quand le rideau se lève l'acteur (chaque homme qui agit), personnage défait (233) entre dans sa passion et subit l'action du langage. L'acteur agit un acte passif. Il rentre à l'envers dans la passion du langage. C'est la passion, c'est la passivité, c'est l'idiotie de l'acteur et sa chute qui font que le spectateur est voyant. » (190-191) « L'acteur donne souffle, prête corps et se souvient à *vue* devant le public des oublieux. » (201) *Son* souffle appelle ce qui manque, le point vide où la prière a lieu. Il accorde sa respiration, et en tant qu'animal spirituel, il offre son souffle, il brûle le texte et lui-même avec, c'est-à-dire qu'il le rend lumineux par sa passion respiratoire. La *persona*, le masque porté devant, « personne » est le *point* vide, « qui parle et qui nie au milieu » (233). Par son souffle, il transfigure, parce que « l'esprit ce n'est pas le contraire de la matière (l'immatériel), mais sa métamorphose » (207). Tout comme dans l'œuvre de Pilinszky ou celle de Robert Wilson, dans *Les lumières du corps* de Valère Novarina, l'acteur ne s'exprime pas, c'est un être dédoublé, son propre témoin, le spectateur de sa propre passion. Un homme qui sort de l'homme.

Valère Novarina écrit dans *Le langage se souvient* :

---

1 *Ibid.*, p. 102-103, – « Une seule grande respiration réunit ici devant nous le temps entier. Cet enfant – icône visible du dieu invisible – a fait le monde, c'est lui le poète de toutes choses créées. […] Celui qui naît et expire devant nous tient liés le début et la fin dans une grande figure respiratoire comprenant le temps tout entier. Il l'embrasse. […] Se superposent et se répondent le cri qui créa l'espace – et le cri que poussa sur la croix celui qui vint ici pour être lui-même cloué à l'espace. Expirer et surgir sont un seul geste. Le messie est une figure du temps qui embrasse l'attente et la venue. Il signe d'une croix. C'est la signature de cet enfant qui inventa l'espace. C'est de lui que l'espace est sorti – et il repose maintenant ici sous la forme d'un enfant mal dans l'espace, celui qui a fait l'espace. »

2 Les chiffres entre parenthèses font référence aux numéros des fragments dans *Les lumières du corps* de Valère Novarina.

FIG. 2 – Piero della Francesca, *La Vierge avec l'Enfant, six saints, quatres anges et le duc Federigo da Montefeltro*, 1472, musée de Brera, Milan. Soprintendenza per i Beni Storici, Artistici ed Etnoantropologici di Milano su concessione del Ministero per i Beni e le Attività Culturali

> Sous le chaos apparent, il y a le tissage d'une polyphonie précise, un calcul, un dénombrement, une *comptation* des voix. Le drame suit souvent le schéma : prélude et fugue. Les choses sont au début posées simplement, comme une ouverture, une suite d'ouvertures – puis les scènes, les suites, les séquences s'étendent, se creusent, se rencontrent en contradiction ; les attractions entrent en conflit – et s'ouvre la catastrophe rythmique[1].

Pour éclairer le processus, je prendrai un texte de Jacques Dupin. Dans son œuvre, l'intégrité d'un monde poétiquement dicible et partageable ne se découvrira que dans le moment d'une dégradation et d'une perdition. Tout nous est donné, mais pour être forcé, en quelque façon pour être détruit – et nous détruire. La ligne de brisure apparaît comme l'ouverture du profond. La signification poétique vit de son propre obscurcissement constant, elle se situe à la limite d'un contact avec le non-sens qui la menace et qui l'engendre : « Il m'est interdit de m'arrêter pour voir. Comme si j'étais condamné à voir en marchant. En parlant. A voir ce dont je parle et à parler justement parce que je ne vois pas. Donc à donner à voir ce que je ne vois pas, ce qu'il m'est interdit de voir. Et que le langage en se déployant heurte et découvre. La cécité signifie l'obligation d'inverser les termes et de poser la marche, la parole, avant le regard. Marcher dans la nuit, parler sous la rumeur, pour que le rayon du jour naissant fuse et réplique à mon pas, désigne la branche, et détache le fruit[2]. »

Dans *L'Acte inconnu*, LA FEMME SPIRALE dit au DÉSÉQUILIBRISTE : « Qu'est-ce que tu marches pendant que tu penses ? » LE DÉSÉQUILIBRISTE répond : « Je marche ici que la prière n'est plus rien d'autre que le mouvement de descendre tout vers le sol, à la planche, vers plancher[3] ». Un peu plus tard, la comédie circulaire s'ouvre. Le théâtre est le lieu du renversement par le comique. Cet enversement n'aime pas la pensée binaire, mais une pensée plurielle, qui commence avec le chiffre 3 (chiffre provenant aussi de la théologie négative) :

> *LE CHANTRE 1 :* « L'ordre grammatical règne à Angoulême, à Helsinki, à Kinshasa ; l'ordre médiatique règne à Pont-à-Mousson, Bernay-en-Brie,

1 Valère Novarina, *L'Envers de l'esprit*, Paris, P.O.L., 2009, p. 96.
2 in : Jacques Dupin, *L'embrasure précédé de Gravir*, Paris, Poésie / Gallimard, 1971, p. 139.
3 *Op. cit.*, p. 51. Ou encore LE DANSEUR BOCARDY : « Une myope sur deux voit pas la nuit. Le reste du monde est sans opinion. » (p. 37)

> Pont-à-Mousson, Samson-le-Fresnay ; l'ordre alphabétique règne à Barcelone, Brasilia, Babylone, Pont-à-Mousson, Brive, Brême, Bordeaux, Berne et Besançon. »
> LE CHANTRE 2 : « En fin finale, enfin, vinrent les anthropodules, qui rédigèrent pour la première fois la Loi des Anthropopandules. Loi des Anthropodules aux Anthropopandules : "Les Anthropodules chérissent alternativement le A et le B[1]." »

Le chiffre 2, binaire (A et B), le chiffre manichéen n'est pas bon, dans plusieurs textes de Novarina, le chiffre 3 est le début du pluriel. Le renversement, la négation d'un élément par l'autre, on n'arrive pas à notre point de départ, mais à un troisième élément, tout comme dans la théologie négative. C'est le fonctionnement propre au système respirant.

> Le système respirant, le drame révélé, on le trouve splendidement manifeste chez Hegel – et dans cette religion qu'il imite si bien : le christianisme ; cette religion qui est aussi à jamais l'envers d'une religion puisqu'elle comprend la mort de Dieu – puisque que le Christ est aussi la parodie du Messie, le Dieu aux outrages, le renversement du Prophète – puisqu'enfin, l'insaisissable dogme trinitaire vient détruire par une figure tournante et inverse et par sa roue respiratoire tout ce que l'annonce monothéiste pourrait avoir d'effrayant. (...)Tout drame parlé, toute théorie vraie s'avance en nous apportant sa négation. Et la négation de la négation. Il faut passer au travers. Nous sommes des animaux invités à passer au travers du langage[2].

La liste des mots, la litanie dans l'œuvre novarinien, qu'elles soient faites de substantifs ou de noms propres, de chiffres ou des bifurcations de la phrase, constituent ce lieu de passage. Les listes les plus volumineuses se trouvent dans *La Chair de l'homme* : « l'infans transbrevis » y donne une liste de définitions de Dieu à travers les âges, « l'enfant d'outrebref » une liste de « fleuves, ruisseaux, torrents et rivières » devant lesquels il s'est assis pour pleurer[3]. Ces listes reproduisent la désignation des choses par un acte performatif. Ces listes nous amènent dans la Chaos (titre qu'il donne à son écrit sur Rabelais), qui désigne dans la mythologie le premier état de l'univers avant la naissance des dieux. Il veut dire en grec l'espace infini, le gouffre, abîme (encore en grec moderne). Le mot, selon les dictionnaires étymologiques, serait à rapprocher de l'allemand *Gaumen*,

1 *Ibid.*, p. 36-37.
2 Valère Novarina, *L'Envers de l'esprit*, éd. cit., p. 97-98.
3 *La Chair de l'homme*, Paris, P.O.L, 1995, chapitre XXXV, p. 382-402 et LII, p. 508-526.

signifiant palais de la bouche, ancien haut allemand *guomo*, et, en grec même, du groupe de *khainein*, s'ouvrir, ouvrir la bouche, béer ; ces mots appartenant à la racine indœuropéenne *ghen-*, *ghei-* qui exprime la notion de vide, de manque. « Les cendres », ainsi que le personnage Raymond de la matière dans l'*Acte inconnu*[1] expliquent que le vide est l'anagramme de Dieu. Le vide est « un appel qui permet à l'esprit de retrouver souffle et mouvement[2] ». Nous avons eu recours à l'orthographe ancienne de la langue hongroise *lélekzik*, lorsque la duplicité jadis unie de esprit-souffle est soulignée par l'auteur. Le Chaos est donc divin, tandis que la forme ordonnée est la mort. Le désordre est le lieu de passage, le renversement de l'ordre du langage par le comique dans une logique d'inversion idéologique proche du carnaval. Pour le narrateur du *Drame de la vie* qui constate placidement que les médecins « examinent (s)on trou comique », le diagnostic fait donc immédiatement place à la cure : « c'est grâce à ce trou que vous irez vers un non-sens de plus en plus grand[3] ». La littérature profane du Moyen-Age, dans laquelle Valère Novarina puise beaucoup, produit, à l'ombre des textes savants sous la plume des clercs, des fatrasies, où un lien est clairement établi entre la promotion du bas corporel et le désir d'échapper à la logique du sens : constitués de propos sans suite, ces jeux poétiques font naître l'incohérence logique et la dislocation du sens d'assemblages insolites qui résistent à l'esprit de rationalité.

Dès que le désordre se transforme en forme, il commence à mourir. Il y a refus de la forme préétablie, parce que la langue est devant nous à l'état naissant. Il écrit dans *Le langage se souvient* :

> *L'Acte inconnu*, j'ai commencé par tout longuement éparpiller : des phrases jaillies et jamais relues, lancées à la main, disséminées sans cesse... Puis tout était numéroté patiemment (mille six cent vingt-deux fragments : chaque parcelle étant notée dans un système de classement réversible) – de façon à ce qu'un ordre du texte apparaisse soudain, non décidé par l'« auteur » mais par la matière même. Par la pensée de ce que pense la matière même. Tout au fond du langage, la nature parle[4].

Ou dans *L'ouvrier du drame* :

---

1 Éd. cit., p. 146.
2 *Ibid.*, p. 146.
3 *Le Drame de la vie*, Paris, P.O.L, 1984 ; Gallimard, 1995, p. 178.
4 Valère Novarina, *L'Envers de l'esprit*, éd. cit., p. 92-93.

> Tout est en désordre, et vu aux aguets comme dans l'envers d'un kaléidoscope. Les enfants veulent toujours voir *dedans à l'envers*, lorsqu'il n'y a encore rien à voir sauf le désordre de la pierraille et de la verroterie en attente de la révélation colorée des figures symétriques. En attendant, la vue ne donne que sur des petits morceaux de verre et le désordre des cailloux.
> Comme dans la nature vue de tout près : une herbe, une brindille, c'est de près un infini désordre ; il y a un drame non résolu dans une touffe d'herbe : mais un ordre peut apparaître de chaque point. Une perspective *béer* soudain[1].

L'œuvre de Novarina où le dramatique se réalise dans le texte même et non dans les relations humaines, s'inscrit dans la lignée du théâtre de la parole de Genet, ou Jarry, mais la parole, dans l'espace véritable, donc liturgique du théâtre traverse la mort. Le texte qui en donne une description plus condensée s'intitule *Les Cendres*. La thématisation théâtrale de la mort n'est pas inconnue dans l'écriture dramatique moderne et contemporaine, on la trouve dans les œuvres de Koltès et de Lagarce. Mais dans l'œuvre de Valère Novarina, ce drame se réalise dans le langage se souvenant de sa provenance, de son étymologie, de son passé, comme allant de soi-même lorsque l'acteur se prête a ce drame se déroulant dans le langage, à cette histoire de Rédemption (il en devient témoin, participant de la liturgie). L'acteur prêtant son souffle à cette parole désordonnée entre dans le drame du vide et de l'esprit (théâtre signifiant en grec le creux), son souffle s'entrelace avec l'espace, l'espace devient un système respirant, lieu de la Rédemption, grâce à la dimension temporelle qui renverse. C'est cet espace de désordre (ce « malaise » dans l'espace) que Valère Novarina voit dans le tableau de Piero della Francesca (*La Madone entourée d'anges et de saints*), ainsi que le temps et l'espace se superposant dans un poème d'une mystique quiétiste du 17e siècle, Madame Guyon (Jeanne Marie Guyon du Chesnoy)[2]. Le théâtre est le lieu par excellence où les deux dimensions se retrouvent (face au théâtre mental du papier où l'espacement n'a pas de dimension temporelle événementielle).

Dans la langue, ce drame, qui est l'apprivoisement de la mort, est rythmique. Le rythme qui est au fond de toutes choses : « Le rythme, je le cherche toujours dedans : dans la matière même, dans la réalité. Il se trouve par aveuglement, descente au plus bas. Le rythme lui-même

---

1 *Ibid.*, 21-22.

2 *Poésies et cantiques spirituels sur divers sujets qui regardent la vie intérieure 1-2.*, Cologne, 1716.

veut nous parler. Le rythme seul nous fait comprendre que la pensée est un drame, qu'il n'y a pas de domaine humain dont nous serions les maîtres et qui nous serait réservé mais qu'il y a dans notre pensée le drame animal du verbe vivant. L'énergie est le feu mis par lui à la matière. *Feu* le souffle et *feu* l'esprit. », écrit-il dans *Le langage se souvient*, essai paru dans *l'Envers de l'esprit*[1]. C'est à ce rythme que la main écrivant le texte se donne ; ainsi que l'acteur soufflant la parole dans l'espace, les deux comme exécutant un acte biologique passif. Par cette provocation suractive, telle une figure d'Orphée, un rythme est trouvé par l'écrivain et l'acteur, à des moments heureux, où il est essentiellement porté par ce rythme et il respire même à ce rythme ; comme le bon acteur dans le rôle de l'infini romancier dans *L'Opérette imaginaire* où il cite 246 phrases non liées l'une à l'autre :

> « Voyez » dit Jean ; « Soyez attentifs » ajouta Jacques ; « S'arrêtera-t-elle ? » demanda Pierre ; « Oui » répondit Marie ; « L'arrêterons-nous ? » reprit Josette ; « Certainement pas », répliqua Anne.

et ainsi de suite[2]. À la fin de ce monologue-polylogue de huit pages, la Femme Pantagonique devenant « verseau », verse de l'eau sur l'infini romancier, et dans leur dialogue les hommes affirment que l'eau est le fluide de l'eau, et de la parole, qui désigne l'esprit de l'eau dont on vient d'être inondé vivant[3]. Puis le Galoupe, figure du cirque inverse : « Le système du langage humain étant déplorablement faux, je l'inverse : *Inverse l'je faux déplorablement étant humain langage du système le.* » La « parole entre en sang » à ce moment, « l'opérette entre en sang[4] ». C'est le moment du Chaos (« Ah quel chaos[5] », dit Anastasie).

Et il continue dans *L'Envers de l'esprit*[6] :

> Le rythme ne se pose pas après, ne se superpose pas, comme une structure *après* ou comme un ornement, quelque chose qui arrive à la matière informe : il est premier. Il est au plus profond de la naissance de tout. Il fonde le langage, il engendre la pensée, il *naît* le mouvement. Le rythme est l'ordre intérieur

1 *Op. cit.*, p. 95.
2 Valère Novarina, *L'Opérette imaginaire*, Paris, P.O.L., 1998, p. 147-159.
3 *Ibid.*, p. 160.
4 *Ibid.*, p. 162-163.
5 *Ibid.*, p. 164.
6 Éd. cit., p. 95.

au chaos. Il est l'ordre intérieur du chaos. Le rythme est ce qu'il y a de plus profond dans la matière et en nous.

L'HOMME NU dit dans l'*Acte inconnu* :

> L'univers est dans un ordre absolu : cela mérite d'être vu et souligné [...] Ce n'est pas le chaos de la matière qui fait peur, c'est d'entendre un ordre dedans[1].

Désordre signifie en grec, profane, ce qui est l'ordre, se trouve du côté du divin, du sacré. L'ordre c'est aussi *séder* en hébreu, la libération. On trouve donc une profanation du sacré dans l'œuvre de Valère Novarina qui insiste sur l'inversement et la réversibilité des termes. Sacraliser signifie pétrifier, la profanation apporte un mouvement rythmique et circulaire. La profanation à l'origine est un moment de sacrifice. Le mot sacré n'est justement jamais utilisé par Novarina, le sacré se trouve sous sa forme de sacrifice comique, sous la forme sacrifiée de l'acteur. Le premier sacrifice est celui du personnage, le deuxième celui de l'acteur, et le troisième, « c'est toi, spectateur ». Le spectacle fait couler, le « vrai sang » de la parole, puisque le Messie, c'est la parole. Le projet est un « art lyrique sans moi[2] ». Le sujet poétique pro(li)férant est en effet « disséminé », « portion du monde[3] » ; il a aussi exécuté la sortie d'homme, sa parole, en retour, est devenue fondamentalement poétique : elle ne cesse de réfléchir son origine, qui est ici définie non comme une unité perdue, mais comme une scission créatrice. Cette dualité qui est au cœur du langage, nous proposons pour finir de la formuler sous la forme d'une équation paradoxale, qui enregistre le « Deux » novarinien : Dieu +/- moi = Deux. Cette équation nouvelle est développée autrement dans le *Discours aux animaux*, qui reformule le dogme de la Trinité : « Deux est trois. Deux est en un. Deux est deux. Deux est en trois. Deux est un. Deux est deux[4] ».

À l'image de la figure de la Trinité, il y a d'abord ordre, ensuite passage au Chaos (à la catastrophe rythmique) qui se désagrège et un

1 *Op. cit.*, p. 121.

2 « Le débat avec l'espace », in *Devant la parole*, éd. citée, p. 64.

3 Nathalie Koble, « Tout du corpus sans rien pensant » : le Moyen Age englouti de Valère Novarina, in dans *Passé présent, le Moyen Age dans les fictions contemporaines*, ouvrage dirigé par Nathalie koble et Mireille Seguy, Paris, Éditions rue d'Ulm, 2009, collection Aesthetica, p. 67-82.

4 *Op, cit.*, *La Chair de l'homme*, p. 107.

nouvel ordre apparaît, celui de l'esprit et du souffle. Il n'y a ni ordre, ni désordre, ni sacré, ni profane, mais les deux dans une dynamique, dans un rythme. Le hongrois est aussi, personnellement pour l'auteur, une langue en perdition, la sœur du français, son envers qui porte son ombre interne.

Eniko SEPSI
Université Gaspar-Karoli
de l'Église protestante

LE MISTRAL, FAUTEUR DE TROUBLE ET FACTEUR DE TEXTE DANS *JEAN LE BLEU*, DE JEAN GIONO

À L.R. qui a su me faire écouter le mistral hurlant dans les branches secouées de l'amandier de la cour, certaines nuits d'hiver provençal.

Je travaillais sur *Jean le Bleu*, un roman d'éducation et d'initiation pseudo-autobiographique[1] qui exprime le besoin de se ressourcer d'un écrivain encore jeune (trente-sept ans), n'ayant publié jusqu'alors que quatre romans et venant de traverser une assez mystérieuse crise existentielle au seuil de l'âge mûr, quand j'ai pris connaissance de cette très intéressante proposition : « Dire le désordre ». J'ai alors commencé par me demander : « où se trouve le désordre ? » (J'aurais pu me demander : « qu'est-ce que le désordre ? », mais je laisserai le soin à d'autres que moi de répondre à cette question plus ambitieuse). Où se trouve donc le désordre ? Partout ! Certes ! Tout autour de nous en permanence, et pas mal à l'intérieur de nous en prime ! Mais qui *dit* son lieu plus ou mieux que d'autres ? J'ai immédiatement pensé aux scientifiques inventeurs de la Théorie du Chaos, telle qu'elle s'est diffusée dans la culture presque populaire de ces vingt dernières années et j'ai voulu tenter une expérience de « pensée latérale », ce que les anglais appellent *lateral thinking*. C'est cette expérience dont je vais rendre compte dans le texte qui suit.

De toute évidence, une quelconque tentative de parallélisme entre des sciences « dures », comme la physique et les mathématiques, et une science dite humaine comme l'analyse littéraire présente de sérieux

1 Jacques Chabot, « Le Narrateur et ses doubles dans *Jean le Bleu* », in *Revue des Lettres Modernes, Jean Giono*, t. 2, « L'imagination de la mort », p. 468-473, 1976, p. 10.

risques méthodologiques, d'autant que Giono, mort en 1970, n'a certainement jamais pu avoir connaissance de ces nouveaux développements scientifiques. Le journaliste américain James Gleick a publié son livre remarquable, *La Théorie du Chaos*, aux Etats unis en 1987. Vite devenu un best-seller international, il a été traduit en français et publié dans ce pays en 1989. Il porte sur un mouvement interdisciplinaire révolutionnaire, essentiellement en mathématiques, physique, météorologie, biologie et astronomie, qui s'est lentement développé à partir de premières découvertes du début des années soixante. Il s'est ensuite épanoui dans le courant des années soixante-dix, et c'est seulement en 1977 qu'une première conférence internationale sur le chaos a eu lieu en Italie. Ces nouvelles méthodes d'approche n'ont été pleinement reconnues que dans les années quatre-vingts. Elles font maintenant partie du bagage obligé des connaissances communes à presque toutes les sciences.

La question plus précise que je me suis alors posée est : « comment *lire* le lieu du désordre dans une œuvre si particulièrement attentive aux forces vitales, cosmiques, telluriques, spatiales, comme celle de Giono ? ». Je m'efforcerai d'y répondre à l'aide d'un éclairage en quelque sorte « de biais », fourni par ces nouvelles vues scientifiques qui s'attachent à prendre pleine mesure du désordre de la nature, des arrangements rythmiques alternés d'ordre et de désordre que l'on rencontre dans les objets naturels et qui prennent souvent d'étonnantes dimensions esthétiques, comme cela a été reconnu à plusieurs reprises, dans les fractales par exemple. En évitant tout amalgame abusif, par la rencontre et la confrontation de ces deux univers conceptuels, je vais donc essayer de « créer une nouvelle intuition » autour de Giono, pour reprendre une expression typique de cette nouvelle science.

Le mistral rend fou, tous les Provençaux le savent[1]. Vous avez peut-être entendu parler du dicton des trois, six ou neuf jours où il peut souffler. Il s'agit d'une légende sans aucun fondement scientifique[2]. Par contre, il est tout à fait certain qu'il a une forte influence sur la psychologie des populations soumises à son régime et que, par la sècheresse électrifiée de l'air qu'il brasse, il affecte notablement les personnes âgées ou les

1 Et n'oublions pas non plus que le mot « folie » vient du latin *follis* voulant dire un « soufflet », « un sac plein d'air ».

2 Bernard Mondon, Sreffen Lipp, *Petite Anthologie du Mistral*, Saint-Rémy-de-Provence, Éditions Equinoxe, 2004, p. 47.

enfants dans les écoles. L'humeur des adultes s'en trouve également perturbée. Ce qu'il y a d'étonnant, c'est qu'en dépit de ses nombreux inconvénients – le froid au premier chef –, les sentiments envers le cruel et séducteur mistral (dont l'étymologie remonte à « vent-maître », *auro magistralis*) du public ou des artistes ou écrivains qui en ont parlé (Van Gogh dans ses lettres, Giono et Frédéric Mistral bien sûr, mais aussi André Suarès, René Char, Robert Sabatier, Brassens et même Nietzsche qui lui a consacré un poème[1]) sont très ambivalents. Souvent décrié, il est tout autant, si ce n'est même plus, apprécié pour sa salubrité et l'extraordinaire clarté des cieux qu'il dégage.

Prenons maintenant *Jean le Bleu*, un livre que plusieurs critiques n'ont pas hésité à considérer comme la matrice, ou tout au moins un microcosme de l'œuvre entière de Giono. Henri Fluchère parle à son sujet de « cellule-mère[2] ». Chabot y voit moins un roman que la « chronique d'un devenir-poète[3] », et Giono énonce lui-même dans une postface : « Je voulais en ce livre expliquer ma formation littéraire[4] ». C'est dire l'importance de ce récit très « semi » autobiographique pour comprendre les processus de la création chez Giono. Or ce texte pour ainsi dire métapoétique se trouve dès le départ placé sous le signe du vent. Il devait dans une version antérieure s'intituler *Le Passage du vent* et cela demeure le surtitre de l'édition Grasset. Giono a expliqué ce surtitre ainsi : « C'était le passage romanesque de toute une jeunesse, le passage qui disparaît avec l'âge adulte : le vent a disparu à ce moment-là[5] ». Il faut donc avoir à l'esprit l'idée d'un temps révolu, d'une inspiration passagère. Le vent, revêtant une dimension presque proustienne ici, et de toute manière très imaginaire, comme l'enfance a été mais n'est plus. Cependant, un tel commentaire est fourni plus de trente cinq ans après la création du livre, et rien ne nous empêcherait après tout de laisser surgir une autre interprétation plus immédiate et présente, nous

1 Friedrich Nietzsche, *Œuvres, Le Gai Savoir*, édit. par J. Lacoste et J. Rivière, Paris, Laffont / Bouquin, 1993, « … toi le plus libre / De tous les esprits libres, avec toi / Mon bonheur mugit comme la tempête. », « Pour le Mistral, Chanson à danser », appendice, p. 263-265.

2 Roland Bourneuf, « Giono au présent et au futur », in *Revue des Lettres Modernes, Jean Giono*, t. 1, « De la Naissance de l'Odyssée au Contadour », p. 385-390, 1974, p. 18.

3 Chabot, *op., cit*, p. 15.

4 Pierre Citron (cité par), *Giono*, Paris, Seuil, 1990, p. 183.

5 Jean Giono, *Œuvres romanesques complètes*, vol. II, édit. par R. Ricatte, Paris, Gallimard/ Pléiade, 1972, notice de *Jean le Bleu*, p. 1201.

situant sur le passage de ce vent en train de souffler le présent éternel de la création. Nous sommes alors directement soumis à son régime dynamique. Il s'agit d'une présence énergétique et le texte, le titre du moins, situe le lieu de ce passage, le lieu de la soufflerie.

Il est aussi probablement utile de rappeler que le premier titre du roman de Giono précédant *Jean le Bleu* (qui est de 1932), *Regain*, paru en 1930, était *Le Vent sur la pastorale* (ceci étant une idée datant de 1928), devenu par la suite *Vents de printemps* (un titre faisant irrésistiblement penser aux titres des films du cinéaste japonais Ozu). *Regain* est d'ailleurs tout entier et tout autant placé sous le signe du vent que *L'Etranger* est placé sous le signe du soleil. Par ailleurs, voici les deux premières phrases de *Que ma joie demeure*, roman légèrement postérieur, datant de 1934 :

> C'était une nuit extraordinaire.
> Il y avait eu du vent, il avait cessé, et les étoiles avaient éclaté comme de l'herbe[1].

De nouveau, Giono situe le départ de sa création après le passage du vent, confirmant ainsi sa valeur de durée brève, fugace et transitoire ; un moment qu'il a fallu saisir avant sa rapide résolution.

Il est donc tout à fait indéniable que, tout au long de ces années-là, le vent tient une place centrale dans la thématique des processus créatifs chez Giono. Je ne découvre rien ici. Ce fait a été reconnu par de très nombreux commentateurs, et tous y font allusion à un moment ou un autre[2]. En 1974, dans l'introduction du premier numéro de la *Revue des Lettres Modernes* consacré à Giono, Bourneuf place le vent en premier dans la liste des thèmes sur lesquels porte l'exploration thématique de l'œuvre. Il déplore par ailleurs le fait qu'à cette époque, on ne semble pas encore suffisamment s'engager dans ce qu'il appelle « une élucidation phénoménologique de Giono dans la perspective de Bachelard[3] ». Mais c'est ce qu'avait déjà fait dans une large mesure Robert Ricatte dans sa préface de l'édition Pléiade dès 1970, qui est une véritable poétique de l'espace gionien, et plus tard, ce qu'a esquissé de manière encore plus bachelardienne Marcel Neveux dans son livre *Jean Giono ou le bonheur d'écrire*, datant de 1990.

1 *Ibid.*, p. 416.
2 Henri Godard, *D'un Giono à l'autre* (Paris, NRF/Gallimard, 1995) : « Sous une forme ou sous une autre, il [le vent] est partout présent dans ces romans », p. 42.
3 Bourneuf, *op. cit.*, p. 18.

Pour tous ces critiques, le vent s'inscrit directement dans cette poétique de l'espace et cette dialectique du clos et de l'ouvert, l'un sécurisant, l'autre menaçant, qui caractérise sa production d'avant-guerre. Selon Neveux, dans le Giono de cette époque (et même tout au long de son œuvre) apparaît « le grand vide de l'espace extérieur où se cache un péril[1] » ; il recèle une menace. Neveux parle de « l'inimitié de l'espace contre lequel il faut se prémunir[2] » et remarque que « la *climatologie* de Giono est très souvent pessimiste[3] » (mes italiques). Le vent, « un de ces êtres continus dont on ne se représente ni le commencement, ni la fin[4] », est immédiatement perçu comme animé, et plus encore action que mouvement. Il incarne « le contenu transparent et perméable de l'étendue[5] ». « "Être en plein vent", c'est être exposé, n'être nulle part[6] », et Neveux de conclure que, pour Giono, « le mistral a un regard[7] », et un regard plutôt angoissant, ce qui n'empêche pas l'écrivain de faire « fond sur la vitesse des communications éoliennes[8] ». On peut donc clairement lire ici le vent comme un vecteur anxiogène de l'ouvert, une puissance cosmique disruptive qui force l'homme à la parole pour s'en prémunir et pour pouvoir « passer à autre chose ».

Si, comme le dit Ricatte, chez Giono, « l'espace bouge sans cesse. Les objets deviennent agents, les qualités sensibles se modulent en événements[9] », il faut bien reconnaître que le vent, le mistral essentiellement, apparaît comme le premier agent déclencheur d'une parole essayant de prendre mesure du cosmos qui environne le producteur de texte. C'est la même idée que l'on retrouve chez Redfern commentant *Jean le Bleu* : « *Jean le Bleu* starts with the interior of the home and opens out on the physical world. The sea and the wind are constantly evoked to shift the emphasis from stasis to movement, from security to danger[10] ». Le mistral

1 Marcel Neveux, *Jean Giono ou le bonheur d'écrire*, Monaco, Éditions du Rocher, 1990, p. 92.
2 *Ibid.*, p. 100.
3 *Ibid.*, p. 136.
4 *Ibid.*, p. 154.
5 *Ibid.*, p. 203.
6 *Ibid.*, p. 95, note 1.
7 *Ibid.*, p. 205.
8 *Ibid.*, p. 291.
9 Jean Giono, *Œuvres romanesques complètes*, vol. I, édit. par R. Ricatte, Paris, Gallimard/Pléiade, 1971, Préface, p. 101.
10 « Jean le Bleu commence par l'intérieur du foyer et ouvre sur le monde physique. La mer et le vent sont constamment évoqués pour déplacer l'accent de la stase au mouvement, de

serait-il donc un danger souhaitable, un risque, un fauteur de trouble, un agent du chaos et du désordre qui ouvrirait sur l'ordre apaisant de la production du texte ? Nous ne sommes pas encore tout à fait prêts à plonger dans le texte gionien pour répondre à ces questions.

Voyons tout d'abord ce que dit Bachelard lui-même sur le vent dans sa méditation de *L'Air et les songes*. Il y consacre bien entendu tout un chapitre dans lequel il est on ne peut plus clair. Dès sa première page, il place la violence, l'agressivité et la colère au centre du complexe : « Il semble que le vide immense, en trouvant soudain une action, devienne une image particulièrement nette de la colère cosmique. On pourrait dire que le vent furieux est le symbole de la colère pure, de la colère sans objet, sans prétexte » ; et encore : « Avec l'air violent, nous pouvons saisir la furie élémentaire, celle qui est tout mouvement et rien que mouvement[1] ». Il peut être paradoxal de voir Giono placer sa production textuelle sous un tel patronage. C'est pourtant bien ce qu'il fait car il en a parfaitement saisi le potentiel créateur, comme Bachelard le met remarquablement bien en lumière dans les citations qui suivent : « Une colère initiale est une volonté première. Elle attaque l'œuvre à faire. Et le premier être créé par cette colère créante, c'est un tourbillon. L'objet premier de *l'homo faber* dynamisé par la colère, c'est le vortex » ; également : « Dans l'imagination dynamique, tout s'anime, rien ne s'arrête. Le mouvement crée l'être[2] ». Les dimensions panthéistes et animistes des premiers romans de Giono sont bien connues (même si elles ont pu être discutées ou nuancées). Elles apparaissent au tout premier plan dans *Jean le Bleu* qui s'attache à révéler les projections enfantines sur les mondes naturels et surnaturels, un éveil à la musique, à la sexualité, une prise de conscience du pourrissement et de la mort. Or Bachelard souligne « l'animisme violent du vent, animisme divisé, pressé, bousculé [on aurait envie d'ajouter désordonné] qui crée une foule d'être dans une tempête[3] ». Mais au-delà de tout potentiel visionnaire, métaphorique ou allégorique, pour Giono comme pour Bachelard,

---

la sécurité au danger », W. D. Redfern, *The private World of Jean Giono*, Oxford, Blackwell, 1967, p. 66.

1 Gaston Bachelard, *L'air et les songes. Essai sur l'imagination du mouvement*, Paris, Corti, 1943 ; Paris, Le Livre de Poche, Biblio-essai, 2007, p. 291-292.

2 *Ibid.*, p. 292-293.

3 *Ibid.*, p. 299. On pense à l'extraordinaire poème « Djinns », de Victor Hugo, auquel Bachelard d'ailleurs se réfère.

« Ce sont les caractères dynamiques plutôt que les caractères formels qui sont créateurs[1] ».

J'ai un peu l'impression d'enfoncer des portes ouvertes en proposant ces citations, mais justement, il y a plusieurs portes, et des fenêtres, et je pense qu'il est important de les ouvrir en perspectives l'une de l'autre afin de créer des courants d'air, de laisser circuler les turbulences avant d'aborder le texte qui m'intéresse plus particulièrement. Et la théorie du chaos dans tout cela ? C'est déjà au sein de cette théorie qu'est apparu le concept de seuil critique de turbulence, ce seuil sur lequel Giono semble se tenir au début de la rédaction de chacun de ses romans, lui qui avait une conscience particulièrement vive de la puissance d'entropie de la nature à laquelle les paysans de sa région, les héros de ses fictions et, selon lui, les hommes en général sont régulièrement confrontés. Il est peut-être bon de rappeler ici la définition du mot « entropie ». Venant du grec « retour en arrière », il s'agit d'une fonction mathématique exprimant le principe de dégradation de l'énergie. Cette dégradation se traduit par un état de désordre toujours croissant de la matière, l'entropie du monde tendant vers un maximum, avec production de chaleur[2].

Il est évidemment impossible de résumer un livre de quatre cents pages passablement complexes ici. Dans des domaines scientifiques très différents, des chercheurs, mathématiciens, physiciens et astrophysiciens, biologistes, économistes, se sont rejoints pour essayer de prendre en compte et de mesurer la valeur énergétique d'un certain nombre de phénomènes naturels, le plus connu étant « l'effet papillon[3] ». Il n'est pas indifférent, dans la perspective de la présente étude, d'ouvrir dès à présent une parenthèse et de mentionner le fait qu'un des premiers scientifiques qui se soit intéressé au chaos, au tout début des années soixante, Edward Lorenz, était un mathématicien égaré chez des météorologues. Le critique littéraire Alan Clayton a par ailleurs étudié les rapports très étroits qui existent entre le paysage, les forces telluriques, météorologiques ou géographiques et le psychisme, les états d'âmes ou les prédispositions psychologiques des héros de Giono, soumis dans ses romans aux fluctuations du climat. Selon Clayton, « tempéraments profonds et humeurs du moment ne se séparent donc pas des pays et

1 *Ibid.*, p. 300.
2 *Petit Robert*, 1973.
3 James Gleick, *La Théorie du chaos*, Paris, Flammarion/Champs, 1989, p. 38-39.

des saisons » et il affirme qu'il est « impossible d'exagérer le rôle que joue chez Giono le temps qu'il fait[1] ».

Ces scientifiques des années soixante et soixante-dix se sont aperçus que le désordre croissant de la matière n'était en fait bien souvent pas une fatalité, mais que désordre et ordre, mouvement et stabilité, déséquilibre et équilibre (ces oppositions binaires n'étant pas équivalentes entre elles) alternaient suivant des lois extraordinairement complexes, mais qu'il pouvait être cependant possible d'appréhender à partit d'équations non linéaires : « À mesure que l'univers reflue vers son état d'équilibre [qui s'apparente ici à la mort], s'enfonçant dans un bain de chaleur indifférencié d'entropie maximale, il s'arrange malgré tout pour créer des structures intéressantes[2] » et « la nature forme des motifs. Certains sont ordonnés dans l'espace mais désordonnés dans le temps. D'autres sont ordonnés dans le temps mais désordonnées dans l'espace[3] ». Il s'avère que ce à quoi ces chercheurs étaient le plus souvent confrontés, les énigmes qu'ils essayaient de résoudre avaient trait à l'extraordinaire et infini pouvoir dynamiquement créateur de la nature. Voici une autre citation qui fournit un étonnant écho à certaines idées véhiculées dans la section précédente : « Le chaos est une science des processus plutôt que des états, une science du devenir plutôt que de l'étant[4] ». Ne retrouvons-nous pas ici Giono et Bachelard dans leur pratique et leur réflexion sur le dynamisme des images métaphoriques ? Ces scientifiques en arrivaient à se poser des questions de ce genre : « Dans un univers soumis à l'entropie, inexorablement attiré vers un désordre croissant, comment l'ordre apparaît-il[5] ? », et « Comment un flux d'énergie qui s'écoule sans but peut-il répandre la vie et la conscience dans le monde[6] ? ». Je me suis alors demandé si Giono n'avait pas apporté sa propre réponse personnelle à un questionnement très proche de celui-ci. Je vous propose une dernière citation tiré de *la Théorie du Chaos* avant d'aller examiner d'un peu plus près dans quelle mesure on pourrait considérer le mistral comme un *attracteur étrange*,

1 Alan J. Clayton, « Paysage et Psyché dans quelques récits de Giono », in *Revue des Lettres Modernes, Jean Giono*, t. 1, « De la Naissance de l'Odyssée au Contadour », p. 385-390, 1974, p. 147.
2 Gleick, *op. cit.*, p. 385.
3 *Ibid.*, p. 387.
4 *Ibid.*, p. 20.
5 *Ibid.*, p. 23.
6 *Ibid.*, p. 387.

c'est-à-dire « la trajectoire [d'un système dynamique] vers laquelle toutes les autres convergent[1] », ou à partir de laquelle toutes les autres démarrent : « ceux qui étudiaient la dynamique du chaos découvrirent que le comportement désordonné des systèmes simples agissait comme un *processus créatif*[2] » (mes italiques). C'est cela, je crois, la première et la principale leçon à retirer de ces théories, c'est que nous nous retrouvons en face d'un chaos certes inquiétant, mais intensément productif. Les questions qu'il faut maintenant à nouveau se poser sont celles diverses : chez Giono, le vent engendre-t-il du texte ? On peut considérer que c'est effectivement le cas, et d'une manière pas si allégorique que cela. Mais alors, quelle sorte de texte ? Et avec quelle fonction ?

Voici l'extrait de *Jean le Bleu* qui m'intrigue depuis longtemps et que je voudrais maintenant examiner. C'est sans doute l'un des passages les plus troublants et les plus impressionnants du livre. Il est fort connu car c'est là où Giono développe le plus ses idées très personnelles, mêlant paganisme et surréalisme, sur les serpents et les anges. Ces deux figures mythiques ont été déjà beaucoup commentées et je n'y reviendrai pas dans le contexte de cette étude. L'histoire se situe lors du séjour que fait Giono enfant dans le village de Corbières, à quelques kilomètres au sud de Manosque, où il a été envoyé en convalescence pour se refaire une santé et devenir un « homme » chez un berger du nom de Massot. Ce séjour figure au centre du livre et représente la cheville ouvrière du processus de formation de l'enfant. C'est aussi à Corbières qu'est situé le célèbre passage de « la Femme du boulanger », une Iliade villageoise que Pagnol se fera un plaisir d'*highjacker*. L'enfant y est le témoin d'une véritable épidémie d'accidents mortels et de suicides inexpliqués qui, en quelques semaines, affectent le village. Le vrai Giono enfant fut le témoin bref et fortuit d'un seul suicide par pendaison, et cela ne s'est pas passé à Corbières, mais il en fut, comme l'on s'en doute, profondément marqué. Voici un certain nombre d'extraits du passage qui parlent d'eux-mêmes :

> Le printemps arriva sur nous en deux ou trois coups de vent glacés…
>
> Puis, le temps se mit à ronronner et il joua avec la terre à demi-griffe, comme un chat avec une pelote de laine. Des fois on sentait la griffe, d'autres fois

1 *Ibid.*, p. 195.
2 *Ibid.*, p. 65.

> la douceur tiède d'un beau poil profond, parfumé de sueurs de bêtes. Enfin, il griffa le dessus des arbres et les fleurs sortirent ; il égratigna les près et on entendit les rainettes ; il creva les collines ; les rossignols s'envolèrent et ce fut le printemps.

Tout de suite après survient la première mort, celle du fils du charron qui se brise la colonne vertébrale en tombant de la charrette sur laquelle il s'était endormi.

> Il y eut deux jours de répit. Trois : c'était jeudi soir qu'on enterra le garçon et c'est le dimanche à la suite, après le bal, que le jeune Costelet se tira un coup de fusil dans la ganache [dans une crise de jalousie totalement futile et infondée].
> [...]
> Jeudi, le vent bouscula le convoi sur la route du cimetière ; il prenait des pierres par terre et il les jetait sur la caisse ? Le curé se retourna deux ou trois fois pour voir ce que c'était.
> [...]
> Vendredi, un vent comme de l'eau, un vent qui se touchait tout ; pas le temps de respirer.
> [...]
> Samedi, alors, le vent en plein ; le corps du vent. Jusque là, on avait eu le bout des cheveux, le bout des doigts, les bras du vent qui plongeait. Maintenant, il arrivait sur le village à pleine épaule et là-haut dans les collines, on voyait que son ventre avait touché la terre et qu'il charruait les campas. Ce jour-là, personne dehors, et tout le jour ce long hulu dans les oreilles. [...] Et le dimanche, après toute une nuit où tout sonnait : les murs, le clocher, les cloches, l'église, le toit de tôle du lavoir, les arbres, les sifflantes pierres du rempart, et le dimanche arriva, tout simplement avec son soleil, son grand ciel en robe de Sainte Vierge, et une paix, et un silence à entendre le pas des fourmis. Après le bal.
> [...]
> La Julie Costelet se mit à crier sitôt le corps dans la caisse. [...] Ça resta comme le vent, jour et nuit, tout d'affilée [Bachelard a d'intéressantes réflexions sur le rapport entre le cri et le vent].
> On dit à la Costelet :
>
> – Taisez-vous ! A quoi ça vous avance ?
> – A rien, dit-elle, rien ne m'avance, j'y suis.
>
> Et, le mercredi matin, huit jours après la mort de Charles du charron, Justin [...] trouva le gros boulanger pendu au premier tilleul de la route.
> [...]
> – Ça doit continuer, dit le berger.

> – Costes s'est pendu, cria Justin.
> – Costes, dit Massot, je le savais. Il était marqué.
> [...]
> On regardait le printemps sans rien répondre.
> [...]
> Dans le courant de la semaine, Blanche Lamballe se pendit à un olivier avec sa ceinture. Elle n'avait pas de raison. On la trouva aussi le matin. Le vent de la nuit avait joué avec elle et lui avait enlevé son jupon. Elle n'avait plus que son corsage et sa chemise de toile. Ça ne couvrait même pas ses cuisses.

À la suite de ces événements tragiques, les enfants du village inaugurèrent un nouveau jeu plutôt risqué qui consistait à essayer de se pendre pour voir quel effet cela faisait. La seule solution que les villageois trouvent pour résoudre la crise est d'organiser une cérémonie d'exorcismes :

> Le vendredi matin, le curé passa de maison en maison.
> – Éteignez les feux, disait-il.
> On se mit à éteindre les âtres et on jeta les allumettes dans le bassin de la fontaine.
> [...]
> Vers les six heures, le curé revint. Il portait un cierge allumé. Il ralluma de son cierge tous les feux des âtres.
> On a du feu neuf, dit Mme Massot, c'est toujours ça.
> Et elle saupoudra les flammes avec du gros sel qui se mit à crépiter et à éclater comme une petite foudre. Après midi, le curé sella son cheval et il s'en alla à la ville acheter des allumettes pour tous.
> Et le dimanche, on fit la fête.
> [...]
> On avait gardé les cendres froides des vieux feux. Le curé marcha devant tout le monde jusqu'aux remparts des aires. Le vent, ce jour-là, était fort mais sans caprice et il avait pris son flux et creusé son lit en direction de la mer. On s'avança du rempart et son secoua les sacs de cendres dans ce vent[1].

Redfern commente de manière très pertinente la forte proportion de suicides dans l'œuvre de Giono en faisant remarquer que, chez lui, la pulsion de mort est souvent une forme détournée d'une pulsion de vie qui demeure inassouvie, insatisfaite. Mourir de sa propre main représenterait alors un geste de défi ultime vis-à-vis des puissances

---

1 Jean Giono, *Œuvres romanesques complètes*, vol. II, édit. Par R. Ricatte (Paris, Gallimard/Pléïade, 1972), p. 75-81.

de frustration. Cette mort-là devient le point culminant d'un intense désir de vivre[1]. Cela parait tout à fait vraisemblable dans le texte dont je viens de citer de larges extraits. Mais par ailleurs, que voyons nous d'autre ici que la description d'un mouvement d'entropie affectant un village entier, un désordre gratuit et généralisé, tendu vers la mort, qu'infligent les forces d'un chaos naturel à une population désemparée qui ne trouve d'autre recours – non pas pour expliquer, car tout cela demeure inexplicable pour la bonne et simple raison qu'il n'y a pas de raison, mais pour calmer et pour réordonner – qu'une cérémonie d'exorcisme dont la procédure remonte à une époque extraordinairement archaïque, bien antérieure au christianisme, remontant probablement à la découverte et à la conservation du feu, c'est-à-dire à des dizaines de milliers d'années[2]. Le mythique vient au secours des hommes pour les aider à lutter contre le tellurique, et la parole gionienne se dégonfle comme une outre des vents. L'image n'est pas si ironique que cela et peut être lue presque à la lettre. Giono lui-même l'utilise dans *Un de Baumugnes* : parler, c'est « se dégonfler[3] ».

Il faut maintenant ajouter un dernier mot sur la nature de cette écriture, ou de cette parole (pour Giono le conteur, cela revient au même). Giono est-il l'outre des vents ? Une caisse de résonance ou chambre d'écho plutôt. Dans *Colline*, le vieux sorcier poète destructeur Janet parle comme « une pierre creuse au travers de laquelle souffle un vent[4] ». Le mistral inspire Giono, certes, au point qu'il l'aspire et le re-souffle dans ses livres. Ce faisant il intègre le désordre et le transforme en ordre, l'ordre du texte. L'écrivain mythographe se veut le héros pacificateur du chaos. Son texte organise un mythe d'apaisement qui apprivoise le vent en le déifiant, en l'animisant, en en faisant une figure mythologique circonscrite par le récit. Cela veut aussi dire en rabaissant sa puissance brute atmosphérique, matérielle et insaisissable, au niveau d'un merveilleux

1 Redfern, p. 58

2 Notons la purification supplémentaire du feu par le sel qui, dans de nombreuses cultures archaïques, a une fonction purificatrice, capable de chasser les démons, et la semi divinisation du vent à qui les cendres des foyers sont offertes. Au Japon par exemple, du gros sel est rituellement dispersé sur le ring du sumo pour chasser les mauvais esprits qui pourraient avoir été attirés par la violence des sentiments lors des combats. Quant au mot *kamikaze*, il veut à l'origine dire « vent sacré ».

3 Alan J. Clayton, *Pour une poétique de la parole chez Giono* (Paris, Minard/Lettres modernes, 1978), p. 53.

4 *Ibid.*, p. 32.

mythologique plus facilement appréhendable. Nous ressortons apaisés et pacifiés par la lecture de ces romans car la représentation du désordre a une fonction d'expulsion. Pourtant, contrairement à ce que Giono soutient dans son entretien, le vent n'est pas passé comme la jeunesse et le mistral continue à souffler sa folie sur basse et haute Provence.

Bruno SIBONA
Aberystwyth University

« QUEL CONFLIT, BON DIEU, QUEL CHAOS ! »

Dialectique et rhétorique de l'ordre et du désordre dans *Les Lettres de Dupuis et Cotonet* d'Alfred de Musset

« Dire le désordre » … l'expression pourrait résumer toute l'œuvre de Musset, tant elle semble être l'apanage de la poésie, du théâtre comme de la prose de l'enfant du siècle. Qu'il s'agisse de « dire le désordre » des passions (*Les Nuits*, *La Confession d'un enfant du siècle*), celui de la société (dans maintes *Revues Fantastiques*, *Lorenzaccio*, et encore *La Confession*), celui de la débauche (et le mot « désordre » a souvent ce sens sous sa plume), ou encore qu'il s'agisse de dire « en désordre ». En effet, très tôt, la critique a reproché au jeune poète de manquer d'ordre dans sa facture : son premier recueil, *Contes d'Espagne et d'Italie*, était comparé à « un échantillonnage de produits variés » ; ses *Poésies Nouvelles* à « un pèle mêle qui n'a non plus d'ensemble ou de but qu'un magasin de curiosités ». Et l'on connaît la remarque perfide que Sainte-Beuve dissimula dans ses *Cahiers Verts* :

> « La plupart des compositions ou même des pièces de vers de Musset n'ont ni queue ni tête ; entre le commencement et la fin des choses même les plus courtes qu'il ait faites, on sent qu'il y a toujours une saoûlerie[1] ».

Mais le désordre chez Musset, loin de constituer une simple marque de négligence ou d'ivresse, est un véritable principe esthétique et philosophique : il appartient à ce que Gilles Castagnes a appelé « l'univers de la discontinuité », lequel se caractérise par une écriture du fragment et de la digression, la parataxe et l'ellipse des liens logico-temporels et une vision discontinue du temps.

Les Lettres de Dupuis et *Cotonet* sont à cet égard exemplaires : ce sont quatre lettres rédigées par deux prétendus abonnés de la *Revue*

---

1 Cités par Gilles Castagnes, « Alfred de Musset ou l'univers de la discontinuité », *Nineteenth Century French Studies*, 32, automne-hiver 2003-2004, p. 9.

des Deux Mondes – « deux habitants de La Ferté-sous-Jouarre » – et adressées à François Buloz, le directeur de la *Revue*. Publiées sous le pseudonyme « Dupuis et Cotonet » de septembre 1836 à mai 1837, elles forment dans l'œuvre journalistique de Musset un cycle problématique. D'une part, par leur publication fragmentée ; chaque lettre traite d'un thème, annoncé par un titre, *a priori* à chaque fois sans rapport avec le précédent : le romantisme dans la lettre 1 défini comme « l'abus des adjectifs », les humanitaires dans la lettre 2, les journaux dans la lettre 3, les exagérés dans la lettre 4. D'autre part, par leur esthétique et leur tonalité : s'il s'agit à chaque fois de tourner en dérision ou de vilipender sous le masque naïf de deux provinciaux, il est remarquable toutefois que l'ironie laisse in fine la place à un ton plus désenchanté, plus sérieux dans la lettre 4, comme si Musset tombait le masque, et que dans les trois lettres précédentes l'ironie se tourne aussi fréquemment contre les épistoliers, mettant à nu leur sottise, notamment par le traitement que le poète fait subir à leur écriture épistolaire. Enfin le support générique, le cadre souple de la lettre, permet une écriture alliant ordre et désordre :

> à la différence de la conversation, la lettre met de l'ordre dans la réflexion. [Elle] permet de présenter les faits dans un certain ordre, avec un enchaînement nécessaire pour en tirer certaines conséquences, pour les rendre plus frappants. On laisse entrevoir ainsi (dans les manuels du XIXe) un statut plus complexe et distancé de la lettre, comme preuve, comme document, comme démarche officielle, comme organisation du discours et comme instrument de la réflexion. « Mettre de l'ordre dans ses idées », c'est bien la première vertu du travail, comme l'affiche fortement le premier article de *L'Art épistolaire écrit par un anonyme*[1].

La lettre apparaît ainsi comme mise en ordre du désordre : dans quelle mesure le choix de ce genre par Musset revient-il à dire avec ordre le désordre ?

1 Cécile Dauphin, *Prête-moi ta plume : les manuels épistolaires au XIXe siècle*, Fayard, Paris, 1991, p. 59-60.

UNE POLÉMIQUE CONTRE QUATRE FACTEURS DE DÉSORDRE

LA QUÊTE DU ROMANTISME : LE DÉSORDRE AUTONYMIQUE

La première lettre se présente comme le récit de « douze ans de réflexions » pour tenter de découvrir « ce que c'était que le romantisme[1] ». La narration, en apparence ordonnée, est scandée par des dates données dans un ordre chronologique : chaque séquence de la lettre correspond à une étape, une période de la quête du sens du mot « romantisme » menée par les deux provinciaux. Mais à chaque fois le récit rebondit sur un élément perturbateur : chaque nouvelle trouvaille d'un sens au mot romantisme est immédiatement remise en cause par une nouvelle révélation. Ainsi, de 1824 à 1826, le romantisme est le non respect des trois unités au théâtre, puis en 1828 il devient « l'alliance du fou et du sérieux, du grotesque et du terrible, du bouffon et de l'horrible, de la comédie et de la tragédie » d'après les dires d'une « illustre préface » (celle de *Cromwell*, évidemment). Ensuite, « jusqu'en 1830 », le romantisme se définit comme l'imitation des Allemands, des Anglais et même des Espagnols. Puis les nouvelles définitions s'enchaînent et se réfutent de plus en plus vite : le romantisme ne tiendrait qu'au « vers brisé », mais non puisque Molière y recourait ; ce serait « le genre historique », mais alors Mlle de Scudéry serait romantique aussi ; ce serait « le genre intime » mais « quelque peine que nous ayons prise, nous n'avons jamais pu découvrir ce que c'était que le romantisme » ; le romantisme serait plutôt « un système de philosophie et d'économie politique » (c'est-à-dire l'humanitarisme) ou bien une simple affaire de mode vestimentaire (« ne pas se raser et porter des gilets à larges revers très empesés ») ou d'attitude (« refuser de monter la garde »). On arrive enfin à l'année 1836, moment de l'écriture, et Dupuis et Cotonet se détournent de leur quête linguistique pour des préoccupations plus matérielles : « un voyage pour une succession dans le Midi » et « une grange à faire réparer ».

Bien entendu la succession des définitions est caricaturale et sert la satire. Mais elle révèle aussi l'idée que Musset se fait du romantisme :

1 Toutes nos citations sont extraites du volume des *Œuvres en prose* de Musset, édition de Maurice Allem, Gallimard, Bibliothèque de La Pléiade, édition de 1938, p. 835-886.

il s'agit d'un concept flou, d'un signifiant sans signifié, qui, à ce titre, fait problème en ce qu'il instaure une confusion, un désordre dans nos représentations intellectuelles. Ainsi Musset se livre à une véritable déconstruction du concept « romantisme » et, dans le but d'en trouver l'essence, il fait la découverte de la vacuité du mot. Il ne faut pas lire les désolations hyperboliques des deux provinciaux à chaque déconvenue uniquement avec ironie : le romantisme se révèle ici comme un puissant facteur de désordre, de désarroi intellectuel :

> « Quand nous reçûmes cette nouvelle [le fait que le romantisme ne se limite pas au théâtre], nous ne pûmes fermer l'œil de la nuit. Deux ans de paisible conviction venaient de s'évanouir comme un songe. Toutes nos idées étaient bouleversées ; car si les règles d'Aristote n'étaient plus la ligne de démarcation qui séparait les camps littéraires, où se retrouver et sur quoi s'appuyer ? Par quel moyen, en lisant un ouvrage, savoir à quelle école il appartenait ? Nous pensions bien que les initiés de Paris devaient avoir une espèce de mot d'ordre qui les tirait d'abord d'embarras ; mais en province, comment faire ? Et il faut vous dire, monsieur, qu'en province, le mot romantique a, en général, une signification facile à retenir, il est synonyme d'absurde, et on ne s'en inquiète pas autrement. »

Il est intéressant de constater ici l'expression « mot d'ordre » : c'est en effet ce dont Dupuis et Cotonet ont besoin pour comprendre la distinction classique/romantique : un mot qui remette de l'ordre. Quant au sarcasme faisant de « romantisme » un synonyme d'absurde, il confirme le lien établi entre désordre et romantisme : l'absurde n'est autre que l'absence d'ordre et de raison.

Le romantisme se révèle être aussi facteur de désordre textuel : à la fin de la lettre, Dupuis et Cotonet se livrent à un exercice de pastiche sur un extrait des *Lettres Portugaises* et un autre de *Paul et Virginie* auquel ils ajoutent plusieurs adjectifs et autres expansions : la comparaison entre la version originale, désignée comme « style classique » et la réécriture en « style romantique » montre une opposition entre une écriture de l'ordre et une rhétorique du désordre. Le premier exemple, la réécriture de la première des *Lettres Portugaises*, est éloquent : le désordre passionnel de Marianne, saturé d'adjectifs et de propositions incidentes ou apposées toutes plus superflues les unes que les autres, devient absurdité rhétorique. Comparons les deux exordes :

> « Considère, mon amour, jusqu'à quel excès tu as manqué de prévoyance ! Ah ! malheureux, tu as été trahi, et tu m'as trahi par des espérances trompeuses. »

> « Considère, mon amour adoré, mon ange, mon bien, mon cœur, ma vie ; toi que j'idolâtre de toutes les puissances de mon âme ; toi, ma joie et mon désespoir ; toi, mon rire et mes larmes ; toi, a vie et ma mort ! – jusqu'à quel excès effroyable tu as outragé et méconnu les nobles sentiments dont ton cœur est plein, et oublié la sauvegarde de l'homme, la seule force de la faiblesse, la seule armure, la seule cuirasse, la seule visière baissée dans le combat de la vie, la seule aile d'ange qui palpite sur nous, la seule vertu qui marche sur les flots, comme le divin Rédempteur, la prévoyance, sœur de l'adversité ! Tu as été trahi et tu as trahi ; tu as été trompé et tu as trompé ; tu as reçu la blessure et tu l'as rendue ; tu as saigné et tu as frappé ; la verte espérance s'est enfuie loin de nous. »

Dans l'original, de « style classique », un exorde dynamique, marqué par l'impératif et l'exclamation propices à exercer la *captatio benevolentiae*, en deux phrases ; le texte une fois *romanticisé*, les deux phrases s'étalent sur 14 lignes dans l'édition de La Pléiade (page 851) selon le même principe de parataxe mentionné ci-dessus. L'introduction de caractérisants supplémentaires brouille le sens immédiat du message puisque le verbe à l'impératif « considère » est ainsi séparé de son régime, séparation matérialisée par le tiret ; mais ce régime, clair et simple dans la version originale (« jusqu'à quel excès tu as manqué de prévoyance »), devient confus à cause d'une succession de termes abstraits et génériques (« les nobles sentiments dont ton cœur est plein », « la sauvegarde de l'homme »), voire contradictoires (« la seule force de la faiblesse ») auxquels soudain s'adjoignent des mots concrets appartenant au champ lexical de l'armure (« armure », « cuirasse », « visière ») qui créent un effet de faribole, qui parodie à la fois le style troubadour et les métaphores filées et autres allégories romantiques. La simple « prévoyance » devient ici une allégorie illisible tant elle met sur le même plan divers comparants sur le modèle du zeugme : après l'armure on passe à « l'aile d'ange » et au « divin Rédempteur », comparant amené par l'absurde image de la prévoyance « seule vertu qui marche sur l'eau ». Certes, il s'agit d'une parodie, d'un jeu volontairement caricatural au service de la satire, mais Musset induit l'idée – somme toute très classique – que le romantisme équivaut au désordre esthétique, à la confusion sémantique par opposition à la simplicité et à la clarté vantée par les rhétoriciens antiques (à la fin de la lettre il se réfère au jugement de Quintilien sur l'inutilité de l'hypercaractérisation).

Si la lettre 1 raille le désordre littéraire qu'est le romantisme sur un ton satirique, les lettres suivantes, en s'attaquant à des facteurs de trouble sociaux ou politiques, abandonnent progressivement l'ironie et la légèreté pour la polémique.

L'HUMANITAIRERIE : LE DÉSORDRE SOCIAL

La notion de désordre apparaît encore plus nettement dans la lettre « Sur les Humanitaires ». La notion d'humanitarisme pose problème, comme celle de romantisme ; là encore c'est une recherche de définition, de signifié, qui est à l'origine de la lettre et de la satire. Après avoir énoncé une définition quelque peu parodique « en style de préface », nos deux provinciaux distinguent « des humanitaires de deux sortes » : ceux qui « ont un système tout fait, complet, relié, coulé en bronze, comme qui dirait une utopie » et ceux qui « n'ont point de système réglé, écrivent peu, lisent encore moins, et ne créent rien, sinon quelque bruit. » La lexie « bruit » introduit déjà la notion de désordre, laquelle sera explicitée ensuite par le mot « chaos ». Le « bruit » est en effet à comprendre soit comme réputation, soit comme tumulte social. La présentation en actes de ces humanitaires sans système est entièrement placée sous le signe du désordre, de l'anarchie :

> « Mais au lieu de s'enfermer pacifiquement, prudemment, dans une placide rêverie, ils prêchent et courent, et vont semaillant je ne sais quoi que le vent emporte ; tranchent sur tout, se disent prophètes à la barbe de leurs pays ; accusent d'autant, qui les lois, qui les hommes ; ne se font scrupule de berner Solon ; qu'a-t-il à faire dans cette galère ? [...] Quel conflit, bon Dieu, quel chaos ! nous voici lancés à la nage ; quels flots, quelle mer, quelle vapeur ! à qui entendre et où s'accrocher ? Celui-là demande le divorce, celui-ci veut l'abolition de l'hérédité, qu'il n'y ait plus ni nobles ni riches ; un tiers réclame les biens en communs, la polygamie, cas pendable, mais ce pourrait être divertissant [...] Un dernier vient couronner l'œuvre ; il a un ballon sous le bras, et propose d'aller dans la lune, et d'y transposer le Palais-Royal ; Saturne devient le faubourg Saint-Germain, et Vénus le boulevard de Gand ; c'est vraiment une belle ville et il ne reste qu'à s'embrasser. »

L'accumulation des verbes d'action, toujours sous le régime de la parataxe, l'énumération des thèses (onze en tout : « celui-ci », « celui-là », « un tiers », jusqu'à « un dixième » et « un dernier »), l'absurdité des certaines propositions (installer Paris dans l'espace), l'intrusion de certaines voix qui semblent décrochées de l'énonciation (« ce pourrait être divertissant » ou « c'est vraiment une belle ville ») illustrent à merveille l'exclamative « Quel chaos ! » ; chaque idéal humanitaire est vilipendé comme une destruction de l'ordre établi : abolition de l'hérédité, remise en cause du mariage, confusion, dans une philosophie déterministe de l'histoire, entre la chronologie et la logique. Pire, il y en a même qui veulent tout changer en maintenant un semblant d'ordre : « que tout change de face sans rien déranger » ; la comparaison qui suit, « comme ce garçon de mes amis qui avait cédé à quelqu'un ses entrées à l'Opéra, en les conservant néanmoins » révèle l'escroquerie d'un pareil faux-semblant.

Les exclamatives « Quel conflit, quel chaos ! » révèlent assez ce qu'est le désordre selon Musset : tout phénomène qui crée le conflit et qui perturbe l'ordre de nos représentations mentales comme celui de la société ; toute chose qui crée de l'informe (le chaos) et du nonsens. A ce titre le romantisme et le journalisme sont aussi « conflit » et « chaos ».

LES JOURNAUX : LE DÉSORDRE ENGENDRÉ PAR LA POLÉMIQUE

Le désordre engendré par la presse correspond parfaitement à ces deux lexies de « conflit » et de « chaos ». En effet, il se caractérise par un déchaînement de violence et de polémique, mais aussi par un brouillage des opinions et des voix qui le constituent. Dans cette lettre où la polyphonie est généralisée, fréquemment, Musset fait intervenir les journalistes, crée des petits dialogues entre eux, voire pastiche le style des journaux ; ce qui suscite un effet de désordre au service de la polémique contre la polémique engendrée par les journaux. En voici un exemple :

> Croire que l'on peut donner son avis sur quoi que ce soit (je dis poliment et discrètement, avec convenances et par parenthèses), grâce à Dieu et aux journaux, il n'y a pas plus grande erreur ; et la raison en est simple comme bonjour. Que voulez-vous qu'on puisse dire, du moment que l'on peut tout dire ? Exemple : Je trouve que Chollet chante faux et que la Madeleine est un beau monument. Je crois cela vrai, c'est mon goût, je l'imprime [...] Arrive le voisin, qui répond à cela : « L'article d'hier est pitoyable ; M. Chollet chante juste, et la Madeleine n'est ni belle, ni hideuse, elle est médiocre, bête et ennuyeuse. [...] sont-ce mes enfants qui vont pleurer ? »

Les journalistes, en cherchant la polémique pour la polémique, se livrent des guerres mesquines mais dangereuses, et en même temps empêchent qu'une voix juste, celle de la vérité, et utile au lecteur, n'émerge. Les journaux ne sont qu'un tissu de voix discordantes qui se croisent, se brouillent et s'affrontent, sans jamais concorder. Ainsi, comble du paradoxe, la liberté d'expression devient une entrave : on ne peut rien dire, du moment que l'on peut tout dire.

Les journaux sont aussi facteur de désordres sociaux en ce qu'ils font et défont les opinions, renversent les choses, les gens et les idées avec une telle aisance, qu'ils représentent un danger pour la société, et ce d'autant plus que la politique leur est subordonnée. A ce titre le petit dialogue entre un ministre et un journaliste, Tristapatte, est éloquent : le journaliste vient solliciter une place de sous-préfet pour un de ses amis, un dénommé La Gingeole, qu'il a déshonoré en couchant avec sa femme ; très vite la requête tourne au chantage :

> « Donnez-moi une sous-préfecture pour La Gingeole, à qui j'ai fait le tort que vous savez peut-être aussi ; sinon, demain, je vous attaque, et de telle façon, monseigneur, que si je vous flagornai six mois, je vous déflagornerai en six jours. »

La parole journalistique, comme celle des romantiques et des humanitaires, est ainsi définie comme facteur de désordre, parole sans aucun sens et sans aucune valeur : ce n'est pas la vérité qui la caractérise mais le règne des apparences, la forme, « l'hyperbole ». Cette thématique est précisément celle de la quatrième et dernière lettre du cycle de La Ferté-sous-Jouarre.

On peut donc affirmer que les *Lettres de Dupuis et Cotonet* sont une satire de ce que Musset considère comme trois avatars moderne du désordre : le romantisme, désordre intellectuel ; l'humanitarisme, désordre social ; le journalisme, désordre politique.

Cette thématique du désordre passe précisément par une écriture, ou plutôt une rhétorique du désordre ; à ce titre le choix du genre épistolaire, à la fois cadré par des codes génériques et assoupli par la contagion de la conversation à bâtons rompus, la possibilité de digressions et de dialogismes, n'est pas anodin : la lettre constitue le support idéal pour dire le désordre.

LE GENRE ÉPISTOLAIRE EN DÉSORDRE

NARRATION ET DIGRESSIONS

Musset fait un usage fréquent de cette figure du désordre qu'est la digression, tout particulièrement dans la lettre 1. Si la digression participe d'un modèle épistolaire calqué sur celui du badinage et de la conversation – *topos*, s'il en est du style épistolaire depuis Mme de Sévigné – elle constitue aussi, nous semble-t-il, une manière de dire le désordre : dire en désordre pour dire le désordre. En effet, si les digressions sont les bienvenues, les manuels épistolaires du XIXe siècle en condamnent unanimement l'abus, à l'instar de celui de Philippon de La Madeleine, une référence au début du XIXe siècle : « La précision n'est pas seulement un mérite, mais une obligation : la prolixité serait inconvenance, et la diffusion verbiage[1] ». Or il est amusant de constater que dans la péroraison de la lettre III, les deux épistoliers blâment leur style qu'ils jugent « décousu » et « diffus » :

> « C'est bien longtemps vous importuner, monsieur, pour ne vous dire après tout qu'un mot, que les journaux nous font grand' peur. C'est surtout longuement discourir pour répéter ce que chacun sait, c'est-à-dire que depuis Moïse, il y a toujours quelques abus. N'allez pas, de grâce, imprimer cela. Quand on n'a pas l'habitude d'écrire, on est d'un décousu, d'un diffus ! Nous ne sommes point gens de plume, et nous n'écrivons que pour le prouver. »

Ce commentaire métadiscursif placé en péroraison se fait provocateur : s'il participe d'un *topos* propre au courrier des lecteurs – l'épistolier prend soin, par modestie, de rappeler qu'il n'est point auteur –, il se tourne également contre les épistoliers à leurs insu. L'expression qui clôt la citation a un double sens comique : elle peut aussi signifier qu'ils écrivent si mal qu'ils prouvent leur incapacité littéraire. Musset a en effet crée un style épistolaire pour ses deux épistoliers amateurs qui maintes fois les tourne en dérision tout en accréditant la fiction du courrier des lecteurs. Mais il s'agit aussi d'un style apte à dire le désordre. Les digressions, dans

1 Philippon de La Madeleine, *Manuel épistolaire à l'usage de la jeunesse*, Paris, Ferra Jeune, 1804, p. 16.

la première lettre, sont exhibées par Dupuis par maints commentaires métadiscursifs soulignant le début ou la fin de la digression. En voici un exemple parmi tant d'autres : Dupuis vient d'annoncer en exorde le sujet de son épître, à savoir l'impossibilité de savoir « ce que c'était que le romantisme » ; or alors même qu'il déclare, à propos des préfaces, « mais il ne faut pas anticiper », refusant de se lancer dans une digression à propos des préfaces qui serait trop tôt venue, voilà qu'il se met à décrire les cabinets de lecture de La Ferté-sous-Jouarre et se lance dans une réflexion sur la saleté des livres publics. Le propos s'interrompt soudain par aposiopèse et Dupuis signale : « Je reviens à mon sujet ». Cette monstration de la digression est provocatrice. L'épistolier en abuse : plus loin, le scepticisme face à la possibilité que le mot « romantisme » ait un sens engendre une méditation sur les mots nouveaux annoncée par un tour cavalier et oral (« Et à propos de mots nouveaux ») qui se termine de façon absurde : les trois mots français favoris de Cotonet sont « morganatique, blandice… et le troisième est un mot allemand » ! Là encore Dupuis a soin de préciser « Je retourne à mon dire ». Le plus souvent il s'amuse à exhorter son destinataire à la patience en lui rappelant que son discours a un ordre et une fin : cette fiction d'interlocution exhibe une fois de plus la présence du désordre au sein d'un discours prétendument ordonné. Le lecteur est d'ailleurs prévenu dès le début : la lettre sera longue, le propos sera sinueux, il faudra être patient avant d'obtenir la définition du romantisme, comme l'indique l'emploi pléonastique des adverbes « posément et graduellement » :

> « [p]our que vous goûtiez notre remarque, simple en apparence, il faut que vous nous permettiez de vous raconter, posément et graduellement, de quelle manière elle nous est venue. »

Et plus loin :

> « Si ce que je vous raconte vous paraît un peu usé et connu au premier abord, il ne faut pas vous effrayer, mais seulement me laisser faire : j'ai intention d'en venir à mes fins. »

Puis, imaginant son lecteur excédé devant tant de longueurs, il les justifie par la complexité de la notion de romantisme et de l'enquête lexicale qu'elle impose – le désordre rhétorique comme seul moyen de « rendre compte » du désordre :

> « Patience, monsieur ; que Dieu vous garde d'être si vif ! Je ne discute pas, je vous raconte un évènement qui m'est arrivé [...] Je ne cherche pas à savoir si le romantisme existe ou non : je suis français et je e rends compte de ce qu'on appelle le romantisme en France. »

La fin arrive alors que le lecteur ne s'y attend plus et se présente sous la forme inattendue de deux pastiches, mais c'est pour nous révéler quelque chose que le titre et l'exorde annonçaient déjà : le romantisme est l'abus des adjectifs. La lettre passe par une *dispositio* du désordre (on annonce que l'on va parler de l'abus des adjectif en exorde et on développe tout un discours à propos du romantisme dans le corps de la lettre) là où il aurait suffi de démontrer dès le début, de façon claire et concise, la thèse selon laquelle le romantisme consiste dans l'abus des adjectifs. En même temps elle permet de jouer sur un subtil mélange de mise en désordre et de retour à l'ordre du discours que la rhétorique ancienne ne rejetait guère. En effet, la digression sur le romantisme n'est qu'apparente puisqu'elle prépare la révélation sur l'hypercaractérisation comme marque formelle du style romantique ; or la digression, selon Quintilien, est « une partie ajoutée, contre l'ordre naturel du discours, qui traite un point étranger, mais néanmoins utile à la cause[1] » : une rupture de l'ordre naturel du discours, mais pas forcément un facteur de désordre pour l'entendement.

Plus encore que les digressions, l'immixtion de plusieurs voix et discours hétérogènes participent d'une épistolarité en désordre.

LE DÉSORDRE DE LA POLYPHONIE ÉNONCIATIVE

La polyphonie énonciative tient d'une part au genre des lettres fictives (Musset parle derrière Dupuis et Cotonet, mais dans quelle mesure faut-il prendre pour argent comptant les propos qu'il leur prête, son ironie n'épargnant pas non plus ces deux « badauds » ?), d'autre part à un surenchérissement dans les procédés d'apostrophes et de connivence à l'égard du destinataire (fréquemment pris à parti et interpellé), enfin par le recours fréquent au dialogisme pour faire intervenir d'autres voix fictives dont l'origine est plus ou moins localisable. La parole journalistique, dans la lettre III, est souvent utilisée à titre d'exemples venant

1 Cité par Georges Molinié, *Dictionnaire de rhétorique*, article « Digression », Le livre de poche, Paris, 1992, p. 118.

illustrer les arguments de Dupuis : la prolifération des paroles rapportées crée ainsi un climat de polémique dont la violence va crescendo dans la citation mentionnée en I, 3.

Mais les voix peuvent venir aussi contaminer le discours épistolaire dans une confusion des énonciations telle qu'à l'énonciation de l'épistolier vient se superposer celle d'un autre énonciateur, puis à l'intérieur de cette dernière, des voix autres, le plus souvent fondues. Par exemple, dans ce passage de la lettre I où c'est un personnage, Ducoudray, qui parle en intégrant à sa voix les paroles des spectateurs de drames romantiques :

> « Faîtes le Tartuffe, quitte à faire le dénouement du Tartuffe ; mais que non pas ! nous aimons bien mieux quelque autre chose, comme qui dirait Philippe le Long, ou Charles VI, qui n'était que fou et imbécile ; voilà notre homme, et il nous démange de savoir de quelle couleur était sa barrette ; que le costume soit juste surtout ! sans quoi c'est le tailleur qu'on siffle, et ne taille pas qui veut de ces habits-là. Malespeste ! où en serions-nous si les tailleurs allaient se fâcher ? car ces tailleurs ont la tête chaude. Que deviendraient nos après-dîners si on ne taillait plus ? Comment digérer ? Que dire de la reine Berthe ou de la reine Blanche, ou de Charles IX, ah ! le pauvre homme ! si son pourpoint allait lui manquer. Qu'il ait son pourpoint, et qu'il soit de velours noir, et que les crevées y soient, et en satin, et les bottes, et la fraise, e la chaîne au cou, et l'épée du temps, et qu'il jure, et qu'on l'entende, ou rendez-moi l'argent ! […] Nous avons bien affaire du style, ou des passions, ou des caractères ! Affaire de bottes nous avons, affaire de fraises, et c'est le sublime. »

La polyphonie est ici totale puisque les deux énonciations sont complètement confondues : aucun guillemet ou tiret ne vient signaler le dialogisme. L'emploi du pronom « nous » et la multiplicité des exclamatives et autres interjections reproduit un discours de la confusion, du désordre, celui-là même de la foule, y compris dans son incohérence : il s'agit bien entendu d'ironie, de cette ironie typiquement dix-neuvièmiste selon Philippe Hamon en ce qu'elle révèle « une conception du réel composé de strates et d'aires discursives, de voix en conflits et en interférences[1] ». Mais le désordre polyphonique, la confusion au niveau de l'énonciation, affecte aussi les deux épistoliers et leur style, et par là même rend confuses les prises de positions de Musset, créant un climat d'indécision.

1 Philippe Hamon, *L'ironie littéraire : les formes de l'écriture oblique*, Hachette sup., Paris, 1996, p. 132.

DÉSORDRE ET IRONIE : LE BROUILLAGE DU SENS DÛ À L'IRONIE DE MUSSET CONTRE SES ÉPISTOLIERS

En effet, Musset ne se contente pas de tourner en dérision le romantisme, l'humanitarisme, le journalisme et les exagérés de toutes sortes : son ironie vise également ses deux provinciaux. Certes il reprend une technique éprouvée de la satire épistolaire : il tourne en dérision les choses par le truchement de deux naïfs, deux provinciaux qui jugeront des phénomènes de l'actualité parisienne avec le recul géographique nécessaire pour en voir le ridicule ou la vanité. Sauf que, contrairement aux persans de Montesquieu, les provinciaux de Musset font parfois preuve d'une balourdise qui annonce *Bouvard et Pécuchet* de Flaubert : ainsi ils croient sur parole toutes les définitions du romantisme les unes après les autres, et se laissent séduire, au début de la lettre II, par le muscadin de Paris, humanitaire roublard et pique-assiette s'il en est. Le portrait qu'ils en font est intéressant car il révèle leur naïveté face à ce personnage, en même temps qu'ils le croquent en imitant sa parlure familière, signe de leur admiration quelque peu enfantine :

> « Celui qui nous a démontré la chose est un muscadin de Paris. C'est un gaillard qui en dégoise ; il porte une barbe longue d'une aune, des pantalons collants, un habit à larges revers, et un bolivar sur la tête, si bien qu'on ne sait, quand on le regarde, si on voit Ponce Pilate, ou un truand du moyen-âge, ou un quaker ou Robespierre [...] mais ce qui nous a le plus frappés, c'est son adresse incomparable à avaler en même temps sa mâchoire est, Dieu me pardonne ! un chef d'œuvre de mécanique ; il y en entre autant qu'il en sort (notez qu'il ne tousse ni n'éternue : par m foi, c'est un habile homme). »

Le portrait est à lire comme une satire d'un humanitaire par Musset ; mais Dupuis et Cotonet, eux, s'extasient sincèrement à son propos jusqu'à singer son langage (« un gaillard qui en dégoise », « bolivar » sont des lexies typiques des bousingots) et à ce titre l'ironie de Musset vise également ses épistoliers, ce qui crée un brouillage de plus pour la lecture. Comme le dit Stéphanie Tribouillard, Dupuis et Cotonet

> semblent être à la fois un vecteur par lequel Musset dénonce les déviances idéologiques et littéraires de son époque en même temps que les cibles de son ironie, ironie qui produit une hésitation du sens : comme plus tard dans *Bouvard et Pécuchet*, « le lecteur est mis dans l'impossibilité de réduire les contradictions et d'aboutir à une certitude sur les cibles et sur les deux héros.

[...] Le résultat est la production d'un discours dont le sens est instable, à cause, d'une part, d'une ironie qui se déploie tous azimuts et, d'autre part, de l'usage des prête-noms qui empêche l'identification du véritable émetteur, autre obstacle de taille à la perception, déjà très problématique en soi, de la nature ironique du texte[1]. »

Cette ironie multidirectionnelle, polyphonique, participe d'une rhétorique du désordre : pour dire le désordre, l'indécision est nécessaire. Mais où se cache Musset ? N'est-ce pas aussi son propre désordre que l'ironie met en scène et exprime selon la logique toute romantique d'une auto-ironie ? Et plus largement, quelle cohérence conférer à ces quatre lettres décousues : le désordre recèle-t-il un ordre caché ?

QUEL ORDRE DE LECTURE ADOPTER ?

LE DÉSORDRE COMME UNITÉ THÉMATIQUE : LE MAL DU SIÈCLE

La dernière lettre, que nous avons laissée de côté jusqu'ici, a de quoi surprendre : elle est très différente des trois autres de par un ton plus grave, moins ironique, et un style moins provincial ; nous y reviendrons dans les deux parties suivantes. Le ton et la thèse énoncée font écho au chapitre 2 de *La Confession d'un enfant du siècle* :

> « [t]oute action ou tout écrit, ou toute démonstration quelconque, faite à l'imitation du passé, ou sur une inspiration étrangère à nous, est absurde et extravagante [...] je dis qu'aujourd'hui, en France, avec nos mœurs et nos idées, après ce que nous avons fait et détruit, avec notre horrible habit noir, il n'y a plus de possible que le simple, réduit à sa dernière expression. »

Le verbe « détruit », les connotations funestes de « l'horrible habit noir » rappellent clairement le mal du siècle représenté dans *La Confession.* Plus loin Musset convoque les désastres de la révolution, désordre par excellence :

> « Le vrai seul est aimable, a dit Boileau ; le vrai ne change pas, mais sa forme change, par cela même qu'elle doit être aimable. Or, je dis qu'aujourd'hui sa

1 Stéphanie Tribouillard, « Musset satiriste, des *Lettres de Dupuis et Cotonet* à *Dupont et Durand* », *Modernité,* n° 27, Presses Universitaires de Bordeaux, mars 2008, p. 106.

forme doit être simple, et que tout ce qui s'en écarte n'a pas le sens commun. Faut-il vous répéter, monsieur, ce qui traîne dans nos préfaces ? Faut-il nous dire, avec nos auteurs à la mode, que nous vivions à une époque où il n'y a plus d'illusions ? Les uns en pleurent, les autres en rient ; nous ne mêlerons pas notre voix à ce concert baroque, dont la postérité se tirera comme elle pourra, si elle s'en doute. Bornons-nous à reconnaître, sans le juger, un fait incontestable, et tâchons de parler simplement à propos de simplicité : il n'y a plus, en France, de préjugés.
Voilà un mot terrible, et qui ne plaisante guère ; et direz-vous peut-être, qu'entendez-vous par là ? Est-ce ne pas croire en Dieu ? Mépriser les hommes ? Est-ce, comme l'a dit quelqu'un d'un grand sens, manquer de vénération ? Qu'est-ce enfin que d'être sans préjugés ? Je ne sais ; Voltaire en avait-il ? Malgré la chanson de Béranger, si 89 est venu, c'est un peu la faute de Voltaire. »

Malgré l'apparente désinvolture, on reconnaît ici la thèse de *Rolla* et de *La Confession* : suite au travail de sape effectué par Voltaire et les Lumières, l'homme du XIXe siècle, privé de foi, ne croit plus en rien et en souffre : tout est devenu vanité, « les actions humaines ne sauraient avoir de prestige ». La lettre IV fait état d'un véritable scandale : le propos, placé entre l'anecdote sublime de Polémon, modèle antique de la débauche converti à la sagesse et à la tempérance par la harangue de Xénocrate et une galerie de portraits satiriques de divers « exagérés » à la manière des *Caractères* de La Bruyère, révèle que la conversion du désordre à l'ordre n'est plus capable de susciter l'admiration des contemporains car le mal du siècle est passé par là : après Voltaire et les révolutions, l'homme du XIXe siècle n'a plus de préjugé ; par conséquent toute action grande et noble n'est plus qu'exagération et affectation passible de ridicule. On note au passage que le mot « désordre » est employé à deux reprises avec le même sens. Au début de la lettre, Polémon apparaît, « les vêtements en désordre » au sortir d'une orgie chez sa maîtresse ; à la fin apparaît le comble des exagérés, celui qui paradoxalement a « l'exagération de la simplicité » : il vérifie « si sa cravate n'est pas en désordre, car il tient par dessus toute chose à n'avoir rien d'extraordinaire dans sa toilette ». Voilà l'homme du siècle selon Musset, celui qui bouleverse l'ordre des notions au point d'être un oxymore vivant : la simplicité faite exagération. Dès lors, cette simplicité, proposée comme la seule forme possible du vrai aujourd'hui, est suspecte elle aussi d'exagération et partant de ridicule et de fausseté.

La lettre IV permet de donner un nom au désordre dans *Les Lettres de Dupuis et Cotonet* : il s'agit du mal du siècle. En outre elle éclaire, et même synthétise, les trois lettres précédentes Sur le plan de l'esthétique, en proposant une exigence de simplicité, elle est une réponse à la lettre I. Musset place sa thèse sous l'autorité de *L'Art Poétique* de Boileau ; la simplicité est l'antithèse de l'hypercaractérisation romantique ; elle est une forme constituée d'un fond, le vrai, là où le romantisme est forme sans fond, signifiant sans signifié, « mot sonore et l'orgueil à vide qui se bat les flancs », *dixit* Cotonet. Lorsque Musset déclare que « toute imitation du passé ou sur une inspiration étrangère à nous est absurde et extravagante », il a soin de préciser « action ou écrit », ce qui ne peut empêcher le lecteur de songer au romantisme, fustigé dans la lettre I comme imitation de modèles étrangers et manie d'affubler ses drames et ses romans de personnages historiques. Le discours ironique et historique de Dupuis et Cotonet se double d'ailleurs d'un discours historique plus virulent de la part du magistrat Ducoudray qui lie l'apparition du romantisme aux désordres sociopolitiques consécutifs à la Restauration : comme le gouvernement voulait à tout prix ramener le passé, les jeunes littérateurs chantèrent d'abord le Trône et l'Autel et utilisèrent la langue de Ronsard et de Dante. Sur le plan idéologique elle est une réponse au désordre humanitaire : le passage suivant vise clairement ceux qui, à l'instar des saint-simoniens, voudraient nier la révolution et partant le mal du siècle :

> « Mais Voltaire et 89 sont venus, il n'y a pas à s'en dédire. Nous n'ignorons pas que de par le monde certaines coteries cherchent à l'oublier, et en prédisant l'avenir, feignent de se méprendre sur le passé. Sous prétexte de donner de l'ouvrage aux pauvres et de faire travailler les oisifs, on voudrait rebâtir Jérusalem. Malheureusement, les architectes n'ont pas les bras du démolisseur, et la pioche voltairienne n'a pas encore trouvé de truelle à sa taille. »

D'ailleurs, les prétentions humanitaires étaient désignées dans la lettre II par la périphrase « le portrait de nos hyperboles » qui annonce les exagérés.

Quant au journalisme, il faut sans doute le comprendre comme la forme concrète, à la fois verbale et politique, de cette absence de préjugés liée à 89 : la société du mal du siècle, gouvernée par une opinion changeante et factice, est réduite à entendre les voix des journaux s'entredéchirer en de vaines polémiques.

MACROSTRUCTURE DES QUATRE LETTRES : UN ORDRE CACHÉ

La lettre IV peut donc être lue, malgré son apparente diversité, comme la synthèse des trois précédentes. Or il s'avère que la fragmentation imposée par le genre épistolaire comme par la publication périodique cache une structure, un ordre cohérent dans la progression des lettres. En effet, il est à remarquer que dans les deux premières lettres le thème de la suivante est annoncé dans une digression : la figure du désordre vient ainsi paradoxalement apporter de l'ordre dans l'œuvre. En effet, dans la première lettre, lors de la digression sur les mots nouveaux, Dupuis évoque le cas du mot « humanitaire », néologisme dont il dit ignorer le sens. Or le sujet de la lettre II est justement motivé, en exorde, par un rappel de la lettre précédente :

> « Nous vous écrivons derechef, mon ami Cotonet et moi, touchant une remarque qu'on nous a faite : c'est que, dans notre lettre de l'autre fois, nous vous disions que nous ne comprenions pas le sens du mot *humanitaire.* »

De même la réflexion sur les humanitaires cède un instant le pas à un éloge antiphrastique des journaux où se lit déjà la peur qu'ils inspireront aux deux épistoliers dans leur prochaine lettre :

> « Le [mot humanitaire] voilà imprimé tout d'abord, et les journaux s'en sont emparés. Or, ce de quoi les journaux s'emparent, c'est d'autre chose qu'il faut plaisanter. Ce ne sont pas là de ces petits jardins pour y aller jeter des pierres ; les journaux sont d'honnêtes gens, et nous les prions, avant tout, de ne pas se blesser en cette matière. »

Ainsi, le corps de chaque lettre, à travers sa structure désordonnée, révèle l'architecture cohérente de l'ensemble de l'œuvre. Mieux, chaque sujet est lié :l'humanitarisme fait partie du romantisme et la presse véhicule ces néologismes en *-ismes*. Tout cela fait partie de la littérature industrielle, de cette ère de désordre qu'est le siècle.

Le désordre est ainsi le véritable et le seul principe d'unité des *Lettres de Dupuis et Cotonet*, peut-être même le seul véritable de toute l'œuvre de Musset. Dire que le désordre est la seule unité d'une œuvre désordonnée relève certes de la tautologie. Mais le désordre chez Musset n'est pas une esthétique, en dépit de son prétendu art poétique énoncé dans le poème

Après une lecture : « Mon premier point sera qu'il faut déraisonner[1] ». Tout cela est une fois de plus ironie et provocation. L'esthétique de la digression et de la conversation épistolaire, ainsi que l'ironie polyphonique, sont plutôt une manière de rechercher un ordre parmi le désordre engendré par les diverses utopies du siècle (romantisme, humanitarisme, liberté de la presse) : les *Lettres de Dupuis et Cotonet*, à cet égard, sont à lire, malgré leur ton parfois bouffon, comme une recherche sur le désordre, sur la quête d'un ordre et d'un sens au désordre. Certes, celle-ci est vouée à l'échec et ne peut que s'exprimer par des épîtres en lambeaux et se clore sur une pirouette dérisoire puisque tel est le siècle : chez Musset souvent le mot « désordre » a le sens de « débauche[2] », autrement dit le mal du siècle d'après l'Octave de *La Confession*. Mais c'est aussi que le désordre constituait la nature, l'ethos, la psyché et partant le génie de leur auteur ; aussi sa fatalité, comme le lui fait dire George Sand dans son roman autobiographique *Elle et Lui* :

> « [m]a palette, instrument de ma gloire, est l'instrument de mon supplice, puisque je ne sais pas travailler sans souffrir. Alors, je cherche dans le désordre, non pas la mort de mon esprit, mais l'usure et l'apaisement de mes nerfs[3] ».

Samy Coppola
Université Jean-Moulin – Lyon 3

1 Alfred de Musset, *Poésies complètes*, édition de Maurice Alem Gallimard, La Bibliothèque de la Pléiade, 1957, p. 425.

2 Par exemple dans cette phrase extraite du chapitre 2 de la 2e partie de *La Confession d'un enfant du siècle* : « Tandis que le libertinage honteux et secret avilit l'homme le plus noble, dans le désordre en plein air, il y a quelque grandeur, même pour le plus dépravé. », *Œuvres en prose*, *op. cit.*, p. 140.

3 George Sand, *Elle et Lui*, édition de Thierry Bodin, Folio classique, 2008, p. 60.

L'ORDRE ET DÉSORDRE DANS *INTERMEZZO* ET *LA FOLLE DE CHAILLOT* DE JEAN GIRAUDOUX

Pourquoi avoir élu ces deux pièces écrites et crées à dix ans d'intervalle ? G. Teissier nous met sur la voie : « Cette Folle [...] fait penser à l'Isabelle d'*Intermezzo*, bien des années après. Vieille, elle sait toujours voir l'invisible et continue à vouloir redresser les torts de la société[1]. ». L'une et l'autre, la vieille femme et la jeune fille, sont perçues par des personnages de pouvoir – quelle que soit la nature de ce pouvoir – comme des éléments perturbateurs et à bon droit semble-t-il puisque leur seule présence, dans un bourg limousin ou à la terrasse d'un café parisien célèbre, introduit le désordre sous diverses formes. Leur rapport à l'invisible est aussi une relation à l'imagination et au rêve dont le pouvoir peut mettre en échec, pour un temps du moins, celui d'un « intermède » de quelques jours ou des quelques heures d'une pièce de théâtre fantaisiste, l'ordre qui s'avère n'être en fait que désordres. Que l'on ne s'y trompe pas : le dénouement conventionnel d'*Intermezzo* – la jeune fille tombe dans les bras du très humain Contrôleur et la vie ordinaire reprend son cours normal – et le dénouement brutal – par élimination radicale des méchants dans *La Folle de Chaillot* – soulignent au contraire la parenté entre les deux pièces : la parenthèse de type carnavalesque est clairement inscrite comme telle par l'ouverture et la clôture des deux œuvres.

Mais de quel ordre s'agit-il et où est le véritable désordre ? Peut-on lui attribuer quelque cause certaine ? Dans *Intermezzo*, la jeune institutrice remplaçante et la présence d'un spectre sont données comme le point de départ du chaos dans lequel vit désormais la bourgade limousine, mais, à y regarder de près, cet « état poétique » corrige le désordre du monde tel qu'il est. Dans *La Folle de Chaillot*, quelle folie engendre le

1 J. Giraudoux, *Théâtre complet*, édité et annoté par Guy Teissier, Paris, Le Livre de poche, La Pochothèque, 1991, p. 1255.

désordre ? la mégalomanie des « mecs » ou l'extravagance de la Folle ? A en croire le Chiffonnier, le désordre est grave. Quel remède hors le défi utopiste ou libertaire, à savoir envoyer dans les entrailles de la terre les « mecs », c'est-à-dire faire régner un ordre fondé sur une justice intégrale (celle d'Electre ?) ? Qui sème le désordre ? Selon le Président, tous les marginaux, selon le Chiffonnier, les mecs ! Qui croire ? Et le bouclage de la pièce, par les répliques de la Folle et d'Irma, annonce un retour à l'ordre, celui des manies d'une vieille fille (les chats), de même que le Droguiste proclame : « Et fini l'intermède ! » (*I*, III, 6, p. 356).

Comment, pour un auteur de théâtre, dire le désordre, ou plutôt, nous venons de le pressentir, les désordres ? Pour Giraudoux, il est clair que l'essentiel passe par le discours des personnages, ce qui n'exclut pas pour autant les moyens spécifiquement théâtraux. Aussi nous intéresserons-nous d'abord aux personnages qui disent le désordre : qui sont-ils ? en quels termes le dénoncent-ils ? Puis nous prendrons en compte la nature et les manifestations, scéniques ou non, du désordre ainsi que les causes qui lui sont attribuées par les uns et les autres. Pour terminer, nous réfléchirons à la finalité de l'entreprise qui consiste à dire le désordre dans ces deux pièces : qu'est-ce qui est en jeu pour les personnages et pour Giraudoux ?

QUI SONT LES DÉNONCIATEURS DU DÉSORDRE ?

Dans *Intermezzo*, les personnages délateurs le sont à la demande d'un Inspecteur venu de Limoges « car il entend se déranger lui-même pour combattre tout ce qui surgit d'anormal ou de mystérieux dans le département. », dit le Maire (*I*, I, 1, 281) qui poursuit : « Dès qu'un phénomène inexplicable se manifeste dans la faune, la flore, la géographie même de la région, l'Inspecteur survient et ramène l'ordre. » (*ibid.*). L'on ne s'étonnera donc pas de voir ce personnage mener une enquête dès la quatrième scène et obtenir du gouvernement une lettre : « Le Conseil [lui] donne pleins pouvoirs mettant à [sa] disposition les autorités civiles et militaires » (*I*, II, 2, 311). Le premier, le Maire révèle donc le désordre : le bourg « est hanté » (*I*, I, 4, 284), le Contrôleur à son tour affirme :

« Une influence inconnue [...] y sape peu à peu tous les principes [...] sur lesquels se base la société civilisée. » (*ibid.*). Du fantastique (« hanté », « influence inconnue »), l'on passe au désordre social et moral, ce que confirment deux vieilles filles, les demoiselles Mangebois « qui [...] ont promis des révélations » (*I*, I, 5, 287) et qui établissent un lien entre la présence du Spectre et un crime récent, puis dénoncent la jeune fille à qui le Maire a « confié, en l'absence de la titulaire, la classe des fillettes » (*I*, I, 5, 291) et dont l'agenda révèle les rendez-vous suspects avec le Spectre ainsi que l'influence destructrice sur la famille, la morale. Si nous résumons, les dénonciateurs du désordre sont des garants de l'ordre établi (Inspecteur, Maire, Contrôleur des poids et mesures), de l'ordre moral (Inspecteur, Mangebois) et de la raison (Inspecteur, Contrôleur). Or Isabelle met l'accent sur un désordre ontologique, l'existence du mal (*I*, I, 6, 299) et celui qui résulte d'une éducation bornée : « un égoïsme terrible » qui empêche les hommes d'entrer en contact avec « tous [les] règnes », vivants et morts (*I*, II, 3, 317).

Dans *La Folle de Chaillot*, les premiers à crier au désordre sont ceux que Giraudoux appelle les « mecs » et qui font chasser les petites gens de Chaillot de la terrasse du café Francis par le Garçon, à savoir le Chanteur des rues, la Fleuriste, le Chiffonnier puis le Sourd-Muet, le Marchand de lacets, le Jongleur et le Chanteur revenu, menaçant d'avoir recours à la force publique : « j'appelle le sergent de ville », dit le Président (*FC*, 1, 953). A l'arrivée de la Folle, comme il n'obtient pas du Garçon qu'on la chasse, il s'exclame en pure perte : « Appelez le sergent de ville ! » (*FC*, I, 965) puis il se ridiculise en hurlant : « Garçon ! le sergent de ville ! je porte plainte. » (*FC*, I, 966). Il attaque alors les vrais ennemis, « ceux dont nous devons vider Paris toute affaire cessante » (*ibid.*). Or, peu après, ce sont précisément les personnages écartés qui à leur tour révèlent à la Comtesse (la Folle) le désordre : la société « file un mauvais coton » (*FC*, I, 983), « L'époque des esclaves arrive » (*FC*, I, 985). La Folle elle-même surveille depuis longtemps « les mauvaises gens de Chaillot qui s'en prennent aux arbres et aux animaux. » (*FC*, I, 979).

EN QUELS TERMES LE DÉSORDRE EST-IL DÉNONCÉ ?

Dans *Intermezzo*, le terme « scandale » est le plus fréquent, employé par Armande Mangebois, par l'Inspecteur qui n'hésite pas à commettre un écart de langage en disant « la morale bourgeoise est en ce moment cul par dessus tête » (*I*, I, 5, 289) alors qu'il emploie par ailleurs de façon incongrue un terme administratif : « Je frémis des dérogations au bon sens que nous apportera demain le tirage de votre loterie mensuelle. » (*I*, II, 2, 313). Le désordre, c'est ce qui est hors norme : « J'entends porter un terme à ces divagations humiliantes », dit-il encore, usant aussi de mots à connotations morales : « turpitudes » (*I*, I, 5, 292), « infamie » (*ibid.*), mais lorsqu'il s'adresse au Droguiste qu'il soupçonne d'être pour quelque chose dans ce désordre, il parle de « mystifications continuelles » (*I*, II, 2, 312). Le Maire, plus modéré, évoque des « coïncidences étranges [qui] témoignent de l'intrusion, dans notre vie municipale, de puissances occultes. » (*I*, II, 4, 286). Le Droguiste, quant à lui, emploie des expressions fort différentes. Au contrôleur qui affirme « Notre ville est folle. », il répond : « Elle est bien plutôt dans cet état où tous les vœux s'exaucent, où toutes les divagations se trouvent être justes. Chez un individu, cela s'appelle l'état poétique. Notre ville est en délire poétique » (*I*, II, 2, 310). À cette interprétation du Droguiste magicien s'oppose l'expression de la lettre du gouvernement : « hystérie collective » (*I*, II, 2, 311). Et lorsque le Spectre est tué, l'Inspecteur triomphe dans une réplique construite sur un groupe ternaire en gradation, du désordre individuel au désordre social : « Nous avons libéré Isabelle de sa folie, la ville de sa hantise, et le département d'un assassin » (*I*, II, 7, 330). Les termes de l'Inspecteur visent toujours à ramener le désordre à du connu, à quelque chose d'identifiable. C'était déjà le cas lorsqu'il donnait du revenant une version traditionnelle : « Recouvert d'un suaire évidemment, la tête faite d'une citrouille vidée et ajourée où l'on installe une lampe électrique ? » (*I*, I, 5, 288). À cela s'ajoutaient des explications rationnelles pour lui ôter tout caractère inquiétant (ville hantée) voire subversif (hors-la-loi) : « Je sais ce qu'est en réalité un bourg hanté. Les batteries de cuisine qui résonnent la nuit dans les appartements dont on veut écarter le locataire, des apparitions dans des propriétés indivises pour dégoûter l'une des parties. De là les commères au travail [...]. » (*I*, I, 5, 285).

LES MANIFESTATIONS DU DÉSORDRE ET L'IDENTIFICATION DES FAUTEURS DE TROUBLE

La première proposition est d'ordre surnaturel : « le bourg est hanté. » (*I*, I, 4, 284), mais la seconde nous amène sur un autre terrain, politique, l'élection d'un conseiller général : « On n'a pas voté. Personne n'a voté, ni songé à voter [...]. Les électeurs prétendent avoir lu sur les panneaux : Au soleil, pas d'abstentions ! et ils sont allés se promener jusqu'au soir » (*ibid.*). L'explication de l'Inspecteur est clairement politique : « Ils ont été soudoyés par la réaction » (*I*, I, 5, 285), c'est-à-dire la droite. Troisième manifestation du désordre énoncée par le Contrôleur non sans humour : « Les enfants que leurs parents battent, par exemple, quittent leurs parents. Les chiens que leurs maîtres rudoient mordent la main de leurs maîtres. Les femmes qui ont un vieux mari ivrogne, laid et poilu, l'abandonnent [...] pour quelque jeune amant sobre à peau lisse [...]. Bref, la faiblesse n'est plus ici une force ni l'affection une habitude. » (*ibid.*). Ensuite, le Maire évoque le tirage de la loterie mensuelle : « C'est le plus pauvre qui a gagné le gros lot en argent, et non le gagnant habituel, M. Dumas, le millionnaire [...] ; c'est notre jeune champion qui a gagné la motocyclette et non la supérieure des bonnes sœurs à laquelle elle échéait régulièrement » (*I*, I, 5, 286). Dernière manifestation concrète du désordre, le recensement quinquennal : selon le Maire, « les administrés ont répondu avec une vérité si outrée et si cynique qu'elle est un défi à l'administration. Au chapitre de la famille, pour vous donner un exemple, la plupart n'ont pas indiqué comme leurs enfants leurs vrais fils ou filles quand ceux-là étaient ingrats ou laids, mais leurs chiens, leurs apprentis, leurs oiseaux, bref, ceux qu'ils aimaient vraiment comme leurs rejetons. » (*ibid.*)[1].

Tous ces troubles mettent en péril la cité sur les plans politique et social, familial et moral. Mais il est un autre désordre : la présence d'un Spectre,

1 Il faudrait citer la suite sur les épouses et les apprentis : nous renvoyons le lecteur à cette scène.

« un grand jeune homme vêtu de noir… [qui] apparaît à la tombée de la nuit, et toujours aux environs de l'étang. » (*I*, I, 6, 289), portrait que complète la parodie d'une vignette romantique[1] par le Droguiste : « qui ajuste sa cape noire, et circule à travers les cyprès et les ifs ? » (*I*, I, 7, 303). L'allusion à un crime par les demoiselles Mangebois, « crime superbe » selon le Contrôleur qui fait alors un récit de roman feuilleton, permet à l'Inspecteur de donner une explication rationnelle : « Il peut revenir sans s'être noyé. Le criminel revient toujours au lieu de son crime » (*I*, I, 6, 289).

Autre ferment de désordre, qui semble en relation avec tous les autres, Isabelle, dont l'agenda révèle les rendez-vous avec le Spectre et des pratiques pédagogiques scandaleuses : « Petite fête du printemps. Profité de la circonstance pour faire à mes élèves l'éloge du corps, leur expliquer sa beauté. […]. Pour les exercer, élisons le plus bel homme de la ville. » (*I*, I, 6, 292). La scène suivante nous donne un échantillon de cette école du désordre. La pédagogie de grand air est dangereuse puisqu'elle elle sape l'autorité, en effet, selon l'Inspecteur « Le plafond, dans l'enseignement, doit être compris de façon à faire ressortir la taille de l'adulte vis à vis de la taille de l'enfant. Un maître qui adopte le plein air avoue qu'il est plus petit que l'arbre, moins corpulent que le bœuf, moins mobile que l'abeille, et sacrifie la meilleure preuve de sa dignité. » (*I*, I, 6, 295). Encore plus répréhensible, le rire : « Elles n'ont pas à être gaies. Vous avez au programme le certificat d'études et non le fou rire. » (*ibid.*). Notons l'opposition entre l'examen roi de la Troisième République et le rire libérateur, considéré comme subversif, qui fait de cette classe une récréation permanente. Autre aberration, pas de classement des élèves : « Il y a la plus grande, la plus bavarde, mais elles sont toutes premières. », dit Isabelle. Quant à l'évaluation, elle frise le non sens : le zéro est « la meilleure note », et Isabelle d'expliquer que c'est « à cause de sa ressemblance avec l'infini. » (*I*, I, 6, 297). Au chapitre des connaissances, le scandale n'est pas moins grand : la définition de l'arbre est tout sauf scientifique[2] (*I*, I, 6, 297) ; en géographie, l'éruption des volcans est le fait de… l'Ensemblier (*I*, I, 6, 298). À la question d'histoire « Qu'est-ce qui règne entre la France et l'Allemagne ? », Irène au prénom bien choisi

1 À moins que ce Spectre ne soit un avatar de Fantômas, le personnage du film de Louis Feuillade !

2 *Cf.* F. Bombard, « Les arbres dans le théâtre de Jean Giraudoux », dans *Jean Giraudoux et la nature*, Actes du colloque international de Thessalonique de 2008, Edition du Laboratoire de Littérature comparée, Thessalonique, 2009, p. 41.

répond (nous sommes en 1933) : « L'amitié éternelle. La paix. » (*I*, I, 6, 299). En géométrie, l'humour irrévérencieux de Giraudoux se donne libre cours : « L'angle droit n'existe pas. Le seul angle à peu près droit s'obtient en prolongeant par une ligne imaginaire le nez grec jusqu'au sol grec. ». Mais en arithmétique, ô surprise, « deux et deux font quatre », ce que J. Robichez appelle le « dérèglement le plus pervers » et que l'Inspecteur dénonce : « Un cinq dévergondé et dissimulé », parlant d'une « fausse table de multiplication absolument conforme à la vraie. » (*I*, I, 6, 299). Nous pouvons nous demander qui déraisonne. Et que dire de cette « Marseillaise des Petites Filles » qui mêle au désir de bonheur le cosmopolitisme, par les prénoms des futurs maris, John ou Dimitri, tout à l'opposé de notre hymne national ? Cette provocation souriante prend dans le texte l'aspect d'un collage typographique, les vers de mirliton remplaçant les paroles connues (*I*, I, 6, 299-300). Mais le pire des désordres est la diversité : l'Inspecteur nomme les couleurs des objets de la classe, toutes prises à la nature et au vocabulaire enfantin : « tableau bleu », « encre rose », « crayon caca d'oie » (*I*, I, 6, 301), pour mieux leur opposer le noir et l'uniformité, imposés au tableau comme aux Fillettes : « À la bonne heure, elles commencent à se ressembler maintenant. » (*ibid.*), dit-il, satisfait. Or cet ordre qui triomphe de l'autre côté du Rhin dans les écoles est aussi, ne l'oublions pas, la couleur de l'école de la IIIe République : ambiguïté toute giralducienne qui fait du tenant de l'ordre un personnage déplaisant ou inquiétant. Le comble du désordre suscite à la fin de la scène le rire : un hérisson est à la place du chapeau de l'Inspecteur (*I*, I, 6, 301) comme si la nature bafouée par celui-ci se vengeait de tous ses piquants, à moins qu'Arthur, le facétieux esprit qui sème le désordre, ne s'en soit mêlé, comme l'affirment les Fillettes.

Ajoutons à tout cela les rêves du Maire et du Contrôleur (*I*, II, 2, 312), dont le récit est fait à la demande de l'Inspecteur. Le premier souligne à nouveau combien la nature est du côté du désordre, puisque les pieds du Maire sont devenus hannetons, puis mille pattes. Le rêve du Contrôleur exprime-t-il un désir homosexuel refoulé ? Cette écuyère en redingote qui s'avère être… l'Inspecteur nous montre un Giraudoux facétieux, parodiant les récits de rêve sur le divan du psychanalyste aussi bien que les incongruités surréalistes[1].

---

1 *Cf* G. Teissier, « Théâtre et rêve » dans *Des mots et des choses, de Giraudoux aux mots de la francophonie*, Tours, Presses universitaires François Rabelais, 2005, p. 108.

Pour le hors scène, il faut encore mentionner la série de gags imaginés par l'Inspecteur et qui nous font penser à Chaplin, admiré par Giraudoux : « Il suffit qu'un haut fonctionnaire s'asseye sur un banc pour que ce banc devienne fraîchement peint, ou à une terrasse pour que le sucre refuse de fondre dans son café, même bouillant » (*I*, II, 2, 313).

D'autres manifestations du désordre sont liées au Spectre à l'acte II : les bourreaux tirent, il s'affaisse, mais… « Face aux bourreaux, identique au corps étendu, un spectre monte » (*I*, II, 6, 330) : est-ce un vrai spectre, celui-ci ? Les explications rationnelles se multiplient : sapin, mirage, halo de Chevreul, et le passage à des expressions qui relèvent d'une pathologie, « hallucination collective », « folie auditive » (*I*, II, 2, 331), restent dans le scientisme rassurant, à cela près que l'Inspecteur lui-même en est la victime, tout comme les Bourreaux.

Dans *La Folle de Chaillot*, le désordre est d'abord scénique : le petit peuple de Paris qui défile comme dans une revue de music hall, les numéros qui se succèdent comme dans le théâtre d'attractions, perturbent le dialogue des « mecs ». L'inversion spatiale, la Folle à la meilleure place de la terrasse, préfigure un renversement de type carnavalesque que ses gestes provocateurs, tel ce verre d'eau renversé sur le pantalon du Président (*FC*, I, 965), amorcent ; le détournement de l'usage des objets, clin d'œil à Dada, aggrave le désordre : « pyrogène[1] » et « timbre de salle à manger » (*FC*, I, 980) deviennent des armes contre les « mecs » qui veulent emmener Pierre.

L'excentricité du costume de la Folle participe évidemment du désordre, mêlant l'ancien et le moderne, les indices de pauvreté aux signes aristocratiques : « *La Folle de Chaillot apparaît. En grande dame. Jupe de soie faisant la traîne, mais relevée par une pince à linge de métal. Souliers Louis XII. Chapeau Marie-Antoinette. Un face à main pendu par une chaîne. Un camée. Un cabas.* » (*FC*, I, 964), et les couleurs crieront lorsque la Folle préférera l'écharpe jaune pour l'associer au « corsage rose » et au « voile vert du chapeau » (*FC*, I, 965), ce qui nous rappelle bien sûr *Intermezzo.*

Venons-en aux fauteurs de troubles. Aisément identifiés dans *Intermezzo*, ce sont le Spectre, Isabelle, plus généralement la femme (« J'étais sûr

1 Le mot, rare, est attesté dans Le *Trésor de la langue française* : « Pyrogène, substantif masculin vieilli : "Godet de forme et de décoration variées contenant des allumettes et muni d'un frottoir." (*Tabac*, 1982). Synonyme : pyrophore. ». (Paul Imbs, puis B. Quemada [dir. de], *Trésor de la langue française, Dictionnaire de la langue du dix-neuvième et du vingtième siècles*, Paris, Gallimard, CNRS, 1990, t. 14, p. 82).

qu'il y avait des femmes à la base de ces turpitudes » dit l'Inspecteur (*I*, II, 292), le Droguiste complice avec son « éternel sourire », son « silence perpétuel ». Mais comme rien n'est simple, les garants de l'ordre établi sèment aussi le désordre : la colère de l'Inspecteur[1] produit de l'absurde par la plus grande logique, la *collata azurea* étant la nourriture du merle, on en arrive à ce que les Fillettes « désirent voir un inspecteur manger les chenilles qu'il tue » ; plus grave, le *quiproquo* sur les lettres qui déconsidère complètement le haut fonctionnaire, mêlant le vaudeville aux affaires sérieuses : la lettre du gouvernement dont il exige que le Maire en donne lecture se révèle être de sa maîtresse : « Le Maire : Le gouvernement me semble du dernier bien avec vous ? L'Inspecteur : Il l'est, pour mon bonheur. Le Maire : Il dépose un baiser sur votre bouche adorée, vous réclame cent francs et signe "Ton Adèle" » (*I*, II, 2, 311). L'examen des Bourreaux, pour cocasse qu'il soit, conduit à considérer leur intervention comme un assassinat et eux comme des tueurs à gages, non comme les exécuteurs de la justice. Le dérèglement du temps opéré par l'Inspecteur est un défi à la raison : il a fait « retarder la pendule [de la ville] d'une heure » pour lutter contre le Spectre (*I*, III, 1, 334).

Nous avons cru comprendre que, dans *La Folle de Chaillot*, ce sont les marginaux et les petites gens qui causent le trouble, pourtant, les véritables fauteurs de désordre sont les « mecs » puisque pour la prospection du pétrole dans le sous-sol parisien, ils n'hésitent pas à détruire Paris et, auparavant, à envisager de faire sauter à la dynamite le pavillon de l'ingénieur qui s'oppose à leurs visées. Les produits frelatés, l'influence américaine, le règne des « deux cents familles » (*FC*, II, 1016), là sont les véritables menaces selon le Chiffonnier et ses alliés. D'ailleurs, dès leurs récits autobiographiques du début de la pièce, les « mecs » ne se sont-ils pas révélés comme des chevaliers d'industrie, des escrocs sans scrupules ? Expulsions, vols, spéculations sur les matières premières, création d'une société fantôme, tout dit le règne du veau d'or[2]. Le pétrole ? « Qu'est-ce qu'ils veulent en faire ? », demande la Comtesse. « Ce qu'on fait avec du pétrole. De la misère. De la guerre. De la laideur. Un monde misérable. », répond Pierre (*FC*, I, 982). Les causes profondes du désordre sont donc

1 De la même façon, la colère du Président dans *La Folle de Chaillot* fait-elle rejaillir sur lui le ridicule et la désapprobation : « Il a crié. Des autres tables, on le regarde avec réprobation » (*FC*, I, 966).

2 Déjà dénoncé par Jules Romains dans *Donogoo*, mis en scène par Jouvet en 1933.

sociales et économiques, mais également politiques par la collusion des pouvoirs : nous avons les délits d'initiés dans l'échange de répliques entre les « dames » et les « mecs » : « Une des femmes : Tu vois. Félix nous cachait tout. Mais j'ai eu vent de ce pétrole par Raymond. Il ne se doutait pas que j'écoutais au ministère sur le téléphone de Jimmy. A propos de Jimmy, c'est entendu pour les six mille conserves avec Hubert. Le cabinet de Kiki est d'accord » (*FC*, II, 1026).

Quelle réponse à ce désordre ? Une solution utopique ou onirique ? Tuer les méchants en les envoyant dans un souterrain qui rappelle l'enfer du Dante puisque l'escalier ne mène « nulle part » : « Après soixante-six marches, on trouve un carrefour en étoile dont chaque chemin aboutit à une impasse [...]. Les marches sont ainsi faites qu'on les descend facilement, mais qu'on ne peut les remonter. ». Faire émerger les « bons », ceux qui ont sauvé des espèces animales ou végétales (*FC*, II, 1029) serait le moyen de faire triompher le bien de façon utopique mais une didascalie introduit ce qui, au théâtre, est un suprême désordre : « [La Folle] *s'est replacée dans son fauteuil* » et il s'agit alors « des cortèges que seule la Folle voit ». Qu'en est-il pour le spectateur ? Il en est réduit à l'hallucination auditive si le metteur en scène fait entendre des voix *off* sans montrer les cortèges.

Il est temps sans doute de nous interroger sur les enjeux de l'ordre et du désordre dans ces deux pièces. Pour les tenants de l'ordre établi (politique, social, économique, moral), il faut trouver les responsables, voire les coupables, pour ramener l'ordre : interdire à Isabelle de continuer à faire la classe, tuer le Spectre. Il est tout à fait clair, par la structure d'*Intermezzo*, que ramener l'ordre consiste en un retour à l'ordre antérieur : le tirage de la loterie en est le signe indubitable : « Le Maire : [...] tout est redevenu normal [...]. L'Inspecteur : Normal ? Qui a gagné la motocyclette ? Viola : Le cul de jatte de l'orphelinat. L'Inspecteur : Et le gros lot en espèces ? Viola : Monsieur Dumas le millionnaire. » (I, III, 6, 336). Les personnages masculins – à l'exception du Droguiste – veulent que triomphe un ordre rationnel mais aussi une République scientiste et laïque incarnée de façon caricaturale par l'Inspecteur qui veut ignorer le surnaturel et la poésie.

Il faut que règne un ordre d'une qualité différente comme remède à une société injuste et imparfaite parce qu'humaine. Le Contrôleur l'incarne, lui qui est un petit fonctionnaire sans imagination, mais qui aime la vie et la jeune fille et qui s'oppose de toutes ses forces à l'appel de l'invisible, du surnaturel et de la mort auquel Isabelle est tentée de céder. Nous retrouvons avec ce personnage l'*aurea mediocritas*, thème récurrent du théâtre de Giraudoux.

La structure de la pièce dit clairement que le hors norme est circonscrit dans le temps, celui d'un « intermède » auquel réfèrent explicitement le titre et le mot de la fin[1]. Le Droguiste, magicien poète est aussi celui qui guérit par la « Fugue du chœur provincial » de la tentation de l'absolu ou de la folie une Isabelle à qui l'étreinte du Spectre a manqué d'être fatale.

Pour les « mecs » de La Folle de Chaillot, partisans de l'uniformisation du monde et des hommes, le monde va mal : le Sergent de ville ne rétablit pas l'ordre (à l'acte I, il ne chasse ni la Folle ni les petites gens de Chaillot), et, au deuxième acte, ils disparaissent à jamais dans le souterrain. C'est donc la victoire pour les tenants d'un ordre supérieur car la flore et la faune sont aussi préservés : les arbres par l'élimination des « mauvaises gens » qui leur nuisent comme en témoigne le cortège de ceux qui ont sauvé un arbre (cèdre, houblon) ou un animal. Quant à Irma et à la Folle, elles vont continuer à nourrir les chats errants, ce que dit clairement la structure en miroir de la pièce[2]. La Folle a-t-elle rêvé tout cela ? Elle s'est endormie dans son fauteuil et Giraudoux dans une didascalie surprenante parle de « *cortèges* [qui] *sortent que seule la Folle voit…* » (*FC*, II, 1029). Cette victoire est-elle définitive ? « Dès que menacera une autre invasion de vos monstres, alertez-moi de suite » (*FC*, II, 1031), dit-elle au Chiffonnier : le risque demeure, mais également la confiance en cette forme de sagesse suprême qu'est la folie d'une vieille fée : « Il suffit d'une femme de sens pour que la folie du monde sur elle se casse les dents. » (*FC*, II, 1030-1031). Oui, il y a toujours des femmes « à histoire », des redresseuses de tort à la base d'un désordre qui se veut remède absolu au désordre qu'elles dénoncent, fût-ce au risque de leur vie ou de leur raison, comme Isabelle. Aurélie, la Folle de Chaillot au prénom nervalien, projette-t-elle sur la réalité son rêve de justice absolue, de monde harmonieux ou inscrit-elle ce rêve dans la réalité ? Est-elle folle ? Est-elle sage ?

Mais l'auteur lui-même, que nous laisse-t-il entendre ? Que le temps d'un interlude dans notre vie, celui de la lecture ou de la représentation

1 « Le Droguiste : Et fini l'intermède ! » (*I*, III, 6, 336).

2 « Tu as mon gésier et mes os, Irma ? Irma : Ils sont prêts, Comtesse. » (*FC.*, II, p. 1031) fait écho à « La Folle : Les os sont prêts, Irma ? […]. Et mon gésier ? » (*FC.*, I, p. 964).

d'une pièce de théâtre, les pouvoirs conjugués de la fantaisie, de l'humour, du rêve, de la poésie viennent à bout de tous les désordres du monde, tant il est vrai que « Toute journée inquiète et mal réussie d'homme civilisé appelle le soir son correctif par la parfaite ou folle journée qu'est le théâtre, toute journée heureuse son complément par un appoint d'irréel[1]. »

Dès lors se conjuguent la fonction idéologique et la fonction poétique. La première vise à dénoncer une société injuste, le règne du veau d'or, révéler les menaces que nous appelons écologiques, mais aussi mettre à mal les valeurs sur lesquelles repose la Troisième République, le positivisme, le scientisme. La seconde rejette le naturalisme au profit des jouissances de l'imagination et de la fantaisie. Giraudoux revendique en effet l'extravagance comme une valeur positive.

Ces deux pièces apparaissent comme des variations, au sens musical, sur des contraires : ordre/ désordre, normal/ anormal. Or chez Giraudoux chaque terme est réversible : il n'y a pas un ordre mais des réponses aux désordres qui se veulent retour à l'ordre (politique, social, moral) par expulsion du désordre (tuer les méchants ou les spectres) pour la sauvegarde de la cité (bourgade limousine ou ville de Paris). Mais dans *Intermezzo*, le « délire poétique » est circonscrit dans un interlude, « parenthèse de folie imaginative » comme l'écrit C. Weil[2], alors que dans *La Folle de Chaillot*, il est la matière même de l'œuvre par la logorrhée des « mecs » et, en écho, par les tirades du Chiffonnier. Il est aussi alliance de l'idéologique, du ludique et du poétique dans des solutions littéraires et théâtrales : parodie souriante des discours de l'ordre républicain comme de ceux du désordre, de l'inconscient ou du surréalisme dans *Intermezzo*, pratique du collage, du montage, du détournement d'objets, intrusion d'une contre-culture, celle des chanteurs des rues, des jongleurs, des attractions, dans *La Folle de Chaillot*.

Françoise BOMBARD
Université Jean-Moulin – Lyon 3

1 J. Giraudoux, *Or dans la nuit*, Paris, Grasset, 1969, p. 123.
2 J. Giraudoux, *TC* Pléiade, Notice d'*Intermezzo*, p. 1362.

LA PAROLE DU FOU DANS LE *JEU DE LA FEUILLÉE*[1]

Parler du fou dans le *Jeu de la Feuillée*[2] peut sembler une gageure : cette pièce de théâtre composée par le poète Adam de la Halle et représentée à Arras en 1276 est considérée comme un « classique » de la littérature médiévale au point de figurer au programme de l'agrégation cette année. Elle a déjà suscité bien des travaux critiques et le personnage du fou lui-même, le *dervé*, a retenu l'attention de médiévistes aussi émérites que Jean Dufournet, Roger Dragonetti ou Charles Mauron, pour ne citer qu'eux[3]. Dans ces conditions, on pourrait se demander s'il est encore possible d'écrire du nouveau sur ce sujet si ce n'est par le biais de la parole, du discours du fou analysé en lui-même. Les personnages pris de folie ne sont pas rares, en effet, dans la littérature médiévale : Roland, Tristan, Yvain ont subi ces crises de démence passagère[4], mais il s'agissait d'une folie qui les privait de langage. L'originalité d'Adam de la Halle réside dans le fait qu'il a le premier donné la parole à un forcené figurant parmi les personnages à part entière de sa pièce. Or, si les propos du *dervé* constituent un facteur intrinsèque de désordre et de chaos, ils finissent paradoxalement par proposer un ordre d'une autre nature car ils délivrent une image distanciée, à la fois tragique et comique, de la société humaine.

---

1 Nous entendons analyser ici la parole du *dervé*, non du personnage de Varlet, qui fera l'objet de quelques remarques, mais ne constitue pas le point central de cet article.

2 Nos citations seront tirées de l'édition de E. Langlois, Paris, Champion, nv. éd. 2008, CFMA 6.

3 Voir J. Dufournet, *Adam de la Halle à la recherche de lui-même ou le jeu dramatique de la feuillée*, Paris, SEDES, 1974 ; R. Dragonetti, « Le Dervé-Roi dans le *Jeu de la feuillée* d'Adam de la Halle », *Revue des langues romanes*, 1991, p. 115 à 135 ; C. Mauron, *Le Jeu de la Feuillée, étude psychocritique, Paris*, 1973. On peut leur ajouter E. DuBruck, « The Marvelous Madman of the *Jeu de la Feuillée* », *Neophilologus*, 58, 1974, p. 180-188.

4 Voir en particulier J. M. Fritz, *Le Discours du fou au Moyen-Âge, XIIe-XIIIe siècle*, Paris, Presses Universitaires de France, 1992. L'auteur consacre le chapitre XV au personnage du *dervé*.

Le *Jeu de la Feuillée* est une pièce de 1099 vers dans laquelle le personnage du fou apparaît tardivement : il ne fait sa première intervention sur scène qu'à partir du vers 390. Ses répliques elles-mêmes correspondent en tout et pour tout à 47 octosyllabes, soit 4 % de la pièce. À titre de comparaison, le discours du protagoniste, Adam, occupe quatre fois plus de vers, celui de la fée Morgue ou du père d'Adam, maître Henri, deux fois plus[1]. La parole du fou n'est donc pas prédominante dans le *Jeu*, mais elle n'en détient pas moins une importance capitale.

À première vue, ses propos présentent l'incohérence et l'absurdité qui caractérisent traditionnellement la perte de la raison, l'égarement. En l'espace de quelques octosyllabes, le *dervé* s'identifie à plusieurs individus, le pape, un roi, le prince des poètes, un jeune marié alors qu'il se trouve au bras de son père, ainsi qu'à des animaux aussi différents qu'un crapaud mangeur de grenouilles, un chien ou un taureau[2], et il s'assimile même à un *cholet*, une boule sur laquelle les joueurs tapaient au Moyen Âge[3]. Manifestement, le *dervé* présente des troubles au niveau de la structuration de sa personnalité qui, à notre époque, le feraient vite ranger dans la catégorie des schizophrènes.

Le fou ne souffre pas seulement de problèmes dans la perception de sa propre personne. Il semble manifester des difficultés semblables à appréhender autrui. Il traite son père d'hérétique au moment où ce dernier montre sa dévotion aux reliques de saint Acaire (v. 393). Il confond les interventions de son père et celles de maître Henri, assimile Adam, enveloppé dans sa cape, à un pois dans sa gousse (v. 424), et ne fait pas de distinction entre une pomme et une plume (v. 1043). La confusion mentale dont il souffre entrave ses facultés à identifier clairement ce qui l'entoure, qu'il s'agisse d'êtres vivants ou d'objets inanimés.

Cette accumulation d'incohérences verbales a souvent été mise en relation avec un genre littéraire du Moyen Âge, la fatrasie, poème d'un caractère incohérent ou absurde, formé de dictons ou de proverbes mis bout à bout, et contenant des allusions satiriques. En donnant la parole

---

1 La parole d'Adam personnage occupe 172 vers, soit 15 % de l'ensemble ; celle de Morgue 97 vers, soit 9 % ; celle de maître Henri 87 vers, soit 8 %. L'un des amis du protagoniste, Riquier ou Richesse Auri, s'exprime en 61 vers (5,5 %)

2 Voir les vers 395 : *je sui rois* ; 398 : *je sui uns crapaus* ; 407 : *je sui mieus prinches k'il ne soit* ; 418-419 : *Escoutés que no vake muit. / Maintenant le vois faire prains* ; 425 et 556 : *Bau !* ; 518 : *Et vés me chi pour l'apostole* ; v. 1093 : *je sui li espousés.*

3 Vers 541.

au personnage du *dervé*, Adam de la Halle rivalise donc avec les poètes de son temps, tout en gardant une distance par rapport au genre littéraire de la fatrasie puisqu'il circonscrit les absurdités langagières aux seuls propos du *dervé*. Il ménage par ce biais la compréhension générale de la pièce.

Le fou tend également à déformer les paroles émises par les autres personnages et à les transformer en menaces qui seraient proférées à son égard. C'est qu'il ne saisit souvent que la dernière syllabe du discours d'autrui et encore peut-il la déformer phonétiquement. Quand le moine constate que le fou se livre à des *rabaches*, des rabâchages ou du tapage[1], le fou entend la forme *baches*, subjonctif présent picard du verbe *battre*, et comprend que le moine donne l'ordre de le rouer de coups[2]. Guillot parle-t-il de *vieille danse* ? Le *dervé* entend le verbe *manse*, au sens de « étrangler[3] ». Au moment où son père déclare qu'il a encore du blé à vendre, le fou comprend qu'il veut le pendre et lorsqu'il lui demande d'approcher des reliques pour les adorer, il entend le verbe *tuer*[4].

La peur que le dervé laisse ainsi transparaître à l'égard de la violence d'autrui pourrait facilement être taxée de paranoïa si elle ne rappelait la réalité des mauvais traitements infligés aux fous à l'époque médiévale. Certes, la plupart du temps, on ne les enfermaient pas dans des établissements spécifiques et ils restaient confiés à la garde de leur famille, comme c'est le cas dans la pièce où le *dervé* partage la vie de son père, mais il arrivait aussi fréquemment qu'ils soient battus, chassés ou vendus[5]. Dans ces conditions, les craintes exprimées par le *dervé* s'avèrent tout à fait légitimes.

---

1 Sur ce terme, voir J. Dufournet, « Sur quatre mots du *Jeu de la* Feuillée », *Romania*, 94, 1973, p. 113-116.

2 Voir les vers 551-552 : Li moines : *Aussi ne fait il fors rabaches.* / Li dervés : *Dist chieus moines ke tu me baches ?*

3 Voir les vers 512-515 : Gillos : *Par foi, encore est che bien chi/ Uns des trais de le vielle danse.* / Li dervés : *A ! Hai ! Chis a dit c'on me manse / Le gueule.*

4 Vers 391-392 : Li peres : *Si venés le saint aourer.* / Li dervés : *Ke ch'est ? Me volés vous tuer ?* Vers 1081-1083 : Li peres : *Or cha, levés vous sus, biaus fieus, / J'ai encore men blé a vendre.* / Li dervés : *Ke ch'est ? Me volés mener pendre ?*

5 Voir par exemple P. Ménard « Les fous de la société médiévale. Le témoignage de la littérature aux XIIe-XIIIe siècles », Romania, 98, 1977 ; F. Sautman, « Les métamorphoses du fou à la fin du Moyen Âge », *Pour une mythologie du Moyen Âge*, études rassemblées par L. Harf-Lancner et D. Boutet, collection de l'école normale supérieure de jeunes filles, Paris, 1988, p. 197-207.

La manière dont le fou déforme le sens des propos qu'il entend se prête par ailleurs à une interprétation excédant la petite histoire de la folie au Moyen Âge. À travers le *dervé*, Adam de la Halle met en scène le problème de l'efficacité des échanges verbaux entre les personnages et au-delà, entre les hommes. Il aborde la question de l'incommunicabilité, ce qui n'est pas sans rappeler l'un des thèmes majeurs du théâtre contemporain.

Face à ses difficultés de communication, le fou invente un langage total, articulé et non articulé, humain et animal, oral et corporel. Son personnage, en effet, ne s'exprime pas exclusivement par le biais du discours. Il exploite toutes les ressources du langage en alternant les propos relativement construits avec les cris, les chants[1] et les insultes les plus fleuries dont son père est le principal bénéficiaire : *fieus a putain, leres erites, leres prouvés*[2]. Il régresse parfois au niveau de l'animalité en laissant fuser des aboiements ou des braiements[3]. Il libère ainsi la bête qui sommeille en lui et renoue joyeusement avec le désordre, source de tous les possibles[4]. Il peut également lâcher en public des bruits incongrus que les convenances réprouvent, sonneries de trompettes ou salves de pets, car il ne met aucun frein à ses instincts, la faim, la soif et les besoins élémentaires de son corps[5]. Enfin, si le fou craint d'être victime de sévices, il se montre lui-même brutal envers ce qui l'entoure et cette violence constitue une forme d'expression corporelle dont la mise en œuvre signale l'échec du langage traditionnel : il éventre les édredons, casse les pots, frappe son père, se jette sur lui pour l'engrosser et menace de tuer Guillot, l'un des amis d'Adam[6]. Quelle que soit la forme qu'il adopte, le mode de communication du *dervé* dévie donc de la règle et lui interdit de s'insérer dans la société. Il suscite la réprobation et l'incompréhension des autres personnages. Le père du fou ne prête aucune attention aux paroles de son fils qu'il rejette comme si elles étaient dénuées de sens :

> Et s'il ne set onques k'il fait,
> Encore set il mains k'il dist. v. 526-527

1 Voir le vers 525.
2 Voir les vers 393 et 1084.
3 Voir les vers 425, 525, 556.
4 Voir M. Foucault, *L'Histoire de la folie à l'âge classique*, Plon, 10/18, 1961.
5 Voir les vers 400, 1041 et 1054.
6 Voir les vers 418, 515, 534, 538, 1051-1052.

Le moine fait transparaître le même mépris pour ces propos qu'il taxe de *brubeilles*, de sottises[1], et même le personnage d'Adam semble priver les paroles du fou de toute valeur quand il s'exclame :

> Point n'aconte a cose k'il die. v. 431

Le langage du fou semble ainsi l'objet d'une condamnation unanime relayée par le personnage d'Adam et les deux principaux représentants de l'autorité médiévale, l'homme d'Église et le *pater familias*.

Les propos délirants se mêlent pourtant dans sa bouche à des discours parfaitement construits qui manifestent une vraie capacité à raisonner et une véritable cohérence. On sait que la folie fait alterner les phases de délire et les moments de lucidité, et cette simple observation de la réalité pourrait justifier la coexistence de ce double langage chez un même personnage. Par ailleurs, le Moyen Âge voyait parfois dans le fou le dépositaire d'un savoir supérieur, d'une sagesse inaccessible au commun des mortels, en s'appuyant sur des passages de la Bible comme la première Épître aux Corinthiens de saint Paul :

> Ce qu'il y a de fou dans le monde, voilà ce que Dieu a choisi pour confondre les sages.

Dans cette optique, le fou devenait l'inspiré, celui qui, grâce à la folie qui l'isolait de la société, détenait la capacité d'observer le monde avec justesse, qui possédait une connaissance échappant à la coutume. Le moine lui-même ne manque pas de le remarquer lorsqu'il s'exclame :

> Aimi ! Dieus ! K'il fait boin oïr
> Che sot la ! Car il dist merveilles. v. 520-521

Il est bon d'écouter le fou car ces paroles constituent des *merveilles*, elles sont source d'étonnement, de surprise, et sont en elles-mêmes un prodige.

Non seulement le poète Adam de la Halle accorde la parole au fou, mais il ne cherche ni à la censurer, ni à la condamner. Il concède au *dervé* un véritable statut de sujet parlant. La médecine médiévale ne préconisait pourtant aucun échange dialogué entre le médecin et le patient souffrant de démence : il n'était pas bon de répondre au frénétique. Le

---

1 Vers 522.

fou était ainsi condamné, au mieux, au soliloque, alors que le *Jeu de la Feuillée* libère sa parole dont le véritable destinataire est constitué par le public de la pièce. En effet, à l'exception du père du *dervé* qui, de toutes façons, n'accorde pas d'intérêt aux dires de son fils, les autres personnages ne s'adressent presque jamais à lui directement, employant la troisième personne pour le désigner, même quand il se trouve à côté d'eux sur scène[1]. Il leur faut parvenir au dernier degré de l'exaspération pour le prendre à parti, comme maître Henri, l'encourageant ironiquement à boire[2] ou le moine, explosant de colère en le découvrant à la taverne[3]. Le fou adresse donc moins ses discours aux autres personnages qu'au public doté d'un recul suffisant pour entendre et saisir la portée de ses paroles, dont le contenu échappe aux arrageois mis en scène dans la pièce, englués dans leur représentation limitée et étroite de la réalité.

Le *dervé* exprime sa propre vision du monde et cette vision s'avère non seulement cohérente, mais riche d'enseignements. Son discours apparemment absurde masque une perception acérée de la société arrageoise et de ses notables. Il s'attaque à ceux qui se veulent poètes, devenant clairement le porte-parole de l'auteur. Il révèle les dessous de l'institution littéraire du Puy d'Arras, concours dont le vainqueur est connu par avance[4]. Il égratigne le prince des poètes actuels, que la pièce nomme significativement Robert Sommeillon, et dans lequel il faut sans doute reconnaître le grand rival d'Adam de la Halle, Jean Bretel[5]. Il tourne en dérision la prestation des jongleurs comme Hesselin qui réduisent la déclamation d'une chanson de geste à une série de coups de poings[6]. Il épingle les travers de Gautier aux Pouces qui s'efforce *de chanter parmi le cornet*[7]. La polysémie du substantif *cornet*, qui peut désigner la trompe rustique des paysans, le cornet à dés ou des balivernes, suggère

1 Témoin par exemple le personnage d'Adam au vers 430 : *Ke set il k'il blasme ne loe ?*

2 Voir le vers 1054 : *Boi bien !*

3 Vers 1031-1034.

4 Entre les vers 413 et 415, le fou mentionne le personnage de Vautiers as Paus, Gautier aux Pouces, peut-être le fils de Willaume as Paus, échevin en 1267, mort en 1269, que le cartulaire d'Arras présente comme un imbécile. Or, ce Gautier ne doute pas un instant de devenir le futur prince du Puy, ce qui laisse entendre que le concours est faussé : *Maistre Wautiers... dist qu'il sera couronnés.*

5 Voir le vers polysémique 405 : *Bien kïe de lui* : « On est bien tombé en le choisissant » ou « c'est une belle merde ».

6 Vers 536-538.

7 Vers 414.

que Gautier est un auteur raté, un pilier de taverne ou un imbécile, et peut-être bien les trois à la fois.

Le *dervé* exprime tout haut ce que le personnage d'Adam ne dira jamais ou n'osera jamais prendre à son compte. Il ridiculise les propos de maître Henri en les assimilant aux beuglements d'une vache[1]. Il dénonce l'utilisation de la religion à des fins financières et l'hypocrisie du moine qui cherche à faire croire à la valeur thaumaturgique des reliques de saint Acaire pour s'enrichir[2]. N'y a-t-il pas d'ailleurs une folie à prétendre soigner la folie ?

Non seulement le *dervé* permet à l'auteur de s'attaquer aux dysfonctionnements de la société médiévale, mais il révèle aussi les vices possibles d'Adam personnage qu'il accuse d'être orgueilleux et il suggère que sa femme est volage[3]. On peut s'étonner de voir Adam se critiquer ainsi par le biais de son personnage. Faut-il y reconnaître le besoin masochiste d'une sorte de flagellation publique ? Souhaite-t-il ridiculiser les critiques que formulent les arrageois à son égard en les plaçant dans la bouche d'un fou ? Le *dervé*, libéré par sa folie des entraves du monde, incarne peut-être un niveau de conscience supérieur à celui de tous les autres personnages, y compris Adam.

Le discours du fou révèle que la société n'est ni équilibrée, ni saine d'esprit, qu'elle forme un monde chaotique et insensé. Ses divagations constituent une réponse à un environnement social fou, obéissant aux caprices d'une Fortune sourde, aveugle et muette. Dans ce cas, il n'est pas plus déraisonnable de ne pas se conformer à la folie du monde que de s'y soumettre. Il est vrai que la société arrageoise mise en scène dans le *Jeu de la Feuillée* compte bon nombre d'individus présentant des troubles mentaux variés[4] et que même les personnages doués

1 Vers 418.

2 Vers 394. Adam de la Halle n'a certainement pas choisi par hasard ce saint dont le nom évoque par homonymie l'infinitif médiéval *aquerre* au sens d' « acquérir ». L'authenticité même des reliques est d'ailleurs remise en question à la fin de la pièce lorsque le bon père les laisse en gage chez le tavernier (Vers 1014-1016) et qu'elles s'avèrent parfaitement incapables de guérir le *dervé*.

3 Vers 424, 426, 427.

4 Colart de Bailleul et Heuvin sont d'inoffensifs idiots dont l'esprit court après les papillons (v. 366-369), Gautier À la Main est sujet à des crises chaque fois qu'il entend beugler les veaux (v. 376), Jean le Queux est sujet à de fréquents accès de neurasthénie (v. 386). Quant au personnage de Valet, dont l'apparition sur scène prépare celle du *dervé*, il laisse apparaître sa folie par divers indices : la mention de deux attributs du fou médiéval, les

de raison adoptent parfois un comportement délirant, se mettant à meugler ou à braire à la manière du *dervé*[1], tous étant accusés, à un moment ou à un autre, de déraisonner[2]. Face à la folie dominante, le personnage du *dervé* ne paraît pas plus fou que les autres. Il rappelle que la folie n'existe que dans une société et par rapport elle, qu'elle est un fait de culture.

Dans cette lecture, la différence majeure qui sépare le *dervé* des autres personnages réside en cela qu'il refuse le jeu social auquel se soumet autrui. Le fou du *Jeu de la Feuillée* est le personnage de l'opposition et sa parole est fondamentalement contestataire. Il dit *non* à l'ordre établi, l'ordre que les pères, les médecins, les moines voudraient lui imposer. Son personnage pourrait être métaphorisé par l'une de ses répliques, le *non ferai* qu'il rétorque à son père quand ce dernier veut l'obliger à se tenir tranquille[3]. Le fou refuse effectivement de rester *cois*, passif, inactif face aux représentants de l'ordre social, la figure paternelle et l'homme d'Église. L'un des rares détails que la pièce nous fournit sur son apparence pourrait d'ailleurs être réinterprété dans ce sens. Le vers 532 nous apprend qu'il secoue sans arrêt la tête, ce qui évoque l'agitation convulsive de certains malades mentaux, mais symbolise peut-être également sa volonté de dénégation.

Ce rejet définitif de la parole paternelle ressurgit dans la scène finale à la taverne. Quand le père du *dervé* s'en prend violemment à son fils, souhaitant le voir mort et attirant la malédiction divine sur lui, ce dernier lui répond :

> Par le mort Dieu, on me compisse
> Par la desseure, che me sanle. v. 1087-1088

---

pois pilés et le fromage qu'il réclame ou qu'il offre à saint Acaire, et le raisonnement absurde qui l'amène à accepter d'avoir la tête coupée à condition d'égaler son père comme ménestrel. Il n'hésite d'ailleurs pas à revendiquer sa folie en se présentant comme un *sos clamés*, un fou déclaré (v. 343-348 et 354-357).

1 Vers 378 et 1021.

2 Adam, v. 21, 160 ; Plumus, v. 470 ; Guillot, v. 925 ; le moine, v. 989-990 ; le médecin, v. 1007 ; le père du *dervé*, v. 1033. Dans ces conditions, il n'est pas étonnant que la pièce se nomme le *Jeu de la feuillée*, c'est-à-dire le *Jeu de la folie* en picard. Cela montre assez la primauté de ce motif même si le terme *fou* n'est jamais utilisé et s'efface au profit des substantifs *dervé, sot* et *hordussens* (v. 420, 521, 558, 990 et 1056).

3 Vers 398.

On a parfois vu dans cette réponse insolite une parodie du culte du baptême ou des Rogations, ou encore la reprise inversée d'un motif, le buveur devenant celui sur qui l'on pisse, dans une scène qui rappelleraient les projections d'excréments jouant un grand rôle lors de la fête des sots et des charivaris. Ces interprétations subtiles n'excluent pas une lecture prosaïque, particulièrement irrévérencieuse à l'égard de ces imprécations paternelles : le fou assimile les paroles de son père, cet être supérieur à lui par son âge et ses responsabilités, à des excréments, à de la pisse qu'on lui jetterait à la tête. C'est une manière, on ne peut plus explicite, de nier toute valeur au verbe paternel[4].

Or, en refusant l'ordre établi, le fou se montre plus sage que les respectables bourgeois d'Arras. Il en va ainsi quand il refuse de se prosterner devant les reliques de saint Acaire. À l'époque médiévale, on pensait que certains cas de folie résultaient d'une possession démoniaque ou de l'oubli de la parole divine. Il n'était donc pas surprenant de chercher à guérir la démence par le recours à la religion et à la foi, au moyen de rites d'exorcisme ou par l'intercession d'un saint guérisseur[5]. St Avertin était censé soigner les vertiges, St Léonard l'épilepsie, St Guy les tremblements imputables au diable, St Valentin les convulsions. Saint Acaire lui-même était connu pour son efficacité à guérir les fous au point d'être encore utilisé pour traiter le roi Charles VI[6]. En refusant de s'en remettre à son intercession, le fou s'oppose donc aux règles et coutumes établies en son temps. Il remplace l'ordre social par son ordre intérieur, personnel, fondé sur une plus grande lucidité : personne ne nierait aujourd'hui que l'adoration de reliques est parfaitement inefficace pour traiter la folie ! La parole du fou ne témoigne donc plus d'un état de maladie dont il doit guérir. Elle n'est plus le contraire de la raison, mais elle permet au personnage d'opérer la critique du monde des apparences et des fausses vérités[7].

---

4 Et cela d'autant plus si ce Dieu auquel le père du *dervé* en appelle est mort comme l'affirme son fils. Voir *infra*.

5 Voir par exemple M. Laharie, *La folie au Moyen Âge, XIe-XIIIe siècles*, Paris, Le léopard d'or, 1991 ; du même auteur, « Comprendre et soigner la maladie mentale au Moyen Âge (XIe-XIIIe siècle) », *Histoire des sciences médicales*, vol 2, 1993, p. 137-142 et J. S. Neaman, *Suggestion of the devil, The origins of madness*, New-York, Anchor Books, 1975.

6 Voir Froissart, *Chroniques*, éd. J. A. Buchon, Paris, 1824, XIII, p. 105.

7 Dans cette lecture, le personnage du *dervé* préfigure *l'Éloge de la folie* qu'Érasme publia en 1511 à Strasbourg.

Il devient alors capable de déceler l'essence profonde des êtres qui l'entourent et, au premier chef, du personnage d'Adam. Tandis que ce dernier a revêtu la cape du clerc pour signifier son désir d'aller à Paris retourner à la *clergie*, l'étude, le *dervé* propose une autre lecture de cet accoutrement :

> Li dervés
> Ki est chieus clers a chele cape ?
>
> Li peres
> Biaus fieus, ch'est uns parisiens.
>
> Li dervés
> Che sanle mieus uns pois baiens.
> Bau ! v. 422-425

Il ne s'agit pas seulement pour le fou de rejeter le déchiffrement du monde proposé par son père, mais d'y substituer sa propre analyse. Le personnage d'Adam vêtu en étudiant évoque à ses yeux un *pois baiens*, un pois dans sa gousse. Adam paraît ainsi habité par une folie intérieure[1] qui s'apparente au mieux à la soif du savoir, au pire, à la volonté monomaniaque de quitter Arras sans jamais y parvenir. De même, alors que le père du *dervé* lui tend une pomme, il voit en elle une plume qu'il jette au loin :

> Li peres au dervé :
> Tenés, mengiés dont cheste pume.
>
> Li dervés
> Vous i mentés, ch'est une plume.
> Alés, ele est ore a Paris. v. 1042-1044

La pomme, symbole de la connaissance, se métamorphose à ses yeux en plume, ce qui lui permet de signifier le lien entre la culture et l'écriture, mais suggère aussi l'inanité et la vanité du savoir lorsque, faute d'être mis à profit, il se réduit à la légèreté ou l'inconsistance d'une plume.

---

1 Sur les pois et le fromage, attributs traditionnels du fou médiéval, voir par exemple M. Laharie, « Images de la folie au Moyen Âge », *Leçon inaugurale à la Faculté des Lettres*, Université de Neuchâtel, Annales 1982-1983, p. 238-257 et « Images de la maladie mentale au Moyen Âge (du XIIe au XVe siècle) », *2000 ans de psychiatrie*, Dir. N. Attali, NHA Communication, 1999, p. 22-35 ; P. Ménard, « Les emblèmes de la folie dans la littérature et dans l'art (XIIe-XIIIe siècles) », *Hommage à Jean-Charles Payen*, Caen, 1989.

Cette lecture du monde pourrait paraître désespérée si l'on considère que le fou tourne en dérision la folie hantant le personnage d'Adam ainsi que ses aspirations littéraires. Mais pourquoi le *dervé* rejetterait-il la folie alors qu'elle se montre si riche de possibilités créatrices ? La faculté du fou à transformer la réalité, à la transmuer, s'avère profondément libératrice et prolifique. Alors que le *moi* des autres personnages est mis en cage, le fou est libre. Sa parole détient le pouvoir de modifier le réel, et donc de soustraire les hommes aux contingences pour leur ouvrir le champs des possibles. Le *dervé* enseigne à se défaire des modes de pensée imposés par les figures paternelles, biologiques ou spirituelles, en dépit des pressions qu'elles exercent sur leurs fils. Le père du *dervé* aura beau désirer la mort de ce fils rebelle, il aura beau le brimer physiquement, il ne parviendra jamais à enrayer sa folie, à domestiquer son esprit. Le fou montre qu'il est possible de vivre à Arras en y subissant les liens du mariage, du lignage ou du compagnonnage tout en restant libre grâce à la force de la pensée.

Il invite ainsi le public à se libérer de toutes les craintes qu'il peut nourrir à l'égard des tenants de l'autorité, et par-dessus tout, à se défaire des terreurs religieuses grâce auxquelles l'Église médiévale imposait son pouvoir. En se présentant à la place du pape, il sous-entend que le père de l'Église n'est pas plus raisonnable que lui[1]. En jurant *par la mort de Dieu*[2], il ne s'agit pas seulement pour lui de véhiculer la vision tragique d'un monde privé de son Créateur, abandonné à sa triste destinée. Si Dieu est mort, l'humanité est libre de se réapproprier la création et de chercher en elle-même des raisons d'agir. Le fou suggère que les hommes n'ont pas besoin d'un Créateur, d'un Père éternel, qu'ils peuvent devenir leurs propres créateurs. La révolte du fou contre son père s'étend à une révolte contre tous les pères, y compris le Créateur suprême. On comprend mieux alors pourquoi il s'amuse à briser les pots paternels[3] dans la mesure où l'image du potier évoque traditionnellement la création du monde par le Seigneur. Le fou réduit en miettes les pots façonnés par les pères et se livre à sa propre création, à une re-création qui est aussi récréation pour cet *être du jeu*, dans tous les sens du terme.

---

1 Vers 518 : *Et vés me chi pour l'apostole.*

2 Voir les vers 1041 et 1087.

3 Vers 534-535.

Il le prouve par son comportement quand il adopte à sa guise la posture de divers personnages, poète[1], roi ou pape, ce qui évoque la période du carnaval pendant laquelle on couronnait les fous[2], mais le place également au-dessus des contingences sociales ou matérielles. Peu importe la réalité de sa détresse psychologique ou de sa misère sociale. Le fou devient le roi du *Jeu*, c'est-à-dire le maître du jeu, orientant le dialogue sur le sujet de la bigamie des clercs, buvant le vin de tous les convives, provoquant une fuite générale à la fin de la pièce[3]. Même le langage qu'il s'est créé finit par contaminer les représentants de l'autorité. Quand maître Henri comprend que le *dervé* engloutit le vin de l'assemblée, il est juste capable de laisser échapper quelques mots qui semblent se réduire à une répétition mécanique d'onomatopées :

> Boi bien ! Le glout ! Le glout ! Le glout ! v. 1054

Quant au moine, il est si irrité de le voir revenir qu'il ose évoquer explicitement le diable, cette figure taboue de la religion chrétienne médiévale :

> Li chent diavle aporté vous ont ! v. 1031

Tout se passe comme si la parole libérée et libératrice du fou soufflait sur la dernière partie de la pièce pour signifier son triomphe, tandis que la voix des autres personnages se réduit au silence.

Le langage du *dervé* transgresse les tabous pour faire triompher le principe élémentaire de la vie. Quand il crie *au feu* en faisant irruption dans l'auberge, il ne cherche pas seulement à disperser les convives, mais aussi à en appeler à l'élément purificateur par excellence pour détruire l'ordre ancien et construire du nouveau[4]. Lorsqu'il aboie comme un chien,

---

1 Il se proclame prince des poètes, meilleur chanteur qu'autrui, et prend par deux fois le public à témoin à la manière d'un ménestrel. Voir les vers 401 : *Est che bien fait ? Ferai je plus ?* ; v. 407 : *Je sui mieus prinches k'il ne soit* ; v. 536-539 : *J'ai d'Anseïs et de Marsile/ Bien oï canter Hesselin. / Di je voir ? Tesmoing che tatin. / Ai je emploiet bien trente saus ?* ; v. 1030 : *Aussi bien cante jou k'il font.*

2 Voir J. Dufournet, « Le *Jeu de la Feuillée* et la fête carnavalesque », *L'Information littéraire*, t. 29, 1977, p. 7 à 13. Sur le carnaval, on pourra lire aussi J. Heers, *Fêtes des fous et carnavals*, Paris, Fayard, 1983.

3 Voir les vers 426, 1029, 1055-1062, 1094-1095.

4 Voir les vers 1027-1029 : Li ostes : *Bien vous poés estre vanté/ C'onques mais si bien dit ne fu.* Li dervés : *Ahors ! Le fu ! Le fu ! Le fu !*

qu'il braie comme un âne, qu'il s'assimile à un crapaud ou se comporte comme un taureau en rut, il prend pour emblèmes des animaux symbolisant la luxure ou la bestialité aux yeux de l'Église médiévale, mais qui dit luxure, dit aussi création et fertilité. Cela explique pourquoi il bondit sur son père en ébauchant un acte obscène :

> Escoutés que no vache muit.
> Maintenant le vois faire prains. v. 418-419

Le *dervé* ne se contente pas d'enfreindre joyeusement les interdits concernant la sexualité par un geste se rapprochant à la fois de la zoophilie, de la sodomie et de l'inceste. Il est celui qui, en dépit du vide intérieur qu'on lui prête, vient par sa parole combler les vides qui l'entourent, celui qui peut engendrer et créer, renouant ainsi avec le sens premier du terme *fou*, dérivant du latin *follis*, « le soufflet pour le feu ». Il devient l'égal de Dieu, du Créateur : par sa parole et son essence même, il insuffle la vie. Et c'est aussi à une vie et à un renouveau littéraires qu'il convie. Condamnant les poncifs et le conservatisme de la littérature, il engage à renoncer aux modèles conventionnels pour faire triompher le verbe créateur, la folie créatrice. Éventrant les édredons, il recherche la plume qui lui permettra d'écrire sa propre histoire.

Le *dervé* est un personnage majeur du *Jeu de la Feuillée* de par son ambiguïté même. Figure inquiétante et fascinante à la fois, symbole de l'humanité souffrante ou triomphante, il tend aux autres personnages un miroir qui leur permet de voir ce qu'ils sont réellement. Dans le langage total qu'il s'est créé, il énonce des paroles de raison que nul autre ne pourrait prononcer. Son personnage n'est pas seulement là pour rappeler aux hommes ce qu'ils risquent de devenir ou ce qui les attend, mais il leur présente une autre voie possible, une voie marginale et difficile, exposée à l'incompréhension d'autrui, certes, mais riche en infinies possibilités. Les derniers mots qu'il prononce au moment de quitter la scène le présentent comme un *espousés*, c'est-à-dire un « promis » si l'on se souvient de l'étymologie latine du terme[1]. Par un nouveau renversement carnavalesque, au moment de tirer sa révérence, le *dervé* offre une

1 *Espousés* est issu du latin classique *sponsus*, participe passé de *spondere*, signifiant « promettre solennellement ».

promesse de vie et de liberté au public qui voudra bien entendre la voix que le poète, Adam de la Halle, lui a prêtée. Plutôt que de voir dans le *Jeu de la Feuillée* une pièce désespérée dans laquelle on assisterait au naufrage du personnage d'Adam, on peut donc y déceler le triomphe ultime de la créativité du *dervé* et de l'auteur, ainsi que la promesse d'une renaissance littéraire qu'incarne la pièce elle-même.

Corinne FÜG-PIERREVILLE
Université Jean-Moulin – Lyon 3

ÉCRIRE LE DÉSORDRE DE L'AUTRE

Camille Claudel sous la plume de Michèle Desbordes

Michèle Desbordes et Camille Claudel, voilà deux femmes éloignées dans le temps et pourtant proches par plusieurs coïncidences : êtres d'un parcours personnel complexe, consacré pendant une courte mais intense période de leur existence à insuffler la vie à des créatures, elles ont été meurtries avant terme… Plus concrètement le lien fondamental entre les deux se tisse à l'aide de *La robe bleue*, l'ouvrage publié par Desbordes en 2004 où il est question de la sculptrice. Dans les dernières décennies, maintes études se sont données comme objet d'approfondir les rapports publics et privés des Claudel. Pour ce qui est de Camille, l'accent a été mis sur ses liaisons avec Rodin, Debussy, ou avec son frère… avec des hommes ayant fait autorité à son époque. Dans une première étape, la critique a surtout privilégié le versant féminin, désordonné, malchanceux au détriment des qualités intellectuelles de l'artiste. Mais ce n'est ni ce premier ni ce deuxième volet que Michèle Desbordes entreprend de cibler. L'écrivaine prend comme point de départ les trente dernières années que Camille Claudel a passées dans un hôpital psychiatrique et mène à terme une réflexion profonde sur l'expérience du temps. Elle retravaille ainsi la matière qu'elle avait abordée dans ses romans antérieurs[1]. Dans ce but, elle présente une vieille femme assise sur une chaise dans le parc de l'asile où elle est enfermée et qui pendant ce long laps de temps n'a d'autre tâche à accomplir que celle de guetter la visite de son frère aimé. Le résumé de l'intrigue paraît simple. Or, il ne rend pas compte de la subtilité avec laquelle l'écrivaine recrée une existence en courbe, faite d'une ascension suivie d'une chute fulgurante.

1 *L'Habituée* par exemple, reproduit le parcours de trois femmes qui s'enfoncent dans la mémoire et qui sont écrasées par le poids du temps. *La Demande* porte aussi une interrogation sur ces gens dont la vertu consiste à subir le temps, à se réfugier dans une attente qui mène à l'anéantissement.

Le propos de Desbordes ne consiste point à tracer un parcours biographique, ni à porter jugement sur les actes de la protagoniste ou de sa famille. Dans le récit il n'y a pas de matière que nous ne connaissions déjà à propos de cette femme. L'auteure ne tient pas non plus à dresser les composantes d'une chronologie ou à méditer sur l'éternelle énigme contenue dans la dimension philosophique du temps. Loin de là, d'une manière très originale elle se replie sur des motifs tels que l'attente et la compréhension de la durée pour en décortiquer les engrenages. Le tout par le biais d'une mémoire qui sautille d'un épisode à l'autre, d'un moment à un autre, sans aucun respect de la linéarité temporelle. Notre but consiste aujourd'hui à prouver que, malgré ce désordre apparent, Desbordes instaure une progression capable non seulement d'harmoniser le sens du récit mais de fournir le tragique d'une intrigue qui n'est pas telle puisqu'on connaît d'emblée son issue et puisque, du début à la fin, rien ne change.

Une telle facture montre bien ce que Michèle Desbordes a déclaré comme étant le principe créateur de *L'Habituée* mais qui, à notre avis, peut s'appliquer à ses ouvrages suivants :

> ...je ne voulais pas raconter une histoire, mais plutôt une absence d'histoire. Des vies sans histoire(s). Je me suis appropriée en quelque sorte les « outils » du roman pour raconter le contraire d'une histoire...

termes qu'elle reprend presqu'au pied de la lettre dans son récit biographique *Les Petites Terres*[1]. Or, il est connu, d'après Charles Grivel, que « le roman est de l'intérêt produit à partir d'une histoire[2] ». Lorsque la volonté de l'auteure se fonde sur une absence, le lecteur est confronté à une nouvelle manifestation d'un désordre, qui, de surcroît, suscite des remarques à l'égard du genre utilisé.

Alors que le volume note sous le titre le mot *roman*, ce qui traduit un vif souhait de s'ancrer dans la fiction et d'écarter les visées biographiques, dans ses déclarations portant sur les aspects formels de *La robe bleue* l'écrivaine s'y rapporte en utilisant le terme *fragment* dont le mérite consisterait à être « tout et partie[3] ». Il suffit de feuilleter l'ouvrage pour

1 « Voulant alors avec le roman, le romanesque, fabriquer non pas une histoire mais une absence d'histoire, montrer le temps immobile, le temps invisible. » Michèle Desbordes, *Les Petites Terres*, Lagrasse, Verdier, 2008, p. 19.

2 C. Grivel, *Production de l'intérêt romanesque*, Paris, Mouton, 1973, p. 72.

3 « Entretien entre Michèle Desbordes et Jacques Le Scanff », *op. cit.*, p. 39.

se rendre compte de la justesse du mot employé. À l'intérieur des chapitres qui le composent, le texte apparaît constamment séparé, morcelé par des blancs afin de créer l'impression évoquée par l'auteure : à la fois ces fragments modèlent des unités autonomes issues des replis de la mémoire sur soi, à la fois ils s'intègrent dans l'ensemble de ces trente années indissociables. Le procédé formel renforce l'impression que tout le long de sa vie cette vieille femme s'est sans cesse heurtée à la même affaire ; l'époque, l'espace ont beau changer, l'attitude de Camille reste toujours identique ; elle devient l'axe sur lequel se greffent les différentes étapes de sa vie ; la forme invite donc le lecteur à une lecture entre les lignes. Car celle-ci reste une autre caractéristique marquante du récit : la rareté des pauses, la cadence longue du phrasé suggèrent que l'essentiel reste dans le non-dit. Les silences, on y reviendra, sont éloquents. Le discours devient alors métaphore. Ce procédé a permis à certains critiques de situer l'écriture de Desbordes à la frontière entre le romanesque et la poésie[1].

La structure de l'œuvre renforce aussi cet appel à entrevoir dans le non-dit. Ainsi la distribution du contenu en deux unités ne serait pas si probante si la densité des chapitres n'était pas tellement distincte : alors que le premier regroupe cent trente une pages, le deuxième en contient dix-huit. Si celui-là est parsemé d'événements fondamentaux à l'aide desquels on reconstruit la vie de Camille, celui-ci se concentre sur un épisode : la visite de Paul à Camille en 1936, la dernière promenade, celle qui satisfait le rêve, celle où elle peut enfin prendre la parole. Le déséquilibre évident fait appel à cette démesure qui peuple l'univers intime de sa protagoniste. Car tout le long de l'œuvre elle est en proie à un mouvement pendulaire, à un va-et-vient constant dont les pôles sont marqués par des situations extrêmes. Le texte entraîne le lecteur dans une sorte de valse pareille à celle qui a tant de retentissement dans l'œuvre de l'artiste. A vrai dire, on devrait noter « des artistes » puisque Michèle Desbordes avoue son faible pour cette pièce. Ce mouvement est aussi reproduit par la construction formelle : les deux citations en exergue font allusion à des états opposés qu'on peut attribuer avec aisance à Camille. On balance entre autrefois et l'instant

---

1 J. C. Lebrun, "Cet art qui exalte l'humain" in *L'Humanité*, le 12 mars 1999. Disponible dans http://www.editions-verdier.fr/v3/œuvre-demande.html [Consulté le 10 décembre 2007].

présent. La force, le pouvoir de la gaîté font suite à un accablement, à une résignation avilissante. Entre les deux il n'y a de place que pour la passion destructrice. Il est significatif que Desbordes se rapporte dans les deux fragments à Paul Claudel, le seul qui, à ses yeux, a su interpréter la métamorphose subie par sa sœur, le seul à savoir lire chez elle en profondeur.

Les épigraphes qui précèdent les chapitres sont orientés dans ce même sens : la partie initiale porte comme intitulé « La nuit, elle entendait les chevaux », un leitmotiv qui revient sans cesse dans l'esprit de Camille et dans le récit pour indiquer son accroc à la folie. L'inclination vers la chute préside par là toute sa vie. En revanche, le dernier adopte le titre du livre et illustre cet épisode tant souhaité. Les deux parties marquent donc une oscillation entre le malheur et le bonheur.

L'absence de points de repère, le manque d'un ordre clair sont déclarés depuis l'*incipit*. On conviendra de l'importance de ce début de l'histoire, ou en son défaut, de l'absence d'histoire, puisqu'il doit supporter tout l'édifice en entier et qu'il doit créer les conditions nécessaires pour le déchiffrement de l'intrigue. Les éléments fournis à ce but ébauchent un monde nébuleux sans ancrages précis : le triple axe constitué par le temps, l'espace et les personnages apporte des détails vagues. Regardons de plus près : le roman débute par une inscription temporelle. Il accomplit ainsi la première règle de la narration d'après laquelle, nous suivons Charles Grivel[1], le discours construit un seuil temporel susceptible de créer une impression d'authenticité. Pourtant, les données restent tellement génériques que le lecteur peut uniquement déduire que cet état s'est installé depuis un certain temps. Quelques facteurs morphologiques et sémantiques concourent à ce but : l'imparfait des verbes qui, comme l'assure Jean Pouillon[2], plutôt qu'un sens temporel a une portée spatiale car il n'implique pas une finitude de l'action mais il situe le lecteur en tant que spectateur. Le pluriel indéfini d'expressions telles que « les premières années » et enfin la confusion des segments du temps chronologique :

> Guettant ce moment tandis que déjà elle pensait à ce qu'elle lui dirait, à tout le temps qu'elle ne l'avait pas vu, des mois, des saisons entière, l'été ou

1 C. Grivel, *op. cit.*, p. 98.

2 J. Pouillon, *Tiempo y novela*, Buenos Aires, Paidós, 1970, p. 128.

> le printemps d'avant, et bien davantage encore quand des années passaient sans qu'il fît le voyage[1].

C'est justement la faible temporalisation, le début *in medias res* qui font progresser le récit.

Un effet identique se répète pour ce qui est du lieu : de prime abord on contemple un espace ouvert – à tous les coups un jardin – puis on apprend qu'il s'agit de Montdevergues. Malgré le nom propre assurant la vérité du texte, le manque de concrétion engendre la possibilité de l'extraordinaire, garant de l'intérêt narratif.

Enfin les personnages : l'impression diffuse est créée par le déficit de noms utilisés pour figurer les êtres. Ceux-ci se réduisant aux pronoms « elle » et « il », le lecteur semble être appelé à les découvrir. Michèle Desbordes s'éloigne des exigences biographiques par le biais de la signification différée : il faut attendre plus de la moitié du livre[2] pour que le nom de famille soit écrit, car pour la réflexion menée peu importe l'identité de cet être ; toute notre attention est ainsi portée sur l'action, sur l'attente. Et pourtant, on a deviné après une trentaine de pages qu'il s'agit des frères Claudel et par les prénoms prononcés et par la référence aux titres du poète renommé[3]. Sur ce point, Desbordes établit une différence par rapport à l'œuvre de Camille : les pièces de la sculptrice, lorsqu'elles sont évoquées, ne sont pas nommées, elles font partie de ce silence qui caractérise la femme à cette époque de sa vie. Le lecteur est par là amené à reproduire la même recherche de cette créature qu'il contemple et dont le trait essentiel consiste à être en proie au temps.

Pour ce qui est du contenu, l'ensemble de caractéristiques relevées dans cet *incipit* concourent sans trêve à relever cet aspect : physiquement sa tenue fait appel à l'immanence en tant qu'unique vêtement à être porté le long des années. À cela se joint la seule possession du personnage qui acquiert alors une force symbolique. Camille Claudel a été dépouillée de tout sauf des carnets servant à compter le temps :

> elle le [le carnet] feuilletait et cherchait les pages et les listes, énumérées les unes au-dessous des autres les dates et les saisons qu'elle avait pris l'habitude

1 M. Desbordes, *La robe bleue*, Lagrasse, Verdier, 2004, p. 13. Toutes les citations seront empruntées à ladite édition et seront indiquées par le numéro de page entre parenthèses.
2 *Ibid.*, p. 118.
3 *Ibid.*, p. 34-35.

> de noter, année après année ayant marqué là ce qu'il y avait à marquer de jours, d'événements ou de lettres qu'elle recevait [...]on la voyait prendre des notes, elle avait, disait-elle, besoin de marquer ce qu'il y avait à marquer du temps qui passait (14).

La seule activité à laquelle elle se voue, consiste à décortiquer le temps, à remplir le vide laissé par une absence, celle du frère adoré. Desbordes semble de prime abord prendre place à côté de Camille pour en dire ses raisons et déraisons, en fait, elle ne cesse de reproduire une de ses plus intimes hantises, latentes dans toute son œuvre tel qu'elle l'admet dans *Les Petites Terres* : « Il fallait trouver les mots, il fallait dire ce temps qui passait, rompait, meurtrissait, juste quelques mois, un été, un automne[1] ». Par ce moyen l'écrivaine accorde à Camille un tragique particulier : Desbordes ne cherche pas à juger le fait que la jeune fille était restée enfermée, délaissée par les siens dans un asile lointain même lorsque les médecins avaient conseillé le contraire. Pour la romancière le drame est inhérent à cet être, il semble avoir germé en elle qui d'ailleurs aurait toujours su que le malheur allait arriver d'un moment à l'autre.

Par cette singularité le début du récit donne la clé de ce qui va s'ensuivre et même s'il est vrai que le lecteur voit se développer l'existence de Camille, avec des étapes nettement différenciées, il n'est pas moins évident que le tout reste dominé par ce premier stade devenu ainsi l'état naturel, l'essence du personnage. Nous serions presque tentés d'affirmer que parce qu'il contribue à figer ce caractère, le roman devient image. Encore un rapport sous-jacent avec le temps puisque la photo constitue un moyen pour le fixer.

On connaît l'importance des documents photographiques pour l'écrivaine[2] et en effet, pour le cas qui nous occupe, il existe cette photo de Camille prise en 1929 qui a bien pu influencer Desbordes. À notre avis, son retentissement au cœur de l'ouvrage reste identique à celui d'autres sources souvent citées : le journal de Paul, la correspondance entretenue par la jeune artiste, ses carnets, ses albums... Ces documents pris en témoignage fournissent des éléments de vraisemblance d'autant

1 M. Desbordes, *Les Petites Terres*, *op. cit.*, p. 95.

2 À cet égard, elle avoue : « ...il y a à l'origine de chaque histoire que j'ai écrite une image. [...] Je ne commence pas un texte sans qu'il y ait cette image fondatrice » ; « Entretien entre Michèle Desbordes et Jacques Le Scanff », *op. cit.*, p. 37.

plus qu'ils permettent d'apporter des points de vue distincts à celui de la protagoniste sans pour autant se borner à la formule traditionnelle de l'omniscience. Ceci dit, il nous semble que parmi les voix des autres, l'écriture de Desbordes livre sa propre lecture du personnage de Camille Claudel. Une Camille Claudel assujettie, vaincue par une lutte qu'elle mène durant toute son existence, autre figure de Prométhée.

Plusieurs éléments concourent à cette impression : tout d'abord l'espace. Que ce soit Montdevergues, que ce soit son atelier rue d'Italie ou sa maison de Villeneuve, il existe un aspect commun à ces endroits : leur ambivalence. Pour la jeune fille comme pour la vieille femme, ils agissent en tant que refuge mais aussi en tant que prison. Il s'agit à l'évidence de l'hôpital, à peine décrit dans sa totalité mais saisi à travers l'architecture intérieure : ce sont les allées, les réfectoires, l'escalier pour Ville-Évrard, les pavillons, le jardin, les chambres pour Montdevergues. Deux destinations dont le nom ne nous est pas révélé par la protagoniste ; dans tous les cas c'est une autre voix qui est chargée de lui indiquer ce détail, que ce soient les hommes qui la ramènent ou son propre frère. Toutefois, point de particularités pour ces endroits qui finissent par s'entremêler dans la mémoire, pour s'amalgamer dans une pensée unique :

> … dans cette chambre qu'on lui donnait, et plus tard encore dans cette autre du pavillon bleu où, quand elle se mettait à la fenêtre, elle apercevait les toits clairs, les bureaux du bas et la chapelle parmi les frondaisons et les grands chênes, la tige fine et mouvante des cyprès qui bordaient les allées, là-bas dans le pavillon aux volets jaunes puis le pavillon aux volets bleus, puis dans un autre et un autre, et c'était toujours la même étroite et triste chambre… (28)

Le procédé reste identique à l'égard de l'individualisation des êtres qui partagent son sort, systématiquement refusée au lecteur : le texte n'emploie que des termes génériques pour s'y rapporter. Il est question de *fous* (30), d'*inconnus* (120), de *malades* (121)… Même à un moment de transcendance comme celui où les deux infirmiers viennent la prendre, le lecteur se heurte à deux individus anonymes[1]. Ce rejet se devine aussi dans la présence récurrente de pronoms démonstratifs ou d'indéfinis dont l'antécédent est elliptique et qui traduisent le dessein de la narratrice de rester dans un monde sans contours où les frontières s'estompent.

1 Le récit s'y réfère en tant que : « deux hommes dans leurs grandes blouses blanches » (25) ou « les deux hommes sur la banquette de moleskine » (121).

Sans aucun doute le regard se concentre sur Camille, mais à la fois, elle reste étrangère à tout son monde. Isolée, elle l'a toujours été tel que le prouve son séjour au quai Bourbon. Toutefois, fidèle à son refus de verdict Desbordes pose le problème à travers une dichotomie qui lui est chère : parole *versus* silence. Liées en entier à son métier, les extravagances de l'artiste ne le sont pas tellement en elles-mêmes mais parce qu'elles font parler les gens et parce qu'elles instaurent un silence pesant entre Camille et Paul[1]. Cette solitude trouve son équivalence pendant son enfance lorsque, à Villeneuve, la petite fait la découverte du modelage et se consacre à cette activité au point de rester étrangère au noyau familial, à l'exception de son frère. Si le lecteur peut concevoir sans trop de difficultés la nature positive des logements précédant sa réclusion, il est plus complexe d'accorder une telle nuance à Montdevergues et pourtant on le peut. Car c'est là-bas où cette âme brisée, anéantie va se livrer à un dernier rêve, à un dernier bonheur : l'épisode de la robe bleue. La structure démesurée le confirme : le temps a beau produire des ravages, c'est à Montdevergues que naît la dernière illusion, la dernière tentative vouée à s'arracher à l'anéantissement, à dérégler la terrible routine.

L'omniprésence, le foisonnement des manifestations temporelles montre un travail persistant de la part de la narratrice. À commencer par les données chronologiques, le lecteur doit surmonter la rareté des ancrages temporels. Ainsi, la datation des événements nécessaire pour authentifier le récit se produit de manière biaisée, soit en faisant appel à des repères connus du lecteur – le transfert à Montdevergues a lieu « avec la guerre qui commençait » – (121), soit en ayant recours à ces notations temporelles issues du journal de Paul[2]. Pourtant, ces données précises n'abondent pas. En revanche, la profusion d'expressions générales telles que « dans le temps », « un bout de temps », « un de ces matins comme il y en a parfois lorsque le vent tombe … » ébauche un monde où les limites imposées par le temps sont transcendées non pas par l'oubli mais par le besoin de comprendre comment elles ont été

1 « Et alors il gardait le silence, voilà ce qu'il faisait, ne lui disait rien de ce qui se décidait à son égard, considérant qu'il n'y avait à débattre ni même à parler d'une affaire comme celle-là, qu'il n'y avait plus rien à dire à une insensée qui se terrait derrière des volets toujours fermés et attendait Dieu sait quoi… » (59)

2 « …à Guaruja où il disait que le 25 juillet 1918 il se rendait en bateau, puis le 29 du même mois à Sao Paolo par la Serra, les brouillards et les fazendas, il parlait de la beauté du Brésil… » (66).

articulées. Camille n'a plus besoin de s'acharner sur les précisions de sa mémoire puisqu'elles ont cessé d'être structurantes, si elles l'avaient jamais été. Elle ne peut plus lutter contre cette folie qui, puisqu'elle a toujours existé, puisqu'elle l'a toujours menacée, a fini par l'attraper dans son vertige.

De surcroît, le monologue intérieur qui nous conduit dans les aléas de la mémoire empêche de suivre le fil logique du temps. Ce flottement imprime paradoxalement un caractère déterminé à la prose de Desbordes et laisse planer une impression de désordre. Certes, le récit passe en revue les épisodes essentiels de la vie de Camille : son enfance, l'apprentissage de la sculpture dans l'atelier de Rodin, sa liaison avec le maître, son époque créatrice, sa retraite paranoïaque et son long séjour à l'asile. Les étapes ne s'offrent toutefois pas au lecteur dans une suite logique, elles ne sont pas l'objet d'un traitement équilibré entre les différentes séquences. Elles prennent alors une dimension qui dépend moins de leur durée que de la trace qu'elles laissent sur le personnage central. Une demi-page (p. 58) suffit à dresser la liste des destinations géographiques que Paul Claudel pendant une trentaine d'années a connues en tant que diplomate, les changements de lieux ne sont que faiblement la source de l'éloignement vis-à-vis de sa sœur. D'autres circonstances, ténues, souterraines sont analysées par la narratrice comme étant à l'origine du sentiment d'étrangeté ressenti par le frère et la sœur. Dans un raccourci saisissant, une page consigne la douleur, l'abandon de Camille pendant les sept dernières années de son enfermement, appréhendées comme un bloc unique et livrées dans un sommaire :

> Elle ne fit durant les sept autres années qu'aller et venir de la fenêtre au fauteuil et du fauteuil à la fenêtre [...] De tout ce temps, elle n'eut pas à parler. Durant sept ans ils n'entendirent rien qu'elle dît, rien qui venant d'elle pût faire croire qu'elle éprouvait le besoin de parler moindrement (153).

Dans d'autres occasions Camille a beau fouiller dans sa mémoire, elle reste incapable de mesurer l'étendue des faits, même des plus transcendants. Cette incapacité provoque soit des réductions – de l'été 1914 où a lieu son transfert à Montdevergues il n'en reste que le souvenir des deux journées occupées par son voyage – soit des amplifications. Il en est ainsi de cette journée où deux hommes viennent arrêter Camille et relatée ainsi :

> Elle ne savait ce que ça avait duré, combien de temps sa lettre à la main elle était restée là entre les deux hommes [...] et elle n'aurait su dire combien de temps avait passé et si c'était le soir ou encore le matin, elle vît paraître dans le fond de son parc la grande maison grise... (29)

Au point que ce jour-là qui revient plusieurs fois dans son esprit et aux conséquences si déterminantes est dépouillé de toute spécificité : « Ce matin, ce jour-là qui arrivait comme les jours, les matins qu'on attend sans même savoir, et sans mots pour le dire... » (24) et pèse comme une dalle sur la vie de la sculptrice. L'impossibilité de dater, de situer dans le temps, devient une constante qui gaze les étapes essentielles de la vie de Camille. Le passage antérieur ne diffère pas trop de celui où la narratrice résume le germe de sa passion par Rodin[1]. Cette coïncidence touche au contenu comme à la forme. Il est évident pour ce qui est du premier ; quant au deuxième point, Michèle Desbordes s'est donnée comme propos de « casser le tragique, de travailler avec très peu de mots – comment d'ailleurs accumuler les mots et les effets quand on aborde le tragique[2] ? ». Dans ses longues phrases qui informent le récit, la technique envisagée joue un rôle d'autant plus intéressant qu'elle utilise un nombre réduit de termes qui, par là, sont amenés à se répéter. Deux effets se retrouvent : *primo*, la prose s'épure, se vide tout comme le for intérieur de la protagoniste, son élan des premières années se dessèche. *Secundo*, les mots reviennent sans cesse ; pas de trêve à l'instar de ces chevaux, de ces souvenirs qui, se reproduisant systématiquement dans son esprit, renvoient directement à sa folie.

À l'évidence, le temps verbal choisi par la narratrice met systématiquement l'accent sur cette indéfinition historique. Les valeurs aspectuelles de l'imparfait, déjà notées dans l'*incipit*, restent valables pour l'ensemble du texte. Le lecteur devient par là observateur d'une série d'instants plus ou moins vastes. Par cette procédure, il peut se rapprocher du personnage principal : sa décodification des épisodes est parallèle à la seule activité menée à terme par cette femme âgée cherchant à comprendre les ressorts de son attente.

---

1 « Plus tard si elle y pensait, elle ne savait plus quand ni comment cela avait commencé, ni même le temps que ça avait duré, il lui semblait que les jours se mêlaient indistincts, [...] plus tard elle chercherait à savoir, à reconnaître, dans cette confuse et chatoyante suite de jours le moment où tout commençait de ce qui venait... » (42)

2 « Entretien entre Michèle Desbordes et Jacques Le Scanff », *op. cit.*, p. 40.

Les différents moments de l'histoire coexistent, se juxtaposent souvent avec peu d'indicateurs, surtout temporels, qui marquent la transition entre une période et une autre. Les jalons chronologiques sont alors fournis par l'empreinte que les faits ont laissé dans l'esprit des êtres. L'omniscience de l'écrivaine poursuit ici un effet cumulateur : comme chez les impressionnistes, les phases ponctuelles vécues par Camille s'amalgament et créent des effets totalisants dont la portée devient beaucoup plus marquante. La joie des premières journées à l'atelier se transforme en la haine qui colore la fin de sa liaison avec Rodin dans l'espace d'une ligne et pourtant, on sent que leur coexistence vise à montrer qu' « alors le temps passait, elle n'avait jamais su dire combien ce temps-là avait passé ». C'est parce que les deux époques opposées font un tout que le récit à la troisième personne nous permet de nous attacher à leur observation sans besoin de les juger. Dans le royaume de la mémoire, un objet, un être, un endroit, un sentiment, en appellent d'autres et on vagabonde sans qu'il existe d'ordre précis, sans qu'il soit même nécessaire de fixer l'événement à une date. À cet égard sont abondantes les hésitations du type « ce soir d'été 1901 ou 1902 » (110), au point que dans la dernière partie du livre les temps se mélangent. Deux aspects en portent témoignage : très symboliquement les notations deviennent illisibles et les photos ont perdu leurs couleurs ; d'autre part, l'esprit de Camille ne peut plus situer les époques dans une historicité :

> Et parfois oubliant et mêlant les dates ou les pays d'où il venait, il lui semblait ne plus rien savoir de ce qui était marqué là –ou bien disait-elle était-ce l'encre du crayon qui s'était effacée et qu'elle peinait à déchiffrer, le violet pâle de la mine qui peu à peu s'estompant, se dissolvant dans la lumière semblait à soi seul parler de choses enfuies… (126)

La fusion acquiert une transcendance particulière parce que même les êtres les plus chers à Camille ne peuvent pas y échapper. Le frère et l'amant se confondent dans le générique « ces deux hommes-là » (88) quand la femme ne parvient plus à se souvenir lequel des deux l'accompagnait dans ses randonnées jusqu'à la mer. Les rencontres avec Paul deviennent à la fin « Une seule et même visite qu'il lui aurait faite » (129). Les dates, les destinations marquant sa provenance ne comptent plus, ce qui est fondamental est le fait qu'il est devenu un étranger pour elle. Tel résultat explique que Camille finisse par ne reconnaître en lui que l'artiste.

L'usure du temps instaure donc une progression : bien que le début du récit présente une femme meurtrie par l'angoisse de cet exil, le rappel des circonstances qui ont abouti à ce résultat provoque un état final de résignation qui peut être partagé par le lecteur car tous les deux ont fait le périple menant à cet anéantissement sans issue.

L'esclavage par rapport au temps, la pesanteur de l'attente s'érige en axe fondamental sur lequel se construit le personnage de Michèle Desbordes. S'il est évident, on l'a vu, pour son for intérieur, ce même principe reste valable pour le physique. Plusieurs procédures concourent à inscrire les ravages du temps sur son corps. Depuis la première description, sa tenue souligne la disparité entre l'autrefois et le présent. Non seulement les couleurs des étoffes ont perdu leur netteté, mais leur taille trop large dénonce un corps qui ne s'accorde plus avec leur forme : d'année en année le chapeau cache de plus en plus le visage, qui est en proie à la dissolution puisqu'il « semblait disparaître » (14) et qui finit par succomber longtemps avant sa mort puisque certaines parties de son être sont déjà fautes de vie. Il n'est pas sans conséquence que le texte souligne l'état des mains, de cette partie qui a eu tant d'importance dans son parcours comme artiste et qui présente « le dos noué de veines bleuâtres et comme desséchées » (82). Desbordes émacie l'individu tout comme la sculptrice le faisait avec la pierre. De plus, elle fait ressortir l'aspect statique du personnage en lui attachant des éléments qui persistent au-delà des années : à commencer par cette robe qui ne répond pas aux exigences des saisons parce qu'elle ne change plus. À ce trait se joint la présence presque constante d'une chaise. Il en est ainsi à l'asile mais, déjà à l'atelier de Rodin, Camille Claudel se distingue du reste des élèves parce qu'elle se tient « toujours sur la même petite chaise près des portes du fond » (39). Dans un sens figuré la vie de cette femme n'aurait consisté qu'à rester assise en attendant…

La romancière insiste sur le vieillissement soit en décortiquant les métamorphoses subies à la manière d'un taxidermiste soucieux des étapes par lesquelles traverse le corps :

> Avec sur le visage cette pâleur de cire ou de vieil ivoire, cet éclat terne des peaux qui vieillissent et semblent gonflées, gorgées d'on ne sait quelle dernière et invisible sève, comme un parchemin fatigué tendu sur l'os et le muscle, ou encore des mains de vieille si longtemps plongées dans l'eau des lessives qu'on les en croirait imprégnées… (20)

soit en faisant participer le lecteur à des changements progressifs à l'instar de sa boiterie, plus accentuée au fur et à mesure que la fin approche. La folie s'enracine aussi, bien que de manière indirecte, sur le facteur temporel : Camille a été délaissée par les siens au point que, d'après la narratrice, ni Paul ni le reste de sa famille n'ont su la comprendre avant qu'elle ne tombe dans l'abîme[1].

La fille qui autrefois surveillait de près les variations météorologiques, qui s'entretenait à propos des tempêtes, du vent typique à Villeneuve, est réduite dans sa dernière étape à être exclusivement centrée sur le temps : « oui quelques autres années, encore plus longues, encore plus lentes, et le temps elle pourrait plus que jamais en parler » (122)

Fidèle à son recours à la répétition, la narratrice revient sur des aspects telles que la fatigue ou la décrépitude, d'autant plus remarquables qu'elles s'opposent à la fraîcheur et la vitalité d'une Camille jeune, de la sculptrice que l'écrivaine n'oublie pas. Car le roman comprend aussi des passages où il montre la splendeur et de la femme et de l'artiste : sous le regard de Rodin elle acquiert une puissance surnaturelle puisqu'elle s'incarne dans toutes les figures que celui-là modèle. De là le fait que sa passion pour le maître, son élan créateur, sa complicité avec Paul engagent le texte dans un mouvement pendulaire qui entraîne le lecteur dans cette valse proche de celle modelée par l'artiste. Michèle Desbordes rejoint une fois de plus Camille Claudel.

L'oscillation thématique trouve son écho dans la perspective adoptée par l'auteure. Constater qu'elle choisit de préférence la troisième personne ne rendrait pas justice au style de Desbordes. Tout d'abord le récit balance entre le « il » ou « elle » prédominants et le « je ». La narratrice entre de plain-pied dans l'histoire généralement à travers des formules telles que « Je la vois, moi, assise… » (18), « Je me la figure assise » (18), « C'est ainsi que je la vois, assise… » (70), « je vois, moi, qu'il l'emmène » (137), « Je la vois marcher près de lui » (145). Trois considérations s'imposent : par ce biais le texte acquiert sa dimension romanesque. Malgré les éléments utilisés pour créer la vraisemblance, l'écrivaine refuse de s'en tenir aux limites du biographique et revendique sa propre interprétation du sort subi par Camille. Ce pari rend

---

1 « Et quand dix ans plus tard tout finirait de cette histoire [l'histoire de Paul et la femme aux grands cheveux blonds], déjà elle serait, elle Camille, cette extravagante que plus personne ne comprenait » (58)

logiques les hésitations ou les vides que la narratrice admet dans la pensée intime des personnages. D'autre part, par la réitération de verbes de perception, le récit est une fois de plus muté en image, le temps se trouve donc figé, immobile. Nous avons cité l'importance des images comme source inspiratrice de son écriture. Pourtant, le procédé va au-delà dans le sens où il met en relief un parallélisme entre les créatures du roman – Paul et sa sœur – souvent livrés à la contemplation de leurs quelques photos et la narratrice et le lecteur appelés à observer, eux aussi, ces tableaux de vie. En dernier lieu, les interventions de l'auteure contribuent à marquer la différence entre le premier et le deuxième chapitre : alors qu'au sein de la partie initiale elles ramènent à la photo connue de Camille en 1929, dans la deuxième elles présentent les événements comme le produit de l'imagination de Desbordes. C'est ainsi qu'on peut accorder à cette deuxième expérience le statut de rêve.

Le continuel mouvement de bascule entre les différents angles d'approche permet qu'un même épisode soit envisagé selon la focale de Camille, de son frère ou de la romancière. Cette dernière module ainsi le poids de son omniscience et c'est en confrontant les trois versions des faits que le lecteur construit son interprétation. Elle instaure une distance qui constitue un axe essentiel de son principe d'écriture[1] et qui lui permet dans *La Robe bleue* de se prononcer là où la bienséance, le désaccord font le silence dans l'entourage de Camille. Ces trois regards sont inclus dans une stratégie fondamentale dans l'écriture de Desbordes : la répétition. En conséquence, le texte est cousu de continuelles anachronies d'une portée et amplitude différentes[2] qui génèrent le sentiment de désordre par rapport au parcours logique du temps mais qui se justifient, on l'a vu, par le résultat d'une mémoire usée par le temps.

De plus la répétition ne concerne pas que le contenu. Le lien entre les successives focales se tisse à l'aide de l'utilisation de mots identiques. Desbordes poursuit ainsi son dessein de travailler avec un vocabulaire

---

1 « …dans l'élaboration de la fiction […] je me refuse à être celui, celle qui sait, qui raconte une histoire qu'il sait. Comme si, en effet je m'interdisais d'avoir l'air de détenir un quelconque savoir, une quelconque connaissance de mes personnages. J'utilise parfois bien des détours pour ne pas avoir l'air de savoir, de dire au lecteur : voyez c'est ça que pense mon personnage, c'est ça qu'il faut » ; « Entretien entre Michèle Desbordes et Jacques Le Scanff », *op. cit.*, p. 29.

2 Nous suivons la terminologie de G. Genette dans *Figures III*, Paris, Seuil, 1993, p. 79-89.

très limité, ce à quoi elle parvient[1]. En plus de créer des repères favorisant l'orientation du lecteur et suppléant la tiédeur des indications chronologiques, le procédé sert à remarquer le profond dépouillement subi par Camille Claudel. Sa maigreur physique se redouble d'une simplification langagière. Car il existe un dernier volet de ce « désordre » latent dans le livre qui s'articule autour du binôme parole-silence. Au fond Michèle Desbordes pose en ces termes l'origine du conflit intérieur de Camille Claudel qui reste, en quelque mesure, un dilemme singulier appréhendé d'après les témoignages qu'elle fournit à propos de son enfance[2]. Il est évident que les rapports de Camille avec son milieu familial, notamment avec sa mère, manquent de fluidité. Deux situations ébauchent ce manque de communication : la première réside en l'absence de buste parmi les modelages de la sculptrice d'autant plus manifeste qu'elle fait exception puisque tous les membres de sa famille ont été la source de quelque buste. Si on conçoit cet art comme la prise de parole de Camille, le silence est éloquent. À cela se joint l'attitude de la mère pendant l'enfance et l'adolescence de Camille : dans leurs aventures enfantines avec son frère, souvent elle se heurte à la censure de la mère manifestée par des cris, des haussements de voix qui finissent par provoquer un silence complice chez tous les deux. Un sentiment identique surgit pendant les repas que madame Claudel offre au maître de sa fille et où sa raideur, sa rectitude, se trahit dans sa tenue et dans son comportement :

> Patiente et mondaine et faisant la conversation, questionnant le maître sur son art [...] elle comptait le temps qu'il allait falloir rester là à parler et sourire et paraître s'intéresser (67).

Telle attitude manifeste un désaccord entre les êtres concernés mais on ne peut ignorer qu'elle a un retentissement beaucoup plus large.

---

1 *Cf.* un exemple : « Car il y eut ce jour [...] où il l'emmena voir la mer » (136), « Il n'en dit pas plus cette fois, et ne parle ni d'elle qu'il retrouve, ni de la mer, plus loin, où il l'emmène. De ce jour-là il ne dit rien que ce qu'au 5 août, ... » (137); « Il ne dit rien d'autre, mais il ne peut que l'emmener, je vois, moi, qu'il l'emmène » (137).

2 « La parole ça se joue sur des terrains terribles, de pouvoir ou d'absence de pouvoir. [...] Et ce qui n'arrangeait rien, c'est que j'appartenais à une famille, un milieu où l'on ne parlait pas, ou très peu, c'est-à-dire le strict nécessaire, le minimum vital c'est ainsi que les repas familiaux étaient des déserts de solitude, d'éprouvants et taciturnes face-à-face, où le silence régnait, interminablement » (« Entretien entre Michèle Desbordes et Jacques Le Scanff », *op. cit.*, p. 38).

Les échanges entre Paul et Camille sont aussi perturbés à ce sujet en particulier à la dernière époque de leurs rencontres. Visite après visite les deux frère et sœur s'entretiennent de leur passé en s'appuyant sur quelques photos, cependant Desbordes introduit une cassure entre les deux qui tient non seulement à la distance physique provoquée par les missions du consul, mais à l'écart spirituel entre les deux. Paul, qui dans le récit, est le premier et le seul à comprendre la déviation de sa sœur dès qu'elle se voue à la sculpture, ne maintient plus la même syntonie avec elle. C'est la constatation de cet éloignement que Camille perçoit pendant les années passées à Montdevergues de manière à ce qu'à la fin « ils n'avaient plus de photographies à regarder ni rien à dire » (127). C'est pourquoi dans la deuxième partie du livre il existe une inversion de ce silence et l'artiste prend symboliquement la parole pour dire « ce qu'elle avait à dire, sans détour et sans feinte, avec cette assurance, cet air de savoir par quoi autrefois elle régnait » (135). Malgré sa voix brisée, la dernière visite permet à cette vieille femme d'affirmer ce qui avait germé en elle pendant tout ce temps sans l'avoir compris auparavant. Par là, l'épisode acquiert toute sa transcendance : il ne s'agit pas seulement de la dernière fois, en fait, c'est la première où elle prend sa destinée en main dans une nouvelle manifestation de désordre.

Ce refus de communiquer, cette difficulté de nommer reste une question sous-jacente le long de tout le récit qui va de pair avec l'impossibilité de dater. Il existe de la part de la romancière une retenue lorsqu'elle se rapporte aux traits fondamentaux de Camille, la femme et l'artiste, puisque, comme elle avoue ailleurs « Il y aurait des choses, en somme, à ne pas dire. À laisser entendre, à laisser voir tout au plus[1]. ». L'intimité de Camille n'est décrite qu'à l'aide d'une circonlocution, d'une périphrase : on nous parle de « cette chose-là, ce sentiment » (49), de « cette chose-là qu'elle leur donnait à voir » (57) pour évoquer l'amour passionnel entre la jeune femme et Rodin ; on considère ce probable enfant qu'elle aurait engendré comme faisant partie de l'indicible. Quant à la folie, elle nous est suggérée d'une façon biaisée par cette présence obsessionnelle des chevaux qui arrivent et des voix qu'elle entend.

De la même manière les pièces de la sculptrice sont magistralement exhibées dans le texte sans que leur nom ne soit jamais prononcé. Il

1 « Entretien entre Michèle Desbordes et Jacques Le Scanff », *op. cit.*, p. 31.

revient au lecteur de passer en revue respectivement *Sakountala*, *Les Causeuses*, *L'Implorante*, *Les Baigneuses* et *la Valse*, bien que sans aucun doute cette dernière attire le plus l'attention de l'auteure qui dans son bureau lui accorde une place privilégiée. Le récit ne cesse d'établir une comparaison entre la femme envoûtée par la danse et la protagoniste du récit engloutie dans la folie, elle aussi, dans le vertige de son propre tourbillon. Avec une même cohérence, alors que du point de vue intra-diégétique l'art réussit à restituer un dialogue secret entre la sculptrice et son maître, entre la sœur et le frère, l'écrivaine établit un échange indirect propre à la révéler au lecteur tout autant qu'à elle-même. Car, à nos yeux, à travers la figure réelle et réinventée de Camille Claudel, plusieurs passages de *La robe bleue* peuvent se voir comme une mise à nu de la romancière et comme une élucidation de son rapport tragique au temps. L'ensemble de l'œuvre devient par là métaphore tentant de récupérer un ordre perdu susceptible d'apporter une réponse à des interrogations de longue haleine telles qu'elle les formulera dans une récapitulation postérieure :

> Qu'aurons nous donc été et pour qui ? Et combien de créatures, combien d'ombres cheminant les unes près des autres dans la lumière des crépuscules, ces cortèges silencieux et recouverts de poussière des fins de jour ? Et qui jamais comprendra[1] ?

Carme FIGUEROLA
Université de Lleida

1 *Les Petites Terres*, *op. cit.*, p. 120.

« OUTSIDE THE LOOP OF TIME »

Mise en question de l'ordre social et linguistique dans *The Waves* de Virginia Wolf et *Scented Gardens for the Blind*, de J. Frame

Entre *The Waves*, de Virginia Woolf (1931) et *Scented Gardens for the Blind* (1963), cinquième *opus* de Janet Frame[1], existent des affinités profondes, dont la plus évidente n'est autre qu'une certaine manière de *dire le désordre*, fût-il tout intérieur, de personnages en souffrance. Le public français connaît de manière le plus souvent indirecte (par le biais du film de J. Campion, *An Angel at my Table* (1990, *Un ange à ma table*) cette néo-zélandaise fascinée par la culture de la « vieille Europe », notamment par les récits mythologiques et par la poésie anglaise : une culture d'abord seulement pressentie dans le cadre étroit, marqué par la censure, des années de collège, puis pleinement redécouverte, lors du voyage en Europe que lui permettra d'accomplir le succès de son premier livre (un recueil de nouvelles, intitulé *The Lagoon*), après qu'elle aura échappé *in extremis* à une lobotomie et à huit années d'enfermement en hôpital psychiatrique[2]. Le roman de Woolf, quant à lui, marque l'entrée

1 Éditions utilisées : V. Woolf, *The Waves* (Oxford University Press, « Oxford World's Classics », 1992) désormais abrégé comme suit : TW, suivi du numéro de la page citée) ; *Les vagues*, traduction Marguerite Yourcenar, Paris, Stock, Le Livre de Poche, 1974 (désormais abrégé comme suit : LV, suivi du numéro de la page citée). Janet Frame, *Scented Gardens for the Blind* (London, The Women's Press, 1982 ; désormais abrégé comme suit : SCB, suivi du numéro de la page citée) ; traduction française D. Mainard, sous le titre *Le jardin aveugle*, éditions Joëlle Losfeld, « Rivages poche », 2004 (désormais abrégé comme suit : JA, suivi du numéro de la page citée).

2 Janet Paterson Frame naît le 28 août 1924, au sein d'une famille ouvrière de la *South Island*, en Nouvelle-Zélande. Autour d'elle, trois sœurs – deux d'entre elles mourront noyées –, et un frère, épileptique. Passionnée par la littérature, elle s'oriente d'abord vers l'enseignement, avant d'y renoncer. Décidée à devenir écrivain, elle envoie poèmes et nouvelles à la revue littéraire *Landfall* et au *Listener*. En 1945, traumatisée par la mort de ses deux sœurs, extrêmement introvertie, elle est considérée comme schizophrène, et enfermée dans un hôpital psychiatrique : elle y subira des années de calvaire, et près de

de Woolf dans ce qu'elle nommera « *tunneling process* », et qui n'est autre qu'une manière tout à fait singulière de dire l'intime, d'exprimer l'inexprimé, d'explorer et de mettre au jour « l'odeur persistante de notre identité » (« that persistent smell ») : cette formule, beaucoup plus elliptique, on le voit, dans le texte original, que Marguerite Yourcenar explicite jusqu'à le rendre parfois excessivement transparent, est attribuée à Bernard, dans la quatrième « vague », qui coïncide avec le dîner d'adieu à Perceval ; elle exprime la nécessité impérieuse de préserver, par l'invention d'un langage qui lui soit propre, la singularité profonde du « sujet », constamment contraint, pour ne pas dire déformé, par le carcan des règles sociales.

L'image de la chute « hors de la boucle du temps », empruntée à Woolf, et que nous avons choisie pour titre, suggère quant à elle une rupture dans l'ordre du monde, ou, en d'autres termes, une chute dans le *chaos*.

Comme l'écrit Simone Weil « Le rôle du temps dans la pensée consiste en ce que la notion d'ordre fournit une méthode pour comprendre n'importe quoi. Or, l'ordre est inséparable du temps[1]. » La question du temps – en l'occurrence, son déni ou sa *mise entre parenthèses* par un usage offensif, obstiné, du *présent lyrique* (celui-là même de la poésie, ou de la folie – qui ignore le passage temporel), est au cœur des deux romans que nous avons choisi de rapprocher, où nous étudierons plus particu-

---

deux cents électrochocs. Pourtant, elle continue d'écrire, *The Lagoon*, son premier recueil de nouvelles, paraît en 1951, alors qu'elle est encore internée. Le prix littéraire qu'elle reçoit et l'énorme succès de l'œuvre la sauvent *in extremis* de la lobotomie dont elle était menacée. C'est alors que Frank Sargeson, célèbre écrivain et professeur à l'université d'Auckland, l'accueille chez lui, où elle écrit son premier roman, *Owls do cry* (*Les Hiboux pleurent vraiment*, 1957). Encouragée par Sargeson, Janet Frame part pour l'Europe, où elle séjournera de 1956 à 1963. À Londres, elle rencontre le Dr Cawley, qui lui confirme qu'elle n'est pas schizophrène. Pendant cette période, trois romans et deux recueils de nouvelles seront publiés, notamment *Faces in the Water* (*Visages noyés*, 1961), qui plonge le lecteur au cœur de l'univers psychiatrique. De retour en Nouvelle-Zélande, Janet Frame, agacée par les ragots autour de sa vie, entreprend son autobiographie. Trois volumes paraîtront entre 1982 et 1985 : *To the Is-Land* (la traduction française du titre, *Ma Terre, mon île*, appauvrit considérablement la polyphonie du néologisme forgé par Frame), *An Angel at my table* et *The Envoy from Mirror City* (*Le Messager*). Déçue par la critique lors de la publication de *The Carpathians*, Frame décide de ne plus rien publier. Elle est âgée de 64 ans. En 1990, Jane Campion adapte les trois volumes de l'autobiographie, sous le titre *An Angel at my Table* : le succès de ce film fera connaître l'œuvre de Frame dans le monde entier, peu avant la mort de l'écrivain, en 2004.

1 *Leçons de philosophie* de S. Weil (Roanne 1933-1934), présentées par A. Reynaud, Paris, Plon, 1959, p. 109.

lièrement deux figures *adolescentes* – âge, par excellence, du flottement, de l'entre-deux, et de l'indécision. La comparaison entre le désordre intime auquel est en proie le personnage d'Erlene, dans le roman de Janet Frame, et le sentiment d'exclusion, accompagné d'une sensation de chute « hors de la boucle du temps » exprimé par le personnage de Rhoda, dans *Les vagues*, se justifie en outre par trois éléments essentiels, qui guideront notre propos. Tout d'abord, le fait que Janet Frame ait lu Virginia Woolf et les modernistes[1], et situe son propre travail dans cette lignée, quoique sur un mode désenchanté : toute espérance d'atteindre jamais à quelque vérité transcendante par le biais du langage humain est en effet congédiée dans son œuvre. Ensuite, les deux auteurs placent au centre de leur propos la question de la *structuration du sujet par le langage* et, partant, la difficulté à stabiliser cette construction vitale en lieu et place d'un formatage imposé par l'ordre social : états morbides et/ou suicide sont le lot commun de Rhoda et d'Erlene. Enfin, Woolf et Frame interrogent la relation entre « individu », *gender* et « langage », par le biais d'un travail proprement *poétique*, visant à l'expression de la vie psychique.

Dans ce contexte, la fonction des personnages, symboliquement exprimée par leur « voix intérieure », est à la fois d'ordre métalinguistique (qu'est-ce qu'un langage authentique ? Pourquoi la folie est-elle en relation étroite avec la poésie ?) et idéologique (pourquoi le personnage féminin, dans ces textes, est-il contraint d'enfermer son langage, ou de le mutiler ?

FILIATIONS ET RUPTURES : LE « MODERNISME » AUX ANTIPODES

Le roman de Janet Frame est composé de seize chapitres, dont le dernier fait fonction d'épilogue. Dans les quinze sections formant le corps du livre, la focalisation est placée alternativement, selon un ordre

1 Voir sur ce point P. Gay, « Bastards from the bush : Virginia Woolf and her Antipodean relations », *Virginia Woolf : emerging perspectives*, Edited by M. Hussey, V. Noverow and J. Lilienfeld, Pace University Press, New York, 1994, p. 289-295.

que l'on peut qualifier de musical, sur trois personnages appartenant à une même famille – une famille détruite, décomposée, depuis des années. La mère, Vera, est le seul personnage s'exprimant ouvertement et surtout continûment à la première personne, et se présentant comme une figure d'« écrivant » (selon la terminologie de Roland Barthes dans l'article de 1960 intitulé « Écrivains et écrivants[1] »). Elle est au centre des chapitres 1, 4, 7, 10, 13. La fille, Erlene, apparaît dans les chapitres 2, 5, 8, 11, 14, où alternent psycho-récit et monologue narrativisé[2]. Enfin, les tribulations du père, prénommé Edward, sont évoquées à la troisième personne (chapitres 3, 6, 9, 12, et 15), mais de manière plus neutre que dans les chapitres consacrés à Erlene. Les réflexions *in petto* d'Edward sont en effet rapportées soit par le biais du psycho-récit, soit au discours direct (monologue rapporté). En revanche, le monologue narrativisé n'est pas utilisé pour ce personnage : cette technique ayant le plus souvent pour effet de rapprocher jusqu'à, parfois, les confondre, voix narrative et voix du personnage, on peut en déduire qu'Edward est aussi le personnage le moins proche de la voix narrative.

C'est la mère qui ouvre le récit (point fondamental, puisque, traditionnellement, l'*incipit* pose les jalons de la situation narrative), non pas en se présentant elle-même, mais en évoquant, au présent d'énonciation, sa fille Erlene, qui semble, en l'occurrence, le personnage principal de l'ensemble du récit :

> *Erlene is in the next room. She sits, like a blind person, in the dark. I have acquired the habit to listening intently to her silence, set in the midst of the pitched volume of darkness, the gong of daylight, the creak and settle of furniture, the steady low white tone of windows, the scatterbrain fluttering of curtains [...]. All sounds have been amplified since my daughter lost her power of speech ; yet if I knew that her first words were to be judgment upon me I would kill her, I would go now to the little room where she sits alone in the dark, and kill her, and she would not be able to cry for help.* (SGB, 9)

> « Erlene se trouve dans la pièce voisine. Telle une aveugle, elle est environnée d'obscurité. J'ai pris l'habitude de prêter une oreille attentive à son silence, enchâssé au sein du volume sonore des ténèbres, du gong de la lumière du jour, du craquement et de l'affaissement des meubles, de la tonalité blanche, grave et constante des fenêtres, du frémissement insouciant des rideaux, des profonds

1 R. Barthes, *Essais critiques*, Paris, Seuil, « Points », 1964, p. 148.

2 Nous utilisons la terminologie de D. Cohn, *La transparence intérieure* [*Transparent Minds*, Princeton, 1978][1], Paris, Seuil, 1981.

soupirs des lits qui grincent et souffrent sous la tension et l'agitation des corps humains. Tous les sons ont été amplifiés depuis que ma fille a perdu l'usage de la parole ; pourtant, si je savais que ses premiers mots seraient destinés à me juger, je la tuerais – et elle serait incapable d'appeler à l'aide. » (JA, 7)

L'étrangeté et la violence de cet *incipit* ne peuvent manquer de surprendre, que l'on soit ou non lecteur assidu de Dostoïevski ou de Faulkner, de même que met en alerte la comparaison liminaire : « Erlene sits *like* a blind person, in the dark » (nous soulignons). Or, la jeune fille – ici présentée par sa mère comme une malade mentale – va s'avérer le personnage le plus émouvant de l'œuvre. Elle a cessé complètement de parler après le départ de son père, onze années avant le début de la diégèse. Par le biais du psycho-récit et à travers les conversations imaginaires entre la jeune fille mutique et un personnage mi-carrollien mi-kafkaïen, le scarabée philosophe dénommé Oncle Blackbeetle, nous suivons pas à pas les pensées les plus secrètes d'Erlene et découvrons une souffrance qu'ignorent ou préfèrent ignorer aussi bien sa mère que son père. Cependant, *in extremis* (au chapitre 16, et dernier), nous apprenons par le biais d'un certain Dr Clapper (psychiatre précédemment évoqué à travers le prisme subjectif de la mère et de la fille) que les personnages du récit que nous venons de lire ne sont peut-être que la transcription (*nécessairement* imaginaire) des projections mentales d'une schizophrène, Vera Glace, frappée de mutisme à l'âge de trente ans… Une autre femme, elle aussi mutique, Clara Strang, l'a prise sous sa protection, et toutes deux, comme « greffés l'un à l'autre » (« *grafted together* »), poursuivent ainsi jumelées « leurs vie et croissance secrètes » (JA, 240 ; « *in secret life and growth* », SGB, 250). Selon le médecin,

We have little idea of what goes on in the head of that one, over there, and I repeat that all I can tell you is her name-Vera Glace, and that she has no family, she has never been married, she has been without speech for thirty years. God knows what dreams lie like irremovable stones at the bottom of their minds, mixed with the sediment of their lives ! (SGB, 247)

« Nous ne savons pas grand-chose de ce qui se passe dans la tête de celle-ci, là-bas, et je le répète, je ne peux vous dire que son nom – Vera Glace, et le fait qu'elle n'a pas de famille, qu'elle n'a jamais été mariée, qu'elle est muette depuis trente ans. Dieu seul sait quels rêves ils abritent, quels rêves mystérieux et silencieux gisent comme des roches ancrées dans leur esprits, mêlés aux sédiments de leurs vies ! » (JA, 237)

C'est donc au seul lecteur d'évaluer la « folie » présumée des personnages, mais aussi le degré de crédibilité de toute intrusion au cœur de la « pensée » d'un être de papier, aussi bien que d'une créature de chair et de sang.

À cette construction narrative rien moins que désordonnée, mais qui conduit pourtant à l'implosion de toute certitude et suscite chez le lecteur une autre forme de trouble, s'adjoint la surabondance de réflexions métalinguistiques, métatextuelles et métafictionnelles, différemment déclinées selon la voix qui les prend en charge. Il se trouve que ces deux éléments fondamentaux (structure musicale savante et réflexion sur le langage) sont également présents au sein du roman polyphonique Woolf. Rhoda, jeune fille aux « yeux pareils à ces pâles fleurs que les papillons de nuit visitent au crépuscule » (LV, 24 ; « *Rhoda's [eyes] are like those pale flowers to wich moths come in the evening* » TW, 10), est implicitement et lointainement associée par Bernard aux figures mythologiques d'Écho ou de Niobé (« Rhoda, la nymphe de la fontaine, toujours en pleurs », LV, 278). Pour celle qui n'a pas de corps, comme les autres en ont un (« *She have no body as the others have* » (TW, 16), commente Louis, dans la première vague), l'existence est un combat quotidien contre les intrusions violentes du monde extérieur. L'ultime monologue de Bernard évoque une fuite au désert, et la mort de la jeune femme, sans autre précision – la phrase mentionnant le suicide est d'ailleurs bizarrement omise dans la traduction française… : « Rhoda, always so furtive, always with fear in her eyes, always seeking some pillar in the desert, to find which she had gone ; she had killed herself[1]. ». De fait, tout au long de l'œuvre, les monologues de Rhoda n'ont cessé d'exprimer l'inadéquation douloureuse entre l'être intime et le monde extérieur, à travers des images souvent morbides où les motifs de la chute, mais aussi de la perforation violente, revenaient constamment. En peuvent témoigner – parmi beaucoup d'autres – ces deux citations : la première est extraite de la première vague (qui contient la phrase que nous avons placée en exergue à notre propos) ; la seconde est issue de la huitième vague, et coïncide avec les pénultièmes « paroles-pensées » attribuées à Rhoda sur le mode du discours direct, et, en l'occurrence, explicitement adressées à Louis :

1 TW, 234. La traduction de M. Yourcenar dit seulement ceci : « […] Rhoda, toujours furtive, avec ses yeux sans cesse pleins de crainte, toujours à la recherche d'une colonne perdue dans le désert, pour la découverte de laquelle elle donnerait sa vie. » (LV, 301)

Look, the loop of the figure is beginning to fill with time; it holds the world in it. I begin to draw a figure and the world is looped in it, and I myself am outside the loop; which I now join –so-and seal up, and make entire. The world is entire, and I am outside of it, crying, « Oh save me, from being blown for ever the loop of time! » (TW, 15)

« Tiens ! la boucle de ce chiffre commence à se remplir peu à peu ; elle contient le monde. Je me mets à dessiner un dessin qui boucle le monde, mais je suis en dehors de la boucle. Je rapproche les deux extrémités de la boucle ; je la ferme ; je la parfais. Le monde est parfait, et je suis hors du monde. Et je pleure : "Oh ! oh ! venez à mon secours, ne me laissez pas tomber hors de la boucle du temps…" » (LV, 29-30)

'If we could mount together, if we could perceive from a sufficient height, ' said Rhoda, 'if we could remain untouched without any support-but you, disturbed by faint clapping sounds of praise and laughter, and I, resenting compromise and right and wrong on human lips, trust only in solitude and the violence of death and thus are divided. ' (TW, 192)

« Si nous pouvions monter ensemble assez haut pour contempler l'univers, dit Rhoda, si nous pouvions nous passer de contacts, de supports… Mais le léger bruit d'un rire ou d'un sourire d'admiration vous trouble, Louis, et moi, que blesse tout jugement proféré par une bouche humaine, je ne me fie plus qu'en la solitude, et en la violence de la mort. Et c'est ainsi que nous sommes séparés. » (LV, 249-250)

Il se trouve par ailleurs que lorsque nous est présenté, de manière lacunaire (et d'autant plus significative), le milieu familial d'où sont issus les protagonistes, la seule précision au sujet de Rhoda porte sur l'absence du père (« Rhoda has no father », TW, 14 ; une fois encore, cette précision est donnée par Louis, à savoir le personnage masculin le plus proche de Rhoda). Or, dans le roman de Janet Frame, Edward a abandonné sa femme et sa fille, et poursuit, quelque part en Angleterre, des recherches obsessionnelles sur la généalogie d'une famille, les Strang, qu'il considère assez étrangement comme un paradigme de l'humanité tout entière.

Le motif de l'abandon ou de l'absence de la figure paternelle a, bien évidemment, valeur d'explication « psychologique ». Mais il est aussi et surtout doté d'une valeur idéologique. C'est ainsi que Janet Frame, née au cœur de paysages improbables, d'une faune et d'une flore dont les noms maoris l'emportent largement sur les dénominations anglaises, entretient avec la « patrie » européenne (lointaine, absente) un rapport *exotique* : les réalités occidentales échappent toujours peu ou prou à ses personnages, toujours symboliquement séparés, cantonnés en un espace à ce point solitaire, à ce point singulier, que les mots pour le dire exigent, comme pour une langue étrangère, une impossible traduction :

> *I know that poem, Uncle Blackbeetle, though I do not know moors and eagles and heather ; only paddocks, manukas, matagouris, bracken, hawks... hawks...* (SGB, 181)

> « Je connais ce poème, Oncle Scarabée, bien que je ne connaisse pas la lande, ni les aigles, ni la bruyère ; juste les champs, les manoukas, les matagouris, les fougères, les faucons... les faucons. » (JA, 175-176)

Chez Janet Frame, tandis que les repères linguistiques se brouillent, la souffrance du personnage trouve un étrange vecteur dans la circulation aléatoire d'un pot-pourri composé de fragments de chansons, d'extraits de Shakespeare, de vers anglais, de comptines, de berceuses, voire de simples listes de mots ou de phrases (tels les exercices d'élocution anglaise auxquels Edward se livre au chapitre 9). L'usage très libre des citations a quant à lui pour but de souligner que la culture anglaise, pour une jeune néo-zélandaise, est *à la fois* familière et infamilière : l'Angleterre, de l'autre côté du monde et du miroir, ne réfléchit que des images *méconnaissables*, à la fois inquiétantes et fascinantes. C'est pourquoi, de manière tout à fait singulière, la romancière se livre à des variations sur une perpétuelle paronymie, jouant sur des ressemblances trompeuses qui sont non seulement les symptômes du malaise psychique des personnages, mais aussi des motifs poétiques, et les éléments fondateurs d'une syntaxe narrative inédite. Un peu comme dans *The Waves* (où les glissements d'une voix vers une autre se font par le biais d'un mot ou d'une image), la narration n'obéit plus à l'enchaînement des causes et des effets, mais feint de pénétrer l'intimité la plus secrète de personnages en souffrance, glissant d'un mot-pensée ou d'un mot-image à un autre, par le biais d'une ressemblance formelle ou d'une approximation phonique. D'une certaine manière, les personnages du roman sont tous des paronymes les uns des autres : en témoigne, par exemple, la ressemblance fallacieuse entre l'Oncle Scarabée[1], et le Dr

1 Seul personnage avec lequel Erlene converse librement, tout droit issu d'une imagination encore enfantine, ou carrollienne, cette créature s'avère également très étrangement proche de l'univers d'un Kafka : on songe au *Käfer* Samsa, l'histoire du bousier, chez Janet Frame, tenant le milieu exact entre le conte maori et la parabole kafkaïenne. Même s'il ne s'agit que d'une coïncidence, notons par ailleurs que la première « vague » woolfienne s'ouvre

Clapper, mais aussi le fait que Vera, Erlene et Edward représentent à la fois les membres d'une même famille et les avatars d'un sujet schizophrène (Vera Glace). Cette poétique du glissement identitaire, de l'approximation perpétuelle du sens par le seul biais du signifiant (dont un autre exemple est donné par le choix du patronyme « Strang », paronyme de « strange » et de « strangle »), consacre chez Janet Frame, tout comme chez Woolf dans les monologues de Rhoda, l'efflorescence infinie des mots et des choses, jubilatoire et panique, à l'instar de l'extase sensuelle, jamais nommée, toujours suggérée. Comme le souligne Gillian Beer, la langue de Rhoda enfant et adolescente est ainsi constamment travaillée par l'imagination érotique, relayée par de nombreuses références à Shelley (poésie alliant sur le mode de la contradiction douloureuse intensité sensuelle et distanciation intellectuelle, et donc en parfaite adéquation avec la vision du monde de Rhoda), dans la mesure inverse de l'éloignement que le personnage entretient avec le monde extérieur[1].

Mais cette modulation autarcique et autotélique des signes linguistiques et des références culturelles par les personnages de Rhoda et d'Erlene souligne également la défiance des deux écrivains envers la froide cohérence des syntagmes enchaînés dans un ordre préétabli.

Le dictionnaire, auquel a souvent recours Erlene, et qui sert de refuge aux membres de la famille Scarabée, propose ainsi des « voisinages » de mots reflétant leur connivence poétique – bien évidemment plus sensible dans le texte original :

> *My dictionary cousin has lived between anchorage and angel, with an anemone growing up through the cracks in her little house. Another cousin lived between dingdong and dire, which is a different story.* (SGB, 174)

> « Ma cousine du dictionnaire habite entre ancrage et ange, et une anémone s'infiltre par les fissures de sa petite maison. Un autre de mes cousins vivait entre ding-dong et dinosaure [*sic*[2]], ce qui est tout autre chose. » (JA, 169)

---

sur l'évocation d'un jardin où se promène un scarabée (« *beetle* ») portant sur son dos une petite feuille verte.

1 Voir l'introduction de l'édition citée, p. XXXI et XXXII.

2 Un tel usage du langage pose bien évidemment des problèmes de traduction, que peut-être quelques annotations résoudraient en partie : ainsi, dans la citation précédente, Dominique Mainard choisit de traduire en suivant l'ordre du dictionnaire français, mais la coincidence heureuse de la première occurrence (anchorage/angel *vs* ancrage/ange) ne se poursuit pas pour le couple suivant (ding-dong/dire *vs* ding-dong/dinosaure).

Ce détournement ludique et poétique d'un instrument de savoir *a priori* destiné à classer les objets du monde relie l'imaginaire d'Erlene à la création littéraire, et renforce l'empathie sensible entre lecteur, auteur et personnage, sans que pourtant soit promise, au terme de l'« histoire », un retour à l'universelle harmonie, ou quelque heureuse résurrection de la parole ensevelie.

« THERE ARE NO WORDS[1] » : LANGAGE ET CONSTRUCTION DU SUJET

L'*incipit* du second chapitre de *Scented Gardens* est entièrement consacré à une réflexion sur la parole impossible :

> *She was not going to speak to anyone. She could not speak if she wanted to, because every time she opened her mouth to say something, her voice, in hiding, reminded her that there was nothing to say, and no words to say it. People usually went on talking all their lives, until just before their death, when it was said they tried to cram everything in at once, confessing. And then no one understood them. They dreamed aloud in a topped and tailed language while relations and friends leaned over them, trying to snatch their share of words that with the approach of death and silence had suddenly gone up in price. And everybody milled round in a dither, faced with unexpected treasure and desperately wanting their share. The dying were bled white; that was the expression. The living held out their panicking for blood; or words.*
> *Teaching people was cheating and dishonest. In the Standards, at the Middle School, when Gussy Galloway taught her, he used to say Doing Words, Describing Words, Joining Words, How When Where and Why words. But when she started to go to High School the teachers were ashamed, and added another layer – Verbs, Adjectives, Conjunctions, Adverbs, Nouns. And when the teacher talked of copulative verbs she always seemed to blush, standing there in front of the class, and putting her hands, which had no engagement or wedding ring on it, flat on certain pages of Shakespeare, and saying, Turn over the page, girls, we'll skip this scene. And then there were words which had to be looked up in the dictionary, and could not be found, not even in the supplement at the end; new words, foreign words, forbidden words, slang.* (SGB, 31-32)

« Elle ne parlerait à personne. Elle était incapable de parler, quand bien même elle l'aurait souhaité, car à chaque fois qu'elle ouvrait la bouche pour

1 Citation extraite de la neuvième « vague » (monologue de Bernard) : *« 'But how describe the world seen without a self? There are no words. »* (TW, 239).

dire quelque chose, sa voix, de la cachette où elle se dissimulait, lui rappelait qu'il n'y avait rien à dire et pas de mots pour le dire. Les hommes, en règle générale, parlaient sans discontinuer durant toute leur existence, jusqu'à l'instant précédant leur mort, et c'est alors disait-on qu'ils s'efforçaient de tout formuler d'un seul jet, dans une ultime confession. Et personne ne les comprenait. Ils rêvaient à haute voix dans une langue abracadabrante tandis que famille et amis se penchaient au-dessus d'eux, essayant de s'emparer de leur part de mots dont la valeur, avec l'approche de la mort et du silence, s'était subitement accrue. »

Tout comme chez Virginia Woolf, la question centrale du roman de Frame n'est autre que celle de la construction du « sujet » par l'invention d'un langage qui lui soit propre, quitte à devoir être nécessairement *autre*. Cette interrogation est liée à la question, non moins lancinante, du rapport entre langage et vérité. À l'exception peut-être de Joyce (et en raison sans doute de la toute-puissance cannibale de son écriture-monde), chez la plupart des modernistes des années vingt, la foi en l'invention possible d'un langage capable d'exprimer une vérité esthétique et transcendante tout en échappant aux « mots de la tribu » est singulièrement ébranlée. Ce doute affectant les pouvoirs du langage, et qu'évoquait déjà la « Lettre de Lord Chandos » de H. von Hofmannsthal parue à Berlin en 1902, est au centre du monologue final de Bernard, dans *The Waves.* Le vieillissement, la sclérose progressive des facultés, mais surtout la prise de conscience de la vanité des entreprises humaines, sont la source d'une poétique du désenchantement épousant le rythme de vagues mourantes caressant un rivage plongé dans la pénombre. Le cas de Rhoda et d'Erlene est bien sûr différent, puisque pour ces deux personnages le langage est d'entrée de jeu perçu comme une source de malentendus, d'erreurs, de mensonges – alors que Bernard, durant toute son adolescence et jusqu'à l'âge mûr, manifeste une confiance presque comique en ses capacités et ses ambitions littéraires.

La « chute » liminaire de Rhoda hors de la boucle du temps et hors du monde des conventions sociales, tout en accentuant sa solitude durant son adolescence, lui permettra néanmoins d'accéder, plus tard, à une forme d'apaisement. De même, Neville, figure du poète dans le récit de Woolf, accomplira sa destinée. En revanche, chez Janet Frame, significativement qualifiée d'écrivain « postmoderniste » par la critique anglo-saxonne[1], et qui écrit elle aussi sous le signe d'une double expérience traumatique (privée : l'internement et collective : la guerre), n'existe plus aucune vérité stable, plus aucune foi en une quelconque transcendance, fût-elle d'ordre purement poétique. Le jaillissement verbal évoqué à la fin du roman, cette « guérison » du mutisme, dont le Dr Clapper se croit l'artisan, n'est qu'un retour au point origine, entre borborygme et mugissement, après une apocalypse qui a détruit l'Angleterre[2].

Cette *faillite panique* affecte en tout premier lieu la voix narrative. Chez Woolf, l'équilibre était maintenu par les fragments intercalés entre les monologues dramatiques (la description de la course du soleil sur la mer), au sein d'une œuvre impeccablement « composée », sous une forme cyclique achevée par un long monologue fédérateur. En revanche, comme nous le suggérions précédemment, on ne trouve plus de voix narrative digne de confiance dans *Scented Gardens for the Blind.* La logique narrative supposée (et, par ce fait même, le « sens » que le lecteur a élaboré au fur et à mesure de sa lecture) est invalidée *in extremis* par la révélation ultime du dernier chapitre, attribuée au personnage à la fois le moins sympathique et *a priori* le plus « sensé », en l'occurrence le psychiatre… Le lecteur s'est fié tout au long du roman à la thèse la plus vraisemblable, en attribuant une valeur fédératrice à la voix de Vera Glace. Or le chapitre 16 et dernier remet en question l'intégralité des récits précédents, désignés par ce fait même comme fiction, ou plus exactement comme délire – fabriqué, concerté ou réordonné sous la forme d'une fiction polyphonique. Mais ce Dr Clapper est-il ou n'est-il pas, comme le dit la langue anglaise *reliable* ? Comme son malicieux collègue le lui rappelle, Dick a toujours été un peu fou. À qui se fier, qui croire ? Cette révélation a bel et bien pour but, non de lever un « suspense » dont nous n'avons nullement éprouvé le besoin, mais de démontrer que *tout est fiction*, projection fallacieuse, jeu de miroirs, manière comme une autre de démontrer que l'on peut accorder crédit

1 Voir notamment V. Sutherland, « Postmodernist strategies in Janet Frames *Scented gardens for the blind* », *New Zealand Literature Today*, Indian Society for Commonwealth Studies, New Delhi, 1993, p. 121-134.

2 Sans doute peut-on voir dans cette apocalypse la transposition de l'expérience traumatique de la guerre. On trouve, à la fin de *La conscience de Zeno*, l'un des romans majeurs de l'entre-deux-guerres, une image tout à fait similaire, rapprochement d'autant plus suggestif que le narrateur-personnage semble, *in fine*, avoir *réellement* perdu la raison… (I. Svevo, *La coscienza di Zeno*, 1923).

à n'importe quel discours, ou bien à aucun d'entre eux. Bien *malin* qui peut prétendre, en se donnant pour « savant », ou se prenant pour un dieu, démêler le vrai du faux, et en *forçant les âmes* comme l'écrivent, chacune à leur manière, Virginia Woolf (à propos du Dr Bradshaw, dans *Mrs Dalloway*), et Janet Frame (à propos du Dr Clapper).

Par voie de conséquence seuls le psycho-récit, le monologue narrativisé et le monologue dramatique à la première personne, et cela, dans les deux romans, donnent accès à ce qui non seulement demeure invisible et inaudible (le discours intérieur) mais aussi à ce qui ne peut ou ne veut s'exprimer. Cette parole en souffrance ou en mal d'expression est aussi une parole qui ne saurait être traduite sans être, peu ou prou, trahie. Bien loin des confidences complaisantes de l'autofiction narcissique, on frôle ici des territoires innommés, ceux-là mêmes où Woolf aussi bien que Frame ont manqué se perdre. Sans doute n'est-ce pas tout à fait un hasard si Janet Frame partage avec Virginia Woolf l'expérience atroce d'un internement *violent* : huit années en hôpital psychiatrique, pour l'auteur de *Faces in the Water*, Woolf ayant quant à elle été confrontée à plusieurs reprises, après la mort de sa mère, à des états morbides accompagnés d'hallucinations auditives. La trace de cette souffrance impossible à communiquer, et qui fait suite au deuil ou à l'abandon, est présente dans l'ensemble de l'œuvre des deux écrivains, sous des formes le plus souvent *indirectes*. Car l'expérience personnelle, y compris chez Frame, dans son autobiographie, fait toujours l'objet d'un travail de réécriture, bref, d'une mise en fiction et d'un *déplacement* métaphorique. Comme l'a bien montré Jean-Jacques Lecercle, le film de Jane Campion rend *visible* ce que l'autobiographie ne présente que de manière indirecte et cryptée, à savoir, l'internement : tout se passe comme si l'indicible de l'expérience vécue par la romancière ne pouvait trouver une expression possible que par le biais d'une image inventée par une autre artiste[1].

Chez Woolf, le repli de Rhoda hors de la vie mondaine est également l'expression d'un refus, celui d'entrer dans un moule, de se conformer (comme Jenny le fait volontiers) à ce qui heurte sa sensibilité jusqu'à la terreur. Ce choix de demeurer *outside* est analogue, nous semble-t-il, à celui d'Erlene/Vera Glace : le mutisme ne peut-il être une déclaration de guerre, analogue au repli silencieux du Bartleby melvillien, et non pas seulement un handicap involontaire et douloureux ? Le roman de

1 Voir J. J. Lecercle, *La violence du langage*, Paris, PUF, 1996.

Frame se nourrit de cette ambivalence, qu'il approfondit constamment en jouant sur la variabilité des points de vue (alors que la pensée intime de l'*homme à la formule* n'est jamais rendue accessible : Bartleby est dépeint uniquement à travers le point de vue limité et limitant du *lawyer*).

On a donc affaire, avec Rhoda et Erlene, à des formes singulières de résistance passive à un ordre perçu comme inique, mutilant ou carcéral, résistance qui se voit imputée, comme par hasard, à la folie supposée du personnage : Bartleby, déjà, était incarcéré aux Tombes pour *divagation*, tant il est vrai que dans la langue anglaise comme dans la langue française délinquance et aliénation se ressemblent et s'assemblent.

Le poème de Robert Louis Stevenson que récite Miss Walters, dans le roman de Frame, s'intitule « The Ring of Words ». Anneau, ou boucle : formes de la répétition – et de la perfection présumée – hors de laquelle s'inscrivent les personnages féminins de Woolf et de Janet Frame. Car cette clôture parfaite n'est-elle pas l'image même de l'enfermement ? On mènerait une démonstration similaire en analysant les métaphores temporelles ou encore les analogies établies par Woolf entre les formes géométriques, le chiffrage mathématique (on se souvient de la panique de Rhoda devant les chiffres sur le tableau noir), les espaces cadastrés et, enfin, les rôles sociaux auxquels les personnages féminins se voient souvent contraints. La liberté de mouvement et les « années de voyage » ne sont en effet que difficilement accordées aux figures féminines, et cela aussi bien dans le roman de Woolf, où les voyages sont présentés comme une transgression jubilatoire, que dans celui de Frame, ancré dans un contexte marqué par l'isolement géographique et par le puritanisme : le désir de départ, chez une fille, est considéré comme une provocation, comme en témoignent les réflexions du grand-père de Vera ainsi que le voyage imaginaire permis seulement par la « retraite » intime bâtie par Erlene. C'est pourquoi le *voyage out* demeure encore essentiellement intérieur, comme le soulignent, dans *The Waves*, les métaphores navales du monologue de Rhoda, faisant dériver des vaisseaux de pétales, en manière d'Invincible Armada... Par ailleurs, si le roman de Janet Frame est bel et bien une exploration tout à la fois imaginaire et intime de différentes formes de folie (l'hystérie, la schizophrénie, la paranoïa), il vise aussi à démontrer qu'aucun diagnostic stable ne peut jamais être produit sur quelque déviance que ce soit, dès lors qu'aucun accès au langage intime du patient ne semble possible. Le mutisme de Vera Glace, dont Janet Frame se fait le truchement, symbolise la réaction défensive de qui s'enferme dans son propre imaginaire (comme le fait Rhoda dans ses jeux) pour échapper à l'incarcération que le monde extérieur lui impose. Cette situation-limite devient la métaphore de la condition même de la femme, et, à travers elle, de l'*écrivante*.

À un autre niveau, enfin, le roman de Frame, à l'instar de celui de Woolf, tissé de citations multiples non signalées pour telles, et non référencées (telles qu'elles vont dérivant au fil de notre mémoire, bien souvent délivrées de leurs « pères », volontairement ou pas...), apparaît comme une œuvre métafictionnelle méditant sur les pouvoirs de la littérature et l'impuissance du langage, incarcéré dans un système normatif. Le désordre tressé par le texte en un réseau d'images aussi poétiques qu'elles peuvent sembler « folles » exige du lecteur un effort bien différent de celui que proposent les *private jokes* des récits postmodernes, dont l'ésotérisme a partie liée avec une intertextualité détachée de toute intention didactique ou sérieuse.

Florence GODEAU
Université Jean-Moulin – Lyon 3

ÉCRIRE LE DÉSORDRE MONSTRUEUX

L'inceste et la mort annoncée d'Arthur dans la *Suite-Huth* du *Roman de Merlin* (v. 1235-1240)

Depuis la *Mort le roi Artu* (v. 1230), qui clôt le Grand Cycle du Graal, la fin du monde arthurien porte son nom définitif : la bataille de Salesbieres[1]. Découvert, l'adultère entre Lancelot et Guenièvre provoque un déchaînement de passions aboutissant à un carnage. Des cent mille combattants de Salesbieres, un seul revient pour témoigner des derniers instants d'Arthur, blessé à mort en combattant l'usurpateur Mordred, son fils, né d'un inceste avec sa demi-sœur. Père et fils se sont entretués. C'est le point culminant de ce chaos.

Quelque dix ans plus tard, un inconnu écrit une *Suite* au *Roman de Merlin* (dite *Suite-Huth*[2], pour la distinguer d'une version rivale), dans laquelle il relate les premières années du règne d'Arthur. Il aggrave l'inceste, qui devient un inceste au premier degré, et en fait la cause de Salesbieres. En s'unissant à sa serour germainne (sa « propre sœur »), Arthur a commis un nefandum[3], un acte contre nature si monstrueux qu'il relève de l'indicible et porte en lui-même son châtiment : l'engendrement d'un fils dénaturé, d'un monstre : Mordred.

Montrer comment un romancier du XIIIe siècle parvient à dire ce monstrueux désordre, qui est de l'ordre de l'informulable, du tabou, mettre en évidence ses outils d'écriture et d'analyse, en tâchant de faire la part de la tradition et de l'innovation, tel est le projet de cette communication.

Nous prendrons pour cela les vingt-deux premiers paragraphes du livre[4], du péché d'Arthur jusqu'à la prise en charge du roi par Merlin.

1 Chez Geoffroy de Monmouth, Arthur mourait à la bataille de *Camblan.*

2 Du nom d'Henry Huth, dernier possesseur privé du manuscrit nous l'ayant conservée.

3 Pour la notion de *nefandum*, voir J. Chiffoleau : « Dire l'indicible », dans *Annales E.S.C. (Economies, Sociétés, Civilisations)*, 45e année, nº 2, mars-avril 1990, p. 289-324.

4 Dans l'éd. G. Roussineau, qui nous servira de référence, *La Suite du Roman de Merlin*, Droz, Genève, 2006.

Nous irons du simple au complexe, ce qui ne nous amènera guère à bouleverser l'ordre des faits.

L'INCESTE, LE CAUCHEMAR, LA CHASSE DÉCEVANTE

Le début est d'une saisissante rapidité. Un mois après son sacre, Arthur, qui n'a pas encore dix-sept ans ans, tient une cour plénière. Faisant sien le regard du jeune roi, point focal de la scène, le narrateur, de toute la foule assemblée, ne montre que la reine d'Orkanie, femme du roi Loth et sœur d'Arthur. Elle ignore leur lien de parenté, nul, pas même lui-même, ne connaissant encore les origines du roi. Cette grande dame, d'une extrême « biauté », est venue accompagnée d'une nombreuse escorte, avec les quatre fils qu'elle a eus de son époux, et qu'elle adore. L'aîné, Gauvain, a dix ans.

Les circonstances posées, l'auteur accélère le tempo. En un paragraphe, Arthur passe du respect aux prévenances, puis au désir. Il retient sa sœur deux mois à la cour. C'est quelque part dans cette période que l'inceste a lieu et que le monstre est conçu, sans qu'on sache quand, ni où, ni comment, l'auteur, pour cacher l'acte tabou dans un brouillard, ayant recours à une ellipse.

ELLIPSE

> Li rois vit la dame de grant biauté plainne, si l'ama moult durement et le fist demourer en sa court. II mois entiers, et tant qu'en chelui terme il gut a li et engenra en li Mordrec, par cui tant grant mal furent puis fait en la terre de Logres et en tout le monde (§ 2).

Il s'agit d'une forme d'ellipse permettant d'efficaces raccourcis temporels, et souvent utilisée pour des raisons de pudeur : masquer un pacte de mort, conclu contre un parent (dans la *Chanson de Roland*[1]),

1 « *Tant chevalcherent Guenes e Blancandrins / Que l'un a l'altre la sue feit plevit / Quë il querroient que Rollant fust ocis* », *La Chanson de Roland*, éd. C. Segre, Genève, Droz, 2003, p. 112, laisse XXXI, v. 401-403.

un acte sexuel (chez Marie de France[1]). Tout repose sur une subordination de conséquence. L'acte gênant s'engouffre, et parfois disparaît complètement, entre la principale et la subordonnée. Ici, il est prolongé par une intervention du narrateur, qui, anticipant sur les événements, annonce en termes voilés (et d'autant plus inquiétants), ses incalculables suites.

Le récit ne reprend pas immédiatement, le narrateur, pour marteler la leçon, ayant recours à une autre formulation : le pastiche.

PASTICHE

> Adont conut li freres carneument sa serour et porta la dame chelui qui puissedi le traist a mort et mist a destruction et a martyre la terre (§ 3).

L'adverbe « adont » en tête de phrase, la symétrie de construction, l'emploi de l'article défini « li », généralisant, l'euphémisme « connaître » pour désigner l'acte sexuel, pastichent le rythme et le style du verset biblique. Avec, en plus, une coloration apocalyptique. Dans les textes annonciateurs de la fin des temps, désordre de la guerre et perversion des liens de parenté vont en effet souvent de pair. Témoin cet extrait de *L'Oracle de la Sybille Tiburtine*, dans sa version du XIe siècle[2] (il semble fait sur mesure pour la *Suite-Huth*) :

> En ces jours-là, le frère livrera son frère à la mort, le père livrera son fils, le frère s'unira à sa sœur, la méchanceté et le crime des hommes règneront sur la terre[3].

L'auteur de *La Mort le roi Artu* avait déjà eu recours à ce type de pastiche pour dire l'abomination du duel père-fils à Salesbieres, et lui conférer une valeur exemplaire (au sens médiéval du terme)[4].

Reprenant le fil des événements, le narrateur montre la sœur d'Arthur quittant la cour. La nuit même suivant son départ, Arthur fait un rêve. Un cauchemar allégorique, où il se voit mourir.

---

1 « *Tant i vint Milun, tant l'ama / Que la dameisele enceinta* », *Lais* de Marie de France, éd. K. Warnke, trad. et notes de L. Harf-Lancner, Paris, Le Livre de Poche, 1990, coll. Lettres Gothiques, *Lai de Milun*, p. 222, v. 53-54.

2 Sa première version est syrienne. Elle date du IVe siècle.

3 C. Carozzi et H. Taviani-Carozzi, *La Fin des Temps. Terreurs et prophéties au Moyen Âge*, Paris, Flammarion, 1999, p. 132.

4 « *Einsi ocist le pere le fil et le fil navra le pere a mort* », *La Mort du Roi Arthur*, éd. E. Baumgartner et M.-T. de Medeiros, Paris, Champion Classiques, 2007, p. 438.

CAUCHEMAR ALLÉGORIQUE

Il se rêve en position de roi, sur un trône. Au-dessus de lui, une multitude « d'oiseaux ». Tandis qu'il les contemple, stupéfait, arrivent, de l'autre côté du ciel, d'effrayantes créatures ailées :

> Se li fut avis que d'autre part revenoit avolant uns grans dragons et moult grant plenté de griffons avolant, et aloient parmi le roiaume de Logres et amont et aval. Et partout la ou il aloient argoient canque il encontroient, et apriés iaus ne demoroit chastiaus que tous ne fust ars et destruis, et ensi metoit a gast et a destruction trestout le roiaume de Logres (§ 3).

L'Angleterre détruite, le dragon retourne sa rage contre les compagnons du roi, qu'il tue tous. Puis il s'en prend au roi lui-même :

> Et lors commenchoit d'aus deus la bataille trop dure et trop felenesse, si avenoit que li rois tuoit le serpent, mais il remanoit trop durement navrés, si que a mourir l'en convenoit (§ 3).

L'allégorie exprime en symboles zoologiques des événements chaotiques facilement identifiables par le lecteur : rébellion de Mordred, Salesbieres, duel père-fils. Elle permet de dire deux désordres majeurs : l'infanticide et le parricide. La technique n'est pas neuve, textes sacrés et profanes y ayant déjà eu recours. De plus, ce rêve est un clin d'œil aux romans arthuriens antérieurs, auxquels l'auteur emprunte à la fois le cauchemar d'Arthur et l'image du « *serpent* » cracheur de feu pour figurer Mordred[1] . Les « griffons » sont une invention à lui. Dans la mesure où ils constituent les troupes du « serpent », leur signification est claire : ce sont les factieux, ralliés à la cause de l'usurpateur. Mais que représentent les « oisiaus » ? Stéphane Marcotte y voit l'annonce de l'invasion romaine précédant (et permettant) la trahison de Mordred. Il s'agirait d'aigles, au sens d'enseignes militaires, transformées par le rêve en vrais oiseaux[2]. L'écrivain sait donc que la confusion du rêve procède de ce qu'il opère des glissements du sens figuré au sens réel (ou l'inverse), et il tâche de rendre, par un mot imprécis (« oisiaus », et non « aigles »), le flou désordonné de l'expérience onirique, ou le souvenir confus que l'esprit en garde au réveil.

Ce rêve provoque le chaos en Arthur. Réveillé par la « paour », obsédé par ses visions, incapable de se rendormir, il patiente jusqu'à

---

1 Le cauchemar est décrit dans le *Lancelot*, éd. A. Micha, Genève, Droz, 9 vol., 1978-1983, t. V, p. 221. Il est rappelé dans *La Mort le Roi Artu*, éd. cit. *sup.*, p. 380.

2 S. Marcotte, *La Suite du Roman de Merlin*, Paris, Champion, 2006, p. 102, note 161.

l'aube, puis décide d'aller chasser, dans une tentative éperdue de fuir ses propres démons.

Mais le divertissement tourne court. Lancé à la poursuite d'un cerf, le roi distance ses compagnons, puis tue son cheval sous lui. Il ne renonce pas pour autant, et poursuit l'animal à pied avant de s'effondrer, à bout de forces, sur la margelle d'une fontaine. Pas plus tôt assis, il recommence « *a penser a chou qu'il ot veut la nuit en son dormant* » (§ 5).

MÉDITATION PRÈS D'UNE FONTAINE

Depuis le *Lancelot*, et surtout le *Tristan en prose*, la fontaine au cœur d'un bois est un *topos*. C'est le lieu obligé des rencontres, des aventures. Associée à la méditation d'un personnage, elle est symbole de réflexion, de plongée dans les eaux, claires ou troubles, calmes ou bouillonnantes de la psyché. Nous ignorons à quoi ressemble celle-ci, toute sa description tenant en ces mots : « une fontainne ». Nous n'avons pas davantage accès aux pensées du roi, devant lequel vont se succéder des « merveilles » de nature à lui faire douter d'être éveillé.

Il est d'abord rappelé à la réalité par un concert d'aboiements. Sans doute sa meute qui revient ? Arrive une seule et énorme « beste » (« une beste moult grans » ; § 5). C'est elle qui produit ce tapage. Elle n'aboie pas, mais porte à l'intérieur de son ventre des « brakés tout vis qui glatissent » (« des chiens braques vivants qui aboient » ; § 6), avant même d'être nés. Tandis que la beste se désaltère, Arthur la contemple, ébahi. Puis elle reprend sa course folle, toujours dans le même tintamarre. Quand le silence revient, le roi se remet « a penser plus qu'il n'avoit fait devant » (§ 7).

Arrive ensuite, à pied, le chasseur de la « beste » : lui aussi a tué son cheval d'épuisement. Ce qu'il raconte à Arthur l'intrigue tant que, quand survient un écuyer lui amenant une autre monture, le roi déclare son intention de se substituer à lui dans la quête de la « *beste* ». Fureur du chasseur, qui, pour finir, s'empare du cheval. Les deux hommes se séparent sur des paroles de défi. Tout de suite, Arthur « recommenche a penser aussi comme il faisoit autre fie » (§ 10).

Alors, Merlin entre en scène.

C'est le mot. Car, même si le lecteur ne le comprend pas tout de suite, c'est lui qui, sachant de quelle confusion Arthur était la proie, l'a attiré là, soit au moyen d'un cerf, soit en prenant lui-même l'apparence d'un cerf[1]. Il va tâcher de lui redonner goût à la vie. Son rôle s'apparente ici à celui d'un psychiatre.

PSYCHIATRE

Merlin vient remettre de l'ordre en traduisant en mots, à la place du roi, le désordre horrible de son rêve, qu'il résume en une phrase :

> Tu as veut en dormant ta mort (§ 10).

Il lui révèle aussi, en termes crus, son inceste et la grossesse de sa sœur :

> Tu as geu carnelment a ta serour germainne que tes peres engenra et ta mere porta, si a engenré un fil (§ 11).

Enfin, il glose le chaos allégorique de son rêve :

> Sachiés que vous tornerés a dolour et a essil par un chevalier qui est engenrés, mais il n'est encore pas nés. Et tous chis roiaumes en sera destruis, et li preudomme et li boin chevalier dou roiame de Logres en seront detrenchiet et ochis, et li païs en remanra orphenins des boins chevaliers que tu i verras a ton tans. Ensi remanra ceste terre deserte par les oevres de chelui pecheour (§ 15).

Mais la révélation de l'inceste d'Arthur s'accompagnant nécessairement de celle de sa haute naissance, en tant que « fiex Uterpandragon et la roine Igerne », la thérapie, si brutale qu'elle soit, est efficace. D'abord, le roi se « reconforte » (§ 12). Puis l'ambition s'éveille en lui (§ 13). Quand, à la fin, Merlin se fait connaître, il lui saute au cou, « *tant liés que nus*

1 Merlin est capable des deux. Voir notre article : « La passion et la mort du prophète Merlin », dans *Formes et difformités médiévales. Mélanges d'histoire, de littérature, de langue et de mythologie médiévales offerts au Professeur Claude Lecouteux*, Paris, Presses de l'Université de Paris-Sorbonne (sous presse).

hom plus », se disant prêt à croire et à faire tout ce qu'il lui dira (§ 20). Or Merlin ne lui a pas tout dit.

PROPHÈTE

Car Merlin le psychiatre est aussi Merlin le prophète. À ce titre, il doit veiller à ce que le désordre de *Salesbieres* ait lieu, celui-ci participant d'un ordre supérieur, voulu par Dieu. Comme il le lui dira quelque temps plus tard :

> Ensi estuet que les choses aviegnent comme Nostre Sires les a ordenees (§ 42).

Voilà pourquoi il refuse de dire qui est le père du Maudit, et morcèle ses révélations, empêchant Arthur d'établir par lui-même un lien entre l'enfant né de l'inceste et l'enfant de malheur, qu'il a déclaré vouloir tuer sitôt né.

Pourtant, ce lien, Arthur l'a eu sous les yeux. Il l'a même longuement contemplé : c'est la « Beste » venue boire à la fontaine. Pour dire tous les aspects du désordre monstrueux, l'auteur a pris un monstre.

LE MONSTRE : LA « BESTE GLATISSANT »

Inconnu des *Bestiaires*, il est connu de la littérature arthurienne sous le nom de « Beste glatissant » (la « Bête qui jappe »). Elle surgit dans le *Perlesvaus* (ou *Haut Livre du Graal*), revient dans la *Continuation du Conte du Graal* de Gerbert de Montreuil, traverse l'*Estoire del Saint Graal* et le *Tristan en prose* (et continue sa course dans les œuvres postérieures à la *Suite-Huth*[1]). Le lecteur la reconnaît immédiatement, tout en s'étonnant de la voir survenir si tôt dans la chronologie : un mois à peine après le sacre d'Arthur ? Par sa tradition, elle appartient en effet à la légende du Graal, et donc à la fin du règne. Telle est justement la raison invoquée par Merlin pour ne pas dire à Arthur la « verité » de la « Beste » : « Che est (...) une des aventures dou Graal » (§ 17). Le lecteur, ayant appris

---

1 Notamment le *Perceforest*, diverses *Compilations* françaises, et des traductions-adaptations étrangères de la légende arthurienne.

entre-temps à se méfier des silences du prophète, comprend qu'il s'agit d'un prétexte. Son attention se reporte alors d'autant plus sur la « *Beste* » que la description qu'en fait l'auteur est singulière.

DÉSORDRE ZOOLOGIQUE ET DÉSORDRE BIOLOGIQUE

Au fil du temps, elle a évolué. Symbole christique et eucharistique dans le *Perlesvaus*, elle a pris un sens diabolique. Cela a entraîné une transformation de son apparence : la petite bête blanche, douce, aux beaux yeux d'émeraude du *Perlesvaus*, est devenue dans le *Tristan en prose* une énorme et effroyable chimère à corps de léopard, cuisses et queue de lion, pieds de cerf, presque une Bête de l'Apocalypse[1]. Un beau désordre zoologique, dont la description devrait intéresser le romancier. Pourtant, il se contente de le suggérer par les adjectifs « diverse » (« à nulle autre pareille », « hybride »), « estraingne », « miervilleuse », son principal intérêt résidant ailleurs : dans son désordre biologique :

> Tant estoit estraingne de cors et de faiture, et non mie tant defors comme dedens son cors (...). Et se elle est miervilleuse par defors, encore est elle plus miervilleuse par dedens, car je puis oïr et connoistre tout apertement que elle a dedens son cors brakés tout vis qui glatissent (§ 5-6).

Une anormale progéniture, car, comme Arthur le remarque, il est contraire aux lois de la nature que « nule creature terriiene puisse metre sa vois fors tant que elle soit ou ventre de sa mere » (§ 17). Or il est un point sur lequel les premières versions s'accordent : la mort monstrueuse qui attend cette « Beste ».

LA « VERITÉ » DE LA « BESTE »

Un jour, ces chiens jailliront d'elle en déchirant son ventre. Puis ils la dévoreront. Elle incarne donc la gestation du monstre, et représente la sœur d'Arthur, qui, au même instant, porte en elle Mordred (Francis Dubost l'a vu[2]). Mais elle représente aussi Arthur, puisque, si les chiens

---

1 Pour l'histoire de la « *Beste glatissant* », voir F. Dubost, *Aspects fantastiques de la littérature narrative médiévale (XIIe-XIIIe siècles). L'Autre, l'Ailleurs, l'Autrefois*, Paris, Champion, 1991 (2 tomes), tome I, ch. 17, p. 500-524 ; et Ch. Ferlampin-Acher, *Fées, bestes et luitons. Croyances et merveilles*, Paris, Presses de l'Université de Paris-Sorbonne, 2002, p. 311-322 en particulier.

2 *Op. cit. sup.*, t. i, p. 511.

tueront leur mère, c'est son père que Mordred tuera (Gilles Roussineau l'a compris[1]). Nous pensons qu'on peut aller encore plus loin, et que l'écrivain s'est servi d'elle pour dire, en un raccourci génial, tous les désordres à la fois. « Dedens », c'est le résultat de l'inceste : la sœur enceinte du frère, le parricide en germe. « Defors », c'est l'inceste, dans ce qu'il a de plus choquant, d'indicible : les corps de la sœur et du frère unis dans l'étreinte et n'en formant plus qu'un, ce que l'auteur suggère, de façon euphémique, par le corps hybride de cette « *Beste* », qui mélange et coud ensemble des animaux que la nature veut distincts[2].

DERNIÈRES ÉNIGMES, ET ULTIME SIGNIFICATION DE LA « BESTE »

Pauvre « Beste » ! Elle peut bien fuir devant tous les chasseurs du monde, elle n'échappera pas à son véritable meurtrier, qui est en elle. Quant à Arthur, la fin de l'épisode le montre s'éloignant avec Merlin, suffisamment réconforté pour se colleter avec l'existence, mais sans savoir qu'il a croisé son, ou plutôt ses doubles (la Bête et son chasseur, Pellinor[3]). Et sans être guéri. Merlin l'a juste arraché à ses angoisses en l'écartant de cette lugubre fontaine. Car elle est lugubre : ni verdure, ni chants d'oiseaux, ni eaux vives, rien de ce qui en ferait un *locus amœnus*[4]. D'ailleurs, même épuisé, tout « tressuans » (« en sueur » ; § 5), jamais Arthur ne se penche sur elle, ne serait-ce que pour y boire. Pellinor non plus. Curieusement, seule la « Beste », dont nous avons vu ce qu'elle représentait, y semble dans son élément. Elle s'y plonge, s'y désaltère…

Quelle obsession a immobilisé le roi près de cette fontaine ? Celle de son cauchemar. Pourquoi en a-t-il fait un ? N'aurait-il pas dû être heureux, ayant obtenu ce qu'il voulait de la femme qu'il désirait ? Or il a rêvé qu'on le tuait. Se serait-il senti coupable ? Mais de quoi ? Il ne pouvait pas savoir qu'il avait commis un inceste avec sa sœur, même s'il savait qu'il avait commis un adultère. Un péché grave, surtout pour un

1 « La vérité de l'aventure est que la beste sera dévorée par ses petits, tout comme Arthur périra sous les coups de Mordret, qu'il a engendré », *op. cit. sup.*, p. 640, notes 17 et 22.

2 Dans deux *Continuations* tardives, c'est d'ailleurs la passion incestueuse d'une sœur pour son frère qui explique la naissance de la « *Beste* » (voir F. Dubost, *op. cit. sup.* t. I, p. 512-516 ; et Ch. Ferlampin-Acher, *op. cit. sup.*, p. 318-319).

3 Voir l'excellente (et audacieuse) analyse de F. Dubost, *op. cit. sup.* t. I, p. 512.

4 Qu'on la compare à cette autre fontaine, tirée du même roman : « *une grant fontainne toute aornee d'arbres, si couroit l'iaue de bien haut* », § 436.

roi. Mais au point de mériter la mort, et de justifier l'anéantissement de tout son royaume ?

À ces questions, Merlin n'apporte aucune réponse. Le narrateur non plus. Mais il fournit une piste, par l'intermédiaire de la « Beste » : ce qui est à l'intérieur, et ne se voit pas, est plus important que ce qui est à l'extérieur, et qu'on voit. Si cette « Beste » est aussi, comme nous le pensons, une métaphore du livre, il nous invite par ce biais à interroger les blancs du texte, ses silences, son non-dit. Et donc à revenir sur l'elliptique scène initiale.

LE FAUTEUR DU CHAOS : LE DIABLE, ALIAS L'INCONSCIENT

Comment expliquer que, de toutes les beautés nécessairement présentes à la cour d'Arthur, seule l'ait attiré celle qui lui était interdite ? Par le Diable, bien sûr, non nommé car innommable. C'est lui le vrai fauteur du Chaos. Mais encore faut-il comprendre ce que ce mot recouvre pour un romancier du XIIIe siècle. Le Diable n'est plus vu comme un principe de désordre extérieur à l'homme, mais comme une force de chaos tapie en lui, asociale, amorale, affamée de puissance et de jouissance, et s'efforçant par tous les moyens, dont la ruse, de l'amener à faire ce qu'elle veut (et que l'homme ne ferait pas, s'il en était conscient)[1]. Dimension métaphysique à part, c'est ce que nous appelons l'Inconscient (et même, plus précisément, le « Ça »).

Reposons donc la question un peu différemment.

Qu'avait-elle donc, cette femme, pour qu'inconsciemment cet adolescent, arraché à sa mère dès sa naissance et placé dans une autre famille, adopté (par intérêt, pas par amour[2]), souffrant de ne pas connaître ses

---

1 Ch. Ferlampin-Acher parle d'une « intériorisation du diable et des monstres, qui ne sont plus l'Autre, mais qui se nichent en chaque homme, tenté, séduit, attiré, pécheur. Le désordre n'est plus au cœur du monde, mais de l'homme », *op. cit.*, p. 296.

2 Pour convaincre *Antor* de sevrer son propre fils, *Keu*, au profit d'un enfant inconnu qui lui serait apporté, le roi Uterpandragon l'a couvert de présents : « *Lors li donna li rois si biau don qu'il s'en esbaï trestouz* » (*Merlin, Roman du* XIIIe *siècle*, éd. A. Micha, Genève, Droz, 2000, p. 250, § 74). Il lui en a promis bien davantage encore, comme nous l'apprenons dans un dialogue entre *Antor* et sa femme : « *il nos a tant doné et tant fait et tant promet*

vrais parents, la trouve fascinante ? Et qu'avait-il, lui, pour l'attirer, elle ? Car rien n'indique que, pour parvenir à ses fins, Arthur ait eu recours à la tromperie[1]. L'attraction a été réciproque. Peut-être présentaient-ils entre eux des traits de ressemblance ? (ce serait normal entre frère et sœur). Ils les auront, confusément, perçus. Surtout, c'était une femme mariée, plus âgée que lui, mais encore jeune[2], radieusement belle. Et une mère idéale, adorant ses quatre garçons au point de ne pouvoir se séparer d'eux, fût-ce pour se rendre à la cour, le plus grand n'ayant même pas sept ans d'écart avec Arthur…

C'est bien une pulsion incestueuse qui les a poussés l'un vers l'autre, mais une pulsion œdipienne. D'où le sentiment de culpabilité du roi, son cauchemar, son incapacité à l'oublier, d'où ses ruminations à côté d'une fontaine sinistre dans laquelle il ne plonge jamais son regard : sa pensée tourne en rond, mais il refuse de se livrer à une introspection, ayant peur d'avoir couché avec sa mère. Ce n'était pas sa mère, c'était sa sœur. Le Diable a dû bien rire[3].

Pour dire le désordre initial, fondamental, l'inceste d'Arthur, cause de sa mort et de celle de son royaume, l'auteur a multiplié les techniques. Des plus classiques (ellipse, style biblique, cauchemar allégorique, prophète interprétant les songes) aux plus novatrices. Il reprend les créations de ses devanciers, opère de subtiles modifications, nous invite à infléchir notre lecture dans un certain sens. Telle la méditation près d'une fontaine, et, surtout, la « Beste glatissant ».

Mais, l'inceste commis, les horreurs ne cessent pas. Au contraire. Tout lecteur découvrant ce roman est frappé par le caractère suspect, sinon malsain, qu'y revêtent les rapports entre consanguins. Ce sont qu'histoires de haines inexpiables entre frères et sœurs, frères et frères. Ou des « mescheances » (des « malchances » : un mot capital de l'œuvre),

---

a faire que il covient que nos faciens son plaisir et sa volenté. Et je voil outreement que vos le me creantoiz » (*ibid.*). Celle-ci n'a pas d'autre choix que de lui obéir.

1 Contrairement à ce qui se passe dans la *Suite* rivale, dite *Suite historique du Roman de Merlin*, où il s'arrange, à la faveur de l'obscurité, pour qu'elle le prenne pour son mari.

2 En imaginant qu'elle ait eu son premier enfant à quinze ans, elle en aurait eu vingt cinq lors de sa rencontre avec Arthur.

3 Et rire d'autant plus que, si étrange que cela nous paraisse maintenant, un inceste entre un frère et une sœur issus du même père et de la même mère est alors tenu pour bien plus abominable qu'un inceste mère-fils.

aux tragiques conséquences. Ici, un bébé est grièvement blessé – pourtant sa mère le tenait dans ses bras[1]. Là, un père laisse mourir sa fille – il ne savait pas que c'était sa fille. Ou bien deux frères, qui s'adorent, s'entretuent – faute de s'être reconnus.

Nous croyons que l'auteur a pris prétexte de l'histoire arthurienne pour s'essayer à écrire le désordre monstrueux introduit dans le monde par un principe de chaos qu'à son époque on appelle le Diable, et que nous appelons l'Inconscient. Pour voir comment le Diable procède, il faut suivre le conseil que l'écrivain nous donne par l'intermédiaire de la « Beste », véritable clé du livre : s'intéresser au « dedens », compléter les manques, s'interroger sur les absences, combler les trous dans la chronologie ou la psychologie.

La *Suite-Huth* est une œuvre difficile. Elle requiert une véritable érudition en matière arthurienne, et surtout exige du lecteur sa participation active. C'est à lui, non d'écrire, mais de lire le désordre le plus monstrueux : celui qui est caché entre les lignes. Voilà pourquoi, si ancienne qu'elle soit, elle reste si moderne.

Anne Martineau
Université de Saint-Étienne

1 Le bébé n'est autre que *Mordred*. Pour l'analyse de ce qui est, évidemment, un « acte manqué », voir notre article : « La bataille de *Salesbieres* n'aura pas lieu, ou *Mordred* sauvé des eaux, dans la *Suite-Huth* du *Roman de Merlin* (v. 1235-1240) », *Actes du colloque La Bible et la Guerre*, Lyon, 17-18 mars 2007 [à paraître].

DIRE LE DÉSORDRE

Le souvenir d'enfance chez Bonnefoy

DU DÉSORDRE MÉMORIEL À L'ORDRE D'UN STYLE

Il est un paradoxe au cœur des grandes œuvres, c'est que le mûrissement – ce *ripeness* dont parle *King Lear* – va de pair avec un mouvement vers l'origine, comme si la conscience créatrice avait besoin de l'ailleurs rétrospectif des commencements, d'un questionnement obstiné des premières années, « les plus clairvoyantes de toute vie ». L'œuvre de Bonnefoy en est un exemple majeur, qui ne cesse de s'augmenter, en un renouvellement de ses voies, de l'afflux des souvenirs d'enfance, ceux-ci étant comme la source où puiser à pleines mains le bien d'images tout à la fois brûlantes et clarifiantes.

> Événements de la première conscience, si enfouis sous les souvenirs de plus tard qu'on ne s'en souvient que par bribes ! Mais derrière eux tout un autre horizon, et celui-ci de collines basses, avec des lumières d'orages.

lit-on dans l'exégèse du récit « Les Deux Scènes », où affleure, comme au seuil d'une *nekuia*, la supplique suivante : « Ah, souvenirs, souvenirs, que me voulez-vous, à ce moment de ma vie ? » Dans sa lecture des poètes et des peintres, on le voit constamment attentif, ainsi chez Hopper, aux « strates profondes de la conscience : celles des souvenirs d'enfance, où stagnent les ombres œdipiennes[1]. » « Où commence la poésie ? » – « Dans la solitude de l'enfance, répond-t-il, par des expériences qui nous agitent bien avant que nous ne sachions les poètes chez qui nous retrouverons un jour des intuitions de même nature », confirmant ainsi le rôle emblématique, selon Baudelaire, des « anecdotes

---

1 *Dessin, couleur et lumière*, Mercure de France, 1995, p. 234.

se rattachant à l'enfance d'un écrivain ou d'un artiste[1]. » Tel Nerval constatant, dans *Les Faux-Saulniers*, combien « les souvenirs d'enfance se ravivent quand on a atteint la moitié de la vie », Bonnefoy fonde sur ce pouvoir de reviviscence au point de faire du « récit en rêve » le lieu où viennent se déposer, ou plutôt s'élaborer, les souvenirs d'enfance. La poésie se fait ainsi anamnèse, inséparable qu'elle est d'une reprise *analytique* du souvenir, dans un effort « pour mieux comprendre », au plus près de ce qu'il nomme, dans l'entretien avec Maria Silvia Da Re, « la parole de l'inconscient[2] ».

Or, cette parole que le poète pose, dans l'essai sur Jouve, comme de « l'incompris au sein de notre existence, ou pour mieux dire, de l'*inaimé*, du seulement regardé (et du dehors) » par un œil trop froid, est le lieu d'une dialectique dont je voudrais rendre compte entre le désordre psychique dont elle procède et l'ordre qu'elle institue, au carrefour de l'esthétique et de l'éthique[3].

Mais avant d'étudier comment se pose chez Bonnefoy la dialectique du désordre et de cet ordre que suppose l'idée même d'œuvre, remontons un moment – non sans un paradoxe auquel conduit le sujet du colloque – au récit français qui instaure un équilibre exemplaire, aussi précaire que miraculeux, entre l'ordre de la représentation – ses moyens narratifs, stylistiques, symboliques –, et le désordre de l'univers représenté. *La Princesse de Clèves*, on le sait, parvient à plier à la loi d'une forme, elle-même liée à l'universalité d'une convention partagée, un objet qui lui est radicalement étranger. La passion amoureuse creuse en effet de son désordre ravageur l'envers d'une Cour placée sous le triple signe de l'ostentation, de la galanterie et de l'hyperbole. Mais l'ordre d'un style ne vient pas seulement feutrer les violences du sentiment, il porte à l'incandescence les conflits sous-jacents : conflit, chez Mme de Chartres, entre l'ambition sociale et le pessimisme moral qui lui fait

1 Baudelaire, *Œuvres complètes*, texte établi, présenté et annoté par Claude Pichois, Gallimard, Bibl. de la Pléiade, t. I, 1975, p. 407. « Ce qui sera le plus important, lit-on dans un portrait d'André Chastel (*Dans un débris de miroir*, Galilée, 2006, p. 41), n'a pas toujours eu au commencement la figure la plus frappante. Nous sommes souvent les fils d'une phrase lue ou d'une parole entendue dans ces moments de distraction apparente mais d'attention en réalité intense – d'écoute à tous niveaux de l'inconscient et des sens – qui sont plus particulièrement la richesse de nos premières années. »

2 Voir respectivement Nerval, *Les Faux-Saulniers*, in *OC*, II, p. 57 ; « Un début d'écriture », Entretien avec Maria Silvia Da Re, in *Le Cœur-espace*, 1945, 1961, Tours, Farrago, 2001, p. 41.

3 *Le Nuage rouge. Essais de poétique*, Mercure de France, 1977, p. 242.

admettre, chez son gendre, cet oxymore théologique qu'est un mariage par passion ; conflit, dès l'épisode du bal, entre l'échange prometteur des regards et un premier déni – « je ne devine pas si bien que vous pensez », répond Mme de Clèves à la Dauphine qui la prie de nommer le danseur. Or ce mensonge, qui vaut aveu, fait entrer la princesse dans la voie des détours et des difficultés de l'échange. Telle est la voie d'une ironie tragique dont on ne saurait ici évoquer les étapes, chaque moyen de fuir se retournant en un moyen de rencontre, dans une logique inexorable des entraves, qu'elles soient « posthumes » comme en témoigne le chantage affectif de la mère et de l'époux à leur lit de mort, ou liées à cette fatalité de l'indirection qu'a analysée Jean Rousset, comme dans la scène du portrait dérobé ou la vision nocturne à Coulommiers. Dans cette célèbre scène, la contemplation par Mme de Clèves du tableau du *Siège de Metz* incarne le pôle onirique d'une conscience qui se voudrait, en vain, toute rationalité. Mais à quelle démystification de l'idéal assiste-t-on ! M. de Nemours réduit à la simple apparence d'une image, de même que le Roi, lors du tournoi, n'était plus qu'un jouet aux mains du hasard. La tradition chevaleresque, pour être maintenue, ne s'ourle pas moins d'irréalité. Si grand le désordre qui mine en ce livre les fondations de toute rationalité : peut-être Mme de Clèves a-t-elle reconnu le duc dont l'écharpe s'est prise à la fenêtre du pavillon de Coulommiers, mais en se précipitant « dans le lieu où étaient ses femmes », elle choisit de demeurer dans le doute ; en d'autres termes, du portrait du duc, de son fantôme pictural, elle fait, écrit Pierre Force, « le moyen de révoquer en doute la réalité[1] ». Tragédie d'une conscience toujours décalée, de ce qu'on pourrait appeler avec John E. Jackson un « cogito de l'après-coup » toujours précédé par un *j'éprouve* aveugle à soi, *La Princesse de Clèves* vit exemplairement de cette tension entre l'intellectualisation du regard, instaurateur d'un ordre, et l'évidence destructrice d'un défaut de connaissance.

Quel rapport, demandera-t-on, entre *La Princesse de Clèves* et l'œuvre de Bonnefoy ? Aucun, à vrai dire, sinon qu'en ce récit fondateur l'on est tout prêt de ce « noir dans le ciel clair de l'Image », quand se disloque avec l'héroïne « la scène même qu'avait créée son langage », dont parle l'auteur de « La Présence et l'Image » à propos de *Phèdre*[2] ? Si Bonnefoy

1 Pierre Force, « Doute métaphysique et vérité romanesque dans *La Princesse de Clèves* et *Zaïde* », *The Romanic Review*, 1992, p. 161-176.

2 « La Présence et l'Image » (1981), *Entretiens sur la poésie*, Mercure de France, 1995, p. 193.

lit dans *Phèdre* la dialectique qui l'obsède de la forme esthétique et d'une dissonance d'ordre éthique qui la mine, le « n'allons point plus avant » qu'il aime tant à citer métaphorise le paradoxe fondamental de sa poétique : paradoxe d'une parole d'autant plus clarifiante qu'elle travaille contre elle-même[1]. Le désir de parler, chez Phèdre, est le désir simultané de « se délivrer du désir » dans la mort même du chant dont elle célèbre la liturgie. Quant aux soliloques de la princesse, ils ne sont que le constat effaré d'une force qui travaille contre elle. Sous leur parole si maîtrisée s'ouvre ce labyrinthe de l'inconscient, « ce dessous du plancher des œuvres », dans lequel elles se perdent, exténuées. *Phèdre* et *La Princesse de Clèves* ont ainsi en commun de dialectiser ce que Bonnefoy appelle dans *Remarques sur le regard* « une intuition d'unité assez forte pour que les perceptions les plus immédiates y soient impliquées et dotées de sens », et l'expérience d'un désarroi lié au langage, en d'autres termes, la visée d'une raison ordonnatrice – d'un mot, un classicisme – et une philosophie pessimiste du langage qui souterrainement la mine. Non que le poète moderne méconnaisse l'utopie classique dans son historicité :

> Tout programme de classicisme, écrit-il dans *Remarques sur le regard*, est mensonge s'il se targue d'un fondement, ontologique et social ; ou se réclame de valeurs qui seraient déjà décidées, décrétées comme étant le vrai. Mais rester sensible à la forme, aux impressions d'harmonie, à l'expérience de la beauté [...], c'est véridique, en revanche, car c'est rappeler le projet humain au meilleur de ce qu'il peut être[2].

En ces lignes de *Remarques sur le regard*, le poète s'aventure assez loin dans l'idée d'une économie régulatrice du rapport à la réalité, à soi comme aux autres, moyennant la conscience préalable, mallarméenne, de l'irréalité générale de toutes les représentations dont le langage est à ses yeux le fauteur. Cet *ordre* ne serait point fondé sur le nombre comme dans l'idéal humaniste, mais sur l'approfondissement partagé de ce qui fait le tuf de la vie, ce désir dont il s'agit de convertir l'énergie discordante en une « musique savante ».

---

1 Nous renvoyons à notre étude « La cérémonie de l'obscur : Yves Bonnefoy et Racine », *Poétique et ontologie*. Colloque international Yves Bonnefoy, Bordeaux, Ardua / William Blake & Co. Edit., 2008, p. 95-110.

2 « L'Art d'entre les deux guerres et le problème du classicisme » (1996), *Remarques sur le regard*, Calmann-Lévy, 2002, p. 153.

L'ÉCOUTE DES SOUVENIRS

Or, cette transmutation du désir, de son *désordre*, en une « musique savante », en passe par l'accueil, ou mieux, l'écoute des souvenirs. Il n'y aurait guère de sens à dresser une typologie des souvenirs d'enfance, mieux vaut constater d'abord que la remontée du souvenir s'opère dans un moment de pensée rêveuse, comme si on avait affaire à ce que Ricœur appelle « une mémoire méditante », et que les bribes de passé ne pussent sortir de leur latence qu'au carrefour de la spéculation et du rêve[1]. Soit l'un des premiers souvenirs relatés dans l'œuvre, celui, dans « Les Tombeaux de Ravenne », du cri d'un oiseau « au sommet d'une sorte de falaise » :

> … Je ne sais plus où est cette combe, ni pourquoi ni quand j'y passais. La lumière est d'aube ou du soir, peu importe. Au travers des broussailles court la fumée violente d'un feu. L'oiseau chanta. Je devrais dire, pour être juste, qu'il parla, rauque à la crête de ses brumes, pour un instant de solitude parfaite. Arrachées au temps, à l'espace, je garde l'image des hautes herbes de la pente qui furent avec moi pour cet instant immortelles.
> Il y a de l'éternité dans la vague. Fabuleusement, concrètement, dans le jeu de l'écume au sommet de la vague. Plus tard j'ai voulu fonder sur des idées générales. Mais je reviens au cri de l'oiseau comme à ma pierre absolue.

Ce passage appelle une triple remarque : d'une part, c'est dans le cadre d'une réflexion sur la « feuille cassée du lierre » – dont « Sur le concept de lierre » (1951) faisait la métaphore du visage à la fois démuni et infini des choses –, que surgit le souvenir de l'oiseau. C'est donc à la faveur d'un voisinage métonymique que remonte le souvenir[2]. D'autre part, le souvenir est celui d'une coïncidence de l'anodin, du fugitif, et de l'intemporel : « arrachées au temps et à l'espace, je garde l'image des hautes herbes de la pente », écrit un poète acquis à l'idée, comme

1 Voir Paul Ricœur, *La Mémoire, l'Histoire, l'Oubli*, Seuil, 2000, p. 565.

2 *L'Improbable et autres essais*, Gallimard, [1959], 1992, p. 27. L'on pourrait se demander, avec Freud, si la relation de cette impression n'est pas là en échange d'une autre, réprimée : « pour me servir d'une comparaison populaire, une certaine expérience vécue de la période de l'enfance acquiert de la valeur dans la mémoire, non pas parce qu'elle est en elle-même de l'or, mais parce qu'elle se trouve à côté de l'or » (« Sur les souvenirs-écrans » (1899), in *Névrose, psychose et perversion*, PUF, 1973, p. 117).

Freud, de l'indestructibilité du passé éprouvé. Considérons enfin la *correctio* : « l'oiseau chanta. Je devrais dire [...] qu'il parla », ce qui fait de lui une métaphore de la voix poétique. Aussi bien cet oiseau est-il celui qui traverse *Hier régnant désert*, emblème d'une transcendance de la beauté mais, dans le registre « rauque » qui est le sien, habitant de la terre, bientôt le « naufragé de la voûte chantante[1] ». Ce qui se donne à entendre en ce cri augural, c'est donc la dialectique fondamentale de la transcendance et de la finitude, le poète pouvant à bon droit le nommer sa « pierre absolue », l'expérience fragile et immémoriale de la réalité en ce qu'elle a, dit-il, « d'indéfait ».

Ainsi le souvenir d'enfance se fait-il le lieu où affleure la « présence », c'est-à-dire une expérience de l'unité de la conscience et du monde en deçà de la pensée conceptuelle vue par Bonnefoy, on le sait, comme n'ayant trait qu'à du général, de l'intemporel. Dans le désordre des représentations fragmentaires nées du concept, le souvenir d'enfance ferait surgir la mémoire de l'infra-verbal, offrant la chance d'une lumière, d'un espoir. En témoigne une fort belle page de *La Vie errante* : « Deux musiciens, trois peut-être[2]. » Ce récit met en scène un premier musicien qui « joue d'un petit violon », se frayant un chemin dans la foule au crépuscule, et l'on comprend à son avancée parmi ces couples qui « se parlent [...], visage contre visage, avec de l'horreur dans les yeux et ces bras qui n'en finissent pas de se dénouer », que ce violon n'est autre que l'instrument du « niveau *romantique* de la conscience », d'un éros dont l'analyse des « Grands Moments d'un chanteur » de des Forêts comme la préface au *Roland furieux* souligne le double versant d'idéalisation et de violence[3]. Mais voici qu'avance un deuxième musicien tenant une corde reliée à une nacelle, avec des banderoles dans le ciel : « on pense que la poignée a pour rôle de tirer de la profondeur de l'âme la corde qui éveille là-haut, dans la nacelle de bois, parmi ces rubans de soie, de papier, les étagements d'un son clair ». Ce son, fait de rires, de « bruis-

1 Sur la figure de l'oiseau dans *Hier régnant désert*, voir John E. Jackson, *La Question du Moi*, Neuchâtel, A la Baconnière, 1978, p. 271-280.

2 *La Vie errante*, Gallimard, 1993, p. 107-109.

3 Voir *La Vérité de parole*, Mercure de France, 1988, p. 150-158 ; « Roland, mais aussi bien Angélique », in L'Arioste, *Roland furieux*, Gallimard, 2003, t. I, p. 9-59. Dans *L'Alliance de la poésie et de la musique* (Galilée, 2007, p. 8), Bonnefoy rapporte le souvenir d' « un violon-jouet, petite boîte de rien du tout mais à tout le moins symbolique », qui « me fut même ôté des mains, dans un bazar. On lui substitua une toupie ».

sements d'une brise dans les feuillages », a la clarté d'une musique conciliatrice, comme si, prenant le relais de l'imagination *érotique*, il relevait d'une imagination joueuse, dispersant à tous vents l'énergie du rêve au lieu de le recueillir en des entrevisions, et dont le modèle, selon la préface au *Roland furieux*, pourrait être Astolphe[1]. Quant au troisième musicien, quel serait-il ?

> Un qui n'arriverait parmi nous qu'à la nuit vraiment tombée, quand la foule sans couleurs désormais, sans fièvre, n'en serait plus qu'à d'ultimes chuchotements ? Un dont l'instrument qu'il tient à deux mains, non, qu'il touche du doigt, comme pour y tracer des signes, dans la buée, serait cette vitre où nous écoutions, enfants au bord du sommeil, la pluie qui frappe et qui tinte. Irrégulière la pluie d'été, parfois précipitée, parfois presque interrompue. Puis c'est deux ou trois gouttes plus lourdes, puis toute l'ondée à nouveau, et toujours c'est autre et toujours c'est pourtant le même bruit dispersé, rassemblé, oublié, perçu à nouveau jusqu'en ce fond d'un instant où tout du monde s'efface.

Comment ne pas voir en ce troisième musicien une figure du poète ? Ce que confirme une page de *L'Alliance de la poésie et de la musique*, constatant qu' « il y a un bruit de la pluie dans le langage », un bruit qui soudain « se retire du champ de la signification, se faisant [...] un en-soi, un gouffre, lequel prend dans sa profondeur de son pur tout ce qui existe, et nous-même[2]. » Ce son fondamental, écouté en deçà des emprises de l'intellect, est très clairement donné pour l'expérience originelle majeure :

> Aussi loin puis-je remonter dans mes souvenirs, c'est le vers comme tel, la forme sonore sous le sens, qui, outre de grands mots mystérieux, m'avaient retenu dans ce que je lisais ou entendais. Cette mesure des sons, je la ressentais

---

1 « Il y a une imagination, c'est Astolphe, pour explorer l'immanence, pour y voler d'arbre en arbre parmi des fruits sans substance mais de ce fait même sans amertume. Et il y en a une autre pour instaurer une transcendance qui n'est qu'un leurre, ce qui du coup efface aussi bien les arbres et fruits réels que les entrevisions dont Astolphe faisait son miel » (« Roland, mais aussi bien Angélique », *op. cit.*, p. 46).

2 *L'Alliance de la poésie et de la musique*, *op. cit.*, p. 22 : « Je dis " pierre", et le son qui est dans ce mot, en l'occurrence cette diérèse, prend la pierre par l'en-dessous des acceptions du mot "pierre" et des représentations qui en résultent pour moi : c'est l'indéfait du réel, l'au-delà de toutes les prises tentées sur la chose par la pensée, qui a surgi par et dans ce son : et je comprends qu'il était là, à veiller, dans ce réseau des mots conceptualisés qui déshabituait de le pressentir. »

> comme le plus important de la parole, c'était comme si, bien que vaguement, j'y percevais une voie et une promesse[1].

De ce bruit de la pluie comme de cette « mesure des sons », de cette donation originelle, peut-être pourrait-on dire qu'ils sont comme un bien toujours déjà là, irréductible à un commencement daté, cette immémoriale ressource que s'en va rejoindre le travail du souvenir. Car il est un travail de la mémoire : si « inventer, c'est se ressouvenir », selon le mot de Nerval, aussi bien le ressouvenir est-il invention, l'exhumation de souvenirs n'allant pas sans cette modification qu'imprime le travail de la maturité.

MORCEAU DE BOIS, GLOBE, RÉBUS

De ces bribes ramenés de loin, rien d'ailleurs n'est trop petit : en témoignent quelques jouets d'enfance prélevés dans les décombres de la mémoire, lesquels constituent comme une *Morale du joujou.* Tel ce papier métallisé évoqué au seuil de *Dans un débris de miroir*, que l'enfant se plaisait à défroisser sans parvenir à en faire la surface lisse qui eût permis de dégager une image précise, de dissiper les rêves pris dans les pliures du papier :

> Les miroirs flattent nos illusions. Mais cette autre occasion d'inquiétude métaphysique, le papier métallisé que l'on défroisse, où l'on essaie de se voir, donne à comprendre, lui, que nous vivons parmi rien que des illusions et comme simplement l'une d'elles : laissant pressentir, toutefois, que la lumière est capable de se détourner de ce dehors fallacieux des choses à quoi les miroirs la contraignent, ce qui a peut-être du sens pour nous, qui sommes en perdition dans le monde. Nous commençons à nous dire : la lumière n'a-t-elle pas des pouvoirs que ne dénie qu'en apparence, c'est bien le mot, l'optique qui l'empiège dans ses réflexions et ses réfractions trop précises pour être vraies ? Et ne pouvons-nous pas l'aider à s'évader des miroirs, ce qui serait tout autant nous évader de nous-mêmes[2] ?

Quel emblème au seuil d'un livre dédié – comme ces poèmes intitulés « Une pierre » qui jalonnent l'œuvre de *Pierre écrite* à *La Longue*

1 *Ibid.*, p. 84.
2 *Dans un débris de miroir, op. cit.*, p. 20.

Chaîne de l'ancre –, à la mémoire des amis morts ! Comment retrouver le visage exact, captif des plis du souvenir, comment en fixer la lumière quand l'image – illusoire autant que nécessaire –, l'opacifie ? De là, cet autre souvenir lié à celui du papier défroissé, celui d'une plaque de bois blanc trouvée dans la cour du lycée, en sixième :

> J'ai ramassé ce morceau de bois, je l'ai pris au sérieux, je l'ai gardé avec moi pendant des années. Que vais-je dire de lui, dont les deux faces étaient également refusées à tout ce qui peut naître de la lumière captive, mirages, rêves, espérances – non pas, toutefois, l'ultime, l'irréductible ? Rien, sinon que je vois en lui l'ombilic, aujourd'hui encore, le centre à quoi tout revient dans l'espace que me consentent les mots[1].

Dans sa surface réfractaire aux fantasmes, le morceau de bois se fait « ombilic », dans la mesure où le regard perçoit en lui, en deçà des mots, comme l'énigme impénétrable de la matière. Cette plaque de bois est assurément l'antithèse de ces « machines à sous » vues en gare de Tours, et dont les bras articulés, soulevant pour « deux ou trois secondes d'espoir » la montre convoitée, emblématisent, lit-on dans l'entretien de 2005 avec Odile Bombarde, la vaine emprise du concept sur la condition temporelle.

Évoquons encore ce globe terrestre dont le souvenir surgit au seuil de « La Hantise du ptyx », « une petite sphère creuse, en carton, de sept ou huit centimètres de diamètre, montée sur un pied de bois noir rond à sa base » :

> … c'est une autre raison que la simple curiosité des pays lointains qui lui donna sens à mes yeux et m'est restée à l'esprit et presque me trouble encore. Au centre de l'Atlantique sud, à mi-chemin à peu près entre l'Angola et le Brésil, la carte indiquait, en même couleur ocre que les deux continents voisins, une très grande île, de la superficie de Madagascar, dirais-je, et à peu près de la même forme. Et j'avais remarqué cette bizarrerie, dès la première minute […]

Dans cette tache du globe d'enfance, rêvée comme l'île ou le port inconnus où accéder à un « pays d'essence plus haute », le poète lit sa « hantise » non d'un au-delà de l'horizon terrestre, mais plutôt d'une autre langue pour l'existence d'ici, d'un autre usage des mots. Le rêve du port inconnu renvoie moins à la trouée d'une vision, qu'à la déficience d'une vue trop prisonnière des identités fixes.

---

1 *Ibid.*, p. 28.

Ainsi la visée ultime serait, comme dans le rébus d'enfance, une coalescence des mots et des choses, un cratylisme qui ferait du vocable l'humble légende des choses, ou plutôt de leur image simplifiée, « merveilleusement schématique », ramassée sur quelques grands référents simples de la vie[1]. Comme si en ce couple silencieux de l'image et du vocable, l'enfant vivait un état de paix, un âge d'or de la relation des mots et des choses. Mesurons toutefois une ambivalence : sans doute cette alliance est-elle nimbée d'une « irisation », d'une promesse, mais chaque figure, lit-on dans « L'Indéchiffrable », est bordée de « ce liseré de non-être qu'on croit percevoir quelquefois autour des choses les plus sereines ». Double expérience d'une promesse *et* d'un « esseulement énigmatique » des choses, d'une plénitude bordée de silence.

AH, SOUVENIRS : NOTRE ÉRÈBE

C'est toutefois dans un poème récent que le lecteur est confronté, au plus haut degré, au « désordre » de fragments comme prélevés dans les « liasses » de la mémoire profonde. Ouvrant *La Longue Chaîne de l'ancre*, « Le Désordre » réfère explicitement à une dramaturgie, puisqu'en une didascalie initiale, le poète évoque « des hommes et des femmes » qui tour à tour viennent sur l'avant-scène pour parler, ou plutôt rêver devant nous. « Les visages sont indistincts, on pourrait les croire masqués » : ils sont donc délestés de leur part trop individuelle, et pourtant, sous ces masques comme de tragédie grecque, quelle intensité dans la voix, quel sentiment d'une dialectique entre le désordre des séquences – le théâtre émotionnel s'amplifiant jusqu'au meurtre–, et un « ordre » qu'on pressent plus profond, comme d'un vivier psychique où puise la parole. Qu'on en juge à l'éclairage suivant qu'a bien voulu me donner le poète[2] :

> Ces pages comptent beaucoup pour moi, je les ressens comme le noyau germinatif de ce que je puis en effet tenir pour une « mémoire profonde », et cela

1 Voir notamment l'entretien avec Maria Silvia Da Re : « Un début d'écriture », *op. cit.*, p. 39.
2 Message du 23 avril 2009.

pose des questions également fondamentales du point de vue de la poétique, de l'écriture. Ce ne sont pas, au sens anecdotique de ce mot, de vrais souvenirs, ce que j'y évoque, je n'ai jamais connu de jeune femme tirant des coups de revolver, l'avion qui décolle a bien son origine dans un banal récit d'arrivée à l'avion au dernier moment, mais ce n'en est pas moins imagination pure. Et le linge sur les genoux, ce n'est que ce qui reste dans ma mémoire d'une scène émouvante de Dostoievski dont j'ai perdu la trace, et là encore tout ce qui est autour est imaginé. Mais pour autant ces figures ou événements qui cristallisent ainsi à un plan purement mental ne sont pas des visions fugitives, ils prennent place dans des structures d'accueil qui sont en moi de très longue date, peut-être, sinon sans doute surtout, depuis l'enfance, à cause d'autres impressions elles oubliées, rejetées dans l'inconscient, et je les ressens comme une expression, ou plutôt une manifestation, de moi-même, avec par en dessous cet oublié pour continuer à attendre, à chercher son sens, à produire de l'attention au monde, à s'émouvoir d'autres êtres car notre profondeur est structurée par une relation à d'autres que nous. Je sais que je pourrais continuer à puiser dans ce « désordre » qui, en ce fond, a certainement son ordre propre, au moins une part d'ordre. Ce qui pourrait alors apparaître plus clairement, c'est que ces fragments ont rapport à divers moments de la vie : non par leur origine, ancienne, archaïque, mais par les occasions dans lesquelles cette origine s'est réactivée, occasions qui se présentent à divers âges, sans cesser d'être alors, encore une fois, de l'imaginé plus que du vécu. Mais l'imaginé interfère parfois avec le vécu…
En tout cas, rien n'est gratuit. Même, ou surtout, des détails, traces de rencontres, de choses vues un instant même bref. Il me semble que l'imagination en poésie, l'imagination qui plombe la recherche poétique, ne peut prétendre pouvoir parler que si elle a d'abord pris contact avec le monde en dehors de nous, lequel en pénètre et en brasse les désirs, les pensées préexistantes. Ce « désordre » est donc le mien, valant mieux, me semble-t-il, que les formes organisées que le rêve est enclin à prendre.

Dire le désordre, c'est ainsi accueillir ces figures ou événements liés à divers âges de la vie, entrelacer ces voix qui, entre imaginé et vécu, s'avancent sur le devant de la scène, tout à leurs pleurs (« Ah, souvenirs, notre Erèbe, / Un grand sanglot informe est au fond de nous »), ou à leur imploration rêveuse, ainsi dans ce fragment qui constitue en quelque sorte le centre de ce « désordre » :

Être
Comme une voix s'immobilise au sommet du chant,
Où d'autres les rejoignent. Un livre
Dont toutes les pages sont blanches.
D'aucuns diraient : voici des mains qui tiennent un livre,

D'autres : toutes les pages sont blanches.
D'autres : la beauté aujourd'hui,
Rien que cette eau toujours à se briser sur la plage.
Rien que sa frange d'écume.

Deux remarques : d'une part, le livre aux pages blanches à quoi le sujet s'identifie est un livre comme délesté des signes du langage et des formes de l'imaginaire, lieu d'accueil non des formes pures nées de « la beauté », mais du réel en sa précarité : la « beauté aujourd'hui », tranchant sur les absolus d'un âge lyrique pré-baudelairien, n'est que « frange d'écume », « fumée », eau qui « coule dans le ruisseau, à petit bruit[1] ». D'autre part, le vœu d'être « un livre » vierge des jeux de l'Imaginaire va de pair avec celui d'être « comme une voix [...] au sommet du chant », ce chant, ajoute-t-il en une métaphore appositive, « l'oiseau blessé / Que déjà le sable recouvre. Il remue par à-coups, il s'emplit de mort ». L'identité entre le chant poétique et l'oiseau blessé va bien au-delà du *topos* de la fêlure comme caution d'une parole vraie ; ce chant « si au-delà de soi » est compris comme la clef d'un retour à l'expérience d'une coïncidence du son et de l'être.

Résumons. Quel est le rôle du souvenir d'enfance dans une telle approche de la parole ? – Il est le vecteur d'une délivrance aussi impossible qu'opiniâtrement désirée, s'il est vrai que la parole à l'écoute du souvenir d'enfance apprend à se libérer des pièges de la rationalité[2]. De là une

1 Voir respectivement p. 13 ; p. 17 : « Fumée, fumée notre vie » ; p. 26 : « Mais, mon amie, / Tentons d'aimer nommer ce matin encore. / Allons / Dans ces bois dont la nuit a givré les branches, // Et vois, l'eau coule dans le ruisseau, à petit bruit, / Et pourtant, hier encore, tu la voyais / Prisonnière du froid, tout immobile. ». Sont congédiés aussi bien le rêve de l'artiste que celui du mystique. En témoigne un fragment où l'amie fulmine en ces termes : « Tu aurais donné notre vie / Pour la spirale du fût d'une colonne, / Tu aurais jeté à poignées / Notre vie, toute notre vie, dans cette forme ». Quant au rêve mystique, en voici l'ironique récusation : « Et lui, / Il est debout dans sa mort / Comme un stylite. [...] Il ne voit rien de nous, ne nous entend pas, / Nous nous éloignerons, il criera toujours, / Là-haut et nu, sur sa ridicule colonne, / Souillé, gesticulant, devant le ciel ». Dans la note « pour mieux comprendre », ce rêve est refusé au nom de « ceux qui dorment sur le rivage, la lettre sociale imprimée au fer rouge sur leur épaule. » Ce qui conduit Bonnefoy à l'hypothèse de deux lumières : « L'une, de croire que l'Un ne se médiatise dans nulle pensée formulable, si bien qu'il faut renoncer à en éprouver la présence si on ne fait pas en soi un total silence, dans l'oubli même des êtres qui nous sont proches. Mais l'autre, c'est de comprendre – de ressentir – que ce qui se retire des mots est présent dans la fleur du bord même du chemin, la poussière qu'un peu de brise soulève, l'intonation d'une voix, des cris d'enfant à leurs jeux. »

2 Délivrance aussi bien de l'image qui hante, comme le prouve exemplairement le blanc qui sépare, dans « L'agitation du rêve », le souvenir de Valsaintes dont le sujet s'éveille

poétique fondée sur « la question du rêve » dont il dit, dans la préface à André Frénaud, qu'elle « est au cœur de la poésie en français » – « il n'y a de poésie vraiment grande dans notre langue que si cette question est posée ». Rêve, souvenir d'enfance, don du chant vont ainsi du même pas, sous le signe d'une « réparation » qui constitue, de *L'Egypte* à *La Maison natale*, la hantise du poétique. C'est donc au plus profond du désordre mémoriel qu'il faut descendre pour y écouter ce son originel, dont on peut dire qu'il est dans chaque vie comme la musique de sa finitude[1].

Le souvenir ne va pas, pourtant, sans ambiguïté. L'écrivain n'ignore pas que ces souvenirs se substituent à « d'autres impressions elles oubliées, rejetées dans l'inconscient », comme s'ils n'étaient que des symptômes masquant le refoulé sous des guises diverses. L'or véritable du souvenir se trouve peut-être à côté de l'or exhumé[2]. De là le sentiment d'urgence à fonder la parole sur le glissement métonymique : « Dis, qu'as-tu vu dans cette liasse, dis vite / Avant que la vie ne cesse ! » enjoint l'une des voix du « Désordre », avant de conclure : « Mais une force a pesé sur moi plus prompte que le glissement des images. » Complémentairement, la réactivation des souvenirs semble prise en charge par un inconscient qui est moins, remarque Odile Bombarde, le « lieu de croisement de forces conflictuelles » qu'une sorte de « vecteur de l'unité[3] ». En témoigne la compréhension du « souvenir-écran » comme nullement une entrave à « la maturation de la conscience morale ou intellectuelle[4] » :

> En substituant un événement à un autre, avec changement dans les circonstances, le souvenir-écran a pour fonction de faire pénétrer l'expérience

---

par la grâce du souvenir du jardin de ses dix ans.

1 « La vie où les paroles de quelques-uns peuvent bien être parfois ce que nous appelons des poèmes, mais parce que les poèmes ne sont guère plus que l'effet et le reflet des contradictions des poètes, jamais ou presque un avènement durable de cette réalité plénière que sait entrevoir la poésie » (« Pour mieux comprendre »)

2 *Cf.* Freud remarquant de telle expérience infantile qu'elle « acquiert de la valeur dans la mémoire, non pas parce qu'elle est en elle-même de l'or, mais parce qu'elle se trouve à côté de l'or » (« Sur les souvenirs-écrans », *op. cit.*, p. 117).

3 Voir Odile Bombarde, « La pensée du rêve », *Yves Bonnefoy. Poésie, recherche et savoirs*, sous la direction de Daniel Lançon et Patrick Née, Hermann, 2007, p. 547-579, notamment, p. 572 *sqq.* « Au creux du texte, en ce qu'on peut dire son inconscient », écrit le poète à propos des « Deux Scènes », ce qui revient à poser une solidarité entre l'inconscient et le langage, et non à le définir comme un état psychique où règnent les pulsions, condition même du travail de la pensée, c'est-à-dire de l'investissement de la trace mnésique par lequel une représentation de chose se trouve liée à une représentation de mot.

4 Message du 24 avril 2009, retranscrit avec l'accord de l'auteur.

> première dans d'autres moments de la vie, ce qui est une façon pour celle-ci de devenir, de mieux se comprendre du fait de la situation nouvelle, qui a peut-être avec elle des rapports signifiants qui pourront se découvrir et l'aider. Les souvenirs-écrans déploient dans le vécu les aspects de l'événement originel, avec transport de leur impensé, de leur inabouti, ils permettent d'aborder indirectement ceux-ci et de les interpréter et transmuter sous le signe des leçons de ce vécu plus tardif, plus averti parfois. Une vie qui peut alors être aidée par ce retour qui se fait au travers de ses propres situations.

Entre l'événement « oublié » et le souvenir substitutif s'établirait moins un écran qu'« un passage » par lequel la dimension d'unité de l'événement premier trouverait largement à se diffuser[1]. Le souvenir d'enfance serait moins interdit d'accès par la barre du refoulement qu'il n'aiderait à un regard plus large.

DEUX SCÈNES OU L'OFFRE DU SON

À ce titre, il n'est peut-être pas de récit plus riche que celui des « Deux Scènes », et cela pour au moins trois raisons. D'une part, la double postulation de l'Imaginaire et de sa reprise critique – ce que Bonnefoy nomme *lucidité*[2] –, n'a peut-être jamais été portée aussi loin, comme en témoigne la disproportion entre un bref récit et l'exégèse foisonnante qu'il induit. L'expansion de cette « ébauche d'anamnèse » englobe tant d'aspects de l'enfance – « avec ses traumatismes, ses étonnements, ses aspirations, son inquiétude » –, et de la vie adulte, que l'écrivain s'est résolu à une seconde « note » plus ramassée destinée à l'édition italienne.

1 *Ibid.* : « Le métonymique est alors, entre deux faits de mémoire, un passage qui contient du sens, et même peut en produire, en introduisant entre le fait "oublié" et celui qui s'y substitue de tiers aspects de l'être au monde qui ont regard plus large, mémoire plus profonde de ce qu'était dans l'événement premier sa dimension de ce que j'appelle présence. Un monde peut naître, renaître, de ces réseaux de passage, en surface et en profondeur. »

2 Ce mot est chargé chez Bonnefoy du souvenir de Baudelaire évoquant Nerval, « une écrivain d'une honnêteté admirable, d'une haute intelligence, et *qui fut toujours lucide* » (*Edgar Poe, sa vie et ses œuvres*, in *OC*, II, p. 306.) Voir « Qu'est-ce pour Baudelaire, la lucidité de Nerval », *Baudelaire et Nerval : poétiques comparées*, Actes du colloque de Zurich (2007), Eurédit, 2010 : « Y a-t-il une "lucidité" autre que morale, une, peut-être, plus proprement, ou immédiatement poétique ? Une autre façon d'être "honnête", en poésie, que par le dur examen des défaillances de l'idée qu'on se fait de soi ? »

On a donc affaire à un triptyque : récit en rêve ; note « pour mieux comprendre » ; « note conjointe ».

Pourquoi, d'autre part, un tel titre ? – Parce que le voyageur du récit, errant « dans de vieux quartiers, de Turin peut-être ou de Gênes », se retrouve dans la cour d'un palazzo dont les deux balcons en vis-à-vis métaphorisent – on pense à « Recueillement » – le regard surplombant d'une mémoire. Sur l'un des balcons avancent et se parlent avec « parfois de grands gestes » un jeune homme et une jeune fille, dont le sujet voudrait bien, mais en vain, partager l'idiome, « cet idiome, écrit-il, qui est peut-être mon être, qui a été ma patrie. Que j'ai parlé, jadis, oui, je le sais, maintenant. Et que je puis, je n'en doute plus, réapprendre ». Mais voici que, se retournant vers l'autre balcon où l'homme et la femme « qui parlaient si bellement » sur le premier balcon « désormais se taisent, un peu vieillis », il voit la main de l'un chercher celle de l'autre qui répond, ce qui l'émeut, à l'étreinte. Après quoi le voyageur se retrouve dehors prenant « méditativement un chemin qui s'en va par de hautes herbes ». Lisons l'épilogue :

> … Le petit garçon qui avait enfourché la balustrade, les jambes nues contre le fer noir, essaie de marcher à côté de moi, il m'a pris la main, il me parle. Qui es-tu donc, me demande-t-il, et je ne sais que répondre. Sur quoi il éclate de rire. Et dans ma vieille langue il commence un récit confus, où il est question de journées au bord de l'eau, quand lui et moi nous allions paisibles, avec des cannes à pêche. Oh, il ne s'agissait pas de prendre des poissons, me dit-il, bien qu'en ces années-là nous ayons de petits paniers d'osier pour les mettre. Mais le soleil au dessus de nous était immobile. Et nous restions assis sur ce rivage de sable et d'herbe, à attendre le soir qui ne venait pas[1].

Ces linéaments imposent le sentiment d'un « désordre » de surface, dont la « note conjointe » ressaisirait la cohérence cachée. Le désordre apparent est le fait d'un récit où prévaut, en place de la rationalité discursive, une logique onirique. Le seul ordre envisageable est donc *second*, il est dans un mouvement de conscience qui se veut sotériologique. Que s'agit-il de réparer ou de guérir, sinon une faille, voire une faute qui relèvent d'abord de l'histoire de la personne au plus lointain de l'enfance, mais où chacun peut retrouver la figure même de son exil

1 *Deux scènes et notes conjointes*, Galilée, 2009, p. 16 *sq.* Sur ce texte, voir Patrick Née, *Pensées sur la « scène primitive ». Yves Bonnefoy, lecteur de Jarry et de Lely*, Hermann, 2009.

comme de son espoir. Bonnefoy ne cesse de réécrire le mythe d'une Chute liée au langage, la parole n'ayant d'autre visée que d'élaborer du sens, c'est-à-dire un lieu collectivement partageable à l'horizon même des mots[1]. Si bien que l'œuvre se fait un *exercice spirituel* à toujours recommencer, lequel n'invente son avenir que moyennant l'obstination d'une mémoire. Elle est ce « vaisseau » à la proue duquel seraient « les figures emblématiques de nos souvenirs et désirs les plus archaïques ». Raviver le souvenir d'enfance, n'est-ce pas en effet revisiter ces désirs, mais pour dessiner le tracé d'une espérance « qui est au cœur du projet de la poésie » ? Une telle énergie critique, *morale* en ce que la leste une inquiétude de vérité, n'a d'autre sens, écrit-il, que « de mettre un peu d'ordre dans mes durables dilemmes ».

D'un écheveau aussi complexe, je ne saurais tirer ici les fils d'une réflexion sur l'arrière-fond italien, plus précisément gênois, du récit[2] ;

1 Voir John E. Jackson, *À la souche obscure des rêves*, Mercure de France, 1993, p. 55-104. Ce lieu partageable, c'est aussi bien ce chemin de hautes herbes que prend le voyageur guidé par le petit garçon qu'il fut. Ce motif de l'herbe, d'une réjuvénation végétale au plus près de la terre, d'une croissance du simple métaphorique d'un élan vers l'être, demanderait à être suivi, de *l'erba sempre la stessa* de *L'Arrière-pays* à cette image dont il dit, dans *Mes souvenirs d'Arménie*, qu'elle « resurgit quelquefois en moi de cette mémoire que nous avons par dessous la plus habituelle : entre deux murs de pierre nue sans fenêtres, et sous un foisonnement de hautes herbes sauvages, c'est une cour étroite et profonde, c'est une cour étroite et profonde, sous un ciel qui semble d'été. » Ce souvenir insituable, de ceux dont il dit qu'ils « semblent antérieurs à notre naissance », est repensé, dans « Le lieu d'herbes, le lac au loin » (*L'Ailleurs depuis le romantisme. Essais sur les littératures en français*, sous la direction de Daniel Lançon et Patrick Née, *Hermann*, 2009, p. 497-517), comme « un lieu d'herbe », offrant le sentiment d'être là où l'on doit être, en un monde qui « semble se proposer » dans la plénitude de l'instant. Antithèse du « beau rêve » qui n'est que « la simplification subjective de ce que le lieu d'herbe nous offre », il est, ce lieu d'herbe, « le souvenir » qui permet à la parole de se réorienter.

2 A la différence de Venise qui est de façon immédiate « une pratique de l'eau » (« une eau odeur, couleur, mouvement, qui de ses miroitements, de ses brumes toujours changeantes, enveloppe les vies jusque dans l'entrée des maisons autant que les îles de la lagune »), Gênes « étage ses quartiers comme la salle d'un théâtre dont le grand large serait la scène, avec sur celle-ci des drames auxquels d'innombrables spectateurs ont bien dû réagir, à travers les siècles ! ». Parmi ces drames, celui du soleil couchant, allégorique de « la vie rencontrant la mort », une mort « qui parle donc de résurrection » et « demande à ces passants de se détourner du couchant pour réfléchir à ce qui se joue déjà à l'intérieur des terres, à l'intérieur d'eux, dans des profondeurs à comprendre. » Mais il y a plus dans ce coucher de soleil : « c'est aussi un symbole on ne peut plus naturel de l'homme et de la femme en leur rencontre, et même leur conjonction, ce qui permet d'espérer, en ces instants où la mort se donne à voir, qu'il y a dans la vie, par adhésion à ce qu'elle veut, de quoi se délivrer de la fascination du non-être ». De là la double référence à « l'Eternité » et à la

non plus que ceux, sous le signe de Rimbaud, d'une dialectique entre la nostalgie d'une vie transfigurée et la « pensée de ce qu'on peut dire la vie, la vie comme elle est avec ses rêves qu'on sait bientôt des chimères, et ses violences donc, et ses précaires instants de paix, et la sorte d'amour, difficile bien que profond, tout de même, qui quelquefois peut fleurir sur cette grève ». Mieux vaut s'arrêter, pour finir, à cet « idiome » inconnu que parle le couple du balcon, dont l'exégète du rêve écrit qu'il « a été ma patrie ». Cette langue n'est autre, en fait, que le patois des parents, patois qui l'a « fasciné », explique-t-il, et parce qu'il semblait promettre un « surcroît » d'être, et parce qu'il était la langue de l'échange le plus intime entre ses parents ?

> Ces souvenirs me reviennent, ces pensées. C'est même avec une force, une véhémence, qui font que je n'ai pas à douter qu'ils n'aient déjà été là, en sous-main, quand j'écrivais ce récit sans pourtant en avoir conscience. Et que dois-je en conclure, sinon que ce jeune homme et cette jeune femme qui ont paru au balcon n'ont signification qu'en rapport à mes parents dans leur vie de ces années-là : retenant d'eux les heurts, les réconciliations, et les enveloppant à nouveau du désir éprouvé alors, j'en suis bien sûr : qu'ils soient plus que leur condition présente, de pauvreté et d'exil, et de frustrations et de mésententes, qu'ils retrouvent bonheur et liberté dans l'échange, ce bien que Rimbaud évoque dans « Royauté ». Mes parents sont là, dans cette pénombre du grand *cortile* où le jour se lève. Je revis devant ce balcon mon désir d'autrefois, mon chagrin d'avoir alors pressenti que mon vœu serait irréalisable. Je sais les mots que je me vois empêché de dire[1].

C'est alors que, par le jeu des associations, la balustrade de fer du balcon renvoie à ce « bord du lit pliant » déployé chaque nuit en contrebas du lit des parents. Cette superposition de la balustrade et du lit enfantin

---

définition rimbaldienne d'une « scène primitive » cosmique : « C'est la mer allée /Avec le soleil », et au « soleil du soir, ruisselant et superbe » du poème XCIX des *Fleurs du Mal*, « grand poème de réconciliation, entre une mère et un père ». Dernier point : « dans ce théâtre qu'est Gênes la dislocation du disque enflammé n'est pas au centre de l'image », si bien que « ce soleil plus ou moins haut dans le ciel selon les saisons [...], ce pourra être dans cette ville une pensée plus complexe et peut-être plus dialectique qu'ailleurs de l'être au monde » : dialectique du néant avec les mythes de survie qui l'accompagnent, et du renoncement à ces illusions. Cette « double postulation » de Gênes emblématise la tension interne à la poétique de Bonnefoy. Comme le souligne la « note conjointe », c'est bien en Italie, « dans le vaste espace de la civilisation italienne » que l'enfance de l'écrivain « a accédé à sa condition adulte ».

1 *Deux scènes et notes conjointes*, *op. cit.*, p. 41 *sq.*

induit une réinterprétation *ontologique* de la scène primitive, dont les enjeux seraient, écrit-il, « le sentiment d'être ou de ne pas être, la volonté d'être ou de n'être pas », dans la mesure où la syncope du sens y avoisine l'intuition d'un plaisir, c'est-à-dire d'un don offert et reçu :

> La maison, ses petites pièces surencombrées, le ciel à quoi fait penser le bruit des trains au loin, croissant puis décroissant dans la banlieue proche, l'arbre grêle dans le jardin, ce sont d'ailleurs tous mes souvenirs d'enfant qui aujourd'hui me reviennent avec la pensée du lit-cage, et j'ai donc à conclure que, si je me suis préoccupé dans mes lectures freudiennes de la question de la scène primitive, avec le désir de la mieux comprendre, d'en faire une origine dans la reconquête du sens, disons de la poésie, c'est parce qu'elle est en moi aussi bien, comme une expérience qui a compté. Mes parents parlant bien probablement le patois dans ces moments de la nuit[1].

Quant à l'image de l'autre balcon, avec ce couple « un peu vieilli » maintenant, elle déploie l'avenir d'un tel partage. Ce que métaphorise, dans *Ce qui fut sans lumière*, – « le plus central de mes livres » – « la barque aux deux sommeils », avec cet enfant à la proue « qui a compassion pour ces dormeurs, qui se penche sur cette "terre pauvre" ». On l'aura compris : jamais Bonnefoy n'est allé aussi loin dans l'exégèse de l'un de ses récits, comme si « Les Deux Scènes » – « ces pages hissées de ma nuit » – impliquaient la totalité de son destin et de son œuvre, l'écheveau entier de ses postulations. Il s'agit bien pour lui de « mettre de l'ordre » dans le « tumulte » de l'inconscient, de « mieux voir le chemin qu'à travers les années j'ai parcouru », d'éclairer la dialectique de la nuit et de la confiance. Aussi bien faudrait-il évoquer le rôle des voix médiatrices, le Baudelaire de *Je n'ai pas oublié*, ou le Rimbaud de *Mémoire*, de ces voix qui donnent la clef, au sens musical, d'un « retour à l'impossible maison natale » ; ou encore celui des peintres, tels Elsheimer ou Piero della Francesca offrant des icônes de l'origine : *La Dérision de Cérès* pour l'un ; la *Madonna del Parto* pour l'autre.

Réécoutons, pour finir, ce *son* étouffé de l'enfant au pied du balcon où évoluent les adultes. Ce « simple son » est, certes, le symptôme d'« un effondrement au sein du langage » ; en lui résonne la croyance découragée « que les mots sont sans prise crédible sur ce qu'ont d'inconnu les êtres proches, sans force pour en éclairer les besoins ou aider à en

1 *Ibid.*, p. 46.

partager les désirs ». Mais c'est aussi, ce son, celui d'« une langue non sue », le patois de l'amour : perçu comme un en-deçà de la signification, c'est alors « la bêche qui retourne le sol durci du langage, le levier qui peut renverser des mondes ». Le son est ce qui ouvre le langage à une *impossible* réparation :

> Un mot du patois, ce n'était pas un son que je pouvais rapporter à quelque signification que ce fût. Et cette écoute a bien dû me donner un très grand espoir. Descendant à même niveau dans ma propre langue j'ai rêvé d'un rapport aux mots de celle-ci qui réparerait le dommage subi par eux dans leur pratique de chaque jour, qui remettrait en mouvement leur immobilité pernicieuse, qui ferait de parler du partageable : car c'est un fait que des rythmes, des assonances laissent paraître l'en-soi du son dans des phrases françaises même courantes, la moindre chanson en fait preuve, et tant soit peu c'est alors un maintien de l'émergence de l'Un que l'on n'a alors qu'à élargir pour dénouer, on peut au moins l'espérer, les nœuds, les figements de l'existence présente[1].

Telle est la dialectique qui commande l'œuvre : le « retournement du son contre les concepts », du « désir d'être » contre « le désir triste d'avoir », la visée d'une parole qui rendrait à « la terre gaste » un peu de sa fertilité perdue. *Parole contre écriture*, dans une union de l'ontologie et de l'éthique, sous la double égide de l'enfant et du son, la confiance de l'un, figure du rapport du poète à ses mots, devenant le symbole d'une entreprise où écouter « l'en soi du son ». Dans le désordre de l'inconscient, le souvenir d'enfance offrirait la chance d'une délivrance, à la fois parce qu'il apprend à aimer « l'irréductible hasard » de la finitude, et que le poète n'y accède, à ce souvenir, que par ce « trait » qui, raturant à l'infini, rouvre, au plus près de l'enfant que l'on a été, l'espace d'une alliance qu'on peut dire une manière d'*ordre.*

Patrick LABARTHE
Université de Zurich, Suisse

1 *Ibid.*, p. 58.

LE DRAME SURRÉALISTE

Du réel au désordre référentiel

La « réalité absolue[1] » conçue par les surréalistes implique la coexistence de deux notions antagonistes et apparemment incompatibles : le réel, associé implicitement à l'ordre référentiel et l'insolite illogique, issu de la subversion des données mimétiques. Car, d'après la définition bien connue de Breton, l'univers surréel représente « le point de l'esprit d'où, le réel et l'imaginaire [...] cessent d'être perçus contradictoirement[2] » et « en quoi sont appelés à se résoudre toutes les antinomies[3] ».

Ainsi, les adeptes du mouvement considèrent, d'une part, que l'authenticité de l'œuvre littéraire dépend de l'expérience individuelle, biographique ou socio-culturelle de son auteur[4]. Aussi construisent-ils leurs textes en s'appuyant sur la réalité concrète. Les surréalistes sont fascinés, d'autre part, par l'insolite illogique, le saugrenu et l'étrange qui échappent aux facultés d`intellection. Ils y voient les signes du « lyrisme moderne[5] », seuls capables de féconder la littérature contemporaine.

Même si l'édification définitive de « la surréalité » relève de la part égale de ses deux composants antithétiques, le réel et l'insolite, elle résulte, en particulier, de leurs relations complexes, insuffisamment analysées par la critique. Voilà pourquoi nous nous proposons d'étudier les procédés structurels qui déforment les repères traditionnellement admis de la réalité en créant le désordre référentiel, afin de relever les rapports nouveaux entre les deux univers ainsi constitués.

---

1 Breton, André, *Manifeste du surréalisme* (1924), in *Manifestes du surréalisme*, Paris, Gallimard, coll. « Idées », 1983, p. 24.

2 Breton, André, *Second manifeste du surréalisme* (1929) in *Manifestes du surréalisme*, *op. cit.*, p. 72-73.

3 Breton, André, *Entretiens* (1913-1952), Paris, Gallimard, coll. « Idées », 1969, p. 151.

4 Breton, André, *Point du jour*, Paris, Gallimard, coll. « Idées », 1970, p. 89.

5 Aragon, Louis, *Alcide ou De l'Esthétique du saugrenu*, in *Œuvres romanesques croisées d'Elsa Triolet et d'Aragon*, Paris, Robert Laffont, 1964, t. II, p. 27.

Le corpus de travail porte sur la dramaturgie surréaliste conçue par les membres du groupe depuis les années vingt jusqu'aux années quarante du vingtième siècle, c'est-à-dire, au moment de l'affermissement et de la maturité du courant. Notre attention au genre théâtral résulte de la complexité de son langage dont les deux modes d'expression complétifs, le visuel et le verbal, rendent la configuration et les manifestations du réel et de l'insolite mieux perceptibles.

Comme il s'agit d'une approche typologique de l'univers surréel issu de l'ordre référentiel et du désordre antimimétique, il n'est pas dans l'esprit de notre analyse d'étudier les pièces en détail, mais de les aborder uniquement au niveau génétique, fabulaire, actantiel et spatio-temporel.

GENÈSE RÉFÉRENTIELLE ET ACTION INSOLITE

La conception de presque toutes les pièces surréalistes se nourrit de la réalité à l'époque, perceptible dans un nombre de questions à l'ordre du jour.

Les trois œuvres de Vitrac (*Victor ou Les Enfants au pouvoir*[1], *Le coup de Trafalgar*[2], *Le Sabre de mon père*[3]) qui auraient constitué son cycle intitulé *La vie comme elle est*, se situent pendant la Troisième République. Les problèmes y abordés concernant le patriotisme et la révolution, la liberté et la désertion en temps de guerre[4], sont d'une acuité aiguë dans les années vingt, au moment de l'écriture des pièces. Le paratexte de *drame bourgeois* que porte le premier texte de cette trilogie, illustre l'objectif de l'auteur d'y faire une peinture de la réalité. D'après les paroles de Vitrac lui-même, *Le coup de Trafalgar* met sur scène ses propres impressions des habitants de l'immeuble parisien dans lequel il avait passé

1 Vitrac, Roger, *Victor ou Les Enfants au pouvoir, drame bourgeois en trois actes* (1928), Paris, Denoël, 1929 in *Théâtre*, Paris, Gallimard, 1946, t. I.

2 Vitrac, Roger, *Le sabre de mon père* (1945-1950), *Les Œuvres Libres* 3e année, N° 59, avril 1951 in *Théâtre*, Paris, Gallimard, 1964, t. IV.

3 Vitrac, Roger, *Le coup de Trafalgar, pièce en trois actes et cinq tableaux* (1930), Paris, Gallimard, in *Théâtre*, 1935, Gallimard, 1946, t. I.

4 Artaud, Antonin, in Gouhier, Henri, *Artaud ou l'essence du théâtre*, Paris, Librairie philosophique J. Vrin, 1974, p. 65.

sa jeunesse[1], tandis que les critiques[2] lient les personnages récurrents dans sa dramaturgie (l'enfant terrible, le père indigne, la bonne mère, la femme adultère) à des moments de son enfance. Des traces de la vie d'Aragon après la Première guerre mondiale se retrouvent bien dans ses deux pièces *L'armoire à glace un beau soir*[3] et *Au pied du mur*[4]. Y figurent des allusions à son séjour à Tyrol, à l'image du dandy que l'on lui attribuait alors, ainsi qu'à l'atmosphère de l'époque des sommeils, caractéristique du groupe surréaliste[5]. Quant au sketch *Le Trésor des jésuites*[6] de Breton et Aragon, il est inspiré par le film bien connu *Les Vampires*, dont l'héroïne Musidora reprise dans le drame, était conçue comme une sorte de « mythe commun[7] » à la jeune génération de l'époque. Enfin, le climat de froid et de faim dans la pièce *Le désir attrapé par la queue*[8] de Picasso, écrite en 1941, n'est pas sans faire penser au premier hiver de la France sous l'occupation nazie.

Plusieurs autres signes précis notamment, dates, lieux, chansons à la mode, extraits tirés de la presse quotidienne, meubles et costumes, complètent l'image de la réalité concrète dans les drames surréalistes. Les personnages y fréquentent les bars et les cafés des années vingt et se servent bien des inventions techniques de la modernité comme le téléphone, le télégraphe ou le projecteur cinématographique. Les protagonistes y lisent la presse quotidienne et y indiquent parfois même les noms de certains journaux bien connus dont « Le Matin » ou ils mentionnent des événements récents qui les ont impressionnés, notamment l'apparition de la comète de Halley le 22 mai 1910.

---

1 Béhar, Henri, *Vitrac, théâtre ouvert sur le rêve*, Paris, Nathan/ Labor, 1980, p. 89-90.

2 Béhar, Henri, *Roger Vitrac un réprouvé du surréalisme*, Paris, Nizet, 1966. Antle, Martine, *Théâtre et poésie surréalistes, Vitrac et la scène virtuelle*, Birmingham, Alabama, Summa Publications, *Inc.*, 1988.

3 Aragon, Louis, *L'Armoire à glace un beau soir*, *Le Libertinage*, Paris, Gallimard, 1924. Ouvrage reproduit par procédé photomécanique, 1977.

4 Aragon, Louis, *Au pied du mur*, *Le Libertinage*, *op. cit.*

5 Béhar, Henri : *Le théâtre Dada et surréaliste*, Paris, Gallimard, 1979, p. 259. Aragon Louis et Triolet Elsa : *Avant-lire*, in *Œuvres romanesques croisées*, *op. cit.*, p. 36-37. Voltz, Pierre, *Aragon et le Théâtre dans le Libertinage*, in *Sur Aragon Le libertinage*, Centre Aixois de recherches sur Aragon, Université de Provence, Service des Publications, 1986, p. 157-181.

6 Aragon, Louis, Breton, André : *Le Trésor des jésuites*, *Variétés* hors série : Le surréalisme en 1929 ; in Aragon, Louis, *L'œuvre poétique d'Aragon*, Paris, Livre-Club Diderot, 1974, t. IV.

7 Aragon, Louis, *L'œuvre poétique d'Aragon*, *op. cit.*, p. 377.

8 Picasso, Pablo, *Le désir attrapé par la queue* (1941), Paris, Gallimard, coll. « Métamorphoses », 1945.

Les pièces elles-mêmes sont souvent bien datées. *La Place de l'Etoile*[1] de Desnos se passe le 12 janvier. *Victor ou les enfants au pouvoir* de Vitrac a lieu le 12 septembre 1909 de huit heures le soir jusqu'à minuit. Les trois épisodes qui constituent l'intrigue dans *Le Trésor des jésuites* d'Aragon et Breton, sont situés respectivement en 1917, 1928 et 1940, et les deux personnages allégoriques, Temps et Espace, sont habillés différemment selon la mode qui change.

Les fables elles-mêmes créent un univers familier au public. Elles portent sur la famille bourgeoise avec ses scandales et histoires d'adultère, sur les rapports entre parents et enfants, sur les aventures sentimentales à la quête de l'amour unique. Très souvent, les sujets basés sur le triangle conventionnel entre le mari, la femme, l'amant ou la maîtresse, rappellent le vaudeville ou le mélodrame. La pièce *Mouchoir de nuages*[2] de Tzara, débute par la rencontre entre Andrée, femme mariée, déçue de sa vie de ménage et le Poète qu'elle admire et qui se met à la courtiser. Dans *Victor ou les enfants au pouvoir*, Charles, le père du jeune garçon éponyme a une affaire avec Thérèse, la mère de la petite Esther. Dans *Au pied du mur* d'Aragon, le trio sentimental est constitué de Pierre, de sa servante Mélanie qui l'aime et de la courtisane Olympe, dont il est lui-même épris. Comme dans la vie, ces situations banales donnent lieu à des tragédies sentimentales débouchant même sur le meurtre ou sur le suicide.

Certains éléments empruntés à l'intrigue policière qui complètent parfois l'histoire sentimentale, y accentuent les rapports à la réalité concrète.

Et pourtant, malgré ces renvois multiples à l'époque moderne, les pièces surréalistes dépassent le vraisemblable mimétique et perdent leurs assises à l'univers extralittéraire. Les auteurs avant-gardistes considèrent que la clarté fabulaire n'est pas en mesure de représenter la diversité complexe du monde, car « les procédés logiques » réduisent « l'inconnu au connu[3] » et « ne s'appliquent qu'à la résolution de problèmes d'intérêt

1 Desnos, Robert, *La Place de l'Etoile, Grand drame inédit en neuf tableaux* (1927), *Le Soir*, 28 août et suivants ; in *Nouvelles Hébrides et autres textes* (1922-1930), Paris, Gallimard, 1978.

2 Tzara, Tristan, *Mouchoir de nuages, Tragédie en quinze actes*, Anvers, éd. Sélection, novembre 1924, tiré à part de la revue *Sélection* in *Œuvres complètes* (1912-1924) Paris, Flammarion, 1975, t. 1.

3 Breton, André, *Manifestes du surréalisme*, *op. cit.*, p. 17.

secondaire[1] ». Aussi mettent-ils un trait d'égalité entre raison et vraisemblance et optent-ils pour le droit illimité à l'imagination, au spontané, à l'irrésolu, censés relever le dynamisme caché et les contradictions latentes de l'existence. L'intrigue dramatique, basée sur des principes nouveaux – l'ambiguïté, le merveilleux, l'insolite –, donne l'impression d'une incohérence chaotique qui tend à déréaliser le monde et introduit le désordre référentiel sur le plateau.

L'action dramatique ainsi construite, dépourvue d'un schéma conducteur, morcelée en courtes scènes, souvent sans rapport motivé entre elles, crée un effet d'insolite. Les fils d'intrigue décousus installent l'énigmatique, car plusieurs moments nécessaires à la compréhension de la fable échappent à l'intellection du spectateur.

Le sketch, *S'il vous plaît*[2] de Breton et Soupault en est parmi les meilleures illustrations. Il est structuré de trois sujets bien différents et complètement détachés l'un de l'autre, dont les dénouements accentuent l'idée d'inconséquence causale. Dans la première histoire, l'acte de l'Amant qui tue la femme aimée paraît absurde, car leur amour est partagé. La seconde intrigue est également insolite, car le détective qui mène l'enquête d'un meurtre, s'avère du coup l'assassin que l'on cherche. Contre toute logique, la prostituée dans la troisième partie de la pièce avertit elle-même son client de sa maladie vénérienne, et pourtant, le dernier ne change pas son avis de coucher avec elle.

La nouvelle structuration de l'histoire fabulaire qui ébranle les normes rationnelles et s'attaque à la vraisemblance conventionnelle, illustre l'image surréaliste de l'univers authentique, fondé sur le mélange particulier du « réaliste et du poétique[3] ».

1 *Idem*, p. 18-19.

2 Breton, André ; Soupault, Philippe, *S'il vous plaît*, *Pièce en trois actes*, *Littérature*, première série, N 16, sept.-oct. 1920 ; in *Les Champs magnétiques*, Paris, Gallimard, coll. Poésie/Gallimard, 1971.

3 Aragon, Louis, Breton, André : *Le Trésor des Jésuites*, *op. cit.*, p. 340.

TYPES DE STRUCTURES HÉTÉROGÈNES

L'idée de désordre et de confusion générale créée par l'incohérence de l'action surréaliste, est renforcée par la structure hétérogène des pièces. Elle est fondée sur l'enchevêtrement du vraisemblable et de l'insolite, du ludique et du bouffon, manifestés de manière explicite ou implicite sur le plateau.

Les textes basés sur *une composition hétérogène explicite*, comprennent, le plus souvent, trois fragments bien distincts, *fictionnel, métatextuel et fantasmagorique*, qui diffèrent par leurs propres personnages, fable et cadre spatio-temporel. Le *niveau fictionnel*, situé de nos jours, s'organise autour du triangle traditionnel connu entre le mari, la femme, l'amant ou la maîtresse et rappelle bien une histoire vaudevillesque ou mélodramatique. En revanche, le *niveau métatextuel* s'attaque à l'illusionnisme référentiel dans le boulevard. Il représente le commentaire de l'intrigue, fait par des individus extrafabulaires, censés appartenir à l'univers du public : acteurs qui se maquillent pendant l'entracte, machinistes qui apportent le décor, spectateurs fictifs qui interviennent de la salle. Ainsi, les surréalistes rejettent le théâtre « truqué » et « illusionniste » au profit de « l'autonomie artistique », car ils considèrent que l'aire de jeu ne doit pas être un « mystère pour le public[1] ». Enfin, le *niveau fantasmagorique*, composé de sketches illogiques ou d'intermèdes pantomimiques qui alternent sans raison, finit par installer l'image de désordre référentiel sur le plateau. Y apparaissent des êtres bizarres, au comportement étrange qui donnent l'impression d'un cirque burlesque ou d'un rêve absurde : une femme nue, coiffée d`un grand chapeau à fleurs, porte une voiture d`enfant sur ses épaules, un quinquagénaire monté sur un tricycle d'enfant, est affublé d'un faux nez exagérément long qui lui tombe tout le temps sur la poitrine, un homme accroupi semble chercher quelque chose par terre, tandis qu'un autre le gifle sans raison.

Le caractère décousu de la structure dramatique est accentué par l'emplacement spatial de ses fragments hétérogènes. Ceux-ci sont situés sur des lieux différents et parfois même inhabituels – devant le rideau,

1 Tzara, Tristan, *Œuvres Complètes* (1912-1924), Paris, Flammarion, 1975, t. I, p. 605-606.

sur un tréteau au milieu de la scène ou même dans la salle. L'alternance rapide de tous ces sites désoriente le public et lui fait perdre les assises logiques en s'attaquant à l'illusion théâtrale.

Quant à la contiguïté constante des trois parties textuelles dans la pièce, elle détermine leur contamination mutuelle et atténue la vraisemblance traditionnelle. Car, même si les fragments incompatibles y sauvegardent leur aspect particulier, chacun d'eux s'avère influencé par les deux autres et se retrouve doté du même mélange d'éléments réels, imaginaires et oniriques.

Ainsi *le fragment fictionnel*, dans *L'Armoire à glace un beau soir* d'Aragon qui représente une scène de ménage montée par le mari jaloux, se termine par un tableau insolite. Le personnage qui s'imagine que sa femme le trompe, ouvre l'armoire pour y tuer le rival caché. Mais, au lieu de l'amant soupçonné, tout un monde fantasmagorique sort de l'intérieur et envahit la scène. Cette image burlesque du dénouement déréalise la fable mélodramatique et la situe entre le songe et la vie éveillée. L'histoire d'adultère paraît visualiser les angoisses inconscientes et les inquiétudes insoupçonnées du protagoniste de l'infidélité éventuelle de sa femme et revêt un caractère irréel.

Pour ce qui est du niveau *métatextuel*, il implique également le mélange illogique de réalités incompatibles et échappe, de même à l'ordre, rationnel. Les commentateurs dans *Mouchoir de nuages* de Tzara, interpellent les spectateurs dans la salle en leur posant différentes questions sur l'histoire montée sur scène et se situent bien dans l'univers réel du public. Mais, dans le même temps, ils communiquent avec les personnages dans la fable. Ils jugent leurs actes, leur donnent certains conseils concernant leurs relations avec les autres protagonistes et s'avèrent ainsi impliqués dans l'univers fictionnel.

En dernier lieu, les fragments *fantasmagoriques* contiennent également des niveaux incompatibles qui renforcent leur contenu illogique. L'apparition du poète Théodore Fraenkel parmi les personnages burlesques dans *L'Armoire à glace un beau soir* d'Aragon, atténue en quelque sorte l'invraisemblance de la scène carnavalesque et lui confère des nuances un peu plus réelles.

Par cette structure hétérogène, les surréalistes créent un spectacle de type nouveau. L'aire de jeu, éloignée du mimétisme référentiel, se transforme en lieu merveilleux qui incite le spectateur à sortir du quotidien banal et suscite le fonctionnement de ses désirs latents.

Pour ce qui est de l'autre type de structure dans la pièce surréaliste, notamment *la forme hétérogène implicite*, elle insère les différents fragments incompatibles (fictionnel, onirique, insolite) dans une même trame narrative. L'atmosphère surréelle y découle, le plus souvent, du mélange particulier entre la fiction vraisemblable qui se réfère au réel extrafabulaire et des éléments oniriques absurdes qui relèvent de l'imagination étrange. Les adeptes de Breton considèrent que les mécanismes cachés de l'inconscient motivent l'activité rationnelle de l'individu et accordent la même importance à « l'acte accompli en rêve » qu'à celui « qu'on accomplit éveillé[1] ». Voilà pourquoi, le rêve dans les pièces surréalistes n'est ni subordonné, ni juxtaposé au monde extérieur. Ce sont deux univers qui font un tout complexe et s'expliquent mutuellement. La structuration même du songe éloigne le texte du réel référentiel et renforce son caractère bizarre. À la différence du théâtre traditionnel où le rêve raconté semble rationalisé, le drame surréaliste le montre dans son fonctionnement effectif en sauvegardant son inconséquence saugrenue. L'image onirique, basée sur les mécanismes psychiques de l'inconscient, définis par Freud, notamment le dynamisme, la condensation et le déplacement du contenu latent, installe un univers bizarre, parsemé d'ellipses, mais censé révéler et expliquer ce qui est inconnu à la logique. Ainsi, le merveilleux qui envahit la scène, transgresse « le plat réalisme bourgeois[2] » et participe à la constitution de la vision « absolue » du monde.

L'ambiance référentielle dans le bar, où se déroule la première scène de la pièce *La Place de l'Etoile* de Desnos, installe l'image de la réalité sur la scène. Mais, avec la progression de l'action, les personnages de la vie éveillée pénètrent dans l'univers onirique du songe, tandis que le rêve introduit son atmosphère insolite dans la fiction mimétique et s'attaque à sa vraisemblance logique. L'incendie s'arrête devant la chambre du personnage. Les garçons du bar portent des plateaux dans la rue. Les différents protagonistes se retrouvent sans cesse sur les mêmes endroits, sans s'être donnés rendez-vous auparavant. Comme dans l'univers instable du rêve, ils perdent leurs repères à la réalité et se demandent souvent s'ils rêvent ou s'ils sont éveillés. Ainsi, la dernière scène qui représente la rencontre de la jeune Fabrice avec son amoureux Maxime, censée se dérouler pendant la vie éveillée des personnages, revêt un caractère

1 Breton, André, *Manifestes du surréalisme*, *op. cit.*, p. 77.
2 Gracq, Julien, *Avant-propos*, *Le roi pêcheur*, Paris, J. Corti, 1948, p. 7.

incertain et semble contaminée par les scènes oniriques qui l'avaient précédée.

Comme le réel référentiel est constamment mis en doute par le songe, de même le dernier garde des traces de l'univers référentiel et s'y réfère sans cesse. Ce rapport d'interdépendance entre les deux univers explique la présence des mêmes images oniriques dans les songes d'individus différents et illustre l'idée surréaliste de l'inconscient collectif formé par la réalité concrète. Tous les protagonistes dans *La Place de l'Etoile* de Desnos voient en rêve l'étoile de mer et aspirent à la posséder. La jeune fille Mélanie est présente dans les songes d'un nombre d'individus dans *Au pied du mur* d'Aragon.

Des éléments insolites et saugrenus, introduits dans une fable apparemment réaliste, ébranlent également sa vraisemblance et rappellent bien *la structure hétérogène implicite.* Dans *Victor ou les enfants au pouvoir* de Vitrac, l'histoire d'adultère, bien ancrée dans le contexte de l'époque, est déréalisée par l'aspect physique et les actes étranges de certains personnages. Victor, un enfant de neuf ans, dont on fête l'anniversaire, sort du commun, puisqu'il mesure 1,80 et continue de grandir tout au long de l'action. L'arrivée inattendue d'une femme insolite, habillée en robe de gala qui connaît tout le monde, mais qui n'est identifiée par personne, y accentue le caractère étrange sur le plateau. L'atmosphère d'angoisse produite par l'Inconnue, y est bien rabaissée par sa maladie étrange de péter au moment de la plus forte émotion.

LE CADRE SPATIO-TEMPOREL ENTRE LE RÉEL ET L'ÉTRANGE

La structuration du lieu scénique qui concilie le réel et l'imaginaire, renforce la dimension surréelle des textes dramatiques et ouvre les portes au merveilleux illogique. Y figurent, d'une part, des sites géographiques concrets, notamment, la Suisse, Venise, Monte Carlo, Paris avec ses quartiers et rues, le boulevard Montparnasse, l'Avenue d'Opéra, la rue de Rivoli. Des endroits de l'intérieur quotidien, comme le salon bourgeois, la salle à manger, la chambre à coucher, y rappellent bien la vie de tous les jours. D'autre part, ces lieux bien réels, subordonnés aux mécanismes psychiques de l'inconscient, propres à l'univers du rêve, perdent leurs références à la réalité et acquièrent un aspect insolite. Des paysages familiers au public sont déformés, des endroits éloignés entre eux sont montrés simultanément sur le plateau.

Dans *Les Mystères de l'amour* de Vitrac, Paris semble bizarre avec les boîtes des bouquinistes en forme de cercueils dominées par des cheminées rouges de remorqueurs. Les tranchées de la Première guerre mondiale, représentées à côté d'un hôtel en ville dans *Le Trésor des Jésuites* d'Aragon et Breton, créent une image scénique absurde.

Le décor et les accessoires dans ce théâtre, détachés souvent de leur fonction habituelle, revêtent également un caractère merveilleux. Les objets y bougent, parlent, envahissent miraculeusement le plateau pour se retirer après. La charrette à bras s'anime et se déplace toute seule, l'horloge fait un tic-tac anormal, une immense baignoire pleine de mousse, dans laquelle se trouvent les personnages, est installée dans le couloir d'un hôtel. Un paquebot tiré par un câble, paraît derrière le mur écroulé d'une chambre. Le fantastique gagne parfois toute la scène. Les feuilles, les fleurs et les fruits du jardin s'allument, « des arbres coule le sang [...] et inonde la scène[1] ».

Et pourtant, la structuration du lieu scénique ne privilégie ni la déformation spatiale issue de l'inconscient onirique, ni les références précises à la réalité concrète. La lumière sépare souvent la scène en deux sous-espaces, celui du réel et celui du rêve et leur coexistence crée le merveilleux surréel. Dans la pièce *Au pied du mur* d'Aragon, la vie éveillée du personnage se passe sur la partie éclairée du plateau, tandis que ses fantasmes oniriques se situent sur l'autre moitié obscure de l'aire de jeu. Dans *L'Entrée libre*[2] de Vitrac la figure du dormeur allongée sur la scène, indique que l'action dramatique visualise ses rêves.

L'organisation temporelle des pièces ajoute de nouvelles nuances au désordre référentiel et complète leur caractère merveilleux.

D'une part, la coïncidence fréquente entre la durée de l'action et celle du spectacle dans les textes surréalistes, donne l'impression que les événements se déroulent dans leur étendue normale. Les petits sketchs

---

1 Picasso, Pablo, *Les Quatre petites filles*, *op. cit.*, p. 113.

2 Vitrac, Roger, *Entrée libre, drame en un acte et sept tableaux* (1922), in *Théâtre*, Paris, Gallimard, 1964, t. III.

de Vitrac présentent souvent des songes brefs qui suivent l'inconscient dynamique du rêveur dans ses étapes successives. Ils se terminent sur des images suggestives qui explicitent la simultanéité entre le temps réel de la salle et la durée fictionnelle du plateau. L'œil dont la paupière s'ouvre et se referme à la fin de *L'éphémère*[1], pourrait s'associer à un moment d'éveil qui interrompt le songe court auquel les spectateurs avaient assisté. Le même effet est assumé par la boule d'or du *Désir attrapé par la queue* de Picasso. Elle aveugle les personnages en les obligeant de fermer leurs yeux et les situe rétrospectivement dans le contexte du rêve, qui était montré sur la scène.

D'autre part, l'alternance des tableaux qui se suivent à un rythme inégal, crée un tableau déformé de la réalité. Le temps avance soit trop vite, soit il est étrangement ralenti ou progresse même à rebours contre toute raison normale. Les surréalistes considèrent les paramètres rationnels de la temporalité comme une « vieille farce sinistre[2] », puisque l'inconscient ne connaît pas les catégories logiques et les contraintes de la chronologie. Ainsi, la structure dynamique du temps rappelle bien la mobilité du monde onirique. Elle détache le spectateur des conventions du théâtre cartésien et lui fait saisir intuitivement les images qui se déroulent devant lui. La succession rapide des images évoquant la technique cinématographique qui inspire les surréalistes, crée l'image d'un monde fabuleux. Comme dans un conte de fée, à peine a-t-il formulé un vœu que celui-ci est déjà réalisé. Dans *Les Mystères de l'amour* de Vitrac, il suffit que Patrice prononce seulement le nom de Léa, sa bien aimée, et elle est déjà à côté de lui, sur la scène. Le Poète de la pièce *Mouchoir de nuages* de Tzara vient de raccrocher le téléphone après la conversation avec la Femme et l'instant suivant elle est déjà chez lui.

Finalement, le cours achronologique de l'action détache la scène de ses paramètres rationnels et la rapproche d'un rêve. Dans *Les Mystères de l'amour* de Vitrac, une veuve déjeune avec son mari défunt. Dans *Au pied du mur* d'Aragon, une femme reçoit le billet doux que son amoureux ne lui a pas encore écrit et qui sera rédigé bien plus tard. La perturbation de l'ordre temporel est particulièrement prononcée dans *Ma chance et*

1 Vitrac, Roger, *L'Ephémère*, *Fantasmagorie* (1929), *Variétés*, 2e année, N°9, 15 janvier 1930 in *Théâtre*, Paris, Gallimard, 1964, t. III.

2 Breton, André, *Manifestes du surréalisme*, *op. cit.* p. 77.

ma chanson[1] de Neveux. Les jeunes amoureux y rencontrent leur enfant âgé déjà de 18 ans qu'ils n'ont pas encore conçu et y côtoient, dans le même temps, leurs grands-parents morts depuis longtemps.

Tous ces faits merveilleux visualisent la conception surréaliste du psychisme latent, peuplé de désirs mal définis à la quête de l'intégrité perdue et libéré des contraintes de la chronologie. Les avant-gardistes considèrent que la mobilité de l'inconscient individuel, tourné aussi bien vers l'avenir que vers le monde reculé de l'enfance, fait le pont entre le présent, « le passé et le futur[2] », entre le réel, le fictionnel et l'onirique.

LA CONFIGURATION ACTANTIELLE DES PERSONNAGES

La multitude hétérogène des personnages surréalistes, formée d'êtres fabulaires et de clowns insolites, de figures liées à la réalité extrafabulaire, voire même d'insectes et d'animaux, ébranle les fondements logiques de la raison. Le désordre référentiel y est renforcé par les prénoms insolites de certains protagonistes qui semblent effacer la distinction entre animé et inanimé. Dans *Le désir attrapé par la queue* de Picasso, les protagonistes s'appellent Oignon, Grand pied, Tarte, tandis que les personnes humaines dans *Vous m'oublierez*[3] de Breton et Soupault, sont désignées comme Machine à coudre, Parapluie, Robe de chambre.

La conception même de l'être humain, ses métamorphoses insolites et ses actes absurdes s'attaquent bien à la vraisemblance logique. Le héros surréaliste dépourvu d'identité stable, porte souvent un nombre de prénoms différents. Le Peintre qui donne le titre au sketch éponyme de Vitrac, apparaît sous deux désignations différentes : Glucose et Parchemin. Dans *Au pied du mur* d'Aragon, trois noms (Frédéric, Pierre et le Speaker) reviennent à une seule personne. La mobilité du statut social des protagonistes les éloigne également de la vraisemblance logique. Mais, le grand nombre d'activités professionnelles incompatibles qu'ils

1 Neveux, Georges, *Ma chance et ma chanson* (1940), *Théâtre*, Paris, Julliard-Sequana, 1946.

2 Breton, André, *Manifestes du surréalisme, op. cit.*, p. 73.

3 Breton, André ; Soupault, Philippe, *Vous m'oublierez*, *Sketch*, *Cannibale*, N°1, Paris, 25 avril 1920 in *Les Champs magnétiques*, *op. cit.*

assument, laisse deviner leur inconscient angoissé à la quête de l'intégrité impossible. D'après les didascalies du drame *Entrée libre* de Vitrac, Mme Rose tient les rôles de marchande de journaux, de prostituée, de servante et même « d'oiseau rare[1] », le commissaire de la ville dans *Juliette ou la clef des songes*[2] de Neveux se transforme subitement en facteur.

Le cas extrême d'instabilité insolite des personnages consiste en leur capacité de mourir et de ressusciter, de retrouver leur physique après avoir été coupés en morceaux, ou d'apparaître même sous l'apparence d'insectes ou d'animaux.

Le comportement étrange des individus surréalistes et leurs rapports déroutants pour la raison, renforcent l'impression d'un univers insolite. Ils avouent leur amour en giflant la personne aimée et lui crachent au visage, ils rient quand il faudrait pleurer ou jettent par la fenêtre l'objet convoité qu'ils avaient cherché auparavant. Ces réactions spontanées et apparemment incohérentes des protagonistes, font voir les aspects multiples et contradictoires de leur nature humaine et suggèrent les « profondeurs » inépuisables de leur « l'esprit[3] ». Les êtres surréalistes ne sont pas « campés physiquement et moralement[4] » une fois pour toutes et mènent « plusieurs vies [...] à la fois[5] » dans le quotidien et dans le rêve.

Enfin, les attaques directes de certains personnages aux spectateurs, effacent la distinction entre réalité et fiction et mettent en cause la sécurité du public. Elles installent la panique dans la salle en transgressant les normes culturelles du spectacle traditionnel et éloignent le public de tout repère rationnel en déclenchant ses angoisses refoulées. Aussi les avant-gardistes considèrent-ils la surprise terrifiante comme une autre forme de merveilleux surréaliste[6]. Ce choc inattendu est particulièrement évident dans la pièce *Les Mystères de l'amour* de Vitrac. Selon les didascalies finales, l'héroïne Léa descend du plateau, elle rejoint le public et tue un spectateur fictif.

Le personnage de l'auteur fictif qui apparaît dans plusieurs pièces, suscite également la surprise par son comportement scénique. Des

1 Vitrac, R. *Entrée libre*, *op. cit.*, p. 29.
2 Neveux, Georges, *Juliette ou la clef des songes, pièce en trois actes* (1927), *Théâtre*, Paris, Julliard-Sequana, 1946.
3 *Idem*, p. 19.
4 Breton, André, *Nadja* (1928), Paris, Gallimard, 1964, p. 19-20.
5 Breton, André, *Manifestes du surréalisme, op. cit.*, p. 11.
6 Béhar, Henri, *Le théâtre dada et surréaliste*, *op. cit.*, p. 293.

spectateurs fictifs le réclament mécontents pour le tuer, il veut se suicider lui-même ou apparaît ensanglanté sur l'aire du jeu. Sa présence sur le plateau s'associe à quelques fonctions esthétiques fondamentales. D'une part, il introduit le réel authentique et contribue à la création de l'univers « absolu ». Il évoque, d'autre part, la thèse surréaliste de l'autonomie et de l'anonymat de l'œuvre littéraire, qui n'appartient plus à son auteur, mais revient à ceux qui l'achèvent par leur propre interprétation. Par l'effacement et la dérision de l'auteur, le public est invité à constituer lui-même le sens du spectacle et à prolonger de cette façon le processus de la création.

Le discours des protagonistes formé de tournures logiques et de propos insolites, porte également l'empreinte du surréel qui débouche sur le merveilleux. Les propos scéniques contiennent, d'une part, des répliques quotidiennes et des clichés de tous les jours qui évoquent le sociolecte de l'époque. Ils sont parsemés, d'autre part, d'associations sémantiques et phonétiques inattendues, de bribes de phrases, de lapsus qui émanent de la subjectivité inconsciente de l'être et sortent à la surface les zones inconnues de son psychisme caché. Les paroles saisies comme une sorte de « tremplins à l'esprit[1] » de chacun des interlocuteurs, modifient sensiblement le dialogue dramatique. Les répliques dépourvues souvent d'enchaînement rationnel, révèlent la pensée profonde de l'individu et « rétablissent » la communication « dans sa vérité absolue[2] ». Ce discours nouveau adressé à l'inconscient des protagonistes, touche également le for intérieur du spectateur, déclenche le fonctionnement de son propre moi refoulé et l'aide à parvenir à sa propre essence.

CONCLUSION

En guise de conclusion on pourrait avancer que le désordre référentiel faisant partie de l'univers surréel, exprime la philosophie des avant-gardistes de la complexité contradictoire du monde et du psychisme humain et représente un ordre esthétique bien argumenté. La réalité

1 Breton, André, *Manifestes du surréalisme*, *op. cit.*, p. 49.
2 *Idem*, p. 49.

« absolue » n'est pas la somme mathématique d'une équation simple de ses composants antithétiques, mais relève de leurs influences réciproques. Le réel mimétique n'est pas une entité statique et isolée, établie une fois pour toutes, mais représente une sorte d'unité dynamique, de « vase communicant », « aux confins du rêve[1] ». Le merveilleux, de sa part, loin de fuir dans l'irréel et le rêve, se réfère constamment au concret visible, et fait penser à celui du quotidien. Le rapport particulier de ces deux notions esthétiques étroitement associées au surréel illogique, donne lieu à une nouvelle structure hétérogène à la limite entre le référentiel et l'imaginaire, le conscient et l'inconscient. La coexistence de ces deux concepts antithétiques dans la dramaturgie du mouvement, censée libérer l'individu de toute contrainte rationnelle pour le rapprocher de « la vraie vie[2] », introduit l'imagination poétique illimitée sur le plateau et ouvre les voies aux recherches théâtrales ultérieures.

Dina MANTCHEVA
Université de Sofia, Bulgarie

1 Desnos, Robert, *La Place de l'Etoile*, *op. cit.*, p. 21.
2 *Idem*, p. 55.

MOTS ET DÉSORDRE

Embarras, « emiettofatras » et au-delà d'Henri Michaux

À n'en pas douter, Henri Michaux n'a cessé d'être confronté au désordre. Qui ne consulterait que les titres de la plupart de ses œuvres en serait vite convaincu : *La nuit remue* ; *Épreuves, Exorcismes* ; *Voie pour l'insubordination* ; *Face à ce qui se dérobe* ; et ce serait encore plus notoire pour les œuvres reliées aux expériences de drogue ; le lexique n'y est en effet que promesse de trouble : *L'infini turbulent* ; *Paix dans les brisements* ; *Connaissances par les gouffres* ; *Les grandes épreuves de l'esprit* ; *Misérable miracle*[1]... L'auteur d'ailleurs dans la préface d'*Épreuves, Exorcismes* souligne cette présence inévitable :

> Il serait bien extraordinaire que des milliers d'événements qui surgissent chaque année résultât une harmonie parfaite. Il y en a toujours qui ne passent pas, et qu'on garde en soi, blessants. Une des choses à faire : l'exorcisme[2].

Or parmi les moyens disponibles pour cet exorcisme, se trouve ceux qui permettent d'ex-primer et de frapper ce que l'auteur dénomme *les puissances environnantes du monde hostile*[3], à savoir la parole, la musique, la peinture. Pourtant ces moyens se présentent à leur tour comme rebelles, insoumis et aléatoires. Dans ces conditions, dire le désordre peut devenir pour celui qui le subit, aussi astreignant et désastreux que subir « *la nuit des embarras*[4] » aux facéties monstrueuses. Dès lors rendre compte des tentatives de l'auteur en la matière, qui plus est sur une œuvre vaste, devient tâche immense et périlleuse. Nous choisirons ici

---

1 C'est nous qui soulignons.

2 *Épreuves, exorcismes*, in Henri Michaux, *Œuvres complètes*, tome I, Paris, Gallimard Pléiade, Paris 1998, p. 773.

3 *Ibid.*, p. 774.

4 C'est le titre d'un texte de *Lointain intérieur*, *op. cit.*, p. 614.

de définir seulement quelques aspects essentiels de la démarche d'Henri Michaux. Il sera tout d'abord nécessaire de préciser ce qu'implique et signifie dire le désordre, sans oublier qu'un désordre peut aussi être une forme voulue d'exorcisme ; il faudra ensuite analyser comment les contenus d'un récit sont requis pour rendre la transcription des événements subis ; enfin on observera une distanciation mise en œuvre pour transcender la difficulté même de langage.

Si le désordre semble menacer le quotidien d'Henri Michaux, il n'en reste pas moins ardu de le définir. Et même pour l'auteur, le premier embarras est sans doute de l'appréhender, de le connaître pour le prévoir et lui faire face. Le personnage de Plume représenterait bien cette victime d'un monde qui ne cesse d'offrir surprises, désagréments, inadaptations.

> Aventures terribles, quels que soient vos trames et vos débuts, aventures douloureuses et guidées par un ennemi implacable[1].

Cet ennemi quelque peu baudelairien n'est que la présence d'un absurde latent, qui pervertit le monde et installe des visions d'angoisse qui vont provoquer un désordre intérieur, une tourmente, où toute référence s'efface, au point d'en perturber la moindre relation, réduite fatalement à une accumulation verbale qui reproduit de constantes mutations et ne peut être jugée que comme insuffisante :

> Dans la tempête, il entend le Monde, comme il sonne vraiment. [...] C'est la poursuite vertigineuse, et il n'est pas de pont dans un tourbillon. [...] Comme des bulles, des horizons toujours nouveaux apparaissent, croissent, se dilatent, crèvent, réapparaissent, s'étirent, se dilatent, et encore, et encore[2]...

Et de fait on est en proie à un désordre total, qui agite l'espace et le temps, en sorte que déjà il se révèle impossible à cerner, rendant toute expression inopérante, dépassée, décevante.

Bien plus, est-il opportun d'en parler ? Car dire le désordre, ne serait-ce point parfois le créer, le suggérer ? Toute évocation même partielle semble éveiller la conscience qui l'enregistre avec un temps de retard, provoquant en réaction un nouveau désordre. Le temps de le dire, il est trop tard, et l'on ne peut échapper à cet enchaînement infernal, à

1 *Un certain Plume*, in *Œuvres complètes*, *op. cit.* p. 628.
2 « L'insoumis », *Lointain intérieur*, in *Œuvres complètes*, *op. cit.*, p. 188.

l'image de personnages comme Pon qui ne cesse de naître désespérément de toutes les créatures terrestres. Plume, quant à lui, s'efforce de faire face aux contrariétés, aux agressions, avec nonchalance, indifférence ou fatalisme, même si la violence n'y est pas absente. Or dans un texte qui ouvre précisément l'ouvrage, intitulé « Un homme paisible », on observe bien une dialectique du penser et du dire, Plume se réservant une *pensée* distraite, lui permettant de se « *rendormir* » (5 occurrences de l'incise « *pensa-t-il* » et du pronominal « *se rendormit* »), alors que c'est le monde extérieur qui *dit*, Plume s'y résolvant seulement à la fin, pour répondre au juge[1].

En d'autres moments, le narrateur, lui aussi perpétuel insatisfait et cette fois excédé, réagit et ses « *occupations* » deviennent tout autres :

> Je peux rarement voir quelqu'un sans le battre. D'autres préfèrent le monologue intérieur. Moi, non. J'aime mieux battre[2].

Tel apparaît cette fois ce refus d'une parole extérieure ou intérieure, pour n'afficher que violence. Pourtant là encore le désordre ne recule pas et gagne. Dans la lutte avec celui qu'il appelle son « *Roi*[3] », le narrateur doit reconnaître les vicissitudes d'un heautontimorouménos baudelairien, d'un bourreau toujours plus victime. La souffrance et le malaise n'ont fait qu'augmenter par cette fâcheuse diversion. Et dans ces conditions on en est réduit à subir en se taisant :

> On attend, on ne dit mot, on attend que Lui décide[4].

Cependant il arrive que Michaux, face à l'ennui ou au malaise d'un monde vertigineux, en vienne à recommander le recours à un autre désordre, d'un désordre à soi, provoqué et lancé comme une « *boule aérienne et démoniaque*[5] ». En guise de parade, il établit un exorcisme, une sorte d'« *hygiène* » de l'« *impuissance à se conformer*[6] ». Dès lors de ce désordre il compose une *intervention* qui, dans sa puissance latente, et même organisée, selon le cynisme de son créateur, a des vertus passant

1 *Un certain Plume*, in *Œuvres complètes op. cit.* p. 622.

2 « Mes occupations », *Mes propriétés, La nuit remue, idem* p. 471.

3 « Mon Roi », *La nuit remue, idem* p. 422.

4 *Ibidem*, p. 424.

5 Selon l'expression de la préface *d'Epreuves, Exorcismes, op. cit.*, p. 773

6 C'est ce qu'il affirme dans la « postface » de *La nuit remue, op. cit.*, p. 511 et p. 512.

par un humour que Michaux dose à l'envi. Ainsi à Honfleur le narrateur crée encombrement et puanteur, en introduisant « *du chameau* » dans une « *petite ville de pêcheurs de crevettes et de moules* » :

> J'étais donc à Honfleur et je m'y ennuyais. Alors résolument j'y mis du chameau. Cela ne paraît pas fort indiqué. N'importe, c'était mon idée. D'ailleurs, je la mis à exécution avec la plus grande prudence. Je les introduisis d'abord les jours de grande affluence, le samedi sur la place du Marché. L'encombrement devint indescriptible et les touristes disaient : « Ah ! ce que ça pue ! sont – ils sales les gens d'ici ! » L'odeur gagna le port et se mit à terrasser celle de la crevette. On sortait de la foule plein de poussières et de poils d'on ne savait quoi[1].

En somme dans ce cas, le désordre pourrait apparaître comme vertueux et quelque peu jubilatoire, et nul doute que cette fois le récit semble s'y attarder, avec une complaisance de trublion. Mais ces palliatifs, jeux ou désordres imaginaires, ont leurs limites dans le temps et aussi dans la maîtrise qu'il faut assurer avec constance. L'auteur, dans une expérience parallèle, doit alors reconnaître un échec :

> Quant à moi, ayant encore plus mal dans le corps des autres que dans le mien, j'ai dû y renoncer rapidement[2].

Il existe alors un désordre plus fondamental, qui engage l'être tout entier, dans sa pensée et sa parole, c'est le désordre de la drogue. Son lien avec le langage y est proclamé et donc concerne plus pertinemment encore notre sujet. Pourtant certains passages des textes précédents sont comme une anticipation de ce que Michaux considère comme une suite d'expériences pour déterminer les possibilités du moi. Ainsi déjà dans la Postface de *Plume*, Michaux observe que ce « *moi est provisoire* », et il établit clairement l'emprise et l'empire du désordre dans la pensée :

> Rien jamais définitivement circonscrit, ni susceptible de l'être, tout : rapport, mathématique, symboles ou musique. Rien de fixe. Rien qui soit propriété. Mes images ? des rapports.
> Mes pensées ? Mais les pensées ne sont justement peut-être que contrariétés du « moi », pertes d'équilibre (phase 2), ou recouvrements d'équilibre (phase 3) du mouvement du « pensant ». Mais la phase 1 (l'équilibre) reste inconnue, inconsciente[3].

---

1 « Intervention », *Mes propriétés*, *La nuit remue*, *op. cit.*, p. 488.
2 « Nuit de noces », *La nuit remue*, *op. cit.*, p. 432.
3 « Postface » de *Plume*, in *Œuvres complètes*, *op. cit.*, p. 665.

La drogue viendrait donc révéler les désordres, comme d'autres phénomènes, maladie, folie, affectent le physique et le mental. Dans la drogue cependant s'affirme un désordre croissant ou décroissant selon l'importance de la dose et l'évolution de ses effets, et Michaux sait combien alors des conclusions importantes sont à attendre. Ce qu'il met alors en valeur dans ces diverses expériences, c'est la difficulté d'association, notamment d'une pensée ou idée à une autre, et ensuite d'une pensée avec la parole. Le désordre y est intrinsèque, et s'y révèle la quête de repères, s'il est possible d'en trouver. Dans ces conditions c'est la relation de telles expériences, la possibilité même de les relater qui devient essentielle. Dire le désordre serait supposer une raison, un logos, et forcément une trace de conscient, puisque en ces moments mêmes demeure une impossibilité d'un inconscient réconfortant…

La méthode de Michaux pour témoigner du désordre est alors tout à fait particulière. Elle se compose de divers moments, correspondant aux différentes phases d'expression. L'auteur prépare des carnets à proximité, sur lesquels il inscrira ce qu'il peut au moment des crises. Dans ses ouvrages figureront alors des reproductions, tantôt graphiques, tantôt dessins, c'est la première phase ; par la suite retrouvant plus de maîtrise il garde dans des colonnes la trame essentielle de ses impressions, mots isolés, séquences plus ou moins limitées, c'est la deuxième phase. Vient ensuite la troisième phase d'une écriture rassemblant les données et les nouvelles réminiscences d'un être prétendu « revenu à lui[1] », ce qui constitue le corps du texte. Cependant chaque drogue a ses particularités et chaque détail peut prendre son importance dans ce que l'auteur appelle un « *émiettofatras*[2] ».

Les résultats de la première phase correspondent à l'énormité que Michaux croit devoir résumer en exergue de son ouvrage *Misérable Miracle* :

> …et l'on se trouve alors, pour tout dire, dans une situation telle que cinquante onomatopées différentes, simultanées, contradictoires et chaque demi-seconde changeantes, en seraient la plus fidèle expression

---

1 Mais H. Michaux pose nettement la question : « Revenir à soi, qu'est-ce que c'est ? » et s'efforce d'en montrer la progression. *Les grandes épreuves de l'esprit*, Paris, Gallimard NRF Le point du jour, 1966, p. 15.

2 *Misérable miracle*, Paris, Gallimard, NRF Le point du jour, 1972, p. 73.

De fait tout est convoqué pour tenter l'impossible expression : tracés, dessins, écriture, lettres, mots sont là pour correspondre à des oscillations, que l'auteur définit en référence au Professeur Heim, spécialiste des champignons hallucinogènes :

> Mon écriture est profondément modifiée, comme mue par une mécanique accélérée[1].

Les ondes sont alors réduites à des lettres comme des Z, des S, ou à des lignes « en dents de scie[2] », « pullulation de pointes, de hampes, de clochetons et de collonnettes [sic] microscopiques[3] ».

Dans d'autres cas Michaux évoque un manuscrit de constitution éprouvante, dans chacun de ses éléments, de la simple lettre aux syllabes, aux mots et aux phrases. C'est une réalité foisonnante, soumise aux mutations, que traduisent ici l'abondance et l'accumulation des verbes ainsi que l'hypercaractérisation :

> Lancées vivement, en saccades, dans et en travers de la page, les phrases interrompues, aux syllabes volantes, effilochées, tiraillées, fonçaient, tombaient, mouraient. Leurs loques revivaient, repartaient, filaient, éclataient à nouveau. Leurs lettres s'achevaient en fumées ou disparaissaient en zigzags. Les suivantes, discontinues pareillement, continuaient de même leur récit troublé, oiseaux en plein drame auxquels des oiseaux invisibles coupaient les ailes en vol[4].

Et la suite du texte évoque l'apparition de néologismes, de sonorités redoublées, où des gutturales en [K] paraissent s'imposer, avant de constituer des bribes, vite recomposées, défiant toute transcription ou l'expression même :

> Comment dire cela ? Il aurait fallu une manière accidentée que je ne possède pas, faite de surprises, de coq-à-l'âne, d'aperçus en un instant, de rebondissements et d'incidences, un style instable, tobogganant et babouin[5] .

---

1 Note 1 dans *Connaissance par les gouffres*, Paris, Gallimard NRF Le point du jour, 1961, p. 17.

2 *Ibidem* p. 17. *cf.* pour ce Z ou S *idem* p. 110 ou *Misérable miracle, op. cit.*, p. 120.

3 *Misérable Miracle, op. cit.* p. 71, schéma 2.

4 *Idem* p. 13-14.

5 *Ibid.*, *cf.* aussi, *Les grandes épreuves de l'esprit, op. cit.*, p. 63, où l'auteur montre une approche soudain différente du mot : « *J'embrasse plus de lettres à la fois, mon enjambée est plus considérable, j'en écris plus d'une traite sans lever la plume, je vois mieux d'un coup d'œil ce qui peut se parcourir d'un parcours sans halte.* »

Sur ce toboggan apparaissent des mots, souvent des mots dépourvus de sens, présents pour leur entité graphique ou phonétique. Et chaque mot est là comme le mot « *rapsodique* » qu'évoque Baudelaire dans « Le poème du haschisch », c'est-à-dire avec un « *train de pensées suggéré et commandé par le monde extérieur et le hasard*[1] ». On peut même assister à une totale désarticulation du langage, où tout de même on garderait une mélodie, mais sur du néant, avec des « *phrases sans les mots, sans les sons sans les sens* » Michaux commente ainsi :

> Qu'est-ce qui resterait alors ? Les montées et les descentes de la voix (sans voix) ou de l'expression (mais sans expression) comme quand on passe de l'aigu au grave, de l'affirmatif à l'interrogatif etc… Phrases abstraites de tout sauf de cela[2].

Dans la 2e phase, se distingue une meilleure consistance, mais toujours une agitation forte. Henri Michaux voulant en rendre compte nous en montre trois caractéristiques : le rythme et la répétition, l'hyperbole, la comparaison. Ainsi de la mescaline il est dit qu'elle « *répète, énumère*[3] ». De fait à seulement observer les notes comprises dans les marges de *L'infini turbulent* ou de *Misérable Miracle*, on constate l'abondance des reprises, comme si une dominante, certes provisoire, imposait sa présence, créait un rythme analogue au tamtam dont il aimait se repaître avec son piano, en guise de libération… Ainsi dans l'expérience II de *L'infini turbulent*, on observe la réitération du mot *blanc* lui même assurant la répétition de la voyelle nasale [ã] :

> Friction par le blanc/ cliquetis secret/ du blanc/Dans/la tempête/du blanc En sortir/comment en sortir/blanc/blanc/…/blanc/de torrent/qui ne me/lâche plus/…/blanc/qui reste/dont je ne/ « reviens » pas/…/le blanc/frappant/ma pensée/de blanc/…/[4]

Ailleurs c'est le mouvement général qui impose son retour verbal dans une construction sans cesse remise en cause :

---

1 Baudelaire, *Les Paradis artificiels*, in *Œuvres complètes*, Paris, Gallimard Pléiade, 1954, p. 464.

2 *Connaissance par les gouffres*, Paris, Gallimard NRF Le point du jour, 1961, p. 73.

3 *Misérable miracle*, *op. cit.*, p. 65. Le même phénomène est à observer chez les schizophrènes. Cf *Les grandes épreuves de l'esprit*, *op. cit.*, p. 160.

4 *L'infini turbulent*, Mercure de France, 1964, p. 52. Le texte final juxtaposé reproduit abondamment la même répétition. Même expérience du blanc dans *Misérable miracle op. cit.*, p. 23.

> Ruines /ruines /perpétuellement en ruine /sans tomber /jamais //emboîtements-/ déboitements /emboitements-déboitements[1]

Pour la deuxième caractéristique, Michaux évoque la présence de superlatifs. Il l'évoque dans *Misérable miracle* où il le déplore, en reconnaissant que « c'est insupportable d'être dans le superlatif de tout[2] ». Dans *L'infini turbulent*, à plusieurs reprises, ce sont des adverbes de l'excès qui évoquent ce superlatif : *très*, d'ailleurs répété à la suite cinq fois[3] ou *extrêmement*, qui pour lui serait le résumé, voire le nom de la mescaline ; et pour l'évoquer, la phrase rivalise à nouveau d'adjectifs hyperboliques :

> Un insaisissable « extrêmement », un déroutant « extrêmement », un surabondant « extrêmement », un intensifiant « extrêmement », un terrifiant « extrêmement », motorisant tout, lançant n'importe quoi vers n'importe où, accélérant, accélérant, accélérant, accélérant [...][4]

Et dans un autre passage, c'est de ce superlatif qu'on témoigne, là encore à grand renfort de répétitions, pour évoquer un envahissement aussi exaspérant que réconfortant :

> On est envahi de superlatifs. On étouffe de superlatifs. On hurlerait de superlatifs. On est immense et rayonnant de superlatifs. On est assoiffé et en grand besoin de superlatifs. Des plus grands, des plus extraordinaires. On est insatiable. On vit superlativement[5].

Quant au troisième procédé, la comparaison, elle semble particulière aux limites de l'expression et s'impose comme position de repli face à une insuffisance verbale. Ainsi Michaux affirme sa conception de l'analogie :

> La comparaison n'est pas toujours recherche d'une correspondance, mais souvent plutôt un moyen de tenir à distance (raisonnable – lui donnant place raisonnable ou belle) une image venue d'emblée, sans crier gare, irrépressible, sans « s'expliquer » et dont on ne voit pas toujours soi-même l'à-propos[6].

---

1 *Misérable Miracle*, *op. cit.*, p. 41.
2 *Idem* p. 138.
3 *L'infini turbulent*, *op. cit.*, p. 17.
4 *Idem*, p. 197.
5 *Idem*, p. 17.
6 *Idem*, p. 49.

C'est avec le haschisch et la mescaline que l'auteur découvre la particularité de ces rêves-comparaisons, où elles apparaissent « *nettes, sans mots, sans but charmeur, nues au point d'être des rébus*[1]. » De fait il les analyse comme n'étant point œuvres de charme, ni embellissement :

> Contrairement à ce que ferait croire la fausse poésie, l'opération de comparaison est constitutionnelle et nullement un rajout intéressant fait après[2].

De ces deux premières phases qui sont les premiers avatars du texte, on voit l'intérêt et l'originalité, qui semblent réservés aux expériences de drogue. Pourtant Michaux les rapproche, tout en les différenciant de celles des aliénés, du schizophrène par exemple dont il montre les efforts au milieu d'une certaine impuissance :

> Récalcitrant à la simplicité et aux règles, le schizophrène a introduit ses accentuations et surimpressions à lui, indépendamment les unes des autres, à chacun des différents niveaux du langage. Au niveau du vocabulaire il met les néologismes, au niveau de l'orthographe la répétition, la birépétition, la trirépétition des lettres ou des syllabes, au niveau de la scription les spirales, les boucles aux lettres, les vains soulignements, au niveau sémantique l'hermétisme, les ellipses outrées, indéchiffrables, les apparents non-sens[3].

La troisième phase de rédaction voudrait permettre une recomposition. Désormais c'est un premier retour à soi, c'est le passage d'une pensée analogique à une pensée plus réfléchie :

> Il est à présent dans une pensée constructive, coordonnée, qui peut examiner à son aise son objet sous toutes ses faces, une pensée réfléchie, une pensée par étapes[4].

Dans ces conditions l'auteur revient au style narratif et grâce à lui cherche une expansion des notes de la deuxième phase par amplification, critique, interrogation. Le désordre devient un objet d'étude, une description d'événements, partagée entre les premiers éléments retenus et les apports de la mémoire. L'homme qui peut dire va désormais à la rencontre de l'homme qui a expérimenté. Dans cette démarche se

---

1 *Idem*, p. 173.
2 *Ibidem*.
3 *Les grandes épreuves de l'esprit*, *op. cit.*, p. 154-155.
4 *Idem*, p. 18.

retrouverait un peu celle de Baudelaire qui évoque le «*palimpseste*» du cerveau humain :

> Qu'est-ce que le cerveau humain, sinon un palimpseste immense et naturel ? Mon cerveau est un palimpseste et le vôtre aussi, lecteur. Des couches innombrables d'idées, d'images, de sentiments sont tombées successivement sur votre cerveau, aussi doucement que la lumière[1].

Il reste que le retour à soi n'est pas forcément un progrès dans la connaissance. Car la pensée redevient directrice et bien des tendances sont évacuées, même si la drogue a pu les révéler. Michaux affirme donc sans ambiguïté :

> En plus d'un point revenir à soi, c'est retomber dans l'inconscience. Comme avec la santé mentale recouvrée, on change de conscience, on change aussi de subconscience. C'est un dommage. On ne pourra donc jamais saisir ensemble subconscient et conscient[2].

Et dans ces conditions il n'est pas évident que la parole suive la pensée, car au contraire de la langue, le penser n'a pas de «*fluidité*». A ce propos, dans une note, l'auteur revient sans ambages sur les vicissitudes de la communication :

> La parole « retient », et l'écrit reste... mais la pensée est repartie depuis longtemps du « rapport déposé ». Chacun périodiquement atterrissant dans le langage vient y donner ou y prendre rendez-vous avec les autres... et ensuite repart seul dans le monde de son esprit[3].

On pourrait croire ainsi que les embarras de Michaux ne sont qu'à moitié résolus, dans la mesure où le langage n'a pu rendre totalement compte d'une pensée toujours renouvelable. Faute de mieux on s'en contenterait, mais dans un texte essentiel, l'auteur surprend en posant cette question : en difficulté mais où la difficulté ?

En fait ce texte se présente comme une distanciation par rapport à un récit, une volonté métalinguistique personnelle de décrire soi-même l'épreuve qu'est « dire le désordre », en quelque sorte cette fois un récit analysant le récit précédent. Les éléments fournis par Michaux sont

1 Baudelaire, *op. cit.*, p. 540.
2 *Les grandes épreuves de l'esprit*, *op. cit.*, p. 20.
3 *Idem* p. 21.

encore une fois pleins d'intérêt. Confirmant les analyses précédentes, l'auteur donne cette fois un exemple de ce mélange de mots qui viennent, déstructurés, émiettés, et constituent des phrases aux séquences visibles mais avec un enchaînement les privant de sens, tout en livrant les efforts successifs d'écriture :

> Je vais dire. J'ai voulu dire, entraînant le précédent, puis par une progressive impuissance parce que frappé d'un certain angle diverti, dis-je m'arrête de mon étonnement déporté de pensée en archipel, sur les lieux je continue correctrice, c'est la difficulté transformatrice, méduse, la plus grande attention par étapes compréhensive de vagues qui ne vont pas l'une vers l'autre si quelqu'un de sagace, qui serait libre d'avant en arrière, est-ce et s'apercevrait ? J'embrasse l'ensemble si ce qu'on a devant soi, un moment au moins une place, ces lieux divergifiants, pince, elle-même, maintenant l'avoir vécu, vingt et vingt, pas, non pas une[1] …

Ce texte présenté entre guillemets s'offre donc à l'analyse de son constructeur, qui affirme sa volonté de dire, puis sépare par une ponctuation constante des séquences, alors que toute unité et cohérence apparaissent impossibles. La difficulté vient du fait que toute saisie d'un élément est perturbée par l'arrivée du suivant. Le constat va alors dans le sens de nos remarques précédentes :

> Chevauchements, répétitions (la répétition est là pour tenter de se reprendre en main) décalages, dépôts juxtaposés de petits bouts disparates[2].

Puis Michaux retrouve le souvenir de l'élément qu'il cherchait à traduire, un rayon ondulant de bibliothèque… Désormais l'analyste se fait critique sur les manquements, les erreurs de celui qui devient autre, un « *lui* » malmené, incapable de raisonner, poussé à renoncer. Dans le temps qui suit c'est comme un écart qui se révèle, un intérêt pour autre chose. Celui qui est alors traité d' « *imbécile de mots*[3] », cette fois assimilé à un je, reste cependant tout mental.

Ce qui frappe est alors cette volonté d'un moi présent à confier cette expérience d'expression débouchant sur médiocrité, mais retenant le seul intérêt du mental. La distanciation de l'homme d'expérience

---

1 *Idem* p. 38.
2 *Idem* p. 40.
3 *Idem* p. 47.

permet alors un rapprochement riche en conséquence avec les lettres des malades mentaux :

> minables, pleines de mots approximatifs ou impropres, de redites, inutiles (aux autres), lettres qui malgré d'évidents efforts n'arrivaient pas à exposer, à déterminer, à cerner le sujet, mais tournaient autour[1].

Mais ces « apatrides par le mot » voient l'essentiel ailleurs, dans quelque chose qui demeure dans le mental, un « à-côté[2] » bien à soi, qui ne soucie guère en définitive du langage :

> Dans le vaste organisme qu'est un être humain toujours reste une zone qui veille, qui recueille, qui amasse, qui a appris, qui sait maintenant, qui sait autrement. Retrouver ce savoir[3].

Une telle expérience est donc primordiale non seulement par la conclusion qu'elle donne, mais aussi par la prise de conscience distanciée qu'opère moins le patient qu'un praticien de l'expression, chargé d'en témoigner.

Il est enfin une autre façon de se distancier du désordre, qui apparaît aussi dans les ouvrages sur les expériences de drogue ou d'aliénés, mais qui rencontre alors d'autres passages de contenu différent, sauf à penser, comme Michaux, que tout est drogue…

En effet dans un texte comme *Moments* surgissent des morceaux tous liés par une trame, une linéarité poétique, poésie que confirment des recherches manifestes de sonorités et de rythme. Pourtant se pose alors la question de savoir s'il s'agit bien de poésie ou si ce ne sont que des échappées de dyslexies verbales, de mots et de sons incontrôlés par le cerveau, même si elles témoignent d'une impression de fond. Ainsi des textes d'Iniji, véritables lancées de sons et de mots drainant un imaginaire poétique, mais qui ressemblent aussi à des efforts d'aphasiques en mal d'élocution, où la répétition met en valeur chaque phonème et graphème et transcrit comme un transport, un mouvement, certes véhicule de poésie :

1 *Ibid.*, p. 48.
2 *Ibid.*, p. 53.
3 *ibid.*, p. 56.

N'accroche plus, Iniji
Iniji parle en paroles
Qui ne sont pas ses paroles

Djinns
Djinns Djinns
Djins dinn dinn
Qui inaniment Iniji

Sans retour sur les rails d'Iritillilli[1]

De tels textes, où les sons semblent s'engluer ne sont pas sans rappeler les tout premiers essais de l'auteur dans *Qui je fus*, notamment le poème « Glu et Gli », où le désordre collant des sonorités émane de la glotte :

Et glo
Et glu
et déglutit sa bru
gli et glo
et déglutit son pied
glu et gli
et s'englugliglolera

les glous glous
les sales rats
tape dans le tas[2] !

Et l'on ne peut alors qu'en venir au beau poème « Icebergs », au désordre rompu, où désormais, dans une incantation répétitive et un lyrisme d'univers gelé, le poète trouve un équilibre avec le néant et le silence des glaces :

> Icebergs, Icebergs, Solitaires sans besoin, des pays bouchés, distants, et libres de vermine. Parents des îles, parents des sources, comme je vous vois, comme vous m'êtes familiers[3]...

Ainsi dire le désordre est pour Henri Michaux une épreuve qui le conduit aux marges du langage. Mots, dessins, graphismes s'efforcent d'aller vers une relation langagière qui s'émiette, se relance, se reprend, mais découvre un fossé qui la sépare de la pensée. L'incomplétude est

1 *Moments*, Paris, Gallimard Le point du jour, 1973, p. 82.
2 « Glu et gli », *Qui je fus ?* in Henri Michaux *Œuvres complètes*, tome I, *op. cit.*, p. 110.
3 *La nuit remue*, *idem*, p. 463.

certaine, mais elle a été découverte, elle est puissance du mental, elle montre un *à-côté* des mots, et au moins une tentative qui reste un art d'exister ; dans les leçons retenues par Michaux, il en est qui comptent : le retour à soi est un retour à l'inconscient, au dit ordinaire et d'autre part l'anormal fait connaître le normal, le désordre l'ordre. Mais en définitive la postface de Plume invite à un *au-delà* essentiel qui rallie auteur et lecteur :

> Lecteur, tu tiens donc ici, comme il arrive souvent, un livre que n'a pas fait l'auteur, quoiqu'un monde y ait participé. Et qu'importe ?
> Signes, symboles, élans, chutes, départs, rapports, discordances, tout y est pour rebondir, pour chercher, pour plus loin, pour autre chose.
> Entre eux, sans s'y fixer, l'auteur poussa sa vie.
> Tu pourrais essayer, peut-être, toi aussi[1].

Guy LAVOREL
Université Jean-Moulin – Lyon 3

1 « Postface » de *Plume*, in *Œuvres complètes*, *op. cit.*, p. 665.

UNE LITTÉRATURE EN DÉSORDRE

Crise de l'identité, pluralité des langues et des confessions, situation politique instable, ce sont autant de réalités qui ont eu leur influence sur l'esprit même des libanais. Cette influence se traduit à travers un sentiment de chaos et d'instabilité. À la question fondamentale « qui suis-je ? » que se pose un Libanais, la réponse restera toujours floue et vague comme l'avenir incertain. Des Phéniciens ? Des Arabes ? Ou tout simplement des Libanais ? Ces identités, qui sont qualifiées de « meurtrières » par Amine Maalouf, sont au fondement de la crise de l'écriture. Chaque écrivain libanais peut opter pour la langue qui, selon lui, pourra exprimer le plus justement son identité. Ainsi, pour l'écrivain Libanais, le choix de la langue d'expression dit son identité, son idéologie, son appartenance politique et sa religion. Cependant, même si le choix se fait, le problème n'est résolu qu'en partie, car les autres langues hanteront toujours le quotidien, l'esprit et la phrase de l'écrivain. Dès lors, l'écriture s'avère par excellence un lieu de conflit, de l'être, des langues et des cultures.

> C'est une question de savoir si l'on est vraiment bilingue lorsqu'on écrit. Je serais enclin à répondre par la négative. Entre deux langues, entre deux façons de sentir, il ne peut y avoir d'équilibre parfait que l'être intérieur ne penche d'un côté[1].

Qu'ils soient anglophones, arabophones, ou francophones, les écrivains Libanais espèrent toujours trouver leur identité par le verbe. Or, la littérature n'exprime que la multiplicité de leur appartenance, la réalité de leur multilinguisme et de leur diversité culturelle. Nous commencerons par faire un état des lieux pour décrire la situation linguistique au Liban, pour analyser ensuite les manifestations de ce chaos dans la littérature libanaise francophone (Schehade, *La soirée des proverbes*), anglophone (Gibran *Le Prophète*), et arabophone « *libanophone* » (Akl, *Cadmos*).

---

1 Green J, *Discours de réception à l'Académie Royale de Belgique*, 8 septembre 1981

Le bilinguisme arabe-français au Liban est mesurable par son extension spatio-temporelle et par ses conséquences sur les deux langues en présence. Il se caractérise par sa complexité puisqu'il est constitué de deux langues différentes : l'une d'origine sémitique, l'autre d'origine latine, toutes les deux servant de viatique à deux grandes civilisations, l'orientale et l'occidentale. Il se caractérise aussi par sa diffusion à divers niveaux : sphères familiale, sociologique et culturelle. Forme objective d'un comportement linguistique, inscrit dans la culture, il transcende groupes et individus, pour se transmettre de génération en génération sans rencontrer de résistance. Il constitue à cet égard une entité culturelle indépendante. Ceci nous mène à nous interroger sur les raisons de l'existence de ce bilinguisme.

En effet, au Liban, le phénomène du bilinguisme est presque aussi ancien que le Liban lui-même. C'est là l'aboutissement d'une constante historique et d'un choix volontaire et réfléchi. D'une manière générale, le plurilinguisme au début du XXe siècle, dans un pays où les institutions politiques, économiques et culturelles étaient à l'état embryonnaire, a favorisé la naissance d'une littérature de facture libanaise et d'expression étrangère. Cette littérature a rencontré au Liban une terre fertile, qui lui a permis de s'épanouir rapidement, car pour un bon nombre de Libanais phénicophiles, la langue d'autrefois étant à jamais perdue, tous les idiomes occidentaux, et en particulier le français, se prêtent plus que la langue de l'Islam aux mouvements de l'âme libanaise ; témoin cet aveu poétique de Charles Corm :

> La langue d'autrefois est à jamais éteinte
> Dans nos pâles gosiers.
> Nous parlons maintenant une langue d'Asie,
> Que nous ont imposé le massacre et l'effroi[1].

Cependant, il faut avouer que ces vers heurtent l'opinion d'un nombre considérable de penseurs libanais qui estiment qu'en dépit du bilinguisme ou même du trilinguisme, l'arabe reste la « *commune langue maternelle*[2] » des Libanais et l'unique moyen d'expression efficace de leur génie. C'est l'opinion de Kamel El Haje qui pense que la littérature libanaise d'expression française n'a aucun avenir.

---

1 Corm, C, *La Montagne inspirée*, Beyrouth, édition de la revue phénicienne, 1934, p. 91.

2 Dagher N, *Évolution historique du Liban*, Beyrouth, Librairie du Liban, 1968, p. 80.

Or s'il est vrai qu'on ne peut s'exprimer « *génialement* » qu'en sa propre langue, les Libanais ne sauront écrire des chefs-d'œuvre immortels qu'en libanais (alphabet aklien[41]), telle est l'idée du grand poète Said Akl.

Sans pousser plus loin le problème de la langue qui a des fondements historico-politiques très complexes, nous ne pouvons pas ignorer que des libanais ont écrit des chefs-d'œuvre en anglais tel Gibran Khalil Gibran, et en français tel Schéhadé, Maalouf ou Tueini… La renommée mondiale de ces écrivains, a poussé Salah Stétié à prendre le parti des francophones.

> C'est finalement en français que la patience littéraire de tout un siècle devait produire ses effets les plus éclatants[2].

Mais le problème reste entier car chaque langue véhicule un patrimoine culturel et détermine une perception mentale originale. Peut-on croire qu'en écrivant dans une langue, l'auteur abandonne l'autre langue ?

> Le conflit sur les langues devient, au Liban, non seulement celui des patrimoines culturels dont ces langues sont le moyen d'expression, mais aussi, sur un plan plus essentiel, celui de deux modes différents d'élaboration culturelle, de mise en place des éléments constitutifs de la perception mentale ; l'homme qui adopte une langue plutôt qu'une autre opère un double choix culturel : il opte pour l'héritage déjà constitué de cette langue et il opte aussi pour une certaine manière de se former une conscience culturelle en conformité avec les structures propres à cette langue[3].

Ainsi, les Libanais, en optant pour le français ou l'anglais comme moyen d'expression, ne renient-ils pas leur langue maternelle, l'arabe dialectal ? Ou se prêtent-ils à une opération de transposition, de greffe d'un idiome sur l'autre ? Sommes-nous devant un cas de bilinguisme ou de monolinguisme ? S'agit-il *in fine* d'exprimer une seule pensée ? Une réponse possible à ces questions complexes est fournie par le romancier Farjallah Haik qui annonce clairement ses convictions :

> Je suis un être double comme tous les écrivains étrangers qui ont écrit en une langue étrangère. Il y a une certaine complexité, une sorte de parallélisme

---

1 *L'Alphabet Aklien* parut en 1960 avec la publication de *Yara*, ouvrage de Saïd Akl. Il comporte 36 lettres, présentées en caractères latins, rendant les phonèmes existant dans toutes les langues.

2 Stétié S., *La littérature libanaise de langue française*, p. 33.

3 Salem J, *Le peuple libanais*, Beyrouth, Librairie Samir, 1968, p. 103

> qui se fait. Je suis entrain de rendre ma nature [...] la pensée est double, pas la langue[1].

Cette confusion entre une pensée double et un monolinguisme semble incompatible avec la coexistence de deux langues dans les œuvres des écrivains libanais d'expression étrangère. Surtout chez Schéhadé, qui dans ses œuvres dramatiques a refusé d'avoir recours à la greffe de l'arabe sur le français. Parvient-il cependant à taire sa double identité ? S'agissant de Gibran, qui hésite entre le Christianisme et l'Islam, cela aboutit à créer son propre prophète et sa propre religion. Ainsi le poète en quête d'identité n'a d'autre choix que d'inventer, de s'inventer, hors des cadres habituels.

Pour notre analyse, nous avons opté pour des textes dont la thématique commune est d'interroger de façon réflexive, la parole et l'écriture. Le caractère métalinguistique de ces productions légitime donc leur confrontation.

Le premier passage que nous allons analyser est extrait de *La soirée des proverbes*, de Georges Schéhadé dont le propos est clairement de questionner le langage.

> MARC TOPOLOFF : Si je vous comprends bien, vous êtes calligraphe, donc, vous savez écrire ?
> CASTOR : Oui, je sais écrire.
> MARC TOPOLOFF : Et vous ne savez pas lire ?
> CASTOR : Non, je ne sais pas lire.
> MARC TOPOLOFF : ça ne m'étonne pas ! C'est comme ça qu'il y a des êtres dans la vie qui restent purs... Vous devez avoir une très jolie main, pour prendre ainsi, par la taille, les lettres, et leur donner cette immobilité légère qu'elles ont dans les livres ou sur le papier...Mais vraiment vous ne savez pas lire [...]
> CASTOR : Je ne sais pas lire. Je peux seulement dessiner les mots et les transcrire comme s'ils étaient des fleurs ou des figures. Le sens m'échappe comme un espace nu. L'oiseau qui passe a des lettres aussi, écrites dans son plumage, qui n'expriment aucune pensée[2].

L'ordre contrarié exprimé dans ce texte est perceptible au niveau de la logique, à savoir dans la relation insolite entre écriture et lecture. Ainsi, l'écriture évoquée dans sa matérialité se caractérise par la pureté comme un état originel de la langue que l'écrivain restitue dans sa grâce. D'où

1 Haik F, *le Réveil du jeudi* 9 avril 1987.
2 Schéhadé G, *La soirée des proverbes*, Acte I, scène IX.

le recours aux figures rhétoriques qui par analogie assimilent l'écriture à un acte étrange, rituel et délicat. C'est à l'écrivain de mener la danse, de donner le rythme, l'envolée aux mots, dans une gestuelle sacrée. L'image de l'oiseau symbolisant la liberté et l'élévation permet de faire du texte un lieu d'ouverture du sens, d'échappée heureuse.

Cet échange transgresse les lois traditionnelles de la logique mais plus encore conteste les fondements mêmes de tout dialogue dès lors que les différentes parties disputent sans souci de cohérence. Les arguments se répètent sans se répondre, preuve d'une incommunicabilité tragique. Le titre même de cette œuvre dramatique *Soirée des proverbes* souligne l'absence de communication véritable : reste la parole formatée, impersonnelle, limitée à des répliques toutes faites (le proverbe est de tradition orale au Liban). Telle est l'impasse dans laquelle se trouvent les Libanais.

Cependant, le drame du langage au Liban s'exprime aussi sous la forme sublimée de la poésie, option prise par Schéhadé et aussi Gibran Khalil Gibran, auteur du *Prophète*. Suite à la saisie, à travers ces exemples, des manifestations du désordre linguistique inhérent au Liban, communautaire et divisé, nous évoquerons dans ce qui suit un chaos religieux tel que le personnage du prophète Al-Moustapha permet de l'appréhender. Distingué dans la Bible et les plus anciennes littératures comme la terre des dieux et de la fraternité humaine, le Liban est resté cette terre d'accueil ou ce paradis terrestre dans la littérature des temps modernes. Les religions ont toujours été primordiales dans ce pays où les gens sont profondément portés par la foi. Toute la littérature est informée par cette inspiration religieuse, motif récurrent dans les légendes libanaises. Dans chaque roman, poème ou pièce de théâtre, l'écrivain Libanais, arabophone, francophone ou anglophone rappelle le caractère singulier de cette Terre Sainte. Présente dans l'inconscient collectif du peuple libanais, transmise de génération en génération, l'originalité du lieu fonde l'identité même de la culture. Ainsi tous les Libanais écrivains ou non, partagent un même sens du sacré, héritage déterminant et lourd de conséquences. La littérature se crée des héros fictifs proches des prophètes, à l'image d'Al-Moustapha qui ne représente jamais l'homme égaré et objet de faiblesses mais plutôt un héros animé par la foi. La littérature est toujours peu ou prou livre sacré.

Toutefois la singularité du texte de Gibran tient au fait qu'il brise les lois anciennes en faisant d'autres choix stylistiques. Le verbe est simple, le langage poétique n'est pas loin du langage quotidien, c'est un dialogue conduit avec naturel. Il permet, conformément à sa définition rhétorique, de révéler à l'homme les secrets de la vie quotidienne et de livrer une philosophie concrète. *Le Prophète* annexe les figures connues, allégories, symboles et métaphores pour l'essentiel sorties de la Bible et plus singulièrement des Évangiles.

> Comme il marchait il vit au loin des hommes et des femmes abandonner leurs vignes et leurs champs et accourir vers les portes de la cité.

De nombreuses prières dans les livres Gibran soulignent l'importance du religieux. Comme Jésus-Christ prie dans le jardin des oliviers avant sa passion, Al-Moustapha prie avant son départ et se recueille dans le silence. Face à l'inconnu et devant la peur, toujours actualisée au Liban, la prière ou le retour vers Dieu est le moyen d'échapper à l'angoisse. Aussi, Al-Moustapha en s'adressant au peuple d'Orphalèse, présente t-il une nouvelle conception de la prière :

> Dieu ne prête point l'oreille aux mots que vous lui susurrez, il écoute plutôt ceux qu'il souffle lui-même jusqu'à vos lèvres.

À cette thématique d'inspiration chrétienne (l'auteur est chrétien et son grand-père fut le curé du village), qui est la dominante, se greffent cependant des thèmes fugués inspirés de l'Islam et du Coran. Le prénom Al-Moustapha par lequel Gibran a baptisé son prophète, est l'un des attributs de Mahomet qui signifie « l'élu, le purifié », le père-origine ou le père de l'humanité. Or, son rôle dans la ville lui donne ce statut de personnage guide, phare ou prophète qui s'en va laissant derrière lui des paroles. Dans l'incipit du *Prophète*, on lit :

> Al-MOUSTAPHA, l'élu et le bien-aimé, cette aube qui commençait à poindre à la rencontre de son propre jour, avait attendu, douze années durant dans la cité d'Orphalèse, le retour de son vaisseau, lequel devait le porter à nouveau vers son île natale
> Lors de la douzième année, au septième jour de Ayloul, le mois des moissons, il gravit la colline...

Le voyage possède une importance symbolique. Le thème de la quête, de la pureté acquise lors du voyage est assimilé à « l'Hégire » du Prophète du Coran. Le mythe du voyage purificateur est intimement lié au mythe de l'île et du village. Dans leur genèse ininterrompue, l'île et le village, ces microcosmes du monde, ne tirent leur substance que d'eux-mêmes et représentent un défi au harcèlement incessant du monde extérieur. Les ayant investis du même symbolisme, l'auteur ne semble faire aucune distinction entre ces deux lieux privilégiés. Aussi le mythe de l'Ile-Village ou du Village-Ile tourne presque à l'obsession : la cité d'Orphalèse, qui est entourée par des murailles, représente un endroit fermé et idéal. Al-Moustapha quitte La Cité le septième jour de Ayloul. C'est presque l'automne, la saison qui précède la mort ou qui prépare l'arrivée de l'hiver.

Aussi nous remarquons que les habitants de la cité d'Orphalèse se sentent perdus, délaissés et tristes par le départ imminent du personnage. Ils veulent garder une trace, de ce prophète pour garantir l'ordre. Garantie d'ordre que propose, pour les orientaux, le Coran dans l'organisation sociale des hommes. L'unité des religions est ainsi contestée au sein même d'un texte phare. Reste une nostalgie d'un Liban idyllique, unifié dans sa langue et sa culture et l'idée d'une renaissance possible. La figure du prophète permet d'envisager positivement, via la multiplicité des symboles, le monde libanais ouvert à l'unification. Le *Prophète*, prophète des temps modernes, purifie tous ceux qui l'approchent. Sa présence assure aux hommes sécurité et confiance. Le secret de ce personnage réside dans sa spiritualité naïve qui le rapproche des saints, et dans son mysticisme profond révélé d'une façon simple, poétique, pure et cristalline. Ce laissent percevoir des réminiscences, des résonances profondes qui empruntent à la Bible, aux Évangiles et au Coran ainsi qu'aux philosophies de la Grèce antique et de l'Extrême-Orient.

Ce désordre religieux que nous venons de commenter à travers la convocation de diverses religions monothéistes chez les écrivains libanais s'illustre autrement chez le poète Said Akl. Plus radical est son choix puisqu'il s'agit pour lui de (se)créer une langue et de renouveler les mythes phéniciens afin de rechercher les origines. Après avoir publié des œuvres en arabe *Rindala* et en français *L'or de la poésie*, il rejette ces deux langues, l'une parce qu'elle est langue morte et l'autre parce qu'elle n'est pas sa langue maternelle. Il opte pour le libanais, une langue parlée mais non écrite, et décide d'en faire malgré tout un outil de l'écrit en choisissant les caractères latins pour la transcrire. Cet acte de création est symboliquement fort. Est publié d'abord *Yara*, un texte poétique puis *Loubnan*, un journal. Vient *Cadmos*, une des premières œuvres dramatiques de la littérature libanaise moderne, qui traduit assez l'esprit libanais. Relatant l'histoire des phéniciens, à travers leurs découvertes, leurs projets architecturaux, leur alphabet, le texte s'interprète comme une proclamation de la grandeur du Liban. Pour Akl, la religion phénicienne est à l'origine des religions monothéistes, le dieu phénicien mentionné dans la Bible étant le prédécesseur de Yahvé. L'extrait proposé illustre ce point de vue :

> Acte Premier
> Mira
> (Nourrice d'Europe, sœur de Cadmos)He is the founder of the party of Al Tabadou'iyyah Al Loubnaniah (The Lebanese Genius) and co-founder of the Front of Freedom and Man.
> (Sûre d'elle comme si passait devant elle une scène de l'histoire entière :)
> Serait-ce étrange ? Et nous fûmes les premiers à avoir tendu à une terre la main, et à une étoile le regard.
> (Avec un regard attendri vers l'Occident, elle lui donne le nom d'Europe.)
> Sois, ô désert, au nom d'Europe, terre de prospérité,
> Terre de sagesse, terre de beauté
> Te bénisse la main qui, la première, sur la terre
> Aride resplendit en don, et voici que le dénudé est orné.
> Cette main qui se fit généreuse, au commencement du temps,
> Des miens, par le soc, nourricière, pour le sol
> L'instrument du bien qui défie
> Des mondes avares de vivres, même envers la bête.
> Elle enseigna, ô l'admirable ! que la conquête, toute la conquête
> Est par la profondeur, non par l'étendue
> Que si les bras frappaient à la porte du sol
> Il s'enorgueillirait de fleuves et de fleuves et de plaines.
> Elle qui humilia – la noble main du créateur
> O perspicacité d'un regard, cécité !
> La superbe de l'inconnu par la barque première
> Jetant une terre sur les genoux d'une autre terre
> Et qui, du sensible tira l'âme, pureté de l'abstrait
> Faisant don à l'esprit nouveau-né de l'Universel.
> Demande à ce départ pour le ciel, demande lui ;
> L'homme continuera-t-il à combattre l'impossible ?
> Un reste de son festin sont les alphabets
> Et l'au-delà du droit et du circulaire,
> Et une correspondance alanguie
> Comme si une coupole s'était balancée
> Et comme si les fleurs s'étaient épanouies dans les consciences.

Le monologue en armature de la pièce loue la puissance du peuple libanais. C'est la nourrice d'Europe sœur de Cadmos enlevée par le taureau qui livre sa parole poétique. La dispersion des thèmes, le foisonnement des images, la diversité des allusions trahit la confusion des esprits. L'inquiétude domine. Mais ce peuple phénicien œuvrant à la fois à la liaison du désert, symbole de sécheresse et de la terre de prospérité et de fertilité, de l'Orient et de l'Occident, de la montagne et de la mer, aspire à l'union des paradoxes. Il désire aussi l'union entre le ciel et la terre : « Et nous fûmes les premiers à avoir tendu à une terre la main, et à une étoile le regard », le lien entre Dieu et les hommes. Il revient aux Phéniciens d'avoir transformé le désordre primitif en un ordre universel, d'avoir nommé les choses et *in fine* heureusement conçu l'humanité. Tel est le sens de la métaphore qui clôt l'extrait. Comme ses ancêtres phéniciens, le poète à la conquête de son identité a exploré le monde et les mots. En effet, il a épuisé les ressources des langues arabe et française, des cultures orientales et occidentales, pour s'exprimer dans sa propre langue « le libanais ». C'est par ce retour aux origines de sa propre histoire qu'il a pu envisager possible un équilibre intérieur, une sérénité jusqu'alors improbable dans un univers tiraillé de toutes parts.

Les textes abordés illustrent à eux seuls le désordre politique, économique, littéraire, culturel et linguistique que connaît le Liban aujourd'hui. Chez Schéhadé, c'est le désordre linguistique qui se manifeste clairement alors que chez Gibran nous avons évoqué un désordre lié à la tension entre les religions. Enfin, avec le poète Akl, les fractures linguistiques et culturelles se dissolvent dans une forme poétique capable d'accomplir l'union des contraires et d'affirmer au terme du parcours une identité véritable. Ainsi, on peut penser que le désordre ou plutôt les désordres qui menacent le Liban constituent le terreau fertile sur lequel la littérature libanaise prend forme et sens. L'ordre recherché par les écrivains se lit dans une réflexion obsessionnelle sur la langue et passe nécessairement par la recherche d'une forme, d'une écriture, d'une signature.

Nada Mouawad
Lycée franco-libanais Nahr-Ibrahim

L'ORDRE COMME DÉSORDRE ÉNONCÉ

Brève réflexion sur la survivance de l'architecture et de l'art à l'époque moderne

Le discours que je vous propose d'écouter ne prétend pas honorer l'invitation de ce colloque en présentant une recherche académique. Je vais exposer une réflexion située à une assez haute altitude de généralité. Pour cette raison et à cause de sa brièveté, elle est assertorique, elliptique, hâtive ; il y entre, je le crains, plus d'humeur que de science[1]. Cette généralité, peut-être tendancieuse, qui sied mal aux travaux universitaires, m'a semblé convenir cependant au cadre d'un colloque pluridisciplinaire, lorsque les connaissances font l'effort de converser, avec l'espoir de converger. Une telle réunion demande que l'on veuille s'écarter des particularités de sa discipline afin de favoriser une compréhension d'ensemble. En outre, étudiant l'architecture, je trouve que le sujet du désordre appelle un recul spéculatif. – Cette allégation mérite un éclaircissement, où je voudrais fixer le dessein de mon exercice.

ON NE SAURAIT PENSER L'ARCHITECTURE SANS TENIR SA FORMALITÉ POUR ORDRE, NI REGARDER LE DÉSORDRE COMME SON ORIGINE

Architectonia, le mot grec fondateur, unit *archê* et *technê* ; selon son sens fort, il désigne ce qui *produit le principe*. Manifestant ce à quoi tout est relatif, l'architecture atteste et établit une disposition, un *kosmos*. Le *principe manifesté* conforme l'ordre et il ordonne. Puissance d'ordination,

1 On trouvera dans mon opuscule *Sublime et architecture. Recherche pour une esthétique*, Paris, Hermann, 2010, un complément argumenté et documenté au présent propos.

l'architecture donne lieu à des *ordres* ou *ornements* – il faut identifier les uns aux autres, car l'étymologie couramment admise fait connaître que le verbe *ornare* précède en un même sens le verbe *ordinare.* Ainsi que l'écrit Pierre Gros dans son commentaire du *De architectura* :

« … le terme *ornamentum* est un équivalent du grec *kosmos*, qui s'applique à la beauté rationnelle (mise en ordre) : loin d'être une adjonction gratuite, un décor surajouté et non nécessaire, l'*ornamentum* a une valeur signifiante, dans le domaine symbolique ou dans le domaine structurel[1]. »

Suivant l'exemple romain, les théoriciens humanistes déterminent et réduisent à des lois la réalisation de l'ordre ; leurs traités entendent donc conjurer le désordre, qu'une procession lie à l'architecture : il en est le fond obscur, l'*Urgrund.* Une telle origine défie la pensée.

Égaler, suivant la première partie de mon titre, l'ordre au « désordre énoncé », cela crédite à l'évidence l'énonciation d'une vertu extraordinaire – laquelle ? Et puis de quoi prétendé-je plus précisément parler en employant les mots « ordre » et « désordre » ?

Je n'attribue pas ici au verbe « énoncer » la signification approprié au langage de « rendre en termes nets[2] », mais, étendant le sens d'*enuntiare*, celui de découvrir selon son propre, révéler en sa limite et d'isoler, avec la nuance de sauvegarder et faire valoir. Enoncer signifie ainsi, si l'on veut, *prendre en garde.* Pourquoi doter ce verbe d'un sens d'apparence presque exogène ? Je ne puis donner que cette explication : Si « Toute notre dignité consiste […] dans la pensée », cette belle faculté, digne d'être protégée et célébrée, ne saurait se concevoir sans sa mise au jour, sans être dévoilée en sa propre puissance par l'énonciation ; – elle ne peut se comprendre au sein d'une dualité de la pensée et de la parole. L'énonciation est présence à la pensée, présence à soi, attestation et protection du précieux, et elle emporte ce que les diverses voies spirituelles ont en commun. Avec les expressions verbales aiguës, les beaux-arts énoncent et peuvent seuls énoncer. Ce verbe enferme une compétence latente essentielle et ma définition prétend la révéler.

Le mot « ordre », en un sens proche de celui que lui attribue Malebranche – ce qui règle la relation entre Dieu et sa créature, ou proportionne le fini à l'infini – s'entend ici comme l'équilibre de la circonstance et du principe réalisant le tout. L'occasion temporelle

1 Vitruve, *De l'architecture*, livre IV, Les Belles Lettres, Paris, 1992, p. 48-49.

2 Première définition du Littré.

et matérielle s'unit au principe inconnaissable et détermine le corps architectural par l'œuvre de la *symmetria.* Elle impose, si l'on veut, un mutisme à la circonstance (la pierre, la variation de la lumière) et fait de la sorte paraître le silence du principe. L'architecture dispense l'ordre en son *harmonia.* A celui qui accepte de se laisser émouvoir, le temple dorique transmet une paix souveraine, signe d'une participation au tout.

L'ordre ainsi défini, le désordre équivaut donc au dénuement. L'endurer pleinement conduit aussitôt à l'énoncer, de la manière que le cri accompagne la douleur. A peine senti, au fond indifférent ou heureux, il sera *exhibé* (dans le sens courant de faire étalage, d'afficher). Désordre énoncé ou exhibé, cette distinction sera perfectionnée ci-après.

Ainsi que l'indique le deuxième membre de mon titre, le propos concerne l'art et l'architecture à l'époque moderne – temps dérélictif et désordonné où se déploie une relation utilitaire aux étants. Le principe manifesté et participé se donne absent ; il s'expose *directement* en sa place vide. – Je veux soutenir et exemplifier cette affirmation.

Il est temps de répondre à la question pendante : Comment l'ordre peut-il consister en l'énonciation du désordre ?

Pour exprimer ma réponse, je distinguerai deux désordres selon le partage auquel j'ai fait allusion : une expérience incomplète du dénuement donnant lieu à un *désordre exhibé* et une expérience plénière réalisant un *désordre énoncé.* Cette dernière seule, suivant le mouvement de l'énonciation, procure l'*ordre.*

L'EXPÉRIENCE PLÉNIÈRE DU DÉNUEMENT : LE DÉSORDRE ÉNONCÉ

Malévitch écrit :

> À présent, le chemin de l'homme se trouve à travers l'espace, [...]. J'ai percé l'abat-jour bleu des limites de la couleur, et j'ai fait la sortie dans le blanc ; après moi camarades aviateurs, naviguez dans l'abîme. [...] Voguez ! L'abîme blanc, libre, l'infini s'étend devant vous[1].

1 Cité par E. Martineau dans son *Malévitch et la philosophie*, L'Age d'homme, Paris, 1977, p. 255-256.

Essor libéral ? Variante aussi aveugle qu'exaltée du *in pulverem reverteris* ? Reconnaissons en ce célèbre « abîme blanc » une abstraction que le monde connut bien avant le XXe siècle, par l'architecture de Palladio, au centre désaffecté de sa *Rotonda*, et par ses multiples émules. Aucune église baroque n'échappe à cette vacuité soulignée, nul édifice et nul projet valeureux des Lumières ; à Berlin, l'*Altes Museum* (1823-1830) de Schinkel en donne une forte expression. La « découverte » de Malévitch ne limita pas l'abstraction au terrain pictural ou n'interrompit pas la persuasion du vide architectural, ainsi qu'en témoignent les œuvres d'Asplund (Crématorium du cimetière-sud de Stockholm, 1935-1940), de Kahn (Salk Institute, La Jolla, Californie, 1959-1967), de Barragan (Cuadro San Cristobal, Mexico city, 1966-1968) et de Mies van der Rohe (Galerie nationale de Berlin, 1965-1968). Depuis la *Rotonda*, l'édifice qui perpétue l'architecture, ordonné selon l'absence d'ordre, magnifie le vide. Une essentielle indétermination détermine l'ordre. L'antique *apeïron* retrouve valeur d'*archê* sans aucune figure interposée, telle est la nouveauté « moderne ». L'homme se mesure et se proportionne directement à l'indéterminé et à l'informe, à l'illimité et à l'indéfinissable, au défaut de contenu propre. Le plan circulaire central de la *Rotonda* dessine le contour de l'*apeïron*, il établit un rapport où limite et illimité sont mis à l'épreuve et révélés en leur intime, nécessaire et sempiternel entretien. L'air sous la coupole et son enclos, ainsi que l'être inconnu et inconnaissable concertant avec l'étant, donnent le rythme et la dimension humains. L'architecture *prend en garde* ce mystère et ce concert, elle l'offre à l'« acte esthétique[1] », dévoile la propriété de notre propriété et la faculté de toute relation et de toute cité.

Parce que la *Rotonda* fait entendre de quelle façon se perpétue la manifestation de l'ordre en sa privation même, je suis tenté d'affirmer ceci : la métaphysique ne s'achève pas en régime laïque, mais, par une fidélité à sa puissance *dépassante*, s'y intensifie, augmentant son mutisme dans les œuvres. Comme si s'exerçait la puissance croissante du Rien à mesure qu'augmente l'empire mondain de la circonstance et de la pensée calculante. On dirait que la présence du suprasensible se fait plus pressante à cause que la vocation contemplative est moins entendue.

Je nomme *abstraction* la vide ordination moderne. Certes, il faudrait ignorer complètement l'art pour méconnaître qu'il a toujours été abstrait,

1 Voir Baldine Saint Girons, *L'Acte esthétique*, Klincksieck, Paris, 2008.

mais, j'y insiste, celui de l'époque moderne est *franchement* abstrait. En un progrès sensible, il marque un retrait tel que l'*archê* paraît sans *technè* dans la peinture non-figurative russo-hollandaise, puis américaine ; ses auteurs ne possèdent aucune évidente compétence, difficilement acquise, qui les distinguerait du profane. En une modification de la formule de Grégoire le Grand, *per visibilia invisibilia demonstramus*[1], l'invisible fait voir l'invisible. Autrement dit, l'*ars* où faire apparaître le principe ne semble plus à l'ordre du jour, la manifestation se passe de production. On ne saurait admirer en l'œuvre d'un artiste moderne le travail que n'importe quel homme ne sait d'emblée exécuter. Nul ne peut prétendre sans étude composer à la hauteur de Bach, atteindre en peignant la densité de Rembrandt, écrire avec la vigueur et la profondeur de Bossuet, mais qui ne peut réaliser sur-le-champ ce pourquoi Malévitch ou Newman obtient d'être valorisé ? S'agit-il de vivre un abandon radical ? L'art moderne nous arrache-t-il à l'*ars* ainsi qu'à l'inauthentique par l'hypertrophie de l'intuition selon laquelle l'absent est en réalité le présent ? Il faudrait tendre à la néantisation de l'acte pour répondre au néant du principe. L'ordre ne serait plus, tel qu'à l'époque pré-moderne, le *mystikos* du désordre, il serait son *apophasis*. La négation active au cœur du désordre constituerait aussi bien le vif de l'ordre, à la condition expresse de la porter à l'énonciation. En ce sens, *présenter intensément* cette négation totale, *énoncer* le désordre, n'exprime pas la simple absence de l'ordre, mais son attente. L'intense désignation de l'absence la transmet à l'attente, réalisant la présence ; car, d'évidence, l'attente rend le présent absent et l'absent présent. Nous sommes en présence d'un ordre qui ne doit pas sa réalisation à l'équilibre antique et théologique du principe et de la circonstance, il provient du retrait de la circonstance, il suit l'endurance de son éclipse et conforme une attente, soit l'énonciation du désordre. Avec l'essor du monde distingué humaniste et laïque, l'homme entra dans une époque où le rien direct tint lieu d'ordre.

1 *Epistolarum*, liber IX, *epistula* LII.

LE DÉSORDRE EXHIBÉ : LE DÉNUEMENT PEU ÉPROUVÉ

Les natures sensibles qu'afflige légèrement la perte de l'ordre[1] ne la conçoivent qu'à peine ; ils empruntent une voie de déploration pelliculaire procédant d'une *exhibition* du désordre. Tandis que l'abstraction affirme l'ordre à son défaut enduré, la déploration se complaît à répéter l'affirmation de la perte de l'ordre et de la ruine de l'art, choisissant l'insatisfaction pour volupté[2]. Ses adeptes, ainsi que l'écrit en 1958 Karl Reinhardt, s'enivrent de « la disparition du sens, de la perte d'un centre[3] ». Artistes déchus et constituant la déchéance en fond de commerce, ils cherchent à faire vivre la mort.

La distinction entre *désordre énoncé* et *désordre exhibé* tient à une différence de degré dans la faculté de souffrir et d'apprendre le néant. La souffrance légère et la connaissance courtes ou timorées s'arrêtent au rien de rien, au défaut d'être et se rabattent sur les étants. Celui qui connaît l'étendue de la détresse témoigne de la *magnitudo animi* ou, comme le dit Longin, de la *mégalophrosyne*[4] ; il entend le silence tel le *logos*, confond le néant et l'être, que rien ne détermine. Connaissant sa finitude, son infinitude lui est connue par surcroît. Quand l'entière étendue de la pauvreté se fait savoir, la perfection s'avère ; à ce moment, une douceur souveraine d'abandon conforme l'indigence en plénitude. Au lieu de resserrer la limite humaine jusqu'à l'étranglement, la disette donne de l'étoffe infiniment : elle procure un bien possédé en ne possédant pas.

De la connaissance du caractère ultime de l'existence s'obtient une mesure démesurée. Platon (*Phédon*) exprime que le « je » mortel s'identifiant au *logos* se transcende en un « je » immortel. Sachant qu'il meurt, l'homme sait qu'il sait ; il se connaît doué d'un esprit en devenir, tendu vers l'universel. Son dynamisme ne réalise pas une science de vaines subtilités, un moyen d'orgueil, de cynisme et de trafics ; il impose

1 Le grand nombre, croyant ne pas éprouver d'affliction, n'appartient à aucune de nos catégories ; ni honnête ni déshonnête, il se compose de ceux qui sont « faits pour l'écurie ».

2 L'intellect est sacrifié et les affections hébétés au point qu'ils font l'amour avec un mur.

3 « La crise du sens chez Euripide », dans *Eschyle. Euripide*, trad. E. Martineau, Paris, Editions de Minuit, 1972 ; rééd. Gallimard, 1991, p. 294.

4 *Perì hupsous*, IX, 2.

un dévouement à la seule cause de l'élucidation, favorisant l'altruisme et la justice. Cela caractérise la *grandeur* accordée à la vie humaine ; elle obséda l'époque moderne, qui la crut sur le point d'être oubliée. Juste croyance ! A présent, son défaut sèchement s'avère.

Pour l'adepte de la déploration, effondré dans le circonstanciel et le fétichisme, il n'y a que le silence de la parole morte et, au fond, un désordre indifférent, un désordre dont on peut même jouir ainsi que d'une absence de chiourme. L'auteur abstrait trouve l'ordre au sein d'un dire silencieux et sublime, il ne recourt pas à une forme d'ellipse convenue mais atteste que ce qui est absolu se fait connaître uniment pour présence et absence. Il ne lui importe pas de bavarder au sujet de la disparition de l'ordre, parce qu'il aurait renoncé à toute possibilité et à toute capacité de le chercher, de le penser. L'œuvre énonçant le désordre peut être dite abstraite car l'ordre s'y met au jour par refus de paraître.

À côté de l'abstraction, il paraît qu'une part importante de ceux que l'on regarde comme artistes au XXe siècle ne sut pas assez la détresse et fut occupée de désordre exhibé. Petite déploration prudommesque qui, depuis Marcel Duchamp, prend l'allure d'un deuil doucereux ou ricanant : des demi-habiles s'obstinent à ridiculiser et martyriser l'idée d'ordre. Avec une remarquable opiniâtreté, ces déploratifs, âmes de pions, apôtres de la consigne, demeurent des paresseux infatigables selon des formes renouvelées et identiques grâce à leur idéologie enracinée. La dimension de pseudo révolte provocante contre un monde désordonné présente chez Duchamp ne peut se constituer qu'abusivement en tradition ; lorsque l'on fait de la rupture une coutume, on pousse la contestation à un point de norme qui la confond avec ce qu'elle conteste : la déploration devient consentement. Ces menées dénouées de l'ordre ne sont que simples circonstances, apanages du calcul, oripeaux de l'argent et du pouvoir, duperies parmi les duperies. Prétendant, au nom de la nouveauté, refuser à leurs entreprises le statut d'œuvre, les tenants de la déploration en même temps l'exigent ; ils méprisent l'imitation de l'art des Anciens et veulent cependant que leurs « travaux » lui soient associés : cela ressemble à la scène circulaire d'une insomnie, la raison s'anéantit au profit d'une fascination. Les déploratifs revendiquent la dignité d'artistes et acquièrent aussi simplement, moyennant quelques bassesses ordinaires, la légitimité sociale qu'ils réclament. La déploration – une déploration pelliculaire – porte naturellement au cynisme, à la dissimulation et au calcul. Les déploratifs sont tenus en haute estime par le marché, qu'ils respectent comme un dieu, et par la critique, parce qu'elle comprend facilement des intentions ignorant le fin secret d'un art qui énonce sans dire, n'ambitionnant pas la proximité du sans accès. Les déploratifs sont aussi les décoratifs.

La qualité d'une œuvre d'art ne se discerne-t-elle pas dans le seul ordre : équilibre du fini et de l'infini : présence du tout passant notre capacité spéculative et l'excitant éperdument. Si nous comprenons, nous ne sommes pas en présence de l'ordre, mais de ce qui n'est que dévalement et impermanence : rien de rien. Nous rencontrons l'ordre lorsque nous nous trouvons devant une profondeur se creusant et divulguant la *mégalophrosynè*, – ne pas l'éprouver ne revient-il pas à se méconnaître soi en tant qu'homme ? Pouvons-nous nommer art ce qui, enfermé dans la limite, ne réalise pas une percé illimitée ?

La déploration préconisée mérite-t-elle un spectateur sensé ? Son universel succès institutionnel et commercial signale-t-il autre chose qu'un état d'abaissement de l'homme ? Ne voyons-nous pas l'effet de la doctrine du *Gesamtkunstwerk*, dont le souci, moins totalisant que totalitaire, abolit l'art ; et l'effet de l'utopique culture de masse, dont la maligne expansion oublie et détruit la *cultura animi*. Avec la grinçante locution « art contemporain », la vertu sophistique du roman (ce grandissant autant qu'inintéressant exhibitionnisme de la conscience individuelle et l'interdit consécutif du recul spéculatif) semblent en être les signes probants et atterrants. Flot de verbiage, tactique tapageuse et mercantile, raillerie, salacité, insipide machination de choses désignatives. Une désolation emporte à la vue de ces méphitiques inepties, dont l'empire ne cesse de s'étendre.

L'ORDRE DE LA CITÉ

À l'époque moderne, l'ordre, frappé de pénurie, devient la pénurie même. L'abstraction manifeste cet abyssal retrait, kénose de la kénose, souverain dépouillement de l'avoir. Qui regarde une œuvre abstraite participe immédiatement à l'indétermination principielle. *Ars est celare artem*, disait l'ancienne sagesse ; les abstraits ne cachent plus l'art afin de le produire, mais ils n'offrent aucune *production*, aucune *technè*, ou bien la plus élémentaire et commune, affirmant de cette façon une insondable énergie de retrait.

L'éthique moderne pourrait consister en la manière dont nous endurons le désordre ; et nous pourrions peut-être attendre une politique de ce *locus communis* désert. Car l'ordre s'extrait du désordre ainsi qu'une parole quêtant l'au-delà et le partage, appelant en direction de sa semblable pour former le lien fraternel et civique entre les hommes. Souvenons-nous de *Pelléas et Mélisande* ; le petit Yniol chante : « Il fait trop noir ; je vais dire quelque chose à quelqu'un ». L'expérience plénière du désordre d'abord nous sépare et nous enfonce au cœur de notre intimité, nous y sommes serrés dans une solitude complète, exposés au néant ; puis, en la pensée survenue alliée à la parole, désespérément prise en garde, cantonné en un dire qui est un savoir suraigu, par le noir désordre énoncé, l'absence se transforme en attente, réalisant la présence ; ce qui nous unit de lumière à autrui.

Didier LAROQUE
Université Paris Ouest – Nanterre – La Défense

LE DÉSORDRE À LA LETTRE

L'anagramme dans *Les Vampires* de Louis Feuillade

Le sens (…) n'est pas à découvrir, à restaurer ni à re-employer, il est à produire par de nouvelles machineries (Gilles Deleuze)[1].

> La parole dont je parle échappe à la saisie intelligible des hommes. Aussi bien après qu'avant qu'ils l'aient entendue. Face à cette parole, ils ressemblent à des êtres sans expérience alors qu'ils font continuellement l'expérience des mots et des actes que moi je relève pour expliquer leur nature. Ce que font la plupart des hommes à l'état de veille leur échappe de la même manière qu'ils oublient ce qui leur arrive en dormant (Héraclite, fragment 1).
> Une telle rêverie s'éveille surtout à certains moments d'exception, portée, propulsée par le flux d'énergie que libère la réanimation par la mémoire d'objets ou de paysages auxquels s'est attachée pour nous autrefois une tonalité affective violente, comme si cette mémoire en les ressuscitant disposait soudain sur eux d'un pouvoir magique de fission (Julien Gracq)[2].

Quelques mois après l'arrêt brutal de son feuilleton *Fantômas* disparu des écrans en raison de la guerre et revenu de sa crise cardiaque de juillet 1915 pour cause de surmenage, Louis Feuillade se lance dans une nouvelle aventure cinématographique ; elle restera sans doute parmi l'une des expériences les plus marquantes et les plus poétiques de son cinéma[3]. Au début de 1915, les studios Gaumont cherchent à se sauver de la faillite et à concurrencer le grand rival Pathé qui vient d'oser

1 G. Deleuze, *Logique du sens*, Paris, Éditions de Minuit, 1969, p. 89-90.

2 J. Gracq, *Les Eaux étroites*, Paris, J. Corti, 1981, p. 47.

3 Le lecteur trouvera dans l'admirable petit livre de Gilbert Lascault, dont le présent article emprunte plus d'une voie, les éléments bibliographiques principaux concernant Louis Feuillade et ses *Vampires* (G. Lascault, *Les Vampires de Louis Feuillade*, Crisnée, Yellow Now, 2008). À propos des points de rencontre avec ces pages, je me permets de citer Pascal, dont la formule fournit ici plus largement la loi de l'anagramme : « Qu'on ne dise pas que je n'ai rien dit de nouveau : la disposition des matières est nouvelle » (Pascal, *Pensées*, Lafuma 696).

une adaptation à succès du serial américain *Les Mystères de New York*. Feuillade en reprend l'idée mais il substitue à la blonde au béret noir des *Mystères* (Elaine Dodge interprétée par Pearl White) une héroïne brune, nocturne, irradiant de sa présence funeste les exactions d'une meute de malfaiteurs aux crimes étranges et au nom archaïque : les Vampires. Ainsi naît la première *vamp* française : mot rapide, fouetté même, sorti du moule linguistique resserré de la modernité et dont la forme apocopée a pu jouer de l'effroi de la castration et de la fascination qui très sûrement en découle. Cette vamp nationale fut magnétiquement incarnée par Musidora, Jeanne Roques l'actrice fétiche de Feuillade adorée des surréalistes, qui avait pris à Gauthier le nom de l'« ange damné » de *Fortunio*[1]. Musidora se confondit alors dans l'iconographie érotique des vedettes de cinéma avec ce rôle ; elle se fit une seconde peau d'une silhouette précisément enténébrée par le magnifique collant qui la moulait à l'écran [fig. 1].

Irma Vep – le journaliste Philippe Guérande qui piste les criminels le découvre – est l'anagramme exacte de vampire. Au cours du troisième épisode, à la manière dont Émile Cohl était parvenu à animer ses allumettes magiques en 1908, Feuillade illustre la révélation par une scène à trucage déplaçant les lettres en toute autonomie [fig. 2-5] : Guérande reconstitue sous nos yeux l'anagramme VAMPIRE à partir du nom d'IRMA VEP lue sur l'affiche devant le cabaret du Chat-Huant où elle se produit[2]. De son doigt, l'apprenti détective guide la permutation des signes et pointe leur vérité.

Guérande décèle la clé du nom et la fait jouer pour que l'identité secrète d'Irma surgisse, en toutes lettres. Ainsi, subtil enquêteur herméneute « aux aguets dans l'ombre[3] », il sait percevoir les mots dans les mots, ou les mots sous les mots. Grimé dans la scène afin de mieux infiltrer les Vampires, il porte un bandeau lui barrant le visage avec un air de pirate. D'un seul œil qui lui permet de mieux accommoder,

1 G. Lascault rappelle que ce roman exploite comme élément romanesque un portefeuille, appartenant à Fortunio. Il contient notamment deux cryptogrammes ; les Vampires en ont un également qui est rouge sang (c'est-à-dire, à cette époque, noir d'encre à l'écran, de la teinte des Vampires et du cinéma). Il donne son nom au troisième épisode (« Le cryptogramme rouge »).

2 Sur l'affiche du Chat-Huant, apparaît aussi, en haut à droite, le nom de Musidora qui signe la fusion de l'actrice et de son personnage.

3 Carton du troisième épisode.

FIG. 1 – *Les Vampires*, un film de Louis Feuillade, épisode VI. Production Gaumont. 1915.

FIG. 2 – *Les Vampires*, un film de Louis Feuillade, épisode III. Production Gaumont. 1915.

FIG. 3 – *Les Vampires*, un film de Louis Feuillade, épisode III. Production Gaumont. 1915.

FIG. 4 – *Les Vampires*, un film de Louis Feuillade, épisode III. Production Gaumont. 1915.

FIG. 5 – *Les Vampires*, un film de Louis Feuillade, épisode III. Production Gaumont. 1915.

il perce l'énigme, sonde le dessous des choses. Il en a fait le combat de sa vie qu'il mène sans relâche et plein d'audace : homme de lettres, expert typographique, le journaliste apprend à démasquer les identités d'emprunt, les noms simulés dont les criminels abusent constamment dans le feuilleton. Il entre dans les coulisses de la pègre pour tenter de la détruire en révélant leurs forfaits. Car mettre au jour, amener la lumière dans l'ombre, est l'un des meilleurs antidotes contre les vampires qui détestent, comme on sait, affronter le visible.

Les Vampires composent une société secrète et profuse. Leur nombre est, chez Feuillade, exponentiel. Ils font tâche d'huile, idée que le dernier épisode prend au pied de la lettre puisque la bande y est pistée grâce à une de ses voitures dont le chargement d'huile est percé. Les ressorts de la machinerie criminelle des Vampires sont couverts, brumeux, énigmatiques. Les Vampires n'obéissent à aucun code défini, à aucune organisation claire ; on ne sait guère ce qu'ils cherchent sinon profiter de toutes les occasions pour faire le Mal et semer le désordre. Tantôt prêts aux crimes crapuleux, tantôt enclins aux exactions anarchistes, ils se situent quelque part entre les Thénardier et la bande à Bonnot (décimée trois ans plus tôt à Choisy-le-Roy)[1]. Ils s'avèrent aussi menaçants que l'ennemi allemand (le contexte est celui de 1915). Eux aussi balancent du gaz (épisode V) et se sont équipés d'une artillerie impressionnante, dont un incroyable canon de chambre silencieux et dévastateur (épisode VII). Cette arme portative et électrique imite en miniature la grosse Bertha des Allemands ; grâce à elle, les Vampires parviennent à faire couler un bateau à Port-Vendres (épisode VIII) et projettent de pilonner les monuments parisiens (épisode VI).

Contrairement aux équipes du docteur Mabuse chez Lang, les Vampires de Feuillade n'ont pas de structure définie. Leurs manœuvres ne répondent à aucun code de l'honneur, elles n'obéissent pas même à une conduite réglée. Au gré des chefs qui meurent les uns après les autres, Irma Vep, leur égérie, change de mains, passe de l'un à l'autre, de Nox à Vénénos ; elle se montre sans scrupules ni remords, n'ayant d'autre motivation que de faire tomber partout l'ombre du crime là où on ne l'attend pas. Sur la toile de fond des bienséances bourgeoises, son existence tranche : elle a pour principe la sensuelle anarchie.

1 Voir G. Lascault, *Les Vampires de Louis Feuillade*, *op. cit.*

Les lettres révélées par Guérande se déplacent sur l'écran. La circulation du nom d'Irma Vep paraît stimulée par une main invisible ; une puissance obscure agit. Grâce à sa propre subtilité, le journaliste conjure en cette occasion le maléfice des Vampires qui se servent de l'anagramme comme d'un des moyens pour traduire leur influence magique et faire bruire leur rumeur. Les lettres ne sont pas ce que l'on croit qu'elles disent ; elles sourdent d'une richesse accumulée, d'une épaisseur rayonnante d'inconnu et de drames. Leur vérité est clandestine ; leur découpe de nuit, s'agitant sur l'affiche, a été rechargée de ténèbres dans l'arrière-scène de la langue et dans les sous-sols des espaces où les malfrats ont leurs ateliers criminels ; et Guérande délivre ce mystère, il le fait s'évader. Comme partout ailleurs, dans ces mots d'encre, une force occulte et incernable s'exprime. Les Vampires ne manquent pas une occasion de prouver avec insolence leur existence de dieux cachés. Leur quartier général est, pourrait-on imaginer, à Port-Royal… Augustine Charlet, la belle veuve endeuillée du dixième épisode, éprouve ce magnétisme somnambulique des Vampires qui à distance enfièvrent et commandent les vies à partir de leurs ondes de mort.

Le premier épisode débute par le vol du dossier que Guérande a constitué sur les Vampires. Les Vampires volent : ils dérobent, se dérobent, surgissent et s'évanouissent, ils glissent identiques aux courants d'air ; ils font des tours de passe-passe. La rue est entre les mains des escamoteurs. Ainsi d'un carton à chapeau peut surgir un obus (épisode VII) ou un haut-de-forme est parfait pour contenir une bombe à retardement (épisode VIII). Le Grand Vampire a des allures de magicien, ou bien de dandy (épisode II) : il porte cape, à la mode chauve-souris, et il sait s'éclipser au creux de l'obscurité. Signant le deuil du monde dont peut-être il accélère d'un trait aristocratique ou mélancolique la décadence, il se déplace fugacement telle une ombre spirite. Les Vampires ont des accointances avec les tentures derrière lesquelles ils se tapissent et qui les habillent de grandes ailes. Ils aiment circuler vite. Ils sont habiles à se hisser par les cordes et les câbles. Comme avant eux Fantômas le monte-en-l'air spectral, ils parviennent sur les toits et s'y déplacent en toute aisance, ils suivent les gouttières, se faufilent dans les conduits de cheminée ; accrochés aux murs, ils se confondent avec les façades. Ils possèdent des voitures qui accélèrent le rythme de la ville et lui imposent leurs pulsations ; en train, en bateau, en automobile – nouvelles nefs de Charon –, ils adoptent presque tous les instruments disponibles de la locomotion indépendante et conquérante ; ils sont adeptes de la disparition expresse : ils filent. Les Vampires s'activent, ils épaississent de leurs nuages précipités les nuits calmes[1].

Derrière le jeu sur les mots qui étaye l'anagramme Irma Vep-Vampire, nous sentons que d'autres mots se terrent encore. Comme les tableaux (épisode I) ou les armoires (épisode IV), les signes vampiriques sont à double fond. Décloisonnées, les lettres se ventilent, elles retrouvent et exploitent la discontinuité inhérente au phénomène de l'écriture. Elles lancent un coup de dés. Jean Starobinski parle pour la production anagrammatique de « chance développée[2] » puisque les mots, ouverts et séminaux, démultiplient et pourraient infiniment démultiplier leurs occasions, on oserait dire plus à propos ici : leurs feuilletons. Chez Feuillade, le vertige de l'anagramme, en tant que réserve féconde, nous donne le sentiment que la langue, à l'égal de toute la ville, appartient aux Vampires, qu'ils s'y célèbrent en grands sorciers des signes et donc en maîtres du monde. Les voyous ont accaparé le langage et les messages qui les concernent directement ou par contiguïté emportent tous azimuts les marques de leurs allitérations.

Pour piéger le riche américain Géo Baldwin descendu au Parc-Hôtel et lui extorquer sa signature (épisode VII), les Vampires ont l'idée de lui faire enregistrer sa phrase fétiche : « Les Parisiennes sont les plus charmantes des femmes ». Mais comment ne pas entendre, dans cette sorte d'oracle, l'ironique inscription acoustique et graphique, anagrammatique au sens de Saussure, de la charmante « Irma Vep » ou des « Vampires » dont le nom invasif a valeur de sortilège (le « v » disparu, il est discrètement et cabalistiquement varié en « f » et « ch ») ?

Les Vampires tiennent les ressources inépuisables du langage, ils ont l'intuition de la prolifération sans bornes des messages qu'ils manient avec une créativité soucieuse de profiter de tous les doubles jeux. Dans le dixième épisode, Vénénos, l'un des nombreux chefs vampires, fait

1 En attendant le tournage à Fontainebleau de l'épisode « Les yeux qui fascinent », Feuillade écrit ces quelques alexandrins : « Marlotte enfin serait un pays sans pareil / S'il y faisait plutôt un peu de soleil / Et si l'épais brouillard qui d'heure en heure empire / Etait effiloché… par le vol des Vampires » (cité par Fr. Lacassin, dans *Louis Feuillade maître des lions et des vampires*, Paris, Pierre Bordas & fils, 1995, p. 219).

2 J. Starobinski, *Les Mots sous les mots. Les anagrammes de Ferdinand de Saussure* [1971], Limoges, Lambert-Lucas, 2009.

affleurer une adresse grâce à un réactif jeté sur une page faussement vierge. Ailleurs, Satanas confie à Irma une lettre chiffrée (épisode VIII) ; ailleurs encore, une carte codée fait soupçonner un plan d'attentats contre Paris (épisode VI fig. 6) ; dans les premiers épisodes, circule le terrible cryptogramme rouge… Mais parmi tous les régimes de chiffrage, l'anagramme est singulièrement adaptée aux Vampires : signifiant instable, état second de la langue saturée par le mystère, l'anagramme est dédiée à la complexité et à la métamorphose. Elle fait trace de la duplicité des Vampires, de leur latence néfaste ; elle mime leurs coups en douce.

Dans la tradition imaginaire du vampire – du véritable vampire –, il arrive que l'anagramme lui soit consubstantielle, consanguine presque. À l'occasion de l'un des plus intenses romans de vampires, *Carmilla* de l'Irlandais Shéridan le Fanu (1871), l'héroïne éponyme est une sulfureuse vampire saphique qui tient son nom de la sève maléfique, insinuante de l'anagramme : elle a d'abord été dans l'ancien temps à l'origine de sa damnation, la comtesse Mircalla avant d'être Millarca puis Carmilla. Chaque nom effeuille un masque spirite derrière lequel l'inquiétante étrangeté du Féminin exerce son excitante et dangereuse séduction par-delà les âges. L'anagramme a partie liée avec la hantise de l'éros diffusé la nuit.

Le nom des vamps émeut les lettres, il fait bouger le réel, il redistribue la loi et l'ordre à la grâce des désirs et de leur trouble. Tantôt il les anagrammatise, et la femme fatale s'appelle Irma Vep (ou Musidora-Mad Souri[1]). Tantôt il les façonne en palindrome : on les reconnaît alors par exemple sous le slogan érotique de Loulou (Lulu). Quand la vamp s'impose au cinéma, autant comme nom que comme figure imaginaire, elle doit tout à l'actrice Théda Bara, premier rôle en 1914 du film de vampires : *A fool there was*. Créée à partir de l'anagramme « *arab death* », puisque la Fox la prétendit fille d'un Français et d'une princesse égyptienne, Théda Bara cultiva sa réputation sulfureuse en posant pour des séances photographiques avec des serpents ou des squelettes, et en introduisant de suggestifs costumes transparents à l'occasion de quelques-uns de ses films. Elle ouvrit la voie aux sex-symbols mythifiés par les studios hollywoodiens, à ces femmes fatales pour lesquelles le cinéma inventa un certain type de baisers, avatar certainement de ceux des vampires.

1 Dans la pièce de théâtre qu'André Breton et Louis Aragon écrivent pour Musidora en 1928 sans parvenir à la faire jouer : *Le Trésor des Jésuites* (publié dans la revue *Variétés* en juin 1929).

FIG. 6 – *Les Vampires*, un film de Louis Feuillade, épisode VII. Production Gaumont. 1915.

Entre 1906 et 1909, le grand linguiste Émile Benveniste couvrit plusieurs carnets d'études sur des anagrammes qu'il poursuivit, en une enquête interminable (de quoi remplir toute une vie et en devenir fou), à travers les raffinements sonores et graphiques de la poésie gréco-latine. Son attention fut scrupuleuse, tatillonne. En sa plus stimulante hypothèse, encouragée par sa relecture soupçonneuse de Lucrèce (préambule et chant IV du *De rerum natura*), Saussure dénoua sous les mots du poète, en les épelant, le nom « Aphrodite » : les syllabes de ce nom divin deviné lui sembla étroitement tissées au texte ; ou bien encore il leva le vocable « *postscænia*[1] ». Précisément, dans son travail d'archéologue du signifiant, Saussure ne cessa de déterrer des talismans sous l'emprise du littéral, il pénétra la *postscænia* de la langue et redécouvrit l'accouplement premier des lettres. Cette scène primitive[2] qu'il aima surprendre reconstitua pour lui l'union première des signes dans la langue ; elle le défendit contre l'angoisse de leur morcellement et de leur nomadisme. Saussure baptisa « mannequin » le mot *princeps* pour s'assurer, jusque dans les termes choisis pour son étude, la possession, la mainmise sur un corps menacé de décentrement et de fragmentation et qui, à son tour, finit par le posséder mentalement. Pour mener ses travaux passionnés, il se rendit à Marseille ; il y connut, paraît-il, les hôtels de passe[3].

La manipulation anagrammatique a tout de l'expérience érotique. N'est-elle pas l'invite d'une chair offerte et récalcitrante cependant, rétive et foisonnante ? Elle dégage une force aphrodisiaque, un parfum émané de son insaisissable mobilité et de sa revenance. Le sous-nom caché en Irma Vep allie la féminité abyssale aux dispositifs irrésistibles du pouvoir. L'anagramme, mot précieusement féminin, est mannequin chez Saussure refoulant la castration ; elle est belle « poupée », nymphe de la jouissance chez Feuillade qui s'adresse plus à notre œil (à notre pupille muette) qu'au son destiné à nos oreilles[4]. Son saint patron est le Père Silence, le sbire sourd-muet des Vampires qui séquestre Madame Guérande au cours du troisième épisode.

1 J. Starobinski, *Les Mots sous les mots*, *op. cit.*, p. 79-107.

2 J.-Cl. Milner, *L'Amour de la langue*, Paris, Seuil, 1978, p. 90.

3 J. Risset, « Du bon usage de l'énigme : Starobinski et Saussure », dans *Starobinski en mouvement*, publié par M. Gagnebin et Ch. Savinel, Seyssel, Champ Vallon, 2001, p. 315.

4 En une formule qui définit parfaitement le cinéma de Feuillade, Mazamette déclare : « Nous sommes entourés d'ennemis. Il faut ouvrir l'œil et garder le silence » (carton du dixième épisode).

Les Vampires de Feuillade, vrais signifiants du Mal, sont en lutte contre Philippe Guérande. Le reporter est justement lui aussi un homme des mots. Feuillade nous le montre se consacrant désormais au quadrillage méticuleux des hiéroglyphes du crime. En arpenteur avisé, il avance selon la topographie cryptée des Vampires partout dans Paris et même en province. Il soulève leurs cartes[1] : cartes chiffrées planifiant des stratégies d'attaque à grande échelle ou fausses cartes de visite que les Vampires distribuent pour fureter dans tous les milieux. Guérande relie les fils vampiriques tendus, comme une immense toile, à travers l'espace : dans le quatrième épisode, on le surprend ainsi, aux fins de couvrir sa surveillance, déguisé en agent de la compagnie du téléphone et faire semblant de réparer le réseau.

Dénonçant de son doigt tendu les lettres de l'anagramme [fig. 2], Guérande suit les Vampires à la trace. Ce doigt, telle une baguette de sourcier, retrouve l'origine des mots, le lieu de leur secret. Guérande lit dans le marc de café de la langue ; il récrit pas à pas le puzzle des Vampires ; il en tire ses articles grâce auxquels il entend alerter la police – mais elle ne fait pas grand-chose ou se ridiculise un peu au grand dam du préfet Hennion que Musidora dut personnellement amadouer – ; il prévient les lecteurs du Mondial, son journal, que l'invasion a commencé.

Sans la présence du journaliste, les signes resteraient en effet mystérieusement muets. Jusqu'à son intervention, les Vampires étaient là tout en passant inaperçus. Mais enquêter sur les Vampires conduit paradoxalement dans un premier temps à décupler leurs mouvements. Guérande les réveille[2], il les contraint à sortir, il les excite, il les affole. Plongé dans le bain, le journaliste révèle les Vampires, ces négatifs, ces choses inaperçues. La venue à la visibilité démultiplie leurs interventions : les Vampires n'ont jamais été aussi dangereux que depuis qu'ils se sentent menacés par Guérande.

De même, significativement, lire l'anagramme commence par la bousculer et libérer son énergie. En découvrant le mot « vampire » sous le nom d'Irma Vep, Guérande répète son nom, il lui fait énoncer deux fois ce qu'elle est. Il n'aboutit pas tout à fait au secret dévoilé ; il

1 Au cours du dernier épisode, la très mystérieuse veuve du concierge tué par les Vampires demande aux cartes de l'aider sur la piste des assassins de son mari.

2 Dans le troisième épisode, un vampire chargé de surveiller Guérande dort la tête sous le bras, comme sous une aile.

renvoie le nom à ce que sont les Vampires. Le journaliste ne dit pas qui est Irma Vep : il vérifie ce qu'elle est, reconnaissant simplement qu'elle est un/une vampire, que son nom est aussi vampire et que ce nom est le chiffre même de l'incertain.

Pour lancer sa série, Feuillade avait imaginé une publicité. Sur une enveloppe cachetée de cire rouge, on pouvait lire : « QUI SONT-ILS ? / OÙ VONT-ILS ? / *Au seuil de ce mystère* / Si tu sens défaillir ton cœur et trembler ta main / Jette au loin ce papier et passe ton chemin, / Sinon ouvre ce pli… / *La réponse est derrière* […] ». Derrière, on ne trouvait que l'annonce des films et donc la relance de l'énigme : le pli ouvert n'engendrait à son tour qu'un autre pli. Sur ce principe, le dépliage des lettres dans l'anagramme « va à l'infini », selon la formule de Gilles Deleuze[1] : il se comporte comme un régime célibataire d'épaississement du secret et de propagation labile de son inquiétude à la surface du monde.

Ainsi, en décryptant les signes, Guérande n'adopte pas une solution ; il affiche, il fait jouer une tautologie (Irma Vep *est* vampire) et cette équivalence opacifie plus qu'elle n'éclaire l'interprétation : Irma Vep est vampire certes, mais qui sont les Vampires ? Ils sont l'insaisissable, le transgressif, le subversif, ce qui attire sans se livrer, le dangereux. « Ne me rencontrez jamais. Je suis le grand vampire » prévient un billet à la fin du premier épisode. Le Grand Vampire incarne ce que l'on ne peut rencontrer et qui toujours échappe à la main, ce qui littéralement ne peut jamais être appréhendé. Comme « Fantômas », le nom d'Irma Vep ne dit rien et il dit tout, il atteste d'une identité fantomatique et immortelle.

Comme il redouble Irma Vep par Vampire, Guérande ajoute un signe à un autre signe au lieu de le déchiffrer. Il relie le mot à un en dessous qui n'origine rien, qui ne signifie pas quelque chose sinon la signifiance elle-même. Le signifiant a toujours une longueur d'avance sur le sens ; ainsi les Vampires jouent toujours avec un coup d'avance, en quête de l'effet de surprise. Le sens, dans les plis de l'anagramme, n'est ni trouvé ni retrouvé : il est *produit* à partir de l'énigme des Vampires. Guérande brasse les lettres d'Irma Vep comme on brasserait des cartes, il les fait tourbillonner sous nos yeux et semble en augmenter le nombre. Ce sont bien toujours les mêmes. Mais le mouvement compte, car c'est par lui

1 G. Deleuze, *Le Pli*, Paris, Les Éditions de Minuit, 1988.

que vient le film, au rythme de l'enquête. Du bouillonnement écumant des lettres, jaillit le visage d'Aphrodite aux yeux charbonneux : l'affiche du Chat-Huant, où paraît le visage d'Irma, pourrait être celle du film.

Pour reconstituer l'anagramme, Guérande manipule et fait grouiller les signes. C'est dire que la restauration de l'ordre qu'espère ramener le journaliste n'intervient qu'après avoir auparavant porté à sa plus grande intensité le désordre des Vampires. D'épisode en épisode, Guérande démasque le Mal et il pousse au crime. Il ne calme pas les Vampires, il les conduit à la logique du pire. Ainsi le martèle la suite du poème de Feuillade écrit pour son pli publicitaire : « Ils vont, les sinistres vampires / Aux grandes ailes de velours / Non pas vers le Mal… VERS LE PIRE ! ». Irma Vep va vers le Pire, comme la succube de Jean Richepin « aux dents d'ogresse[1] » ; et, avec elle, bat le vol des Vampires.

Guérande se jette sur les traces des criminels, il entame une course poursuite effrénée. Il fait entrer les Vampires dans l'urgence ; elle est imposée, dès la première enquête, par la profusion des télégrammes qui annoncent les différentes exactions et la progression tentaculaire du danger à stopper. Le sabbat final des Vampires dans la maison où ils se sont réfugiés – danse de mort ou de saint-guy exécutée avant leur extermination et symétrique des javas du Chat-Huant au début[2] – résulte de cette mise sous tension électrique de la violence ; l'agitation imposée aux lettres de l'anagramme et venue d'elle est l'une de manifestations programmatiques de cette frénésie.

La violence criminelle des Vampires est directement provoquée par la présence de Guérande. Sa traque rend visible ce qui ne l'était pas et dont nul ne se doutait ; elle accélère les événements avant de se clore par l'assaut contre la bande au dernier épisode, assaut mené avec la police pour consacrer la victoire définitive des forces de l'ordre. Toutefois, avant d'y parvenir, le parcours du désordre oblige Guérande à se confondre avec les Vampires, d'où face à l'anagramme son déguisement apache, cigarette au bec, bandeau à l'œil.

1 « Pourquoi m'appelez-vous Vampire / Il est cruel ; mais je suis pire… / Je suis la maîtresse traîtresse / Aux bras de poulpe, aux dents d'ogresse » (J. Richepin, « La Succube », *La Chanson du sang*, dans *Blasphème*, Paris, Dreyfous, 1885, p. 216-217). Sur la fortune de cette rime, voir M. Dottin-Orsini, *Cette femme qu'ils disent fatale. Textes et images de la misogynie fin-de-siècle*, Paris, Grasset, 1993, p. 279-280.

2 Épisode III.

Quand il déchiffre le cryptogramme rouge, où sont consignés en code les crimes de la bande, on le voit raturer, barrer, aller d'une lettre à l'autre (épisode III fig. 7) : en détricotant le message, il retisse une toile. Est-ce pour attraper les vampires ou les imiter ? Les prendre au piège ou diriger leurs réseaux ? Faisons l'hypothèse que Guérande a quelque chose à voir avec les Vampires, que sur les Grands Vampires qui défilent à la tête des criminels, sur les silhouettes de Nox, Satanas ou Vénénos se décalque en fait Guérande lui-même, ordonnateur d'une cérémonie onirique où transpirent ses propres hantises. Guérande est un vampire dormant.

On peut être frappé dans tous les épisodes par le statut singulier qu'a l'écriture pour le journaliste. Guérande écrit en effet mais assez peu. Il détient bien quelques dossiers, il rédige bien deux ou trois lignes çà et là, et il prend parfois des notes sur un carnet. Mais aucun de ses écrits ne paraît complet. Aussi n'est-il par rare que les brèves du journal indiquent surtout que l'enquête continue (épisode I) ou précisément qu'elle est suspendue (comme entend le faire croire Guérande dans l'épisode III). Le journalise ne semble jamais vraiment rendre un article. On le comprend : l'enquête ne sera terminée qu'avec l'arrestation de la bande et la mort d'Irma. Le texte sur les Vampires y aura son point final. Entre-temps, l'écriture est contrainte de se maintenir dans un état fragmenté, lacunaire, épars. Mais Feuillade saisit toutes les occasions pour en accentuer la discontinuité. Il ponctue ses images de télégrammes, éventuellement codés, de cartes de visite, d'extraits de journaux, de certificats d'emploi (épisode III), de menus (épisode IX), de plans, de dépêches et de messages en tous genres. La présence graphique est constante tout en étant désordonnée, partielle, presque systématiquement segmentée et lapidaire. À l'image du schéma d'attentats qui indique en pointillés ses trajectoires (épisode VII, fig. 6), le texte de Guérande sur les Vampires est miné par des points de suspension.

Mais surtout les instruments de l'écriture servent à autre chose qu'à écrire : un stylo empoisonné perce une main du Père Silence et le terrasse en quelques secondes (épisode III) ; Satanas mange du papier toxique et succombe immédiatement (épisode VIII). Grâce à une transsubstantiation étrange, les Vampires changent l'eau en drogue ou l'encre en sang, couleur du cryptogramme où sont chiffrés les crimes futurs. Le cryptogramme recèle le sommaire d'un roman à écrire, il est le réservoir

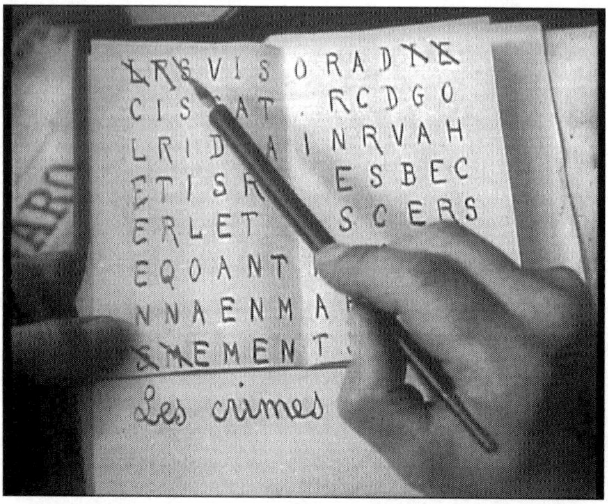

FIG. 7 – *Les Vampires*, un film de Louis Feuillade, épisode III. Production Gaumont. 1915.

FIG. 8 – *Les Vampires*, un film de Louis Feuillade, épisode III. Production Gaumont. 1915.

du songe. Ainsi le matériel du journaliste est aussi celui des Vampires, adapté à l'activité, ou l'activisme du rêve. Que de fois, dans la série, Guérande est-il surpris à traîner en pyjamas rayé ou filmé en train de plus ou moins dormir ! Les Vampires qu'il poursuit l'obsèdent plutôt ; inspiré par eux, vampirisé, le journaliste rédige le texte de sa nuit mentale à l'encre mortifère. Avec les Vampires, il se fait littéralement un sang d'encre.

Par l'anagramme d'Irma, l'inconscient fraye sa voie royale. Il développe en elle un symptôme, les lettres ébranlant la part d'ombre qu'elles serrent et qui les dessine. L'énigme de la vamp est droit sortie des obsessions de Guérande, elle condense ses envies à peine dicibles. La vérité qui transparaît dans les signes anagrammatiques ou mieux se déclenche en eux entraîne, on l'a vu, le processus de la signifiance. L'anagramme est excédentaire, à elle-même son supplément. Elle fait tension vers autre chose qu'elle voile et qui la travaille, une puissance qui ouvre ses lettres et libère leur substance. Elle appartient à une langue déliée, délivrée, totalement investie de désir. Les mots muent, formés et déformés par l'énergie du fantasme et sa poussée. Quand Guérande déplace les lettres de l'anagramme, il engage un processus qui accouche des images : le texte, *subjectum* graphique[1], est vibré, les lettres se décrochent, se désolidarisent, elles profitent des vides pour jouer, elles changent de place, tournent et se reconfigurent. Elles impriment leurs mouvements dansants sur l'écran : entre Irma Vep et Vampire, dans l'intervalle de ces deux noms, Feuillade filme le déplacement de la lettre à l'image, il filme le désir de Guérande pris à la lettre et happé par ses images[2].

Au-dessus du nom d'Irma Vep, nom totem ou tabou, l'affiche expose son portrait androgyne. Ses yeux regardent ailleurs, dans la direction de la dérive malicieusement fantasmatique qui aimante les lettres vers l'image. À ce regard fuyant s'associe, un peu plus loin dans l'épisode, le sidérant regard frontal d'Irma [fig. 8]. Les yeux exorbités, « bijoux

1 « Derrière les mots prodigués par le discours poétique, il y a le mot. L'hypogramme est un *hypokeimenon* verbal : c'est un *subjectum* ou une *substantia* qui contient à l'état de germe la possibilité du poème », nous ajouterons : la possibilité des images (J. Starobinski, *Les Mots sous les mots*, *op. cit.*, p. 152).

2 Sur cette question du texte et de l'image dans les *Vampires*, je me permets de renvoyer à mon étude parue dans la revue en ligne *Textimage* : « L'alphabet du crime (immanence de la lettre dans *Les Vampires* de Louis Feuillade », http://www.revue-textimage.com/04_a_la_lettre/leplatre1.html).

froids[1] » prêts pour l'hypnose, cernés de noir afin de conférer au visage « la vie surnaturelle et excessive » ou « la passion mystérieuse de la prêtresse[2] », Irma est médusante. Gorgone cadrée en gros plan, décapitée, elle dégage une formidable puissance d'images chargée d'électricité érotique. Elle invite à des « noces sanglantes[3] ». Elle a les yeux grands ouverts, la bouche béante comme si elle criait, comme si elle était une bête enragée, un chat huant (Irma mue aussi, sur les toits, en chat de gouttière et, à l'hôtel, en petit rat[4] – épisode VI ; dans l'univers d'Odilon Redon, elle pourrait être l'une de ses têtes arachnéennes).

Évidemment nous n'entendons rien de la hargne hystérique[5] de cette goule puisque les mots, en 1915 au cinéma, ne sont encore que des images : des gestes intenses du visage, et de tout le corps. On dirait en fait qu'Irma ne prononce pas des mots mais qu'elle les souffle de son haleine maudite, qu'elle les expulse hors de son corps à couper le souffle du spectateur et lui inoculer le trouble onirique. Or c'est bien ainsi que les lettres de l'anagramme remuent, comme si l'air les emportait, à la manière, mais ici diabolique, dont les nymphes de Botticelli éventent et sèment leurs fleurs de printemps. Guérande fume en déchiffrant [fig. 2], ou il expire de l'air.

Le nom d'Irma Vep est un nom de vent : il s'obtient en aérant le mot plein, le mot soudé à l'origine : « vampire ». Un mot unique, masculin, engendre, comme on agite un éventail, le décomposé du féminin. Un-multiple, « vampire » se dissémine et féconde l'espace du crime ou le champ des rêves : Irma pousse comme une belle plante crépusculaire.

Dans l'épisode VIII, un secret affleure quand on souffle sur le papier où il est écrit. La scène a lieu en deux temps. Prisonnière en partance pour

1 Baudelaire, « Le serpent qui danse ».

2 Baudelaire, « Éloge du maquillage », *Le Peintre de la vie moderne*, dans *Œuvres complètes*, Paris, Gallimard, « Bibliothèque de la Pléiade », 1951, p. 905.

3 Titre du dernier épisode des *Vampires*.

4 « Musidora, que vous étiez belle dans *Les Vampires* ! Savez-vous que nous rêvions de vous et que le soir venu, dans votre maillot noir, vous entriez sans frapper dans notre chambre, et qu'au réveil, le lendemain, nous cherchions la trace de la troublante souris d'hôtel qui nous avait visités ? » (R. Desnos, *Le Soir*, 26 février 1927).

5 C'est à la fin du XIXe siècle que se mit en place le service photographique de la Salpêtrière sous le patronage de Charcot et que se diffusa ainsi une certaine image frappante de la féminité torturée (en tous les sens de cet adjectif) : le visage d'Irma fait venir à l'écran le faciès hystérique (voir G. Didi-Huberman, *Charcot et l'iconographie photographique de la Salpêtrière*, Paris, Macula, 1982).

l'Algérie, Irma reçoit des mains du faux père Joaquim, alias Satanas, un message censé rappeler à la malheureuse la présence de Dieu : « DIEU VOUS VOIT / À mes réprouvées, mettez votre confiance en celui qui voit tout ». Ainsi débute le texte à double entendre où Irma, alertée, peut ensuite lire sous l'anagramme « LA VERITE SERA A NU », le message qui lui apprend le plan de son évasion : « LE NAVIRE SAUTERA[1] ».

La séquence est comparable à celle devant le Chat-Huant : Feuillade filme la sarabande magique des lettres et le miracle de leur Révélation. Les mots sautent, préfigurant le bombardement du bateau. Puis, pour en savoir davantage, il faut à Irma souffler sur le papier qu'elle approche près de sa joue et des lèvres, pour une sorte de confidence : adviennent alors, écrits à l'encre sympathique, le détail du stratagème prévu par Satanas et les conseils donnés à la jeune femme pour sa réussite. Afin d'acquérir « la vérité nue », il faut souffler dessus et de la sorte la dénuder, soulever son voile. Elle livre alors la prophétie de l'explosion du Jean-Bart qui délivrera en mer la prisonnière. Pareillement, pour Guérande, saisir cette vérité qu'Irma Vep est Vampire fait exploser l'écriture, la souffle à proprement parler et ainsi naissent les images, que Feuillade enregistre pour en faire son film. Le mot « Vampire » est leur boîte noire ; moins un mot en somme qu'une virtualité figurale, un appel, une bouche d'ombre des i(r)mages. Sur la chair du nom d'Irma, le parfum des images rôde comme autour d'un encensoir...Matière inépuisable à projections.

La personnalité onirique de Philippe Guérande a pour muse inspirante l'énigmatique Irma Vep aux sonorités si voisines du rêve. Ce prénom, Irma, est de medium, de sibylle, ou d'actrice de Music-hall (tel est le Chat-Huant : une sorte de cabaret ou de « beuglant »). Il accole colère (ire) et possession (ma) : possession tendre du rêve ou impression d'asphyxie pour l'âme. Les premières lettres qui inaugurent la signature de la vamp préparent au surgissement bref, fugitif autant que frappant, de son nom. L'élan fluide de la première consonne, en forme d'ailes graphiées (V majuscule), est amorti par le relais de la voyelle féminine centrale (présence béée, aussi dense qu'un silence). Une détonation d'air, légèrement étouffée dans les lèvres bien que nettement propulsée, conclut ensuite sans l'achever pourtant, comme le suspendant, le sésame magique

1 Dans *Louis Feuillade maître du cinéma populaire* de P. Gauthier et Fr. Lacassin (Paris, Gallimard, « Découvertes Gallimard », 2006), sont reproduits les essais anagrammatiques de Feuillade (p. 74).

des nuits de cinéma : V*ep*. Drapée de mots empruntés à une langue aux accents connus et cependant presque étrangers (elle pourrait être parlée dans les Carpates), Irma Vep est le fantasme, vipérin ou venimeux, de Guérande, son proche familier comme l'est toute anagramme ; Irma ou le vampire intime de Guérande.

Dans le monde de l'inconscient filmé que déplie en tous sens Feuillade, elle remplace la fiancée du journaliste, Marfa Koutiloff, après que la bande l'assassine au cours du deuxième épisode. Irma, la fiancée des ténèbres, évince la promise officielle. Or cette fiancée blanche est elle-même une danseuse dont le plus célèbre numéro est un ballet du vampire à la manière ondulatoire de Loïe Fuller (épisode II). La tête coupée, sur laquelle enquête Guérande dès le premier épisode, annonçait ce changement possible des visages, cette substitution des fétiches aimés. L'anagramme, de son côté, fait prendre un mot pour un autre, inclut de l'autre dans le même : emboîtée en elle, tapie comme une veuve noire, Irma est l'autre de la fiancée, à sa place, en lieu et place[1]. Elle surgit en tant que sa revenante érotisée, pour tout dire perverse, mais ô combien séduisante. De l'anagramme virevoltante filmée dans le troisième épisode, seul le « M » ne bouge pas, en pivot : littéralité du désir (aime), délice de la signifiance (mmm…). Guérande a encadré le visage de sa fiancée dans un médaillon (quand elle danse la vampire d'opéra) ; qu'Irma examine l'objet à la table de travail permet à Guérande de la reconnaître sous son déguisement de bonne (épisode III) ; un plus loin, le journaliste *retourne* le portrait pour observer, grâce au miroir qui se trouve au dos, la vampire en train de verser du somnifère dans son médicament, peut-être afin qu'il puisse mieux rêver d'elle : apparition-disparition-réapparition du même et de l'autre.

1 On débrouillera sans trop s'avancer, au terme de toutes les substitutions possibles, l'offre de l'imago maternelle (Irma-mère, anagramme un peu mieux cachée). Celle qui est toujours à la place d'une autre ou dont toute femme occupe la place, la mère est l'inaccès fondamental mais elle est omniprésente dans la série : elle habite avec son fils, tue un de ses geôliers avec une arme de vampire (le stylo empoisonné, récupéré par le *croque-mort* Mazamette, épisode III)… Guérande n'y fait face qu'obliquement : il voit ce qui se trame en elle (et en lui) en devenant cyclope (ou demi Œdipe), un bandeau sur l'œil ; et il retrouve alors sa mère en sa formule de jouissance angoissante sous les traits d'Irma Vep, mère phallique. Très vite imprimé à l'image, dans le tableau coulissant du premier épisode où un Sphinx est visible au dessus du lit de Guérande (plus tard Guérande retrouvera Irma à l'Hôtel de la Pyramide), l'Œdipe plane en maillots noirs.

À la fin de la série (fantasmatique), une nouvelle fiancée, Jane Brémontier, remettra bon ordre à cet assaut de l'inavouable autrement qu'en images : elle tuera sa rivale d'un coup de feu, en la renvoyant à son identité d'éclair éphémère. Voilé du corps noir de la défunte, le désir de Guérande adopte alors le crêpe du deuil : il se mariera enfin. Mais entre-temps quel enterrement de vie de garçon, quelle détonation libidinale, débordant par avance toute exténuation ! Et est-on bien sûr qu'Irma soit morte ? Elle nous a tellement habitués, en digne vampire, à revivre au rythme de la survie interminable du serial. Les dernières images ne parviennent pas à tarir cette source d'encre : le film possède une telle force d'extraction de l'ombre qu'elle s'émancipe de tout terme, de toute limite, de tout contour. Irma conduit le fantasme par-delà les images créées, elle s'installe dans la conscience inquiétée et envoûtée du spectateur où elle continue sa projection ; et chaque nouvelle représentation, chaque nouveau réveil de l'hypnose fictionnelle, ne fait qu'actualiser cette hantise intérieure souhaitée par le cinéma. Irma est le dés*ir*-cimé*ma*.

Pour une publicité conçue par Feuillade lui-même, Irma porte l'énigme en collier [fig. 9] : à son corps est accroché le point d'interrogation qui courbe le réel vers l'indéterminé ou qui, comme une serpe, lui coupe la tête pour mieux le rendre sidérant.

Dans le flux mouvant du fantasme, Irma Vep incarne la traîne de son anagramme : elle est une lettre passante célébrée en image, à une époque, la Belle Epoque, où le corps floral de la femme se reformule dans les lignes ourlées des dessins, des affiches, des décors ou des meubles. Sur leurs toits quadrillés, les vampires aux corps élastiques célèbrent la rencontre improbable de l'Art nouille et de Mondrian[1].

Feuillade veut Irma moulée, des pieds à la tête, dans un collant de soie noire qu'il a fait dessiner par le couturier Paul Poiret. Dans les mêmes années, Étienne-Jules Marey, l'homme de la chronophotographie, met lui aussi des hommes en collants pour tracer les magnifiques courbes de leurs déplacements[2]. Mais alors que Marey simplifie le mouvement par des signes de ponctuations et recrée ainsi une syntaxe du déplacement humain avec ses phrases, alors que Marey tend vers l'écriture, Feuillade

---

1 Voir G. Lascault, *Les Vampires de Louis Feuillade*, *op. cit.*, p. 80-81.

2 Voir G. Didi-Huberman et L. Mannoni, *Mouvements de l'air. Étienne-Jules Marey, photographe des fluides*, Paris, Gallimard, « Art et artistes », 2004.

FIG. 9 – « Qui? Quoi? Quand? Où? ».
Affiche publicitaire pour la série.
Les Vampires, un film de Louis Feuillade.
Production Gaumont. 1915. Collection
Musée Gaumont, illustrée par Maurice
Harfort (1895-1973).

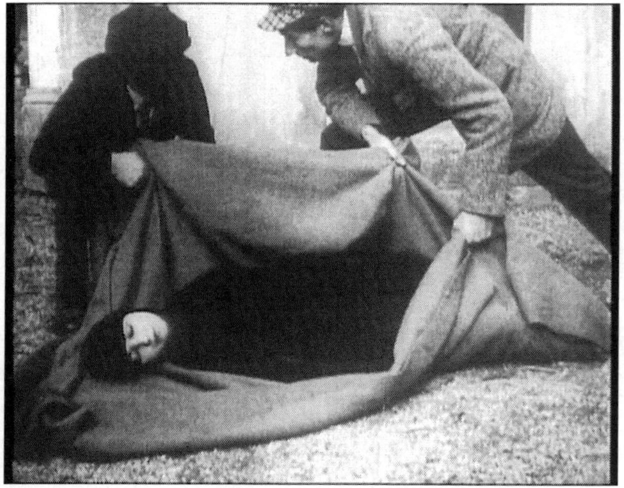

FIG. 10 – *Les Vampires*, un film de Louis Feuillade,
épisode VI. Production Gaumont. 1915.

augmente le retentissement du mouvement graphique pour nourrir des images, leur donner leur volume de surface. Irma cerne sur le fond de la nuit et en elle ses formes généreuses ; elle glisse comme l'ombre gagne. On la croirait une ondulation d'encre. Aragon parle d'elle ainsi que « d'une magnifique bête d'ombre ». Sa marche sinueuse, élastique et pleine, emprunte sa cadence aux beautés noires de Baudelaire, aux chairs sombres révélées, par le travail du négatif, dans l'écriture photographiques des poèmes. Chez Feuillade, l'énergie ou l'éclat nocturne dont *Irma* est l'apothéose s'épandent, eux, dans des images indiscrètement, *vap*oreusement ; son cinéma témoigne moins de la lumière qui déchire le monde et fonde toute apparition que de l'ombre qui se décharge en splendeurs d'images et développe sa source au sein du soir. La beauté tient au mystère des réalités qui se font et se défont.

Lors d'une scène symbolique (épisode VI, fig. 10], Feuillade suggère l'admirable mutation d'Irma en image et ce que l'on nommera, au fondement du cinéma pour Feuillade, un « stade de l'ombre ». Il s'agit de l'enlèvement de la vamp par une bande rivale qui la capture en l'enveloppant dans une couverture. Irma est alors tout près d'être piégée, de retourner à l'invisible ou de régresser à sa fixité de lettre : son corps couché et sa tête ronde encagoulée redessinent le I de son prénom. Mais l'enveloppe textile qui se froisse sur elle la prépare bien plutôt, comme un cocon, en vue d'une nouvelle métamorphose[1]. Car Irma s'échappera. Sa tenue moulée et presque lubrifiée la rend intenable. Le film renaît toujours de son empreinte fugace sur le linge ; la pellicule de Feuillade est fabriquée avec la Véronique d'Irma.

La narration de la série est affectée par le mode de présence d'Irma Vep et sa beauté. Son retentissement bizarre ou capricieux doit beaucoup à la modernité baudelairienne. Vouée mystiquement aux images, la fiction chez Feuillade n'épouse plus la ligne directe d'un récit. Sa diégèse colle aux déplacements reptiliens des vampires et adopte l'expansion, plus ou moins hasardeuse, de leur encre de seiches. Le film est monté par collages, ruptures, digressions, en fonction de l'arythmie du rêve secoué par les fantaisies de l'imagination. Il est perturbé par des syncopes, des surprises, des incongruités même. Il débute par un télégramme qui fait

1 La chauve-souris qui emblématise les vampires n'est-elle pas par excellence la créature en voie de métamorphose ?

tomber la nouvelle d'une tête coupée retrouvée quelque part. À partir de cette césure textuelle (castration libératoire ?) dont les télégrammes, surabondants dans la série, sont les médiums permanents, le film prend forme et propulse ses images : le feuilleton de Feuillade, en écriture automatique, célèbre alors les joies des cadavres exquis.

Feuillade n'avait, dit-on, pour composer son film que des bouts de papiers qu'il tirait de ses poches[1] : il les mélangeait comme on bat des cartes à jouer ou comme on brouille les lettres d'une anagramme ; il n'écrivait aucun scénario rigoureux[2], dérangé de toutes façons par les allers et venues des mobilisés ou des démobilisés[3] ainsi que par sa propre mauvaise humeur qui le faisait liquider le Grand Vampire pour une absence de son acteur, Jean Ayme[4].

Une péripétie du huitième épisode montre Mazamette, l'assistant de Guérande, déguisé en chiffonnier. À l'exemple de cette image fugace, Feuillade ramasse l'épars, coud l'hétérogène et l'insolite ; il recycle, insérant parfois des bouts de films déjà tournés, de façon à assembler sa rhapsodie cinématographique. Aussi n'hésite-t-il pas à faire apparaître dans son intrigue une séquence tout à fait étrange, qu'on rêve sortie d'un film de Buñuel et que Feuillade remploie à partir d'un tournage interrompu : un hussard napoléonien est chassé par un taureau de corrida lancé contre lui par une Espagnole vengeresse[5]. Le saut narratif est audacieux, mais de là déclencheur d'associations de sens puisque point encore notamment

1 Celles de Guérande sont, dans le premier épisode, bien remplies : billet, mouchoir, bijoux…, tous les accessoires pour, dans *Les Vampires*, faire son cinéma.

2 Voir Fr. Lacassin, *Louis Feuillade maître des lions et des vampires*, Paris, Pierre Bordas & fils, 1995, p. 220.

3 « J'entreprenais ce scénario [les Vampires], avec qui ? Parbleu ! avec des artistes réformés, exemptés… et, tous les huit jours, visités par l'autorité militaire, menacés de récupération, astreints à la loi Dalbiez… Ah ! c'était gai ! Du jour au lendemain, mes interprètes pouvaient me faire défaut. Mais j'étais l'auteur. Alors je modifiai mon scénario. Il y a toujours moyen de s'en tirer ! *Les Vampires* étaient une association redoutable, dont les membres "pouvaient" changer. Sans s'en douter, l'autorité militaire collaborait avec moi ! Quand un interprète m'était pris, eh bien ! je modifiai le scénario… Pas plus malin que cela ! » (raconté par Marcel Allain dans *La Carrière d'un as : Louis Feuillade*, Paris, Les Films chez soi, 1922).

4 « [Ayme] –Est-ce que je reviens demain ? {Feuillade] – Non, passez à la caisse pour vous faire payer. Musidora vous a tué, votre rôle est terminé » (raconté par Musidora dans *Quand j'étais une vamp*, Cinémondial, n° 42-48, 12 juin-24 juillet 1942).

5 Cette séquence provient des *Fiancées de Séville* dont le tournage espagnol avait été interrompu après l'attentat de Sarajevo. Le rôle féminin était tenu par Renée Carl, la Lady Beltham de *Fantômas*.

le danger d'une féminité noire, avide de sang et ensauvagée. Feuillade improvise pour que l'invention rêveuse l'emporte sur la composition. Le bricolage onirique[1] domine l'ordre logique du récit de façon à gagner la liberté suggestive de ce que François Truffaut a appelé des « révélations émerveillées » : Feuillade conçoit des réseaux d'images aimantées, des chocs et des rencontres que provoque le *clinamen* des fantasmes.

Dans le transfert de la lettre à l'image que stimule le film et qui le sous-tend, l'anagramme fait figure de modèle génésique puisque ses mots sont la matière des images et que ce qu'ils nomment est l'image même, ou mieux le passage d'une image à une autre (Irma Vep → Vampire), c'est-à-dire le fonctionnement même d'un film. Feuillade nous invite en effet à rêver l'image cinématographique comme une rémanence anagrammatique : les personnages du serial sont à la fois les résultats de cette rémanence (des mots filés en images) et leurs opérateurs (ils justifient par leur présence en la propageant la production des images). Si l'anagramme est au cœur du phénomène visuel qu'incarnent les Vampires, c'est sans doute parce qu'elle signifie le pouvoir de la métamorphose qui affecte le visible ; cette métamorphose définit pour Feuillade la merveille cinématographique. Les Vampires donnent forme – forme informe et mouvante – au travail de l'hétérogène dont Feuillade fait la substance thématique, poétique de son cinéma. Cet hétérogène, les Vampires sont ses passeurs fluides, volatiles, tourbillonnants, explosifs ; il adopte avec eux et en eux tous les chemins du désordre.

Les Vampires ont, pour baliser le réel, la consistance évasive, ondoyante de la fumée. Ils sont fumée, ils en fabriquent. Ils se cachent dans ce qu'ils secrètent. Quand il s'enfuit, le docteur Nox se confond avec les volutes des cheminées. Satanas est le « maître de la foudre ». La bande pratique le dynamitage, canonne et fait le coup de feu. Les Vampires débouchent des bouteilles de champagne empoisonnées (épisode IX), ils provoquent des incendies en ouvrant le gaz ou disparaissent dans des éclairs magnésiques.

1 L'affiche de l'épisode, sous le slogan général « les films mystérieux », montre Irma Vep assise sur un fauteuil, endormie en maillot noir, les bras écartés, offerte au rêve ou en apesanteur : des yeux d'homme paraissent dans l'entrebâillement d'un rideau plissé qui fait toile de fond, comme dans quelque rêve de voyeurisme lynchien. Un bandeau au-dessus d'elle, décroché apparemment de l'image, donne le contenu du songe : on y retrouve le cavalier poursuivi par trois taureaux (reproduit par P. Gauthier et Fr. Lacassin, *Louis Feuillade maître du cinéma populaire*, *op. cit.*, p. 73).

Plus abstraitement encore, les Vampires circulent par ondes. Ils détournent les lignes téléphoniques[1], contrôlent les circulations du courrier, gèrent les flux vocaux : dans le septième épisode, Irma enregistre la voix de Géo Baldwin et remplace une standardiste. Les Vampires sont vénéneux : Vénénos est un de leurs chefs, spécialiste des toxiques ; Fleur de Lys, une comparse, a des activités de plante mortelle ou de Fleur du Mal.

Avec eux, le spectateur est étonné par tout ce que peut un corps, calqué sur les convulsions de l'anagramme. « Le corps, écrira Hans Bellmer plasticien des poupées et des anagrammes, est comparable à une phrase qui nous inviterait à "la" désarticuler pour que se recomposent à travers une série d'anagrammes sans fin ses contenus véritables[2] ». Les Vampires font preuve de l'agilité des contorsionnistes ; ils flirtent en chats avec la ville. Ils se coulent dans les cheminées (comme Guérande d'ailleurs), ils ouvrent les vasistas, rampent dans les puits. Ils découpent les vitres au diamant et passent la main. Irma avance la tête dans les entrebâillements ; elle écarte les interstices pour se montrer subrepticement [fig. 11]. Les Vampires percent, perforent, ils forcent l'espace en lieux de passage. Ils crochètent les volets ; les portes, ils les signent en collant une chauve-souris adhésive avant d'envoyer du gaz par le trou de la serrure (épisode X). Ils ressemblent par leur pantomime aux Pierrots fins de siècle, gymnastes extravagants qu'aucun obstacle ne retient et qui changent toute scène en mille plateaux[3]. Les conduits d'oreilles y compris servent aux Vampires de caches où stocker des pilules au cyanure (au début de « L'évasion du mort »). Les criminels vont en prison mais ils s'évadent, ils s'échappent des doigts à l'instar des anguilles ; leur nature est ectoplasmique.

Un temps infiltrée en femme de ménage bretonne chez les Guérande (Bécassine comploteuse sous le nom d'Anne-Marie Le Goff), Irma déverrouille les fenêtres, fait entrer ses comparses à têtes de nuit. Les vampires sont labiles, pénétrants : ils entrent partout, même dans les corps. Ils ne

---

1 Dans le neuvième épisode, les commandes pour le traiteur Béchamel arrivent chez l'empoisonneur Vénénos.

2 H. Bellmer, *La petite anatomie de l'image*, Éric Losfled, 1978, p. 43-44. Voir J.-Cl. Marceau, « Les anagrammes d'Unica Zürn et Hans Bellmer », dans *Formules*, n° 11 « Surréalisme et contraintes formelles », 2007.

3 Je remercie Gilles Bonnet d'avoir attiré mon attention sur cette correspondance qu'il faudrait encore développer. Voir son édition *Pantomimes fin de siècle*, Paris, Kimé, 2008.

FIG. 11 – *Les Vampires*, un film de Louis Feuillade, épisode IX. Production Gaumont. 1915.

FIG. 12 – *Les Vampires*, un film de Louis Feuillade, épisode IX. Production Gaumont. 1915.

mordent plus, à la façon de leurs ancêtres archaïques ; leurs instruments restent cependant aigus, perçants : bague (épisode II), épingle à chapeau (épisode IX), plume de stylo (épisode III), gant sur la paume duquel se dresse un clou paralysant (épisode VII), voilà tout leur arsenal. Il module, au moyen des objets de la modernité faussement civilisée, les canines acérées des authentiques vampires et il favorise l'épidémie des crimes. L'injection du rêve est faite par Irma et ses comparses.

Sur le modèle du corps mystique du roi, les Vampires ne meurent jamais ou jamais vraiment : pour un qui disparaît, un autre jaillit. Irma Vep elle-même passe par d'innombrables décès. Avant de s'enfuir de Port-Vendres et de ressusciter dans une explosion, elle est détenue à la prison *Saint-Lazare*. Irma renaît de ses cendres, le docteur Nox s'enfuit par la cheminée en laissant derrière lui sa peau de vêtements (épisode II). Les Vampires cagoulés n'ont aucun visage sinon celui de l'anonymat qui leur accorde l'expression du possible. Sur l'un des nombreux billets (celui qui doit permettre à Guérande de récupérer sa mère dans le troisième épisode), la signature à porter est marquée d'un X ; cet X est le graphe parfait des Vampires (au départ, le Grand Vampire se dissimule sous l'identité de NoX). On rêvera à travers lui l'inconnu, le réversible (variante du palindrome), le démultiplicateur et l'ouverture toute grande des ailes vampiriques.

Les Vampires changent d'identité, subtilisent des signatures, répandent en petits Poucets lupins de fausses cartes de visite. Irma se travestit en homme et brouille la frontière des sexes : elle se fait nommer Juliette Berteaux ou Guy de Kerlor (épisode VI). La manière dont les Vampires existent les rapproche de la dynamique de l'évolution créatrice que théorise Bergson à peu près à la même époque : évolution jamais achevée, toujours en attente, profitant de la magnifique plasticité du désordre ou plutôt faisant de cette sorte de désordre un nouvel ordre obtenu par de multiples surprises métamorphiques.

Ou, en termes deleuziens, les Vampires sont rhizomiques : ils envahissent, décentrent, déconstruisent, font tourbillonner les virtualités. Feuillade filme à la Ozu, l'abaissement de la hauteur de la caméra en moins : il symétrise, cadre avec soin, ménage partout des équilibres pour structurer son image. Et, cependant, sous cette apparence de dispositif très contraignant, il pratique l'art des images-rhizomes : il rompt l'attendu du visible par des dérivations et des fulgurations, il s'adonne aux contre temps par des percées, des connexions surprenantes et des échappées dont sont toujours responsables, en contre-dispositifs opiniâtres, les cohortes de Vampires et leurs actions d'éclats. Les Vampires sont tellement incontrôlables qu'ils se font concurrence entre eux : ils doivent faire face à des bandes rivales, celle du redoutable Moreno principalement, qui les redoublent et même les doublent, contribuant, à partir d'eux et contre eux, à lancer d'autres lignes de forces emmêlées ou disjointes.

Les Vampires dansent sur des fils ; ce sont des acrobates, des funambules dans la nuit. Ils strient l'espace de leurs parcours dionysiaques. L'anagramme secouée par Guérande laisse encore cette impression de boussole affolée. De même, dans le dernier épisode, le motif d'une nappe pourrait livrer la légende de leur cartographie : des flèches qui partent dans toutes les directions [fig. 12][1].

Les sens tournent, incluant celui du rire. Car rien n'est plus insolite que cet aspect de comédie que prennent souvent les épisodes des *Vampires*. Un carton pourtant l'annonce en tête du neuvième épisode : « Fini de rire ». Non, le film reste jusqu'au bout contaminé par le burlesque : Feuillade a voulu le thriller cocasse. Héritier de la tradition carnavalesque, relayée par celle du valet comique, Feuillade adjoint à Guérande une sorte de Scapin ou de Sganarelle : Oscar Cloud Mazamette interprété par Marcel Levesque. Ancien croque-mort, affilié autrefois aux Vampires, il devient au fil des aventures le fidèle complice de l'enquêteur. Dans toute l'histoire, associé à la fin aux pitreries de son fils que joue René Poyen (Bout-de-Zan), Mazamette augmente le désordre ambiant par celui, supplémentaire, du rire. Aussi l'une des rares scènes où le sang coule vraiment entraîne-t-il un gag qui souligne la force d'hilarité de Mazamette (épisode VIII). Ce dernier prend par erreur de la part de son fils un coup de révolver dans le nez. Il sera affublé ensuite d'un énorme pansement ; ce masque insolite lui donne l'air du *bufon* des carnavals et des charivaris.

Le rire n'est pas incompatible avec le suspens et la terreur. Feuillade n'y a pas recours simplement comme d'une détente voire comme de l'instrument d'une *catharsis*. Certes, le rire peut remplir cette fonction de dédramatisation du désordre ainsi que l'illustre l'une des dernières scènes (épisode X) où les Vampires, au comble de leur hystérie, s'amusent

1 On notera dans le tourbillon général des signes que la caisse de champagne du neuvième épisode porte le palindrome 323bis.

à prendre une caricature de Mazamette pour cible d'un jeu de massacre digne de la foire du Trône. Les Vampires vont aussi du pire au rire.

Mais avant tout, la bouffonnerie accroît la jouissance. Il y va, à se souvenir de Jean Starobinski exhumant le Saussure anagrammophile, de la double et paradoxale orientation du caché, « les deux versants du latent. Qu'y a-t-il derrière l'apparence ? Une force immense ? Ou le vide menteur d'une arrière-scène[1] ? ». Les Vampires, selon leur logique, ne décident pas quand il s'agit de faire se rencontrer les hétérogènes ; ils préfèrent amener les directions contradictoires à se croiser et à produire d'autres voies, à renchérir sur l'invention du désordre. Le rire est la conséquence et le vecteur de l'euphorie fantasmatique. Et il ajoute un facteur d'étrangeté ; il se rend compatible avec l'inquiétude et même, estompant cette nouvelle division, il se confond avec elle.

Impertinents, espiègles, les Vampires fomentent des blagues, ils complotent comme on prépare un canular. Ils se sacrent rois de l'humour noir : en pleine fête, ils empoisonnent le champagne (épisode VIII) ; quand on leur serre la main, on est paralysé (épisode VII). Les Vampires font provision d'un tas d'accessoires de théâtre : des balles à blanc (épisode III), un stylo à l'encre peu sympathique, une bague qui tue, des gaz soporifiques… Ils s'amusent, comme des gosses ou des petits fous : ils prennent au collet leurs victimes (épisode X) ; à la façon des cow-boys, ils jouent du lasso (il faut dire que les Vampires sont aussi des apaches…). En plein carrefour, Irma anticipe l'arrivée d'une voiture en collant l'oreille au macadam, à l'imitation des indiens qui, dans les livres illustrés pour enfants, écoutent le message invisible des rails (épisode IX). Il y a aussi, au rayon des farces[2] et attrapes, tous les quiproquos, les déguisements, tous les faux morts qui se relèvent. Ils participent aux tours d'une promenade cauchemardesque qui reposent sur les mêmes matériaux que la comédie. Ce sont des habitués des cabarets et, en guise de feu d'artifice, ils se réjouissent de les faire sauter. Dans le septième épisode, « Le Joyeux Cagibi » (le bien nommé) est attaqué par Satanas depuis Montmartre, à la vraie bombe : la robe de Musidora en fit les frais[3]. Une atmosphère

1 J. Starobinski, *Les Mots sous les mots*, *op. cit.*, p. 107.

2 Mme Guérande mère qu'un billet a délibérément éloignée de chez elle se plaint ainsi d'une « mauvaise farce » avant d'être enlevée en fiacre (épisode III).

3 « Feuillade avait convoqué un artificier avec une véritables bombe, pour l'épisode de ce canon qui tirait silencieusement mais qui éclatait avec violence. Feuillade me prévient

FIG. 13 – *Les Vampires*, un film de Louis Feuillade, épisode VIII. Production Gaumont. 1915.

de diable à ressort et de boîte à malices envahit les épisodes et s'empare de la nuit grimaçante du crime : une malle à costumes, qui appartient à la Maison Pugenc fournisseuse de Gaumont boulevard *Maillot*, circule avec Guérande pendant qu'un coffre contient Irma (épisode IX) et qu'un autre cache Mazamette (épisode VIII)... Un masque japonais, derrière lequel on se cache pour espionner, oscille entre rictus sadique et expression farcesque (épisode VIII fig. 13) : il caricature l'humeur des Vampires et tend au maximum leur double expression.

L'anagramme, après tout, qu'est-elle elle-même sinon un jeu de mots, un trait d'esprit ? À sa façon, elle éclate de rire, prise par la pulsion de plaisir ; Vep, la subversive, est un avatar du *Witz*. Guérande qui la déchiffre a un bandeau sur la paupière en guise de clin d'œil. Son acolyte Mazamette ne cesse quant à lui de regarder le spectateur et de souligner, avec un rien de cabotinage, l'efficacité de drôlerie des scènes qu'il perturbe par ses gags intempestifs mais réjouissants. Ses apartés, pense-t-on, désamorcent la sidération des yeux d'Irma et démentent l'hypnose. Le rire aide à la déprise. Il n'en est rien : le rire rend plus incernable encore l'humeur des vampires ; il trouble le film en augmentant son potentiel d'effets, son énergie d'impression et en rendant instable la position du spectateur. La jubilation facilite le travail du rêve : relâchant l'attention, rendant plus pénétrantes les images, elle concourt à leur force d'imprégnation.

Alors les images ne cessent plus de nous regarder.

Olivier LEPLATRE
Université Jean-Moulin – Lyon 3

en me demandant si je n'aurai pas peur... pour ma robe : "On paiera le nettoyage". Et il ajouta en riant : "Je ne dis rien aux crabes pour qu'ils jouent nature". J'avais mis ma plus belle robe du soir, la bombe a éclaté, elle était complètement perdue. Nous étions dans un état lamentable, couverts de suie, les vêtements déchirés... Feuillade était vraiment au comble du bonheur. Il applaudissait » (Musidora, citée dans Fr. Lacassin, *Louis Feuillade maître des lions et des vampires*, *op. cit.*, p. 161-162).

DIRE LE DÉSORDRE CHEZ FRED VARGAS

QUESTIONS D'IDENTITÉ

La littérature populaire exprime d'une façon très claire les obsessions fondamentales de l'homme, ses peurs, son désordre, sa violence en lui offrant une manière de les surmonter à travers la fiction et l'imaginaire qui informe cette fiction. Ainsi, cette littérature, souvent décriée par le monde lettré, est capable de donner un nom aux hantises et aux obsessions inconscientes de toute une société. Le succès des romans policiers de Fred Vargas se fonde, selon nous, sur cette capacité à lever le voile. L'auteur est une femme à la personnalité double ; d'une part, il s'agit de Frédérique Audoin-Rouzeau, prestigieuse chercheuse du CNRS en archéologie médiévale qui a dirigé de nombreux travaux : c'est, si l'on peut dire, le côté diurne de sa personne. D'autre part, Fred Vargas, l'auteur à succès de romans policiers ou romans à énigme, comme elle préfère les désigner, représente le versant nocturne. Comme il arrive souvent dans le régime dichotomique de l'imaginaire, c'est le côté nocturne qui l'emporte ; l'héroïne se consacre à l'écriture au détriment de son travail de chercheuse.

Une énigme à lever. Qui se cache derrière le nom de plume de Fred Vargas ? Nous savons depuis George Sand que le choix d'un pseudonyme masculin n'est pas dû au hasard et révèle une identité complexe. Martine Reid a mis à découvert les raisons secrètes qui ont porté l'auteur d'*Indiana* à choisir ce nom-là pour se présenter dans le monde des lettres[1]. Le XXe siècle ne pose pas bien sûr les mêmes problèmes aux femmes écrivains, celles-ci pouvant revendiquer leur condition sans susciter de scandale ! Il faut chercher des raisons plus profondes, étroitement liées

1 M. Reid, *Signer Sand*, Paris, Belin, 2003.

à la perception du monde et à la création d'un univers de fiction, chez l'auteur. En effet, Fred tente de fixer d'une certaine manière sa propre personnalité à travers cette option onomastique car il s'agit bien d'une abréviation de son prénom Frédérique. Sa sœur jumelle, Jo, peintre, à laquelle elle est très unie a pris le pseudonyme de Vargas, en hommage à María Vargas, la protagoniste de *La comtesse aux pieds nus*, personnage interprétée par la mythique Ava Gardner. Elle prolonge donc la relation familiale fictionnelle en ajoutant, comme sa sœur, Vargas à son prénom. Dans la réalité comme dans la fiction, elles sont des sœurs qui s'aiment tendrement, premières destinataires de leurs œuvres respectives. Sans doute, d'autres raisons expliquent le choix d'un pseudonyme masculin : la tradition du genre, plutôt réservé aux hommes, même si les expertes du crime acquièrent aujourd'hui une grande autorité et une grande place, mais aussi le désir d'échapper à son personnage diurne, sérieux et officiel, de chercheuse du CNRS. En prenant ce nom de plume, elle affirme avoir réussi à ce que « personne ne sache rien au CNRS[1] ».

La belle et énigmatique María Vargas peut être considérée comme le double féminin d'Adamsberg, le héros par excellence de Fred Vargas. Elle possède comme lui la capacité de semer le désordre dans un monde faussement réglé pour retrouver finalement la vérité profonde des êtres et des choses. Leur désordre fait avancer le monde, leur désordre constitue une manière de se guérir de la maladie de vivre, et de trouver à l'existence un sens qui dépasse la raison et se fonde sur l'intuition. Car Adamsberg base ses enquêtes sur l'intuition qui lui permet d'atteindre une vérité absolue et de comprendre le désordre, germe fondateur, nous le verrons, d'une recherche de progrès vers une humanité plus éclairée et sensible.

Anna Gavalda[2] avoue être tombée amoureuse d'Adamsberg, personnage superbe, qui rejoint d'une certaine manière beaucoup de héros de ce type de romans. Il s'agit d'un béarnais, d'un homme extrêmement typé, ancré dans sa région, un fort qui fait montre de douceur et qui plane au-dessus de la réalité, la tête toujours dans les nuages, volage,

1 O. Marti, « El enigma Fred Vargas », *El País*, 2/02/2008 : "Así nadie supo nada en el CNRS".

2 Interview réalisé par Bernard Lehut avec Fred Vargas et Anna Gavalda sur RTL au *Procope* le 3 mars 2009, émission en intégralité le 6 mars 2009. On peut le retrouver sur le site : www.rtl.fr/fiche/3733187/exclu-anna-gavalda-et-fred-vargas-en-tete-a-tete-sur-rtl.hmtl

aimant les femmes, un don juan plein de bonhomie, capable en même temps de rester fidèle à un seul amour. Violence et désordre président les aventures d'Adamsberg. Dans le dernier roman de Fred Vargas *Un lieu incertain*[1], l'auteur va aborder, en plein XXe siècle, le thème inquiétant pour l'imaginaire collectif des vampires. Nous pouvons dire avec Ana González Salvador à propos du vampirisme que :

> Par ce fait, et quoique subrepticement, le roman rend visible moins un être ou un fait surnaturels que la *faille*, la *fracture*, du système lui-même, le point par lequel le désordre s'insinue, se répand et s'installe[2].

Fred Vargas va utiliser le passé, va puiser dans ses connaissances historiques comme cela avait déjà été le cas avec *Pars vite et reviens tard*[3] où elle exploite le motif de la peste. Mais ce passé paradoxalement s'inscrit dans la modernité, dans le quotidien de la vie d'un commissaire parisien qui combat le crime. Ce passé livre une explication objectivée de la violence et du désordre fantastique auquel est confronté le personnage. Cette contamination des époques du passé et du présent se manifeste à trois niveaux : au niveau du cadre, des personnages et des situations.

LE CADRE

L'action se situe dans trois décors différents. D'abord l'Angleterre. Le roman commence par un voyage à Londres du commissaire Adamsberg et de quelques-uns de ses collaborateurs. Adamsberg parle un anglais très approximatif et se caractérise par son indifférence, voire un certain mépris, pour les habitants de la perfide Albion. Il se rend dans la capitale britannique pour un colloque scientifique en rapport avec son travail. Alors que l'accent est mis sur un quotidien, embrayé sur le présent, et saturé de réalité, le désordre va s'instaurer, perturber l'ordre et le réglage des faits. Cela se passe par le biais d'un personnage grotesque,

1 F. Vargas, *Un lieu incertain*, Paris, Viviane Hamy, 2008.
2 A. Gónzalez Salvador, « Dracula dure » in *Dracula, L'Herne*, cahier dirigé par Charles Grivel, Paris, Herne, 1997, p. 124.
3 F. Vargas, *Pars vite et reviens tard*, Paris, Viviane Hamy, 2001.

bizarre qui sert de pont entre le passé et le présent, entre l'ombre et la lumière : il s'agit de Clyde-Fox :

> Voici lord Clyde-Fox. L'exemple que ce que vous appelez chez vous l'aristocrate excentrique. À vrai dire, il ne nous en reste pas tant que cela, ils se reproduisent peu. Celui-ci est encore jeune.
> Radstock s'arrêta pour leur donner le temps d'observer le personnage, avec la satisfaction de qui présente une pièce rare à ses hôtes. Adamsberg et Danglard le contemplèrent docilement. Haut et maigre, lord Clyde-Fox dansait maladroitement sur place, à la limite de la chute, se tenant sur un pied puis sur un autre[1].

Surgit donc l'étrange, l'étrangeté dans toute sa dimension, à travers cette figure hors norme. C'est lui qui présente dans le roman le cimetière de Highgate, cimetière très renommée et très connu situé dans le nord de Londres :

> Depuis l'époque victorienne s'étend à perte de vue, sur la colline de Hampstead Hill au nord de Londres, un des plus beaux et troublant cimetière d'Europe. Véritable nécropole, celui-ci est sillonné d'allées bordées de nombreux tombeaux baroques ainsi que d'une avenue égyptienne. Dans d'autres endroits, les cercueils sont posés à même le sol des caveaux. De toute part, on rivalise de beauté et de romantisme dans le choix des styles des pierres tombales et des monuments funéraires. L'opulente végétation laissée à l'état sauvage ne fait qu'ajouter au charme de l'endroit[2].

Dans le chapitre V du roman Fred Vargas, par la bouche de Danglard, l'un des personnages les plus représentatifs du récit, résume l'histoire du cimetière sans rien oublier : ni l'affaire Elisabeth Siddal, ni l'évocation de Bram Stoker s'attardant à l'envi sur la dernière affaire de vampirisme connue, celle de 1970-1978 à laquelle participa activement l'hôte d'Adamsberg, Radstock[3]. Ce renvoi au vampirisme, ressuscité par

---

1 *Op., cit., Un lieu incertain*, p. 15.

2 Rédaction et recherche : Elisande in *Inquisitor : L'Affaire du cimetère de Highgate*, heresie.com sur le site : http://www.heresie.com/highgate.htm.

3 En 1970 une entité serait apparue entre les tombes de Highgate à plusieurs reprises effrayant la population. Deux jeunes filles qui rentraient chez elles et suivaient un raccourci par le cimetière furent poursuivies par une ombre noire et l'une d'elles resta souffrante et subit de nombreuses crises de somnambulisme qui pendant des années l'attirèrent vers un des caveaux du cimetière. L'affaire s'intensifia lorsque l'on découvrit des dizaines de cadavres d'animaux vidés de leur sang. Les médias furent prévenus par un membre de la British Occult Society appelé David Farrant, à ceux-ci se joignit le Révérend Lord Manchester

Clyde-Fox va tourmenter Radstock et tout le groupe de chercheurs. En effet, des scènes macabres se succèdent : devant la vieille grille principale du cimetière de Highgate, il y a alignées une vingtaine de chaussures fourrées des pieds correspondants. Dissection qui témoigne d'une violence inouïe au sens fort du terme, d'une mise en scène qui défie l'entendement. L'auteur ou les auteurs du fait ont pris soin de découper ces pieds de certains cadavres pour les conserver pendant un certain temps congelés et les déposer, sacrilège absolu, dans un cimetière haut lieu du vampirisme.

Le second décor, le plus sollicité dans les romans de Fred Vargas, est Paris. La ville prend un aspect fantastique, étrange quand elle est racontée. Adamsberg vit tout seul dans une vieille maison avec un voisin, Lucio, devenu manchot à la suite de l'éclatement d'une bombe, pendant la guerre d'Espagne, à l'âge de neuf ans. Corps là encore disloqué. Être marginal, déplacé et déclassé dans un monde propre et ordonné, l'homme aime bien le commissaire. Il y a un autre lieu qui devient le centre du drame, il s'agit de la banlieue bourgeoise de Garches. Là, d'une manière surprenante se fait le lien avec l'aventure anglaise. Un vieil homme, Pierre Vaudel est assassiné, mais l'assassinat est marqué par une violence et une cruauté extraordinaire. Le corps a été totalement découpé en petits morceaux avec une scie électrique. Exercice d'un sadisme et d'une cruauté sans mesure et sans logique. La victime semble avoir été le jouet d'un fou, d'un forcené. Adamsberg ne tarde pas à proposer une explication à cette débauche de violence. L'assassin a essayé d'anéantir le corps du mort à la manière des pratiques ancestrales destinées à éradiquer

---

qui exécuta une séance d'exorcisme à l'intérieur du caveau suspect. Dans ce caveau on y découvrit un corps ne semblant ni mort, ni vivant. Manchester voulut le transpercer avec un pieu mais sous peine de se mettre en faute vis-à-vis de la loi, il se contenta de disperser des sacs d'ail et de placer une croix sur le couvercle du cercueil. Peu de temps ensuite, des ouvriers cimentèrent l'entrée du tombeau mais l'affaire ne s'arrêta pas là. En 1974, le cœur du quartier de Highgate proche du cimetière fut la proie de phénomènes étranges. Une demeure de style gothique, située au carrefour de Crescent Road et de l'avenue Road (aujourd'hui détruite) était dite, depuis bien des années, hantée. Manchester procéda à des fouilles minutieuses et découvrit dans la cave, le cercueil qu'ils avaient muré quatre ans plus tôt. Manchester et ses collaborateurs ôtèrent le couvercle et plantèrent un pieu dans le corps, puis y mirent le feu. L'affaire était donc terminée mais en 1978, la police appréhenda plusieurs personnes qui avaient pénétré dans le cimetière d'Highgate après avoir forcé le caveau du vampire. Malgré la déclaration de Manchester certifiant avoir tué le vampire et reprise dans un livre publié en 1985, le mystère reste entier, d'autres témoignages attestent que le Prince de la Nuit reposerait toujours à Highgate.

les vampires en les empêchant de marcher, de penser, de survivre : « Il a broyé un ensemble, dispersé la cohérence[1] », dira le commissaire. En effet, on coupait les pieds pour éviter la marche, la tête pour éviter la pensée et la raison, toutes les articulations pour démembrer le corps, le pieu pour percer le cœur et le clouer définitivement à la tombe. Le vampire dérange, le vampire sème le désordre, et il faut cette violence disloquante pour réparer le chaos et remettre les choses en place. Ces pieds retrouvés ça et là et narrativement structurant fournissent des indices susceptibles de résoudre l'énigme.

Le troisième décor plonge le lecteur dans la nuit des temps, c'est « le lieu incertain » du vampirisme. Dans un petit village serbe, Adamsberg découvre la tombe du maudit, du démon :

> Une grande pierre grise se dressait au bout du rectangle, crénelée, grossièrement taillée et gravée sur toute sa hauteur. Rien à voir avec des ruines et tout à voir avec une tombe, mais une tombe interdite, à en croire la détermination de la femme. Un personnage sacré, tabou, était enterré ici, loin des autres, hors du cimetière, une fille-mère morte en couches, un comédien disgracié, un enfant non béni. Tout autour de la tombe les surgeons des arbres étaient coupés, formant un encadrement déplaisant de souches naissantes et pourries[2].

Cette découverte le mène à trouver le rapport entre l'affaire de Londres, premier décor, et l'affaire de Garches, près de Paris, deuxième décor. La clé de l'énigme se trouve dans le troisième décor, à Kiseljevo. Il l'apprend de la bouche du sage du village, celui qui connaît toute l'histoire. Le vampire du cimetière de Londres est le même qui habite sous cette tombe. Et tous les membres de sa famille ont été exterminés en obéissant à une vengeance ancestrale. Avec Adamsberg le lecteur découvre qu'il s'agit d'une guerre entre deux familles de vampires. La seconde famille, vampirisée par la force, veut se libérer en abolissant la première famille, à l'origine de l'ordre corrompu. L'anéantissement de tous les descendants est la condition du retour à l'ordre du monde ; là encore, la libération passe par la loi sadique, le crime, le Mal selon les motifs traditionnels de l'inversion. Ce troisième lieu fait écho au premier dès lors que le cimetière de Higthgate comme le site de Kiseljevo sont les terres d'accueil du même vampire. La fin de la lignée des vampires,

1 *Op., cit.*, p. 56, *Un lieu incertain.*
2 *Ibid.*, p. 244.

au terme d'un combat fratricide symboliquement signifiée par la mort de l'arbre de la colline Hampstead Hill, est la réécriture sur le mode fantastique du mythe fondateur d'Abel et Caïn.

LES PERSONNAGES

De la même manière que le présent et le passé se télescopent, les personnages les plus divers cohabitent dans le roman. Parmi le personnel romanesque, se rencontrent dans ce dernier roman de Fred Vargas, les habitués que sont le commissaire, le commandant Danglard, Violette Retrancourt mais aussi des nouveaux qui jaillissent directement du passé comme Zerk, le fils inconnu d'Adamsberg ou le descendant de la famille vampirisée, figure héroïsée, travaillée par le désir de restituer l'harmonie perdue. À l'origine du chaos, une cause parfois dérisoire est à rechercher :

> Si vous vous tordez le pied, l'autre jambe se fausse, le dos bascule, le cou réagit, la tête a mal, l'estomac se rétracte, l'appétit s'en va, l'action s'alentit, l'anxiété s'installe, les fusibles sautent. Je vous simplifie la chose[1].

LES SITUATIONS ET LES INTERTEXTES

Les personnages de Fred Vargas évoluent dans une modernité illustrée par les trains de luxe, les avions, les portables sophistiqués, les GPS dernier modèle : toute une batterie d'objets favorables à la communication et à la conduite des enquêtes policières. À côté de cela, les situations ténébreuses, obscures, sorties du fond des âges inquiètent les personnages au point de les placer aux frontières de la déraison, de la folie, indices cliniques d'un état de désordre mental effrayant. Il est évident que Fred Vargas appuie son récit sur une documentation fouillée. Son autre métier la porte à

1 *Ibid.*, p. 165.

cela. On peut l'accuser, comme le fait un lecteur[1], d'utiliser « le répétitif, pas trop bien écrit, avec des personnages schématiques et convenus, une fois pour toutes, égaux à eux-mêmes ». Mais le fait est qu'elle sert une littérature populaire de qualité en présentant, comme elle l'affirme elle-même, « des histoires se situant sur la branche littéraire des mythes et des contes à *catharsis*[2] ». Elle avoue être autodidacte en littérature mais révèle son admiration pour Jean-Jacques Rousseau (son premier amour fou à 15 ans) et Marcel Proust (son deuxième amour fou à 16 ans)[3]. Dans *Un lieu incertain*, elle cite explicitement *Le Desdichado* de Nerval.

Le thème du vampirisme, qui est le sujet principal d'*Un lieu incertain*, doit beaucoup à un autre romancier populaire du XIXe siècle à grand succès, lui aussi. Il s'agit de Paul Féval. En effet, Paul Féval consacre à ce sujet trois ouvrages bien distincts : *La Vampire*, 2e partie de *La Chambre des amours* (1856), *Le Chevalier Ténèbre* (1860) et *La Ville-Vampire ou bien le malheur d'écrire des romans noirs* (1875). Dans ces trois textes, le traitement du thème du vampire que Polidori avait mis à la mode est renouvelé de la même façon que pour Fred Vargas.

Le premier trait caractéristique commun aux deux auteurs concerne la charge ironique lancée contre l'Angleterre : Vargas, d'une façon indirecte à travers Adamsberg, incapable de retenir quelques mots en anglais, Féval explicitement au début de *La Ville-Vampire* reproche aux Anglais « les actes d'effrontés de piraterie dont les écrivains français sont victimes en Angleterre[4] ». Ce n'est en fait qu'un lieu commun de la littérature populaire des XIXe et XXe siècles, la critique systématique des Anglais présentés comme les étrangers redoutables et responsables de nombreux crimes et actes de félonie fait partie des attentes du lecteur. L'humour qui diffuse en contrepoint du macabre dominant est un autre trait stylistique commun aux deux romanciers.

Un autre élément d'importance que l'on retrouve dans ces récits de vampirisme touche à la visée politique de textes *a priori* éloignés de la réalité. La vampire Addéma de Féval, sous les traits de la comtesse

1 Sorokine in *Fred Vargas en « un lieu incertain » et invitée de Rue 89 : Le Tchat avec Fred Vargas, in* http://www.Rue89.com/print/54848.

2 *Ibid.*, p. 4.

3 F. Jarque, « Entrevista : Fred Vargas. La novela policíaca deriva de la literatura épica », *El País*, 27/08/2005.

4 P. Féval, *La Ville Vampiro*, Toulouse, Petite bibliothèque des Ombres, Éditions Ombres, 2000, p. 9.

Marcian Gregoryi, anime la conspiration de Georges Cadoudal, chef vendéen, contre Napoléon Bonaparte. En ce qui concerne les romans de Vargas, dépourvus de visées politiques, (alors que l'auteur prend ouvertement parti pour Cesare Battisti), il convient de distinguer le dernier texte publié pour lequel elle reconnaît avoir voulu régler des comptes :

> Cette déambulation européenne affleure nécessairement le politique. Je n'ai pas pu résister à évoquer la fermeture de l'Europe aux non-Européens, la dérive actuelle qui consiste à faire de l'Europe un territoire clos pour privilégiés, laissant les autres mourir hors de ses murs[1].

Dès lors, l'aventure fantastique vise aussi bien pour Paul Féval que pour Fred Vargas à dénoncer un désordre collectif que le vampire incarne avec une vérité capable de frapper les esprits :

> Le vampire serait une allégorie de fléaux, le nom donné à des malheurs sociaux : un conquérant sanguinaire, une femme cruelle, un tyran, une famine, etc. Le vampire ne serait qu'une appellation figurée de tous les monstres qui hantent nos peurs collectives[2].

Figure chargée de symboles, le vampire est une réponse au désordre :

> La vampire véritable, la ligue des assassins, a inventé l'autre vampire, la fausse, le monstre fantastique et impossible qui fait peur aux grands enfants de Paris. La fable était chargée de donner ainsi le change à ceux qui auraient voulu poursuivre la réalité[3].

L'auteur du *Bossu* poursuit les analogies :

> Personne ne déplore plus que moi l'immortalité profonde que les mœurs du Directoire ont inoculée à la France, notre patrie. Je comparerais volontiers le Directoire à la Régence, pour le relâchement des mœurs. Il faut du temps pour guérir cette lèpre, mais nous sommes là, mon voisin[4].

Le vampire stimulant la lutte ouvre le chemin vers le progrès de l'humanité. Ainsi l'assassin d'*Un lieu incertain* justifie-t-il son action :

1 *Op., cit.*, p. 3, *Un lieu incertain.*
2 D. Compère, « Paul Féval et les vampires » in *Paul Féval, romancier populaire*, Actes du colloque de Rennes, 1987, Presses Universitaires de Rennes, « Interférences », 1992, p. 61.
3 *Op., cit.*, p. 174, *La Vampire.*
4 *Ibid.*, p. 145.

> Je ne les ai pas tués. Anéantir les créatures, ce n'est pas tuer. Ce ne sont pas des hommes. J'aide le monde, commissaire, je suis médecin[1].

Avec l'anéantissement du dernier membre de la descendance, l'arbre planté à la naissance du vampire sur la colline qui domine le cimetière de Hihgate, meurt. Ainsi le cycle infernal se ferme sur un ordre retrouvé… en attendant l'émergence d'une nouvelle forme de violence qui verra renaître de ses cendres le vampire, création du Mal nécessaire à l'homme et la société pour affronter une fois encore ses démons et les terrasser.

Angels SANTA
Université de Lleida

1 *Op., cit.*, p. 355, *Un lieu incertain.*

FRANÇOIS BON : « EN MUSIQUE, J'AIME LA DISTORSION »

François Bon vient de publier trois biographies – des Rolling Stones, de Bob Dylan, et sous le titre *Rock'n roll*, de Led Zeppelin – qui postulent ouvertement au statut de *sommes* dans la grande tradition anglo-saxonne. « Rien ne me serait plus étranger que "saisir" ou "restituer" des vies en tant que projet », avait pourtant prévenu Bon en 1998 ; avant de poursuivre : « Le seul projet reste la littérature[1]. » Entasser les livres sur les icônes du rock'n'roll pose effectivement la question de la légitimité littéraire d'une telle obstination biographique : ni les Rolling Stones dont l'emblème est cette énorme et pseudo warholienne langue tirée ni Led Zeppelin, « monde étanche à l'art contemporain de leur temps, à la culture en général[2] » n'offrent *a priori* de gage suffisant. François Bon s'en amuse, relatant les propos tenus par Jerry Hall qu'épousa Mick Jagger :

> « Il y a trois secrets que ma maman m'a dits : servante au salon, cuisinière à la cuisine et la pute au lit. Tant que j'ai une servante et une cuisinière, je me charge du troisième point toute seule. » Paroles qui seront reprises et traduites en plus de langues partout dans le monde que l'œuvre de Pierre Bergounioux (pour l'instant)[3].

Pourtant, *via* Saint-Simon, Rimbaud et même Rabelais, dans l'évocation de ces deux groupes de rock emmenés par Jimmy Page et un Mick Jagger saisi entre « le désordre grandissant du temps,

---

1 « On écrit avec de soi », entretien avec D. Viart (1998), in *Revue des Sciences Humaines*, « Paradoxes du biographique », n° 263, 2001, p. 65.

2 Entretien avec Norbert Czarny, in *La Quinzaine littéraire*, disponible sur la page www.tierslivre.net/spip/spip.php?article1384.

3 F. Bon, *Rolling Stones. Une biographie, Paris, Le Livre de Poche*, 2004, p. 969 (désormais abrégé en *RS*) ; *cf. ibid.*, p. 1090 : « disons même, côté littérature, qu'en France, on n'a pas encore appris à considérer cela comme chose sérieuse, d'écrire sur le rock. [...] Le rock, on y voit la marchandise, le tempo binaire, les idéologies de pacotille. »

mangé par trop de choses à la fois, et le désordre grandissant aussi à l'intérieur[1] » ; dans la saisie biographique de ces icônes d'une rébellion musicale « symbole culturel de tous les excès[2] » jetées précisément « à l'endroit du plus grand désordre du monde, où se rejoignent les lignes de fracture[3] », *le seul projet reste la littérature.*

Historiquement signe aux États-Unis d'un « déséquilibre de la structure sociale, et [d'] une mise en évidence du pouvoir de contestation de la jeunesse[4] », cette musique de rebelles se proclame dans le rejet de toute filiation, d'avec un jazz dépassé par « l'insolence » comme posture et « une dimension rageuse, physique[5] » ou d'avec un blues que les Stones « transgressent » pour leur « entrée officielle en rock and roll[6] ». *Protest songs* à leur manière, les mélodies du *Sergeant Pepper's* des Beatles triomphent de « l'ordre usé du monde » quand les titres sexués des Stones opposent « une marchandise dangereuse » au « vieux monde usé[7] ». Les concerts sont autant de combats au corps à corps où s'élève le son rock comme chant antiorphique, non celui de l'ordre civilisateur[8], mais des « Barbares aux portes de Rome[9] » :

> Un hurlement continu du public, et la mode pour les filles, ce printemps-ci, est de pisser debout, ça se répand en flaque sous le nez des musiciens, et même si cette rage et cette hystérie ne s'adressent pas aux Rolling Stones eux-mêmes, mais à ce vieux monde qu'on voit finir[10].

Décadents, « déviationnistes[11] », les Stones jouent au conflit des générations : « *Would you let your daughter marry a Rolling Stone ?* » demande la première interview du groupe au *Melody Maker.* « *For the next three*

1 *RS*, p. 459.

2 Quatrième de couverture de *Rock'n roll. Un portrait de Led Zeppelin*, Paris, Albin Michel, 2008 (désormais abrégé en *R'nr*).

3 *R'nr*, p. 107.

4 A. Benetollo & Y. Le Goff, « Histoire (aspects politique, économique et social) », in *Le Rock. Aspects esthétiques, culturels et sociaux*, Paris, CNRS Éditions, 1994, p. 18.

5 *RS*, p. 277.

6 *Ibid.*, p. 403-406.

7 *Ibid.*, p. 597-598 et 609.

8 Sur cette opposition, *via* V. Jankélévitch et son ouvrage *La Musique et l' ineffable*, se reporter à N. Darbon, *Les Musiques du chaos*, Paris, L'Harmattan, 2006, p. 45-48.

9 *RS*, p. 695.

10 *RS*, p. 215.

11 *RS*, p. 491 : « Déviationnistes ? Mais déviation de quoi, sinon de toute la société et de sa jeune génération ? »

hours, your mother wouldn't like it », hurle quant à lui le Monsieur Loyal des Led Zep avant leur concert d'Earl's Court[1]. Ils ne sont pourtant que des symptômes, mais extrêmement visibles, d'un désordre qui ne les a pas attendus, et qui déjà les dépasse. Certes, le groupe de Page et Plant a « bris[é] les derniers tabous », « sexe, drogue, alcool », mais « d'une société déjà sens dessus dessous[2] ». Les Rolling Stones incarnent eux, ou plutôt manifestent la grande mutation culturelle et sociale des années soixante : « la rupture qu'ils symbolisent n'a pas racine dans leur musique[3] ». C'est donc en tant que catalyseurs d'un désordre ambiant que la biographie les saisit, dans l'amplification et l'exposition qu'ils offrirent à une révolution jusque-là muette.

Malgré de nombreuses réserves à l'égard d'une possible dérive tabloïd de la biographie, Bon n'hésite pas à revisiter à de très nombreuses reprises la Trinité infamante, *sex, drugs and rock'n roll*. L'hypothèse sera que c'est précisément dans le creusement de tels clichés que le récit parvient, bien mieux que dans l'examen du rapport de l'individu à la société, à mettre au jour « une indication sur le mouvement général de forces opaques, comment elles traversent les perceptions au présent d'un monde en bascule[4] ». Le désordre du rock est excès selon une modalité spécifique qui le fait rencontrer l'universel pour mieux le ramener à l'incarnation de son époque : la *dépense*, consommation improductive telle que décelée par Bataille[5].

Ainsi, « ce qu'on disait de leurs orgies avec chiens, d'un avion fou dans le ciel rempli d'alcool, de fêtes et de drogues » rate le coche de n'avoir pas décelé derrière le scandale de surface l'addiction à la perte : « On dit que je suis millionnaire, dit Robert Plant, ce n'est pas vrai : c'est juste que je dépense immensément d'argent[6] ». Le discours ambiant, rumeur sans cesse relancée, condamne comme transgressions la plongée dans la cocaïne ou l'héroïne, les frasques zoophiles – épisode de sodomie avec un petit requin vivant, par exemple – ou fortement alcoolisées, quand le biographe ouvre ces désordres sociaux à leur véritable nature de vertige

1 *R'nr*, p. 9.
2 Quatrième de couverture de *R'nr.*
3 *RS*, p. 485.
4 *RS*, p. 12.
5 Georges Bataille, « La notion de dépense », in *La Part maudite*, Paris, Minuit [1949], 2007, p. 28.
6 *R'nr*, p. 28 pour les deux citations.

intime, qui conduit un Jimmy Page « au bord de l'abîme ». Dès lors, « même dans les meilleurs moments, tout reste instable, précaire, tout peut basculer[1] » . « Excès » : le leader des Who brise à chaque concert une guitare de prix, Keith Moon sa batterie[2]. Le batteur du Zeppelin ne sera pas en reste : « défoncer les tambours, au sens littéral, pour lui c'est l'idée même du rock'n roll[3] ». Le concert se transforme alors en rituel du don disproportionné, « de vraie sueur[4] » et de bruit : « rage de jouer, jouer fort et jouer bien : *full blast* se remémore Keith[5] » ; *Be loud* : telle est aussi la maxime du batteur de Led Zep. Le public relève d'ailleurs le défi lancé sur scène, déchaînant une spirale de violence nourrie de « bagarres, places vendues au marché noir en surnombre, évanouissements et voitures et autobus aux vitres brisées[6] ». Au cœur de l'exhibition se place « cela, qu'on assume de partager : être ceux qui provoquent les cris et le débord[7] », par l'exemple même, la « perte somptuaire[8] » des instruments sacrifiés, de la sueur offerte ou du son excessif déployé : voilà défini le *potlatch*, qui circonscrit la dépense excessive du rock'n'roll en quête de *gloire*. Telle semble bien être la répercussion des « désordres[9] » intimes des Stones ou encore de l'alcoolisme dévastateur du batteur de Led Zep :

> [...] d'office il paye à boire, ça compense la conversation manquante : crédit infini, de toute façon. [...] Il vide d'un trait et en redemande, paye quatre tournées successives : faire le donateur *no limit*, il aime ça. Jouer à celui qui en fait plus que tout le monde, il adore[10].

Rock'n roll : dissipation maximale d'intensité dans l'instant, que François Bon nomme *explosion*, et qu'il faut ici appréhender comme chronotype[11] spécifique de ces récits biographiques. L'incandescence

1 *Ibid.*, p. 342.
2 *Ibid.*, p. 216.
3 *Ibid.*, p. 73.
4 *RS*, p. 284.
5 *Ibid.*, p. 816.
6 *Ibid.*, p. 428.
7 *Ibid.*, p. 384.
8 G. Bataille, *La Part maudite*, *op. cit.*, p. 32.
9 *Cf. RS*, p. 701 : « désordres » désigne ici le chaos des vies privées et l'addiction aux drogues.
10 *R'nr*, p. 35. Donner plus que l'autre : telle est bien la logique agonistique propre au *potlatch* défini comme « don solennel de richesses considérables, offertes par un chef à son rival afin d'humilier, de défier, d'obliger. » (G. Bataille, *op. cit.*, p. 105.)
11 Au sens de « moule temporel donnant forme collective à la saisie du temps » : Y. Vadé, « Présentation » in *Modernités* n° 13, « Ruptures, continuités », Talence, P. U. de Bordeaux,

d'un Robert Plant en fait ainsi une « explosion vivante[1] » dont la déflagration est cri[2], au plus près d'une vérité intime : si « le son que je cherche est une déflagration », c'est que seul il est celui de « l'architecture noire de nos espaces du dedans[3] ». Au-delà de ces consomptions incarnées par les rock stars, c'est bien toute la chronologie linéaire du récit biographique qui se voit minée par de brutales ruptures historiques : « *The room just exploded* », témoigne John Paul Jones, évoquant la première chanson jouée par Led Zeppelin[4]. Puis vient le premier album, « explosion[5] », le deuxième, « disque explosion[6] »... Même vocable pour qualifier l'apparition au grand jour des Stones[7], le succès planétaire immédiat de *Satisfaction*[8], ou l'invention de l'autre riff devenu légende, *Jumpin' Jack Flash*[9]. La biographie enregistre ces secousses comme autant d'instants de bascule, « événement[s] frontière[s][10] » où le réel semble s'excéder au prix d'une soudaine rupture d'avec le passé :

> L'énigme pour moi c'est ce tout petit instant, dans un couloir souterrain de béton brut, n'importe où, quand avant d'entrer en scène soudain [les Rolling Stones] se transforment, une flexion des genoux, une lancée des épaules, et tout a changé : la scène vous a pris[11].

Épiphanie disruptive en apparence disjointe de tout ordre, car affranchie de la durée, que le biographe replace toutefois dans un continuum vital en l'interprétant comme saut qualitatif, « très léger cran qui marque, dans la continuité biographique, la rupture d'une configuration[12] » : « cette explosion de la libération des mœurs dans les années soixante, rien qui déjà ne préexiste et pourtant tout change d'échelle. On mesure

---

2000, p. 5.

1 *R'nr*, p. 339.

2 Plant apparaît comme « l'icône flamboyante et sexuée, à la voix rauque et capable de cri et que ce cri soit collectivement nôtre. » (*R'nr*, p. 49)

3 F. Bon, *Habakuk. Formes d'une guerre*, publie.net, 2009, p. 10.

4 *R'nr*, p. 194.

5 *Ibid.*, p. 204.

6 *Ibid.*, p. 251.

7 *RS*, p. 287.

8 *Ibid.*, p. 527.

9 *RS*, p. 695.

10 *Ibid.*, p. 513.

11 *RS*, p. 1091.

12 *Ibid.*, p. 340.

le désordre, et l'abandon[1]. » Si rupture et continuité ici ferraillent, c'est que la narration de ces vies de musiciens du désordre et de leur époque bouleversée s'invente comme rythme, c'est-à-dire discontinuité régulière dans son alternance définitoire de présence et d'absence d'accentuation, seule apte à conjoindre dans une même énonciation un temps, des personnages et l'écriture de leur vie.

L'explosion comme le cri libèrent en effet une tension accumulée au préalable. Il y a un *tempo* de l'Histoire, et c'est cette alternance *accumulation/décharge*, d'ailleurs « rythme » propre de la dépense[2] :

> Alors que la télévision existe depuis longtemps (il y a dix ans que Mick faisait ses démonstrations de gymnastique pour l'émission sportive du dimanche matin), alors que l'équipement général de la population s'accomplit massivement, l'assassinat filmé en direct de John Kennedy modifie de façon radicale le statut même de l'information. De tels événements semblent catalyser soudain des changements qui s'accomplissent de façon invisible, et en profondeur[3].

Tel apparaît également en dernière instance le rapport de l'individu à la société, sommé de manifester dans le scandale de l'instant « l'éclosion d'un monde qui [lui] préexistait, devait trouver son territoire[4] ». La violence et surtout l'excès – comme *sortie de soi* – qui en manifestent la naissance s'originent donc dans une lente condensation souterraine parvenue à saturation ; de là ce déséquilibre durée/instant dont s'empare la biographie dans l'histoire des groupes pour s'en faire un impératif épistémologique :

> Comptent moins les faits eux-mêmes, dispersés et hasardeux, que cette condensation par quoi ces hasards dispersés les forment. Ce qui mûrit sept semaines [la formation des Stones] et voilà qu'en un quart d'heure, à tel endroit, à cause d'un type qui attend seul dans un bistrot, tout un dispositif se rassemble et conditionne la suite[5].

1 *Ibid.*, p. 421.

2 Voir G. Bataille, *La Part maudite*, *op. cit.*, p. 125 : « L'alternance de l'austérité, qui accumule, et de la prodigalité, qui dissipe, est dans l'usage de l'énergie le rythme ordinaire. Seules l'austérité relative et l'absence de dissipation permettent la croissance des systèmes de force que sont les êtres vivants ou les sociétés. Mais, au moins pour un temps, la croissance a ses limites et il faut dissiper l'excédent qui ne peut être accumulé. »

3 *RS*, p. 360-361.

4 *Ibid.*, p. 287.

5 *RS*, p. 156.

Rythme historique, rythme scriptural également : écrire sur le rock « n'induit pas de particularité obligatoire pour l'écriture[1] », ni primat accordé à l'argot ni « débraillé de surface » participant d'une « veine populiste[2] ». Mais un travail rythmique se révèle indispensable à qui tente de se saisir d'une telle complexité « traitée dans son mouvement, son surgissement » : « aimer qu'une syntaxe affleure disloquée, aimer qu'une phrase soit en distorsion. Puis rupture rapide. Prendre temps d'accumuler de la lourdeur[3]. » La phrase exprime la pensée mais comme fait de langage, qui fonctionne « par intrication de rythmes, par association de longues et de brèves [...] et non pas par un principe de raison[4] ».

Or, cet enchaînement diastole/systole rythme en profondeur les biographies rock de François Bon. C'est loin, dans cette « formidable machine à compressions et explosions de rythmes[5] » qu'il faut aller dénicher la source du système économie/dissipation, dans l'œuvre de Rabelais, « balancement asymétrique[6] » traduit en un texte comme éjaculé qui « semble se compresser, accumuler pour se charger, ralentir jusqu'à s'arrêter avant de brutalement laisser » tout jaillir en un « bonheur retrouvé du rythme[7] ». Rabelais rock'n roll ? Pourquoi non ? Bon y goûte en effet « ces rythmes lourds, avec du binaire dans le son[8] » qu'il faudrait transcrire en mots anglais « dont la brièveté et le son de tambour convient mieux à cette épaisseur fruste[9] » et qui se réalise littérairement comme « alternances de tensions et de relâchements, coups de théâtre et récits linéaires[10] ». S'invente là une écriture qui progresse non à rebours mais par reprises cumulatives et sauts qualitatifs : « à mesure que le livre s'écrit, Rabelais regarde en arrière, rassemble encore la totalité de son texte, et encore une fois saute en avant. L'œuvre avance ainsi par bonds discontinus[11] ».

1 F. Bon, *Bob Dylan. Une biographie*, Paris, Albin Michel, 2007 (désormais abrégé en *BD*), p. 469.
2 *RS*, p. 882.
3 *BD*, p. 469.
4 F. Bon, *Exercice de la littérature*, publie.net, 2008, p. 21.
5 F. Bon, *La Folie Rabelais*, Paris, Minuit, 1990, p. 55.
6 *Ibid.*, p. 138.
7 *Ibid.*, p. 18.
8 F. Bon, « Lire Gargantua : et les abysmes eriger au dessus des nues », in *Pour lire Rabelais*, publie.net, 2008, p. 40.
9 *Ibid.*, p. 40.
10 *La Folie Rabelais*, p. 123.
11 *Ibid.*, p. 220.

Dès lors chaque étape du texte cite et congédie la précédente, en une dynamique circulaire, que Bon nomme « boucle spiralée de l'invention[1] » ou « jeu concentrique » défini comme « le procédé par boucles élaboré dans la marche en avant des chapitres[2]. » À l'instant même où le discours menace de se pétrifier en système, juste avant que ne se referme la boucle sur son déjà-dit, l'écriture de Rabelais, parce que « centre de permanente explosion[3] » relance les dés, en une ouverture sans cesse réaffirmée au doute et à la vie.

Or, c'est également par « boucle[s] lancée[s], et non linéairement[4] » que veut progresser la biographie des Rolling Stones, quand celle du Led Zeppelin se déploie selon les « mêmes marches spiralées » lues chez Rabelais[5]. La genèse même du livre s'y joue : « Pour grimper la tension, quand je travaille, je repasse par l'ouverture », c'est-à-dire le concert de mai 1975, « pont du milieu des années soixante-dix[6] ». De n'être ni linéarité ordonnée, ni même retour régulier à l'ordre par une pleine circularité, pas plus que dispersion chaotique en nuage de points, la spirale invente une possibilité de dire le désordre, proprement grotesque, car seule adaptée à la saisie de ces époques de bascule entre l'ancien et le nouveau, « ce qui se fait et se défait[7] », sixties et seventies, dont Bon décèle paradigme dans le premier *Pantagruel* de 1532 cité au beau milieu de *Rolling Stones. Une biographie* : « Ma femme est morte, eh bien ; il me faut penser d'en trouver une autre[8] ». « Une des tendances principales de l'image grotesque du corps consiste », selon Bakhtine, « à montrer deux corps dans un seul : le premier qui donne la vie et disparaît, le second qui a été conçu, porté, qui est mis au monde[9]. » Voilà définie la *bascule*, « remplacement d'un monde par un autre[10] » dont participent Dylan, Richards, Page et consorts. La biographie y trouve sa juste distance,

1 *Ibid.*, p. 11.
2 *Ibid.*, p. 179.
3 *Ibid.*, p. 214.
4 *RS*, p. 1084.
5 *La Folie Rabelais*, p. 229.
6 « De si l'écriture peut être synchrone d'avec la musique », article paru sur la page tierslivre, blog/journal, 11 janvier 2008 (http://www.tierslivre.net/spip/spip.php?article1137)
7 *La Folie Rabelais*, p. 35.
8 *RS*, p. 738.
9 M. Bakhtine, *L'Œuvre de François Rabelais et la culture populaire au Moyen Âge et sous la Renaissance*, Paris, Gallimard, coll. « Tel », 1982, p. 35.
10 *RS*, p. 419.

c'est-à-dire mobile, à focale variable, qui dit le grotesque, soit le déclin vu en transparence au cœur même du triomphe, le désordre ultime dans l'assertion extrême de l'ordre : « Le plaisir avec l'histoire des Rolling Stones, chaque fois que ça va bien et qu'ils ont franchi une étape, c'est qu'ils font tout pour se saborder eux-mêmes[1]. »

Une telle indétronisation carnavalesque offre quelques morceaux de bravoure, tel le *King*… roi nu, aperçu sur le trône de sa déchéance : « on retrouve Elvis Presley effondré d'une crise cardiaque dans sa salle de bains, assis aux toilettes, son pyjama bleu sur les talons, lisant *The Scientific Search for the Face of Jesus*[2] ». S'éclaire de même l'étonnant début de *Rock'n roll* qui voit se succéder sans transition la célébration du triomphe *live* de Led Zep en 1975 et, dès la deuxième section, le récit de la mort piteuse du batteur, « un artiste unique, un immense artiste, // étouffé dans son vomi[3]. » De même, la dramatisation presque caricaturale de telle fin de chapitre : « cette nuit du 2 au 3 juillet 69 le téléphone sonne dans la régie […] une voix dit que Brian Jones est mort », vient se dissoudre dans la première phrase du paragraphe suivant : « Détour préalable par Winnie l'Ourson, qui trouvera son explication rétrospective[4] » ! La spirale entraîne tragique et comique en un même élan, vie et mort de ce guitariste exceptionnel lui-même « étrange mélange d'adulte et d'enfant, de goût de la destruction et d'innocence[5] ». Si tel épisode peut rappeler la mécanique du contrepoint burlesque, la dérision s'alourdit en réalité du poids de la mort, tout comme Rabelais affectionne tout particulièrement « ce collage du rire et de la mort[6] ». Désordres et excès du rock naissent de cette inclination grotesque à l'autodestruction : « le rock'n roll, comme mode de destruction naturelle » assène en aphorisme la justice[7] parlant de Le(a)d Zeppelin, nom dans lequel Page apprécie justement « l'alliance du lourd et du léger » et groupe dont la première pochette montre « un dirigeable qui se désintègre, rejoint par sa propre explosion[8] ». Dès lors, François Bon se fait le bio/thanato-graphe de

1 *Ibid.*, p. 717.
2 *RS*, p. 972.
3 *R'nr*, p. 14. Je souligne la rupture.
4 *RS*, p. 744.
5 *RS*, p. 595.
6 *La Folie Rabelais*, p. 27.
7 *R'nr*, p. 45.
8 *Ibid.*, p. 24 et 25.

morts-vivants, Keith Richards, « l'être humain le plus élégamment dévasté[1] », et les autres, « comme autant de fantômes, de monstres squelettiques et ridés[2] » parts maudites qui ont fait l'expérience de la *dépense* catastrophique ultime, ritualisée lors de concerts aux relents de sacrifices publics :

> Une telle masse de musique, d'argent et de bruit, et l'impression de les trouver là, eux au milieu, entourés de vide et de silence. Comme presque muets et immobiles, dans un terrible vacarme autour[3].

Cette image sidère, comme d'être à l'origine même du gros livre saturé d'informations qu'obsèdent paradoxalement en son centre « vide » et « silence » : la mort, comme point d'incessant départ, d'où tout ce qui précède doit être relu, pour être relancé à nouveaux frais. « C'est toujours depuis le même centre qu'on creuse », écrivait Bon de la structure du *Pantagruel*, « par ampliations concentriques depuis un même point incessamment repris[4] ». Les biographies s'enroulent bien, en un geste ressassant qui dit le deuil inaccessible, autour de ce néant central, puisque « nous sommes formés autour d'un vide, que nous sommes de la chair autour d'un trou, l'entourant, et que le trou n'est pas devant nous (comme une tombe par exemple où il faudrait un jour tomber pour faire une fin), mais dans nous, mais dedans[5] ». Le programme de *Rolling Stones. Une biographie* n'en fait pas mystère, qui annonce brutalement « il y aura des morts[6] ». De fait, la mort de Tara, le bébé de dix semaines de Richards et Anita Pallenberg encadre le volume, pages 14 et 947, puis « bien d'autres : mort par l'eau, comme Brian Jones en 1969, mort par le fer, comme Meredith Hunter à Altamont, ou par le feu consumant dans le désert le cadavre de Gram Parsons ». Alors la biographie se fait « voyage sur la tombe des morts[7] » : ainsi le « portrait » de Led Zeppelin fut-il inspiré par le son d'un gong, au fond d'un cimetière de Kyoto[8]. *Bon*

---

1 *RS*, p. 946 : F. Bon reprend ici une formule de la presse de l'époque.
2 *Ibid.*, p. 1053.
3 *Ibid.*, p. 1068.
4 *La Folie Rabelais*, p. 220.
5 Valère Novarina, *Pour Louis de Funès*, in *Le Théâtre des paroles*, Paris, P.O.L, 2007, p. 186.
6 *RS*, p. 9.
7 *Ibid.*, p. 14, pour les deux citations.
8 Se reporter à « Tambours du rock : le vieux gong de Kyoto » www.tierslivre.net/spip/spip.php?article1279).

y pense à *Bonham*, ce garçon qui s'exerça d'abord à la batterie « comme prolongement des machines à scier, former, assembler » du père[1] comme d'autres eurent un garage Citroën pour horizon[2]. Le personnage acquiert le statut trouble de double fascinant de l'auteur, car double mort, dont la biographie va narrer le compagnonnage :

> [...] parce qu'il y a l'antipode Dylan, ce type qui tapait en rythme, John Bonham, et qui est mort à 32 ans, quand ont fini les années soixante-dix. Je le vois, je lui tape sur l'épaule, alors le mort marche lentement en avant et m'emmène. C'est pour ça que je fais ce livre. Si je m'éloigne, il s'arrête, il m'attend[3].

La spirale biographique s'enroule autour de la mort et du désastre comme énigme insaisissable, qu'elle tente par assauts répétés de réduire. Mais demeure toujours ce caillot d'incompréhensible qui défie tout discours d'ordre, c'est-à-dire herméneutique, et précipite la biographie vers la perspective menaçante de l'amuïssement. Au plus près de l'expérience extrême, relatant l'accident de voiture de Robert Plant : « un temps, il n'y a plus rien », comme le gouffre d'un silence que le discours biographique ne combat pas tant qu'il ne s'y précipite, en réalité ; puis dire ce qui excède, ce qui *reste* à dire : « Ou que l'effroi. Pur effroi[4] » que cette parole brute d'intensité, discours de désordre hors logos. Mort de John Bonham : « il y a forcément cet instant de peur nue, de terrible peur[5] ». Mort de Brian Jones : « Reste l'effroi dans les yeux de Brian quand il comprend, reste la terreur quand il boit la tasse et sent l'étouffement venir [...] Brian Jones meurt noyé dans la terreur et l'effroi[6] ». Mort de Meredith Hunter lors du concert des Stones à Altamont en 1969 : « Le morceau cesse, il y a comme un trou de silence, et dans ce silence un cri. À ce cri, impossible de se tromper. Je le réécoute pour écrire : il n'est pas humain. Il est d'effroi pur[7]. »

Ces biographies n'ont d'autre légitimité que d'avoir désiré approcher ce point aveugle d'une mort qui n'en finit pas, à l'instar de celle de John

1 *R'nr*, p. 55.
2 Difficile, en effet, de ne pas songer à *Mécanique*, d'autant qu'on lit, p. 54 de *R'nr* que Bonham « s'y connaît aussi en mécanique, les voitures à l'époque on lève le capot soi-même. »
3 « De si l'écriture peut être synchrone d'avec la musique », art. cité.
4 *R'nr*, p. 326.
5 *Ibid.*, p. 14.
6 *RS*, p. 764.
7 *Ibid.*, p. 837.

Bonham, nouveau chasseur Gracchus – on sait le goût de François Bon pour ce texte de Kafka – comme retenu dans un purgatoire nommé biographie. C'est que la part maudite doit être maintenant élaborée et comprise par le texte comme part du feu, désordre et trou indispensables à toute création. Bonham, au sommet de son art, émeut par sa tragédie : « Où un Charlie Watts domine de façon nobiliaire son kit articulé sur la grosse caisse, Bonham semble noyé dix centimètres plus bas, frappe les bras en l'air comme un noyé se raccrocherait à la berge[1]. » Dès lors son bruit, lourd – *Be loud* – est silence, tentation de la noyade : « à chaque mesure créer un nouveau trou ; juste pour voir si on est capable d'en ressortir en sautant, et on en ressort[2]. » Baguettes en l'air, il troue la partition « d'étranges vides[3] », dont le biographe perçoit la portée, oserai-je dire *métaphysique*, lui qui décrit son jeu comme « bascule lourde dans un vide qui vous entraîne[4] ». Par là, Bonham excède le rock en instituant la disharmonie comme dépassement extatique de l'ordre étroitement binaire censé définir cette musique. Sa « façon désarticulée de battre[5] » signe son art d'une « batterie qui ouvre un déséquilibre[6] ». Son homologue des Rolling Stones n'apprécie guère, lui non plus, « ces musiques binaires [...] contraignant le batteur au rôle exigu de métronome[7] », qu'il fera imploser de son jeu qui « ressemble au bruit d'une bombe ». Or, « de ce bruit tient le rythme, qui est le mystère essentiel de la musique comme de la langue, d'une exigence à proportion inverse que ses éléments premiers sont frustes et indescriptibles[8]. » La « déconstruction Dylan[9] » – « déconstruction intérieure de la voix » et « déconstruction de la syntaxe[10] » – parachève le parallèle musique-littérature au cœur de ces biographies (du) rock.

C'est qu'il y a là désordre payé au prix fort de la consomption, affranchissement du cadre apollinien comme voie périlleuse mais royale de la création vive par l'excès et la dissonance. « Revendiquer une pensée

1 *R'nr*, p. 93.
2 *Ibid.*, p. 128.
3 *Ibid.*, p. 277.
4 *Ibid.*, p. 93-94.
5 *Ibid.*, p. 11.
6 *Ibid.*, p. 200.
7 *RS*, p. 171.
8 *RS*, p. 245.
9 *BD*, p. 120.
10 *Ibid.*, p. 240.

non hiérarchique pourrait même être un outil spécifique de la pensée du saut littéraire[1]. » Là réside la puissance créatrice, dans « ces syncopes sans filet : cette capacité de lancer dans les sages accords du rock une polyphonie ou une disharmonie qui décale l'ensemble du morceau », ce que confirme Jimmy Page : « On a toujours structuré les choses de façon qu'un élément permette de gicler sur un truc complètement différent et voir ce qui se passe[2]. » Le bruit s'impose au rock comme χαό, *béance* fascinante et vertigineuse. Par les concerts, « assemblées rituelles du bruit[3] », les musiciens parviennent à s'extraire du carcan de la note comme *ordre*, dans ses acceptions à la fois de *cadre* et d'*injonction*, pour atteindre en une traversée ontologique « le son même, comme matière » voire « la pâte même du son[4] » :

> Puis Earl's Court, et *Kashmir.* Page à la peine : il est immobile, juste son genou droit qui rage. On dirait un instant que les copains comprennent : Bonzo plus appuyé, comme si la batterie devait elle-même un instant affirmer la mélodie, tandis que l'orgue de John Paul Jones [...] couvre presque la guitare. [...] reste que la Les Paul est fausse, Plant chante *Kashmir,* on est en Orient mais il s'agit de rock'n roll, un dernier accord faux et Page part tout en haut du manche, distorsion à fond, il n'y a plus rien qu'une machine hurlante, et la machine à hurler improvise et maintenant joue *Kashmir* juste puisque rien n'est plus que son et qu'il ne s'agit plus de notes[5].

Le rock fascine Bon lui-même écrivain de « la distorsion expressive[6] » précisément par ces échappées belles, et mortelles, ces solos interminables de Jimmy Page à la guitare. Forages profonds et dépli paradigmatique des possibles du morceau, ils pulvérisent par la grâce de l'excès et de l'improvisation, la routine de la chanson, pétrifiée dans le vinyle de l'enregistrement, répétée maintes fois comme une certitude ânonnée qui tournerait cliché. La transe d'un John Bonham à la batterie, seul en scène durant vingt, voire trente minutes, pour son morceau de bravoure intitulé *Moby Dick*, ressortit à une virtuosité funambulesque, qui crée le vide au-dessus de quoi elle veut jouer,

---

1 *Exercice de la littérature*, p. 60.
2 *R'nr*, p. 16.
3 *Ibid.*, p. 28.
4 *Ibid.*, p. 91 et 208.
5 *Ibid.*, p. 322-323.
6 D. Viart, *François Bon. Étude de l'œuvre*, Paris, Bordas, 2008, p. 138.

risquer, sa vie. Le solo comme expérience pure de la perte, digression gratuite dont rien ne justifie véritablement le terme, et qui tel suspend au-delà de l'harmonie et de la mélodie initiales, son et rythme. Cette virtuosité-là est tragique, car l'extrême maîtrise technique d'un John Bonham dit l'au-delà de la maîtrise, tant « l'excès » dès Rabelais « implique fréquentation délibérée en soi de ce qui ne se maîtrise pas[1] ». Alors seulement cet au-delà, hors-cadre, se laisse apercevoir au prix de cette incandescence et révèle son exact contenu : le gouffre fascinant de ce qui échappe à ma maîtrise, l'effroi pur de la mort. Page dévoré par la drogue ou Bonham frappant ses peaux comme l'eau un noyé déportent la chanson rock de sa signification, notamment sociale, de désordre transgressif mais superficiel, vers les gouffres de ces solos virtuoses à la structure mobile voire imprévisible comme autant de quêtes tragiques du sens[2].

Là est bien en jeu la littérature qui ne se propose elle aussi d'autre objet que « ce vieux mystère humain, qui nous fait marcher avant[3] », dans l'ambivalence grotesque – vitale/mortifère – de cette dernière expression. « Je n'y crois pas, à l'écriture rock », répète Bon[4] : c'est qu'il appartient aux grands manieurs de rythme, au cœur de la littérature, d'aller fouiller l'énigme John Bonham, le batteur de Led Zeppelin. Pour « écrire le rock », il faut en effet « les tambours d'Arthur Rimbaud[5] », mais également Rabelais et son « grand marteau de langue[6] ». Un « tambour désormais sous le texte » rabelaisien[7] rappelle que le texte est caisse claire, dirait Antoine Émaz, et que le batteur est battement : « Et fonctionner peu à peu comme cela aussi pour un livre », écrit Bon de Bonham, « tout saturer, entendre seulement – comme sous les pages et qui en ferait battre la surface – une pulsation, un rythme[8] ». Dire le désordre se révèle décidément affaire de rythme, d'une régularité soudainement déséqui-

1 « Variations Rabelais : grand traverseur des voies périlleuses », in *Pour lire Rabelais*, *op. cit.*, p. 141.

2 Sur le couple signification/sens appliqué à la notion de virtuosité, se reporter à l'article d'Éric Bordas, « *Ut musica poesis* ? Littérature et virtuosité », in *Romantisme*, n° 128, Paris, Armand Colin, 2005, p. 127.

3 *R'nr*, p. 105.

4 *Ibid.*, p. 106.

5 *Ibid.*, p. 105.

6 *La Folie Rabelais*, p. 32.

7 *Ibid.*, p. 186.

8 *R'nr*, p. 69.

librée seule apte à sourdre d'un « monde en désordre[1] », d'un « monde en bascule[2] » comme la Renaissance ou les *sixties*. L'écrivain y croise « ces moments décisifs où tout paraît mis en question », époques – écrit Maurice Blanchot[3] – qu'on appelle « Révolution » et dont François Bon chérit l'interprète par excellence, en la voix de Saint-Simon où résonne « le virage presque entier du monde[4] ». Or, « l'action révolutionnaire se déchaîne avec la même puissance et la même facilité que l'écrivain qui pour changer le monde n'a besoin que d'aligner quelques mots[5] » en un moment de déséquilibre fondateur que François Bon reconnaît également comme *bascule* vers l'écriture. Et l'excès de la norme, parce qu'il est quête virtuose du néant qui en nous s'obstine, ouvre – au-delà du rock et des solos qui le trouent, le démesurent ou l'effondrent – le texte qui s'en fait l'écho à l'invention du *bruit neuf* et à l'instabilité du sens qui est risque de perte et qu'on dit aussi *littérature* : à l'horizon d'une telle quête d'intensité, *dire est désordre*.

Gilles BONNET
Université Jean-Moulin – Lyon 3

1 *La Folie Rabelais*, p. 9.

2 « Lire Gargantua : et les abysmes eriger au dessus des nues », in *Pour lire Rabelais*, *op. cit.*, p. 58.

3 « La littérature et le droit à la mort », in *La Part du feu*, Paris, Gallimard, 1949, p. 309. Et p. 311 : « Tout écrivain qui, par le fait même d'écrire, n'est pas conduit à penser : je suis la révolution, seule la liberté me fait écrire, en réalité n'écrit pas. »

4 *RS*, p. 24-25 : « Le terme de mécanique appliqué à la machine humaine lorsqu'elle mêle d'extrêmes situations personnelles à des points de crête où se jouent dans les mains de quelques hommes le virage presque entier du monde revient à Saint-Simon dans son démêlage noir de l'agonie du grand siècle. »

5 M. Blanchot, *La Part du feu*, *op. cit.*, p. 309. Et p. 311 : « Tout écrivain qui, par le fait même d'écrire, n'est pas conduit à penser : je suis la révolution, seule la liberté me fait écrire, en réalité n'écrit pas. »

IMAGES ET LANGAGE DU CORPS RACINIEN

La rigueur métrique et la structure des tragédies raciniennes peinent à contenir les désordres intérieurs des personnages, souvent incapables de maîtriser les passions fortes qui les animent. Pour exprimer leurs troubles, Racine recourt à plusieurs langages complémentaires qui soulignent les qualités visuelles de son écriture : le verbe s'accompagne en effet de toutes les manifestations corporelles des passions. Le terme même de désordre[1] se retrouve à de nombreuses reprises dans les tragédies, prononcé par différents personnages qui décrivent soit leur propre état, soit celui d'un autre héros. Bien qu'il soit souvent associé au qualificatif « extrême », les désordres réels sont autrement plus violents que les désordres décrits. Combien de troubles, combien d'agitations rythment les pièces ! Ne sont-ils pas le ressort principal des tragédies ? Comme souvent chez Racine, à la parole se substitue un autre langage, celui du corps. Les déplacements corporels, les sursauts, les gestes incontrôlés ou les atteintes physiologiques expriment alors ce que le discours tait. Par la voix d'Oreste, Racine a résumé en un vers ces pouvoirs expressifs : « Tout nous trahit, la voix, le silence, les yeux[2] ». Ces mots résonnent comme en écho à la maxime de La Rochefoucauld : « Il n'y a pas moins d'éloquence dans le ton de la voix, dans les yeux et dans l'air de la

---

1 Sur l'ensemble des tragédies, nous avons relevé une trentaine d'occurrences du mot. Les dictionnaires du XVIIe siècle proposent des définitions fort utiles de ce terme. Jean Nicot, *Thresor de la langue françoyse tant ancienne que moderne*. Paris, D. Douceur, 1606 : « Desordre de toutes choses, *Confusio.* », p. 197. Voir aussi le *Dictionnaire de l'Académie française*. Paris, J. B. Coignard, 1694 : « Il se dit aussi des personnes qui sont dans le vice et le dereglement. [...] Il signifie aussi, trouble, embarras, esgarement d'esprit. *Il a l'esprit en desordre. Les passions mettent le desordre dans l'ame. Le desordre où la colere l'a mis. Il fut surpris, & parut tout en desordre. Il luy fit un argument qui le mit en desordre* », p. 157.

2 *Andromaque*, II, 3, v. 575. Jean Racine, *Théâtre complet*. Éd. Paris, Classiques Garnier, 1980, établie par Jacques Morel et Alain Viala. Toutes les citations sont extraites de cette édition.

personne, que dans le choix des paroles[1] ». Ce langage, qui possède un fort pouvoir visuel, est aussi celui des peintres et dessinateurs lorsqu'ils transposent un sujet littéraire dans leur art. L'écriture de Racine présente en effet de nombreuses analogies avec les arts visuels et les artistes qui ont illustré ses tragédies ont été sensibles au rythme des pièces, aux touches de couleur ou à sa manière de brosser des paysages[2]. En outre, dès lors qu'un héros est frappé d'aphasie, c'est l'expressivité du corps qui prend le relais. Dans ce cas, elle n'accompagne plus la parole, mais s'y substitue, acquérant une importance de tout premier ordre : il y a, chez Racine, un véritable statut du corps qui est agissant et porteur des émotions les plus fortes. Si le personnage parvient parfois à les contenir, le plus souvent elles le submergent pour se répandre au dehors. Les efforts faits par les héros pour limiter ces excès sont tangibles, mais les passions ont une telle puissance que résister est souvent vain. Lorsque les expressions du visage ou les actions du corps l'emportent, les êtres sont alors trahis, dans l'incapacité de continuer à dissimuler leurs pensées. Phèdre est certainement le personnage le plus emblématique à cet égard et l'on sait ce qu'elle fut contrainte d'avouer à Œnone : sa langueur, sa quête de l'ombre ont révélé ce qu'elle cherchait à cacher. Elle dut alors s'exposer à la clarté et dire le mal qui la rongeait. Pourtant, nous le savons, elle ne prononce pas le nom d'Hippolyte, laissant à Œnone le soin de le nommer par deux fois [fig. 1] :

> Œnone
> Ce fils qu'une Amazone a porté dans son flanc,
> Cet Hippolyte…
> Phèdre
> Ah ! dieux !
> Œnone
> Ce reproche vous touche ?
> Phèdre
> Malheureuse, quel nom est sorti de ta bouche ?

---

1 François de La Rochefoucauld, *Maximes*, 1659. Éd. Paris, Garnier-Flammarion, 1977, établie par Jacques Truchet, maxime n° 249, p. 67. Corneille, dans *Le Cid*, affiche également la volonté de l'Infante de maîtriser ses émotions : « Non, je veux seulement, malgré mon déplaisir, / Remettre mon visage un peu plus à loisir. », I, 3, v. 133-134. Pierre Corneille, *Le Cid*, 1636 in *Œuvres complètes*. Éd. Paris, Gallimard Bibliothèque de la Pléiade, 1980, établie par Georges Couton.

2 Voir notre ouvrage, *De l'iconographie racinienne, dessiner et peindre les passions*. Turnhout, Brepols, 2010.

FIG. 1 – *Phèdre* (I, 3). Gravure de Raphaël-Urbain Massard d'après Anne-Louis Girodet. Édition de 1801, vol. II. Cliché MC Planche, Bibliothèque municipale de Lyon (Rés.5126).

[...]
Phèdre
Tu connais ce fils de l'Amazone,
Ce prince si longtemps par moi-même opprimé ?
Œnone
Hippolyte ? Grands dieux !
Phèdre
C'est toi qui l'as nommé[1] !

Parmi les signes que Racine a utilisés se trouve la parure, considérée comme un véritable compagnon du corps qui participe de l'expressivité. Elle accompagne, révèle ou souligne le corps et ses mouvements pour devenir langage. C'est la raison pour laquelle la vêture des personnages n'est décrite que lorsqu'elle a une incidence dans l'action ou parce qu'elle prolonge l'état du héros. En effet, les voiles de Bérénice ou ceux de Phèdre sont les prolongements de leur corps et révèlent leur cœur ; l'agitation intérieure se lit dans la négligence des apparences. Déjà Homère le rappelait au moment de la mort d'Hector : Hécube accomplit les gestes du deuil et « jette bien loin son magnifique voile ». Quant à Andromaque, elle perd le sien lorsqu'elle aperçoit le corps d'« Hector traîné devant la ville[2] » ; son statut de veuve est aussitôt signifié. Les héroïnes ou leur entourage disent parfois la gêne que le vêtement peut occasionner ou le désordre de la parure. Ainsi Phénice ou Œnone tentent-elles de remettre de l'ordre comme pour contenir une trop visible violence intérieure, mais en vain. Bérénice souhaite que Titus voie l'état dans lequel elle se trouve, Phénice ne pourra rassembler les cheveux et fixer les voiles :

Phénice
Mais voulez-vous paraître en ce désordre extrême ?
Remettez-vous, Madame, et rentrez en vous-même.
Laissez-moi relever ces voiles détachés
Et ces cheveux épars dont vos yeux sont cachés.
Souffrez que de vos pleurs je répare l'outrage.
Bérénice
Laisse, laisse, Phénice, il verra son ouvrage.

1 *Phèdre*, I, 3 v. 204-206 et v. 262-264.

2 Homère, *Iliade*. Éd. Paris, Gallimard Bibliothèque de la Pléiade, 1955, établie par Robert Flacelière : « Les ombres de la nuit enveloppent ses yeux ; elle croule en arrière et perd le sentiment. Loin de sa tête choit sa coiffure brillante : cordon tressé, résille et diadème et voile, dont Aphrodite d'or jadis lui fit cadeau », XXII, 386-498.

> Et que m'importe, hélas ! de ces vains ornements ?
> Si ma foi, si mes pleurs, si mes gémissements,
> Mais que dis-je mes pleurs ? si ma perte certaine,
> Si ma mort toute prête enfin ne le ramène,
> Dis-moi, que produiront tes secours superflus,
> Et tout ce faible éclat qui ne le touche plus[1] ?

L'agencement de la coiffure est une préoccupation dérisoire pour la reine qui pense être si près de la mort. Mais Phénice ne peut soutenir cet indécent « désordre extrême » qui laisse se répandre les sentiments sans retenue aucune. Les injonctions qu'elle adresse à la reine témoignent de la gêne ressentie devant une extériorisation si visible des émotions : la remise en ordre de la coiffure devrait, pense-t-elle, contribuer à la dissimulation des sentiments.

Quant à Phèdre, en rejetant sa parure, elle la considère comme le prolongement importun de son corps, si dévasté par la douleur qu'il voudrait se débarrasser de tout ornement :

> Que ces vains ornements, que ces voiles me pèsent !
> Quelle importune main, en formant tous ces nœuds,
> A pris soin sur mon front d'assembler mes cheveux ?
> Tout m'afflige et me nuit, et conspire à me nuire[2].

Désormais abattue, elle a perdu tout goût pour la toilette, jusqu'à oublier ce rituel obligé de l'ornement propre à son rang dont elle ne perçoit, avec irritation, que la contrainte. La tentation est grande de détruire le bel agencement au moment de se mettre à nu devant Œnone[3]. On imagine aussi qu'elle paraît cheveux défaits dans l'instant de se déclarer à Hippolyte. N'est-ce pas ainsi que Girodet, dans l'édition de 1801, a choisi de la représenter lorsqu'elle ouvre son cœur à Hippolyte [fig. 2][4] ? Tandis que le jeune homme repousse tout à la fois sa déclaration et son

---

1 *Bérénice*, IV, 2, v. 967-978.

2 *Phèdre*, I, 3, v. 158-161.

3 Alexia Duc, « Résistance d'une figure : le monstre au XVIIe siècle », *XVIIe siècle*, 1997, n° 196, p. 549-566. Elle s'est interrogée sur l'ornement et les mouvements de l'héroïne : « Un double mouvement de dévoilement (accompagné des aveux successifs) et de dissimulation (l'obstination constante de Phèdre à se cacher) manifeste une altération du corps lui-même, traversé de pulsions coupables qui le désintègrent », p. 561.

4 L'estampe illustre la scène 5 de l'acte II. Jean Racine, *Œuvres*. Paris, Pierre Didot l'aîné, 1801, 3 volumes in-fol. L'édition dirigée par Pierre Didot, qui souhaitait rendre hommage au poète, compte cinquante-sept illustrations pleine page.

FIG. 2 – *Phèdre* (II, 5). Gravure de Raphaël-Urbain Massard d'après Anne-Louis Girodet. Édition de 1801, vol. II. Cliché MC Planche, Bibliothèque municipale de Lyon (Rés.5126).

geste, Phèdre bascule vers l'arrière, presque évanouie tandis qu'Œnone, qui la soutient, est dans un grand désarroi. La crainte d'une venue prochaine l'incite à réagir promptement. Les propos de la fille de Minos ont suscité une agitation que portent chaque personnage et chaque corps. Les mouvements des étoffes, les lignes courbes, voire sinueuses signent les troubles de chacun. Phèdre ne s'appartient plus : ses jambes ne la soutiennent plus, son vêtement se défait en dégageant un sein, tandis que la chevelure qui serpente rattache le personnage à la mythologie. À l'agitation des personnages, répondent la rigueur des lignes architecturales du second plan et la statue de Diane, associée à Hippolyte. En 1793, Étienne-Barthélémy Garnier avait peint ce même sujet, en lui donnant un tout autre caractère [fig. 3]. La composition horizontale propose une disposition proche de la frise dont les personnages ne constituent pas un groupe. Hippolyte s'éloigne déjà, tournant ses yeux non pas vers sa belle-mère, mais vers le buste de son père qui préside à la scène. Quant à Phèdre, elle est empêchée par Œnone qui arrête vigoureusement son bras. Les mouvements traduisent ici les rapports de force et les troubles extrêmes. Cependant, l'attitude de Phèdre paraît plus conventionnelle par sa proximité avec de nombreuses autres héroïnes prêtes à se donner la mort : Lucrèce ou Cléopâtre affichent en effet la même détermination. Enfin, ces deux œuvres peuvent être mises en relation avec la vignette de Gravelot pour l'édition de 1768 [fig. 4][1]. L'instant retenu illustre ces vers :

> Au défaut de ton bras prête-moi ton épée.
> Donne[2].

Malgré l'agitation qui l'anime, malgré le fort mouvement de balancier des bras, l'apparence de Phèdre demeure tout à fait convenable et sa parure est à peine déplacée[3].

Mais c'est dans *Esther* que la volonté de détruire la parure est explicitement énoncée par une Israélite du chœur :

> Une Israélite
> Arrachons, déchirons tous ces vains ornements

1 Jean Racine, *Œuvres avec les commentaires de Luneau de Boisgermain*. Paris, Louis Cellot, 1768, 7 vol. in-8.

2 *Phèdre*, II, 5, v. 710-711.

3 Les dessins préparatoires que conserve le Rosenbach Museum de Philadelphie montrent que les premières pensées de l'artiste recouraient davantage au mouvement.

FIG. 3 – Étienne-Barthélémy Garnier, *Hippolyte saisi d'horreur après l'aveu de Phèdre*. Huile sur toile, 107 x 147, 1793. Montauban, musée Ingres.

FIG. 4 – *Phèdre*. Gravure de Jean-Baptiste Simonet d'après Hubert-François Gravelot. Édition de 1768, vol. IV. Cliché MC Planche, Bibliothèque municipale de Nancy (Rés. 450854).

Qui parent notre tête
Une autre
Revêtons-nous d'habillements
Conformes à l'horrible fête
Que l'impie Aman nous apprête[1].

Les ornements prennent de l'importance parce qu'ils révèlent une profonde agitation de l'âme, parce qu'ils sont en intimité avec l'être intérieur. On perçoit aussi le parti que les artistes ont pu tirer de ces mentions, eux qui n'ignoraient pas le rôle du costume pour une parfaite expressivité des corps. Les théories de l'art ou les recueils de modèles ont rappelé avec constance combien les étoffes étaient d'indispensables compagnons du corps.

Lorsque Athalie relate le songe qui la hante à Abner, sa narration souligne à quel point les parures de Jézabel et de Joas participent de ses craintes. Sa mère, qui lui est en effet apparue « Comme au jour de sa mort pompeusement parée » (v. 492), perd toute apparence humaine en quelques vers, pour n'être plus « qu'un horrible mélange / D'os et de chairs meurtris ». Racine montre la vanité des apprêts et une fois encore la fulgurance des changements qui fait basculer les êtres humains d'un état à un autre. Mais le trouble d'Athalie se poursuit :

Dans ce désordre à mes yeux se présente
Un jeune enfant couvert d'une robe éclatante,
Tels qu'on voit des Hébreux les prêtres revêtus[2].

Le vêtement de l'enfant, symbole de sa fonction à venir, appartient à une réalité qui lui permet de le reconnaître : « Je l'ai vu : son même air, son même habit de lin » (v. 537). Plus tard, alors qu'Athalie interroge Joas, elle l'enjoint à quitter sa robe et donc à abandonner sa religion et sa fonction : « Laissez-là cet habit, quittez ce vil métier[3] ». La tunique qu'Athalie a comparée au costume des prêtres révèle l'affection de Joas pour celui qui l'élève. Ce dernier exemple montre que Racine ne s'attache pas à décrire ou à commenter ce qui relève des usages et des coutumes ; seuls le rôle actif du costume et sa signification importent.

1 *Esther*, I, 5, v. 309-313. Les deux premiers vers sont ensuite repris par le chœur, v. 314-315.
2 *Athalie*, II, 5, v. 507-509.
3 *Id.*, II, 7, v. 693. La fonction de la robe de lin avait déjà été expliquée par Zacharie, elle est associée aux fonctions d'assistant du grand prêtre : « Debout à ses côtés le jeune Éliacin / Comme moi le servait en long habit de lin », II, 2, v. 389-390.

Les corps défaillants sont volontiers décrits par Racine qui reste silencieux lorsque les personnages recouvrent leurs forces et l'usage de la parole. En effet, la rémission n'est pas tragique, contrairement au mouvement du corps qui porte seul les passions violentes. La description de l'évanouissement, si proche de la mort, est conforme aux propos de Descartes qui a consacré un article des *Passions de l'âme* à la pâmoison[1]. Les héros s'évanouissent et les scènes de pâmoison, assez nombreuses, sont presque exclusivement féminines. Seul Oreste perd connaissance, mais son évanouissement, qui succède aux fureurs, n'a pas été représenté dans une vignette[2]. Les femmes qui défaillent dans les tragédies, perdent connaissance en raison d'émotions fortes. La pâmoison n'est pas seulement une modification de l'expression du visage, elle est une atteinte physiologique. Les peintres et dessinateurs ont été nombreux à représenter ces instants où les femmes ne sont plus portées par leurs genoux, dont la tête est penchée sur le côté et les bras pendants. La femme pâmée est parfois assise, mais le plus souvent elle se tient debout, dans l'instant où le corps bascule et les yeux se ferment. Atalide ou Esther sont toujours soutenues par une personne proche lors de leur perte de connaissance, et l'affaissement de leur corps est ainsi limité. Les œuvres illustrent bien ce contraste entre le corps qui défaille, s'alourdit et la force que déploie le personnage qui soutient[3]. Les évanouissements d'Atalide et d'Esther, annoncés de manière explicite dans les pièces, ont été représentés à plusieurs reprises par les peintres et dessinateurs. Atalide exprime son désarroi et ses paroles trouvent un écho dans celles de Zatime :

ATALIDE

Je me meurs.

ZATIME

Elle tombe, et ne vit plus qu'à peine[4].

---

1 René Descartes, *Les passions de l'âme*, 1649. Éd. Paris, Flammarion, 1996, établie par Pascale d'Arcy, article 122 : « La pâmoison n'est pas fort éloignée de la mort, car on meurt lorsque le feu qui est dans le cœur s'éteint tout à fait : et on tombe seulement en pâmoison lorsqu'il est étouffé en telle sorte qu'il demeure encore quelques restes de chaleur, qui peuvent par après le rallumer », p. 172-173.

2 Il est en revanche le sujet d'un très intéressant cul-de-lampe allégorique dessiné par Jacques De Sève [fig. 12].

3 Faut-il relier ces attitudes à la longue tradition de la représentation de la pâmoison de la Vierge dans les arts visuels ?

4 *Bajazet*, IV, 3, v. 1205.

Le tableau de Charles Coypel peint en 1748 [fig. 5] illustre l'émotion que la lecture de la lettre annonçant la mort de Bajazet a suscitée[1]. Le rideau s'ouvre sur un huis clos que la profusion et la richesse des étoffes rendent étouffant. Les cris sont réprimés ; et, devant la violence de la déclaration de Roxane, Atalide défaille. Tenant encore la lettre dans sa main, elle prend appui sur Zatime. Celle-ci attend un ordre de sa maîtresse qui vient aussitôt : « Allez, conduisez-la dans la chambre prochaine » (v. 1205). Roxane, restée à distance sur une marche, bien campée sur ses deux jambes, observe les conséquences de son acte.

Dans *Esther*, les didascalies encadrent les paroles de la reine : « *Esther entre, s'appuyant sur Élise ; quatre Israélites soutiennent sa robe* ». La didascalie ouvre la scène, au moment où la reine se présente à Assuérus ; elle dit sa faiblesse et contient un appel à l'aide :

> Mes filles soutenez votre reine éperdue :
> Je me meurs.
> (Elle tombe évanouie)[2].

La défaillance annoncée, énoncée puis décrite rappelle l'importance des mouvements corporels. Charles Le Brun, dans l'édition originale de 1689, fut le seul à représenter l'entrée de la reine vacillante et le cortège de sa suite [fig. 6][3]. La longue procession prolonge le mouvement des femmes qui accompagnent Esther, c'est tout le cortège qui souffre et compatit au sens littéral du terme. Les autres artistes ont privilégié l'évanouissement et réduit le nombre de personnages. Antoine Coypel, en 1696, a retenu la pâmoison, l'instant où le corps s'affaisse et où la reine a besoin d'être soutenue[4].

Quand certaines femmes sont encore debout, d'autres sont presque à terre. Dans *Phèdre*, lorsque Théramène fait la relation de la mort d'Hippolyte, il décrit aussi l'attitude d'Aricie qui, cherchant son amant au milieu des débris du char, s'évanouit à sa vue :

> Elle approche ; elle voit l'herbe rouge et fumante ;
> Elle voit (quel objet pour les yeux d'une amante !)

1 *L'Évanouissement d'Atalide*, huile sur toile, 132 x 115. Lille, musée des Beaux-Arts.

2 *Esther*, II, 7, v. 634-635.

3 Jean Racine, *Esther, tragédie tirée de l'écriture sainte.* Paris, Denis Thierry, 1689, in-4.

4 *L'Évanouissement d'Esther*, huile sur toile, 105 x 137. Paris, musée du Louvre, département des peintures.

FIG. 5 – Charles-Antoine Coypel, *L'Évanouissement d'Atalide.*
Huile sur toile, 132 x 115. Lille, musée des Beaux-Arts.
Cliché MC Planche, avec l'autorisation
du Palais des Beaux-Arts de Lille.

FIG. 6 – *Esther.* Gravure de Sébastien Leclerc d'après Charles Le Brun.
Édition originale de 1689. Collection particulière.

> Hippolyte étendu sans forme et sans couleur.
> Elle veut quelque temps douter de son malheur,
> Et ne connaissant plus ce héros qu'elle adore,
> Elle voit Hippolyte, et le demande encore.
> Mais trop sûre à la fin qu'il est devant ses yeux,
> Par un triste regard elle accuse les dieux,
> Et froide, gémissante, et presque inanimée,
> Aux pieds de son amant elle tombe pâmée[1].

Ce ne sont pas des paroles, qui sont la cause de la réaction de la jeune femme, mais bien le spectacle auquel elle assiste, comme en attestent le champ lexical de la vision et les reprises anaphoriques. C'est parce que ses yeux ont cherché Hippolyte et parce qu'elle l'a reconnu, bien qu'il fût méconnaissable, qu'elle est tombée. Le récit de Théramène la décrit comme presque morte ; c'est un corps sans chaleur qui choit. Louis Chéron fut le seul, dans l'édition de 1723, à représenter cet instant du récit, dans une attitude moins dramatique que celle de la relation décrite [fig. 7][2]. Cependant, la défaillance de la jeune fille au milieu du désordre des chevaux et du char brisé, devant le corps inanimé de son amant, renforce le tragique de la scène : les figures des jeunes gens se répondent. L'évanouissement exprime de manière brutale et saisissante le bouleversement. Cette réaction physiologique se substitue à la parole avec force et dévoile aux yeux de tous des sentiments qui avaient pu être jusqu'alors dissimulés. Les artistes ont ainsi donné de la pâmoison des représentations assez différentes, modulant la chute des corps et l'expression des visages.

La colère est un sentiment partagé par de nombreux héros et l'on pourrait considérer que ce mouvement de l'âme est peut-être trop banal pour le théâtre de Racine. Mais il n'en est rien, dès lors que cette passion, qui peut être passagère ou durable, est l'un des ressorts de l'action. Charles Le Brun, dans sa *Conférence sur l'expression des passions* prononcée à l'Académie royale de Peinture et de Sculpture en 1668 l'avait parfaitement décrite, soulignant à quel point elle affectait les traits du visage[3]. François Gérard, dans l'édition de 1801, a choisi d'illustrer

---

1 *Phèdre*, V, 6, v. 1577-1586.

2 Jean Racine, *Œuvres*. Londres, J. Tonson et J. Watts, 1723, 2 vol. in-4.

3 Charles Lebrun, *Conférence sur l'expression générale et particulière*. Paris, E. Picart, 1668. « Lorsque la colère s'empare de l'âme, celui qui ressent cette passion a les yeux rouges et enflammés, la prunelle égarée et étincelante, les sourcils tantôt abattus, tantôt élevés l'un comme l'autre, le front paraîtra ridé fortement, des plis entre les yeux, les narines

FIG. 7 – *Phèdre*. Gravure de Paul Fourdrinier d'après Louis Chéron.
Édition de 1723, vol. II. Cliché MC Planche,
Bibliothèque municipale de Lyon (Rés. 107029)

l'affrontement d'Achille et d'Agamemnon en mettant en scène la colère du jeune guerrier. La violence d'Achille est contenue par Athéna qui, sous les traits d'une apparition spectrale retient sa main [fig. 8] :

Rendez grâce au seul nœud qui retient ma colère :
D'Iphigénie encor je respecte le père.
Peut-être, sans ce nom, le chef de tant de rois
M'aurait osé braver pour la dernière fois[1].

Le surgissement de cette figure salvatrice confère une plus grande puissance au geste de la main prête à s'emparer de l'arme. Toute en grâce, la déesse aux draperies légères arrête délicatement son mouvement. La représentation d'une divinité en action, qui prend une part active à la scène est tout à fait inédite dans l'iconographie racinienne. La souplesse des courbes de cette figure contraste avec la rigidité des héros masculins. La science des drapés rappelle, dans ce contexte néoclassique, l'étude attentive de la statuaire antique.

En revanche, la colère d'Athalie qui se voit chassée du temple alors que Joas a pris légitimement place sur le trône est toujours très visuelle non seulement parce qu'elle n'adopte pas les sentiments de la foule, mais aussi en raison de la grande violence qui l'anime. L'enfant qui lui était apparu en songe a pris corps, légitimant ses craintes. La planche de l'édition originale de 1691 dessinée par Jean-Baptiste Corneille [fig. 9] a contribué à fixer une iconographie puisque le sujet, qui se retrouve dans différentes éditions, inspira aussi Antoine Coypel en 1696[2]. La scène qui se déroule dans le temple accueille des personnages aux expressions variées. La surprise mêlée d'horreur d'Athalie, qui se trouve face à l'enfant, s'exprime sur les traits de son visage et dans le mouvement de son corps presque dansant

Enfin, deux personnages d'*Andromaque* méritent notre attention : ce sont Oreste et Hermione qui ont été conduits à l'égarement. Tout au long de la pièce, Hermione est animée de sentiments ambivalents vivement exprimés. La jalousie qu'elle manifeste à l'égard de l'attention portée par Pyrrhus à Andromaque est sensible et ses propos sont souvent violents. Guérin, dans le célèbre tableau de 1810 illustrant

---

paraîtront ouvertes et élargies », Charles Lebrun, *L'Expression des passions et autres conférences*. Éd. Paris, Dédale Maisonneuve et Larose, 1993, établie par Julien Philippe.

1 *Iphigénie*, IV, 6, v. 1413-1416.

2 Jean Racine, *Athalie*. Paris, Denis Thierry, 1691, in-4. Antoine Coypel, *Athalie chassée du temple*, huile sur toile, 150 x 213. Paris, musée du Louvre.

FIG. 8 – *Iphigénie* (IV, 6). Gravure de Raphaël-Urbain Massard
d'après François Gérard. Édition de 1801, vol. II.
Cliché MC Planche, Bibliothèque municipale de Lyon (Rés.5126).

FIG. 9 – *Athalie*. Gravure de Jean Mariette d'après Jean-Baptiste Corneille.
Édition originale de 1691. Collection particulière.

la protection que le roi d'Épire accorde à la veuve d'Hector et à son fils, a peint avec habileté le courroux d'Hermione [fig. 10][1] . Bien qu'elle se tienne à l'arrière-plan de la composition, son attitude est essentielle à la compréhension de la scène. Elle s'apprête à quitter la salle d'un mouvement vif et pose un regard terrible sur Pyrrhus. Elle lève le bras gauche, tandis que le droit retient son manteau. Ce geste n'était pas celui des premières pensées puisque le dessin préparatoire la représente avec le poing droit serré. La colère qui l'anime dans la tragédie l'emporte et la dévaste, entraînant Oreste qui, en raison des sentiments qu'il lui porte, a exécuté l'ordre qu'elle lui avait intimé : tuer Pyrrhus. Ainsi, certain d'avoir accompli son devoir et de pouvoir gagner les faveurs de la fille de Ménélas, Oreste se présente devant elle : « Madame, c'en est fait, et vous êtes servie[2] ». Girodet a illustré cet instant, figurant le fils d'Agamemnon alors qu'il tend à Hermione une arme ensanglantée [fig. 11]. Il attendait qu'elle vînt dans sa direction et à son grand dépit, elle le repoussait, le corps étiré vers l'arrière, dans un mouvement contraire à celui espéré. L'incompréhension d'Oreste correspond à ces vers : « O dieux ! Quoi ? ne m'avez-vous pas / Vous-même, ici, ordonné son trépas[3] ? », et la composition de Girodet insiste sur ce mouvement que le refus de regarder accompagne. Les bras fermement tendus d'Hermione rappellent les lignes des jambes que le souple drapé souligne. Le corps massif d'Oreste, épais, a une apparence presque animale face à la silhouette fine et sculpturale d'Hermione. Très proche d'elle, son corps ployé vers l'avant trahit son manque d'intelligence face au rejet de celle qu'il aime. Mais Hermione ne s'appartient déjà plus, la mort est proche et c'est près du corps de Pyrrhus qu'elle choisit de périr[4] . Quant à Oreste, il est emporté par les Furies dans la scène de clôture de la pièce. Ce sujet n'a jamais fait l'objet d'une planche, mais il fut représenté dans un cul-de-lampe par Jacques De Sève en 1760 [fig. 12][5]. Le dessinateur a suivi avec

1 Pierre-Narcisse Guérin, *Andromaque et Pyrrhus*, huile sur toile, 342 x 457. Paris, musée du Louvre.

2 *Andromaque*, V, 3, v. 1493.

3 *Id.*, v. 1543-1544.

4 *Andromaque*, V, 5, v. 1610-1612. Cet épisode fut illustré par Louis-Fabricius Du Bourg, dans l'édition de 1743 : il représenta l'instant où elle bascule légèrement et tourne son visage vers le ciel après que la lame a pénétré ses chairs.

5 Jean Racine, *Œuvres*. Paris, Le Breton, 1760, 3 vol. in-4. Chaque pièce est illustrée par une vignette frontispice à laquelle s'ajoutent un bandeau et des culs-de-lampe allégoriques.

FIG. 10 – Pierre-Narcisse Guérin, *Andromaque et Pyrrhus*.
Huile sur toile, 342 x 457, 1810. Paris, musée du Louvre, département des peintures.
Cliché (Musée du Louvre) / Gérard Blot.

FIG. 11 – *Andromaque* (V, 3). Gravure de Raphaël-Urbain Massard d'après Anne-Louis Girodet. Édition de 1801, vol. I. Cliché MC Planche, Bibliothèque municipale de Lyon (Rés.5126).

FIG. 12 – *Andromaque*, cul-de-lampe acte V. Gravure de Baquoy d'après Jacques De Sève. Édition de 1760, vol. I. Cliché MC Planche, Bibliothèque municipale de Nancy (Rés. 4163).

scrupule les indications des dictionnaires iconologiques en donnant aux Furies les différentes apparences qu'ils mentionnent. Ce sont des serpents, elles sont aussi ailées, et l'une d'elles apparaît sous les traits d'une chouette. La science des allégories avait été largement diffusée par l'*Iconologie* de Cesare Ripa et le XVIIIe siècle ne l'a pas négligée[1]. L'*Almanach iconologique* de 1774 commandé à Gravelot et exécuté par Cochin ou le *Dictionnaire* de Lacombe de Prézel en attestent[2]. Oreste, figuré sous les traits d'un enfant, est assailli et l'on sait qu'il est perdu.

Le regard est très souvent mis en valeur dans les tragédies de Racine. Les artistes qui ont illustré ses pièces ont tout naturellement conféré aux yeux le pouvoir expressif qui est le leur. Fermés ou exorbités, ils disent les émotions et proposent des contrastes extrêmement variés. La scène de la mort de Phèdre dessinée par Girodet est un exemple remarquable [fig. 13]. La fille de Minos ferme les yeux au moment où la vie se retire, tandis que Panope effarée fixe Thésée qui ne la voit : il lui tourne le dos et, dans un geste éminemment antique[3], dissimule son visage dans ses bras. La honte, la culpabilité qu'il porte sont exprimées par ce geste, redoublé par l'attitude de Théramène. Ses yeux ouverts, ses poings serrés expriment un sentiment d'effroi et d'horreur. Comment Thésée a-t-il pu croire à l'horrible machination ourdie par Œnone et ordonner la mort de son fils ? Comment a-t-il pu convoquer Poséidon et commander une telle action ? Le contraste entre les attitudes des deux hommes n'est qu'apparent : l'attitude de Théramène sert la violence des sentiments de Thésée.

Aux regards dissimulés, s'opposent des yeux ouverts, voire exorbités qui peuvent être le signe d'une acuité, mais aussi celui de la perte. Dans le tableau de Guérin exposé au Salon de 1802, Hippolyte est confronté non seulement à son père mais aussi à sa belle-mère qu'accompagne Œnone [fig. 14][4]. Thésée pose un regard aiguisé et d'une extrême sévérité sur son fils, soulignant de son bras le soutien qu'il accorde à son épouse.

Voir notre article : « Jacques De Sève illustrateur du théâtre de Jean Racine », *Dix-huitième siècle*, 2005, n° 37, p. 513-526.

1 Cesare Ripa, *Iconologia*.... Rome, G. Gigliotti, 1593. Cesare Ripa, *Iconologie*..., 1636. Éd. Dijon, Faton, 1999, établie par Virginie Bar et Dominique Brême.

2 Jean-Baptiste Boudard, *Iconologie tirée des divers auteurs*. Parme-Paris, Tilliard, 1759. Charles-Nicolas Cochin, *Almanach iconologique*. Paris, s.n., 1774. Honoré Lacombe de Prézel, *Dictionnaire iconologique*. Paris, Théodore de Hansy, 1752.

3 L'attitude rappelle celle d'Agamemnon dans le *Sacrifice d'Iphigénie* attribué à Timanthe. Cette œuvre, connue grâce à l'*ekphrasis*, était fréquemment citée dans les textes théoriques.

4 Pierre-Narcisse Guérin, *Phèdre et Hippolyte*, huile sur toile, 257 x 335. Paris, musée du Louvre.

FIG. 13 – *Phèdre* (V, 7). Gravure de Raphaël-Urbain Massard d'après Anne-Louis Girodet. Édition de 1801, vol. II. Cliché MC Planche, Bibliothèque municipale de Lyon (Rés.5126).

FIG. 14 – Pierre-Narcisse Guérin, *Phèdre et Hippolyte*. Huile sur toile, 257 x 335, 1802.
Paris, musée du Louvre, département des peintures.
Cliché RMN (Musée du Louvre) / Gérard Blot / Hervé Lewandowski.

Cette dernière quant à elle, par son regard fixe, entièrement à la solde de sa nourrice montre combien elle est perdue. Tenant dans sa main l'épée par laquelle le jeune homme est accusé, elle évite de confronter son regard à celui d'Hippolyte et en tournant ostensiblement le dos à Thésée, lui échappe. Œnone l'incite au silence. En faisant le choix de réunir des personnages qui ne le sont pas dans la pièce, Guérin a souhaité insister sur les enjeux, tout entiers contenus dans les attitudes et les regards. À la violence affichée de Thésée, s'opposent les yeux baissés et le bras tendu du jeune chasseur, seul face au trio qui l'accuse.

Les peintres et dessinateurs qui ont illustré Racine ont, le plus souvent su saisir l'essence des personnages. Ils ont proposé des compositions qui n'étaient pas seulement des transpositions de la scène théâtrale. Leurs œuvres s'inscrivent dans des contextes artistiques et témoignent de la réception des tragédies de Racine. Bien sûr certaines de leurs figures peuvent paraître faibles en regard de la force du texte racinien, mais la richesse iconographique souligne la volonté de proposer des compositions variées et signifiantes. Leurs représentations des passions, des troubles et des désordres expriment les choix qui ont pu être faits. Les artistes qui maîtrisaient leur art avaient formulé dans leurs théories nombre de questions relatives à l'expressivité. Leurs recherches œuvraient en faveur d'un rapprochement des arts, qui respectât les particularités de chacun. Les peintres et dessinateurs ont recherché l'éloquence et les poètes ont montré la force visuelle de l'écriture. Boileau rappelait la nécessité du choix des mots[1], comme une tessiture dont les modes chantent les sentiments, des plus pacifiés aux plus violents. Pour peindre ses figures, Racine a utilisé une palette riche mettant en lumière des modulations et des registres, qui doivent parler harmonieusement une même langue, celle des passions. Peinture, musique et tragédie se trouvent réunies par la théorie des modes chère à Nicolas Poussin.

Marie-Claire PLANCHE
Université de Bourgogne

1 « Chaque passion parle un différent langage : / La colère est superbe et veut des mots altiers / L'abattement s'exprime en des termes moins fiers ». Boileau, *Art poétique*, 1674. *Œuvres*. Éd. Paris, Garnier-Flammarion, 1969, établie par Sylvain Menant, chant III, v. 132-134, p. 101.

INDEX DES NOMS PROPRES

INDEX DES ŒUVRES

TABLE DES MATIÈRES

IMPRIM'VERT®

Achevé d'imprimer par Corlet Numérique,
à Condé-sur-Noireau (Calvados), en novembre 2012
N° d'impression : 92717 – Dépôt légal : novembre 2012
Imprimé en France